高等院校人文素质教育课程规划教材

普通话口语教程
(第2版)

邓天杰　主　编
王　丽　副主编

清华大学出版社
北　京

内容简介

本书的编写目的是推广、普及普通话，希望学习者通过比较专门的语音训练，能学会准确、清晰的普通话发音，能讲一口流利标准的普通话。全书分为绪论、第一篇(含第一至五章)、第二篇(含第六至十章)、附录几个部分。绪论中说明了普通话口语训练的意义和方法。第一篇为普通话基础知识，包括普通话语音概述、声母、韵母、声调、语流音变等内容；第二篇为普通话等级测试指导，包括单音节字词测试指导、多音节词语测试指导、词汇语法测试指导、朗读测试指导以及说话测试指导。附录中列出了开展普通话水平测试的文件依据、测试样卷以及普通话异读词审音表。

本书作为学习普通话的公共课教材，适用于全国大、中院校的学生，还可供中小学和幼儿园教师及成人学习普通话使用。本书同时也是参加国家普通话水平测试、考取普通话等级证书的指导用书。

本书封面贴有清华大学出版社防伪标签，无标签者不得销售。
版权所有，侵权必究。举报：010-62782989，beiqinquan@tup.tsinghua.edu.cn。

图书在版编目(CIP)数据

普通话口语教程/邓天杰主编；王丽副主编. —2版. —北京：清华大学出版社，2011.9(2023.7重印)
(高等院校人文素质教育课程规划教材)
ISBN 978-7-302-26181-0

Ⅰ. ①普… Ⅱ. ①邓… ②王… Ⅲ. ①普通话—口语—高等学校—教材 Ⅳ. ①H193.2

中国版本图书馆 CIP 数据核字(2011)第 136893 号

责任编辑：刘天飞　桑任松
封面设计：杨玉兰
责任校对：周剑云
责任印制：宋　林

出版发行：清华大学出版社
　　　网　　址：http://www.tup.com.cn, http://www.wqbook.com
　　　地　　址：北京清华大学学研大厦A座　　邮　编：100084
　　　社 总 机：010-83470000　　邮　购：010-62786544
　　　投稿与读者服务：010-62776969，c-service@tup.tsinghua.edu.cn
　　　质量反馈：010-62772015，zhiliang@tup.tsinghua.edu.cn
　　　课件下载：http://www.tup.com.cn, 010-62791865
印 装 者：三河市龙大印装有限公司
经　　销：全国新华书店
开　　本：185mm×260mm　　印　张：18.25　　字　数：438千字
版　　次：2011年9月第2版　　印　次：2023年7月第14次印刷
定　　价：42.00元

产品编号：040171-02

前　言

　　语言是最重要的交际工具和信息载体。大力推广、积极普及全国通用的普通话，有利于消除语言隔阂，促进社会交往，对社会主义政治、经济、文化建设和社会发展具有重要意义。要让普通话真正成为我们的校园语言、工作语言、宣传语言和交际语言，学校是重要的推广普通话的阵地，为此我们组织编写了《普通话口语教程》。该教材自 2007 年出版以来，受到了广大读者的欢迎，多次重印。为了更好地服务读者，我们对该教材进行了修订：一是删除了第三篇的普通话口语运用，把第十二章朗诵部分的一些内容移至第九章，使内容更加精练；二是变更了部分练习内容和改正了个别的错别字，使内容更准确；三是增加了朗读 60 篇的拼音，便于读者对照学习普通话，使得内容更实用。

　　参加这次修订的有：邓天杰、王丽、林大庆等。

　　本书作为学习普通话的公共课教材，适用于全国大、中专院校，还可供中小学和幼儿园教师及成人学习普通话使用。本书也是参加国家普通话水平测试、考取普通话等级证书的指导用书。希望学习者通过比较专门的语音训练，学会准确、清晰的普通话发音，能讲一口流利的普通话。

　　本书由普通话基础知识、普通话测试指导两部分组成。第一篇从普通话语音系统出发，由普通话的语音知识、声母、韵母、声调、语流音变等内容组成，着重探讨声母发音及辨正、韵母发音及辨正、声调辨正、语流音变等问题，其中为配合理论学习编写了大量的正音练习和朗读练习。第二篇从普通话等级测试入手，按五个测试项分章节编写。普通话测试训练是学习普通话的一个重要环节。这既是对前一个阶段学习和训练的深化，也是对应试普通话的重点指导。全书的整体编排从理论到训练再到测试，呈阶梯状，有的放矢，科学实用。

　　本书具有如下鲜明特点：①针对性。在内容安排上针对学习者的语言难点和薄弱环节，突出普通话学习的规律性，对于重点和难点，重点讲解，重点训练。②实用性。既有系统全面的应试指导，又有丰富的各类"实战"练习；既有基础的单项训练，又有综合体系的高级运用训练。基础理论与实践结合，内容丰富，材料新颖，实用性强。③层递性。本书按照普通话基础知识与训练、普通话测试与运用分两篇编排。各篇、章、节内容环环相扣，体现普通话内容的层递性和训练途径的多元化，利于学习者用最少的时间、高效率地学习普通话。

　　本书的编写，以国家语委颁布的《普通话水平测试实施纲要》和福建省语委办组织编写的《福建普通话训练和测试》为依据，参考了其中一些资料，同时还参考了一些语言学专著和普通话教材，吸收了相关的研究成果，在此，谨向有关编著者表示由衷的感谢！本书的出版还得到了清华大学出版社的大力支持和帮助，我们在此表示深深的感谢！

　　由于我们水平有限，书中难免有错误或疏漏之处，敬请广大读者及时赐教指正。

编者

目 录

绪论 1
    第一节 普通话和方言 1
        一、普通话 1
        二、方言 2
    第二节 普通话口语训练的意义 2
        一、普通话口语训练是大力推广普
            通话，纯净祖国语言，维护国
            家、民族统一的需要 3
        二、普通话口语训练是现代信息
            社会发展的需要 3
        三、普通话口语训练是提高国民
            语言素质的需要 3
    第三节 普通话口语训练的方法 3
        一、普通话正音与方言辨记相结合 ... 4
        二、听说兼顾，立体培养 4
        三、多种训练方式、训练手段相
            结合 4
        四、课堂训练与课外巩固相结合 4

第一篇 普通话基础知识

第一章 普通话语音概说 5
    第一节 语音的性质 5
        一、生理属性 5
        二、物理属性 6
        三、社会属性 7
    第二节 语音单位 8
        一、音素 8
        二、音节 9
        三、声母、韵母和声调 9
        四、音位 10
    第三节 汉语拼音方案 10
        一、《汉语拼音方案》的内容 10
        二、《汉语拼音方案》的用途 10
    第四节 汉语拼音的拼写 11
        一、y 和 w 的意义和使用 11
        二、隔音符号的用法 12
        三、省写 12
        四、标调法 12
        五、音节连写和大写 13
    附录 1 汉语拼音方案 13

第二章 声母 16
    第一节 声母概说 16
        一、声母的定义 16
        二、声母的作用 16
        三、声母的分类 16
    第二节 声母的发音 18
    第三节 声母辨正 22
        一、舌尖前音(平舌音)z、c、s 与
            舌尖后音(翘舌音)zh、ch、sh
            的辨正 22
        二、唇齿音 f 和舌根音 h 的辨正 26
        三、鼻音 n、边音 l 及舌尖后音 r 的
            辨正 29
        四、舌面音 j、q、x 与舌尖前音 z、
            c、s 的辨正 32
        五、分辨不送气音和送气音 36
        六、读准普通话零声母的字 37
    附录 2 声旁类推字表 38

第三章　韵母 49

第一节　韵母概说 49
一、什么是韵母 49
二、韵母的结构和分类 49

第二节　韵母的发音 51
一、单元音韵母的发音 51
二、复韵母的发音 54
三、鼻韵母的发音分析 57

第三节　韵母辨正 61
一、防止丢失韵头 i 或 u 61
二、分清韵头 i 和 ü 63
三、念准单韵母 66
四、念准复韵母 69
五、念准鼻韵母 72

附录 3　声旁类推字表及常用字辨音表 79

第四章　声调 87

第一节　声调概说 87
一、什么是声调 87
二、调类与调值 87

第二节　声调的发音与辨正 88
一、声调的发音 88
二、声调的辨正 88

第五章　语流音变 93

第一节　变调 93
一、什么是语流音变 93
二、什么是变调 93
三、上声的变调 93
四、"一"、"不"的变调 95

第二节　轻声 96
一、什么是轻声 96
二、轻声的语音特性 97
三、轻声音节的调值 97
四、必读轻声音节 97

第三节　儿化 100
一、什么是儿化 100
二、儿化发音的基本规则 100

第四节　语气词"啊"的音变 103
一、什么是"啊"的音变 103
二、"啊"的音变规则 103

附录 4　普通话水平测试用必读轻声词
　　　　语表 104

附录 5　普通话水平测试用儿化词
　　　　语表 109

第二篇　普通话等级测试指导

第六章　单音节字词测试指导 113

第一节　普通话单音节字词测试项
　　　　说明 113
一、测试目的 113
二、试卷的构成与要求 113
三、评分细则 113
四、应试提示 113

第二节　单音节字词测试应试提示 114
一、声母方面 114
二、韵母方面 115

三、声调方面 116

第三节　普通话单音节字词模拟测试 116

第七章　多音节词语测试指导 119

第一节　普通话多音节词语测试项
　　　　说明 119
一、普通话多音节词语测试项要求
　　与目的 119
二、普通话多音节词语测试项评分
　　细则 119

第二节　普通话多音节词语测试项应试
　　　　提示 120

一、注意声母、韵母、声调的准确
　　　　发音 120
　　二、注意测读的节奏 121
　　三、注意变调、轻声、儿化的准确
　　　　发音 122
　　四、注意多音节词语的轻重音
　　　　格式 123
　　五、注意多音多义字的正确读音 125
第三节　普通话多音节词语模拟测试 126

第八章　词汇语法测试指导 129
第一节　词汇语法测试说明 129
第二节　各方言区特征及训练要领 129
　　一、北方方言 130
　　二、闽方言 132
　　三、吴方言 134
　　四、客家方言 134
　　五、粤方言 135
　　六、常见问题及训练对策 136
附录6　普通话水平测试用常见量词、
　　　　名词搭配表 136

第九章　朗读测试指导 139
第一节　普通话朗读测试项说明 139
　　一、朗读测试的目的、要求 139
　　二、朗读测试的评分细则 139
　　三、朗读测试训练的要求及应试
　　　　提示 139
第二节　普通话朗读测试的语音规范 ... 141
　　一、语音方面的评分标准 141
　　二、朗读应注意的主要语音问题 ... 141

第三节　普通话朗读测试的语调 143
　　一、"语调偏误"的评分标准 143
　　二、克服语调偏误 143
第四节　普通话朗读测试的停连 150
　　一、"停连不当"的评分标准 150
　　二、句子停连的几种格式 150
第五节　普通话朗读发声技巧 153
　　一、用气发声训练 153
　　二、共鸣控制训练 156
　　三、吐字归音训练 158
附录7　普通话测试用朗读作品60篇 ... 162

第十章　说话测试指导 234
第一节　说话测试项说明 234
　　一、说话测试项的目的与内容 234
　　二、说话测试项的评分 234
　　三、说话的要求 235
　　四、受测对象易出现的问题 235
第二节　说话测试项指导 236
　　一、说话内容的准备 236
　　二、语音面貌的训练 239
　　三、词汇语法规范 240
　　四、自然流畅 240
附录8　普通话测试用说话题目30个 ... 241

附录A　关于开展普通话水平测试
　　　　工作的相关文件 243

附录B　普通话水平测试试卷样卷 251

附录C　普通话异读词审音表 259

参考文献 281

绪　　论

第一节　普通话和方言

一、普通话

普通话是以北京语音为标准音，以北方话为基础方言，以典范的现代白话文著作为语法规范的现代汉民族共同语。普通是"普遍"和"共通"的意思。普通话的标准是1955年中国科学院召开的现代汉语规范问题学术会议确定的。

(一) 以北京语音为标准音——语音标准

普通话以北京语音为标准音，这是汉语历史发展的必然结果。汉民族几千年来政治、经济、文化的中心大都在北方。几百年来，辽、金、元、明、清的京都都在北京，以北京语音为标准音的"官话"，随着当时政治影响和宋元以来的白话文学的感染力传播到全国各地；"五四"运动以后掀起的"国语运动"，又极大地促进了北京语音的传播。新中国成立以后，北京作为我国的首都，北京语音的影响更大了。

"以北京语音为标准音"，是指以北京话的语音系统作为普通话的语音系统，包括声母、韵母、声调以及它们之间的拼合规律、语音变化规律、语音特点等。所以一些北京话的土语土音也是要加以规范的。如"跳跃"有 tiàoyuè 和 tiàoyào；"教室"有 jiàoshì，jiàoshǐ；"比较"有 bǐjiào 和 bǐjiǎo 两种读法，规范读音应以《普通话异读词审音表》规定为准，根据审音表，前一种读音为规范读音。

(二) 以北方话为基础方言——词汇标准

这是指北方方言词汇是普通话词汇的基础和主要来源。任何民族的共同语都是在该民族影响最大的一种方言基础上形成的。北方话在我国是使用人口最多、通行面最广的一种方言，使用它的人口占说汉语总人数的70%以上，其分布面积占全国总面积的3/4。北方话继承了汉民族古代文学语言的丰富遗产，并在这个基础上有了巨大的发展。但普通话的词汇中不包括北方话中的土语俚语，它比北方话更纯净；同时它又吸收了其他方言以及外语中富有生命力和表现力的词语，因而也就更为丰富。

(三) 以典范的现代白话文著作作为语法规范——语法标准

语法是词、短语、句子等语言单位的结构规律。语法标准就是用词造句所遵循的共同的、正确的标准。北方各地方言的语法规律大体相同，但还存在一些差异；又由于口语的语法往往不够完善、严密和精练，因此，普通话的语法不以北方话的口语语法为标准，而是以典范的现代白话文著作,即是以经过提炼和加工的、流传广泛、影响很大,在语法规律方面代表性强的书面语言作为语法规范的标准。这些著作在语法中的一般用例,具有广泛的代表性和比较长期的稳定性,从而可以避免或减少语法方面的混乱现象。

二、方言

普通话是现代汉民族的共同语。《中华人民共和国宪法》明确规定:"国家推广全国通用的普通话。"在全国范围内大力推广普通话,并不意味着要消灭方言,而是要求方言区的人除了说本地方言外,还要会说普通话。

汉语方言俗称地方话,只通行于一定的地域,它不是独立于民族语言之外的另一种语言,而只是局部地区使用的语言。汉语的各种方言都是从古代汉语发展而来的,每种方言的语音系统、词汇系统、语法系统都和古代汉语有着直接的血缘关系。各种方言之间,不管在语音方面有多大的差异,听起来多么不同,它们在语音、词汇、语法系统方面都有相通之处,因为它们都是汉语的一个分支。学术界普遍认为我国主要有七大方言区,即北方方言区、湘方言区、赣方言区、客家方言区、吴方言区、粤方言区和闽方言区。相比较而言,闽方言、粤方言同普通话的差别最大,吴方言次之,其他方言与普通话的差别较小。各大方言区概况如表0.1所示。

表0.1 方言区概况一览表

方言区		代表点	人口比例/%	主要分布地区
北方方言区		北京话	73	东北、华北、西北、西南、江淮一带
湘方言区		长沙话	3.2	湘(西北角除外)、粤北
赣方言区		南昌话	3.3	赣(除东北沿长江一带及南部以外)的大部分地区
客家方言区		梅州话	3.6	粤东和粤北、闽西、赣南、广西东南部及川、湘、台部分地区
吴方言区		上海话	7.2	上海、江苏、长江以南镇江以东地区、浙江大部
粤方言区		广州话	4	粤中和西南部、广西东部和南部、港澳地区
闽方言区	闽东方言	福州话	5.7	闽、海南大部、广东潮汕地区与雷州半岛、浙南温州地区一部分、台湾大部
	闽南方言	厦门话		

方言与普通话的差异主要表现在语音方面,词汇、语法方面的差异较小。研究和了解汉语方言,其目的之一是找出方言与普通话的对应规律,有效地推广普通话。

第二节 普通话口语训练的意义

语言是最重要的交际工具和信息载体。口头语言和书面语言是语言的两种基本形式,两者既密切联系又有显著区别。《辞源》认为口语就是言语,也就是说话。《现代汉语词典》对口语这样定义："口语就是说话时使用的语言。"说得具体一点，口语就是口头交际使用的，主要诉诸听觉并借助各种辅助手段来表达的人类有声语言。就日常语言实践来看，口语的使用频率更高，应用更广，覆盖面更大。特别是随着现代传播媒介的发展，口语突破了时间、地域的局限，有着更广泛、更为重要的作用。《中华人民共和国国家通用语言文字法》规定，普通话是国家通用语言，普通话口语训练具有其独特的意义。

一、普通话口语训练是大力推广普通话，纯净祖国语言，维护国家、民族统一的需要

大力推广、积极普及全国通用的普通话，有利于消除语言隔阂，促进社会交往，对社会主义经济、政治、文化建设和社会发展具有重要意义。随着改革开放和社会主义市场经济的发展，社会对普及普通话的需求日益迫切。推广普及普通话，营造良好的语言环境，有利于促进人员交流，有利于商品流通和培育统一的大市场。我国是多民族、多语言、多方言的人口大国，推广普及普通话有利于增进各民族、各地区的交流，有利于维护国家统一，增强中华民族凝聚力。

二、普通话口语训练是现代信息社会发展的需要

信息技术水平是衡量国家科技水平的标志之一。信息社会最重要的劳动工具是计算机，人机对话已成为一种新的信息传递和交流方式，要使计算机更好地为人们服务，语言文字规范化、标准化是提高计算机中文信息处理水平的先决条件，因此我们必须掌握规范化的普通话口语。

三、普通话口语训练是提高国民语言素质的需要

语言文字能力是文化素质的基本内容，推广普及普通话是素质教育的重要内容。口语表达水平与一个人的文化素质、道德修养、心理素质以及思维品质等密不可分。推广普及普通话有利于贯彻教育面向现代化、面向世界、面向未来的战略方针，弘扬祖国优秀传统文化和爱国主义精神，提高全民族的科学文化素质。

第三节　普通话口语训练的方法

本课程的教学原则是"以培养技能为目的，以技能训练为手段，理论知识对技能训练起指导作用"。普通话口语表达能力的培养和提高，离不开科学、系统、严格的训练。练，不能盲目地练，要在基础理论的指导下，科学地练，系统地练。在掌握普通话的语音、词汇、语法系统知识的基础上，应该做到以下几点。

一、普通话正音与方言辨记相结合

　　语音训练首先要从音节入手进行正音，正音的关键就是掌握音节发音的方法和要领。汉语音节是由声调、声母、韵母构成的，训练时应将调、声、韵作为分解训练的切入口。分解训练的目的是为了更好地综合运用。同时训练要与方言辨记相结合，联系自己家乡话的实际，了解家乡话与普通话的对应关系，求同辨异。也就是寻求普通话与家乡话之间的共同之处，训练时大胆地类推，辨别家乡话与普通话的差异，有针对性地训练。

二、听说兼顾，立体培养

　　普通话口语训练，虽然是以训练"说"为主，但也不可忽视"听"的训练。"听"、"说"关系密切，"听"是"说"的基础，听力的好坏关系到发音的准确与否；"说"为"听"提供方便，同时促进听力的提高。语言是口耳之学，"听"、"说"不可偏废。况且，在课堂上进行口语训练，说的人毕竟是少数，若只抓少数人的"说"，而不管多数人的"听"，就会影响说话能力的提高。应使两者同步进行，互相促进，使大多数人的口语表达能力通过不同的途径得到提高。

三、多种训练方式、训练手段相结合

　　科学研究表明，使用一种信息传输通道，接受者极易疲劳。传统的教学方式在给学生提供感性知识方面具有很大的局限性。我们应多种训练方式相结合，在课堂上采取示范、模拟、赏析及讨论等多种形式，合理利用现代化的教育技术，利用录音、录像、幻灯等不同的训练手段，增加教学的直观性、示范性和生动性，提高课堂效率。

四、课堂训练与课外巩固相结合

　　普通话口语能力的培养和提高，是一个长期、渐进的过程，它需要大量的、反复的、科学有效的训练。仅靠课堂有限的学时是远远不够的。课堂上只能讲解重点理论，通过典型示范及重点训练使学生掌握要领，大量的训练应该在课外自己进行，要养成自练为主的良好的学习习惯，随时随地做普通话口语训练的有心人，多听、多读、多说，将课外训练作为课堂教学的质的巩固和量的延伸。

第一篇　普通话基础知识

第一章　普通话语音概说

第一节　语音的性质

语音是语言的二要素之一,是语言的物质外壳。语音具有生理属性、物理属性和社会属性,其中社会属性是语音的本质属性。

一、生理属性

语音是由人的发音器官发出来的,因而具有生理性质。发音时发音器官状况不同、所用的方法不同,发出的声音也不同,所以学习语音时也要研究发音器官的构造及其在发音中所起的作用。

发音器官可以分为三个部分。

(一) 肺和气管

气流是发音的动力,呼气时肺是气流的动力站。气管是气流出入的通道,吸气时气流经过气管进入肺,呼气时气流由肺经过气管呼出。汉语主要靠呼出的气流来发音。

(二) 喉头和声带

气管的上部接着喉头。喉头是由四块软骨构成的圆筒,圆筒的中部附着声带。声带是两片富有弹性的肌肉薄膜,两片薄膜中间的空隙是声门;声门是气流的通道。声带可以放松,也可以拉紧。放松时发出的声音较低,拉紧时发出的声音较高。声门可以打开,也可以关闭。打开时,气流可以自由通过;关闭时,气流可以从声门的窄缝里挤出,使声带颤动发出响亮的声音。

(三) 口腔和鼻腔

喉头上面是咽腔。咽腔是个三岔口,下连喉头,前通口腔,上连鼻腔。呼出的气流由喉头经过咽腔到达口腔和鼻腔。口腔、鼻腔、咽腔都是共鸣器,对发音来说口腔最重要。构成口腔的组织,上面的叫上腭,下面的叫下腭。上腭包括上唇、上齿、齿龈、硬腭、软腭和小舌；下腭包括下唇和下齿，舌头也附着在下腭上。舌头又分为舌尖、舌面和舌根。上腭上面是鼻腔，软腭和小舌处在鼻腔和口腔的通道上。软腭上升时，鼻腔关闭，气流从口腔通过，这时发出的声音叫口音；软腭下垂时，口腔中的某一部位关闭，气流从鼻腔通过，这时发出的声音叫鼻音。口腔和鼻腔的示意图如图1.1所示。

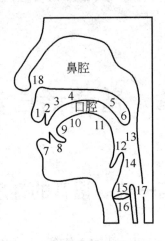

图 1.1　口腔和鼻腔示意图

1—上唇；2—上齿；3—齿龈；4—硬腭；5—软腭；6—小舌；7—下唇；8—下齿；9—舌尖；10—舌面；11—舌根；12—咽腔；13—咽壁；14—喉盖；15—声带；16—气管；17—食道；18—鼻孔

二、物理属性

语音作为一种声音同自然界的其他声音一样，产生于物体的振动，具有物理性质。从物理上说，声音是由物体振动而产生的音波，如图1.2所示。

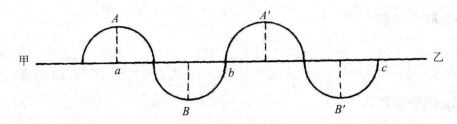

图 1.2　音波示意图

图中 a 到 b 是一个波，b 到 c 是另一个波。A 和 A' 叫波峰，B 和 B' 叫波谷。a 到 b、b 到 c 的距离叫波长。A、A'、B、B' 到甲乙线上的距离叫振幅。

语音同其他声音一样，具有音高、音强、音长和音色四种要素。

(一) 音高

音高指声音的高低，它是由发音体振动的快慢来决定的。声波每秒振动的次数就是声波的频率。振动的次数多，频率就高，声音就高；振动的次数少，频率就低，声音就低。音乐里的音阶是由音高构成的。汉语的声调，如北京话里的 hū (呼)、hú (胡)、hǔ (虎)、hù (护)，主要是由不同的音高构成的。女人的声音听起来比男人高，就是因为女人说话时声波的频率比男人高。

汉语里几种声调、几种语调的不同，主要是由音高的不同变化决定的。

（二）音强

音强指声音的强弱，它是由声波振幅的大小决定的。振幅大，声音就强；振幅小，声音就弱。敲锣或打鼓时，用力大，音强就强，发出的声音就大；用力小，音强就弱，发出的声音就小。语言中的重音、轻音是由于音强的不同所致。例如，普通话里的轻声词语"爸爸"，两个"爸"音强不同，前一个"爸"音强比较强，后一个"爸"音强比较弱。

（三）音长

音长指声音的长短，它是由发音体振动时间的长短决定的。时间长，音长就长；时间短，音长就短。有的语言用音的长短来区别意义。例如，英语 eat[i:t] (吃)和 it[it] (它)的区别，主要是元音 i 的音长不同。eat 里的 i 音长长，it 里的 i 音长短。广州话里"考 [ka:u^{55}]"和"口 [kau^{55}]"的不同(注：这里的上标数字表示声调的调值)，主要是元音 a 的音长不同，"考"里的 a 音长长，"口"里的 a 音长短。

（四）音色

音色指声音的特色，它是由声波的不同形状决定的。音色是每个声音的本质，所以也叫音质。造成不同音色的条件主要有以下三种：①发音体不同；②发音方法不同；③发音时共鸣器形状不同。音色是区别不同声音的最重要的要素，元音 a、o、i 的区别就是由于它们的音色不同。

任何声音都是音高、音强、音长、音色的统一体，语音也不例外。但是，在各种语言中，语音的四要素被利用的情况并不完全相同。在任何语言中，音色无疑都是用来区别不同意义的最重要的要素，其他要素在不同的语言中区别意义的作用却不尽相同。在汉语中，除音色外，音高的作用也十分重要。声调主要是由音高构成的，声调能区别意义。音强和音长在语调和轻声里也起重要的作用。

三、社会属性

语言是一种社会现象，作为语言的物质外壳，语音也是一种社会现象。这可以从语音的社会性方面看出来。同样一个意义，在不同的语言或方言中可以用不同的语音来表示。就是说用什么声音跟表示什么意义没有必然的联系，而是随着社会不同而不同，由全体社会成员约定俗成的。语音和意义之间并无必然的联系，它们的关系只要得到社会的公认就行了。语音的社会属性还表现在语音系统方面。各种语言或方言都有自己的语音系统。每种语言的语音特点中，例如有哪些音，没有哪些音；哪些音能和哪些音相拼，不能和哪些音相拼；哪些音能区别意义，哪些音不区别意义等，这些主要不是由语音的物理属性和生理属性决定的，而是由语音的社会属性决定的，也就是由使用该语言的民众决定的，所以说语音的社会属性是其本质属性。

第二节 语音单位

一、音素

(一) 音素的定义

音素是构成音节的最小单位或最小的语音片段，它是从音色的角度划分出来的。一个音节，如果按音色的不同进行划分，就会得到一个个最小的、各有特色的单位，这就是音素。例如，"特"(tè)从音色的角度可以划分出"t"和"e"两个不同的音素。"真"(zhēn)从音色的角度可以划分出"zh、e、n"三个音素。一种语言的语音系统大都是由几十个不同的音素组成的。

(二) 音素的分类

音素可以分为元音和辅音两大类。

1. 元音

发音时，颤动声带，声音响亮，气流在口腔不受阻碍。例如：a、o、u。

普通话的元音音素有 10 个：a、o、e、ê、i、u、ü、-i(前)、-i(后)、er。

这 10 个元音在构成音节时有选择性。舌尖前元音-i 只与 z、c、s 拼合构成音节；舌尖后元音-i 只与 zh、ch、sh、r 拼合构成音节。ê、er 能自成音节，不直接与辅音相拼。其他元音既能与辅音相拼，也能自成音节。

2. 辅音

发音时，不一定颤动声带。有的颤动声带，如 m、n、l；有的不颤动声带，如 s、sh、x。声音一般不响亮，气流在口腔要受到不同部位、不同方式的阻碍，如 b、d、g、c、ch、q、f。辅音一般要与元音拼合，才能构成音节。

普通话的辅音音素有 22 个：b、p、d、t、g、k、z、c、zh、ch、j、q、f、s、sh、r、x、h、m、n、ng、l。

3. 元音和辅音的区别

元音和辅音的区别主要如下。

(1) 元音发音时，气流不受阻碍；辅音发音时，气流通过口腔、鼻腔时要受到阻碍。

(2) 元音发音时，发音器官各部位保持均衡的紧张状态；辅音发音时，构成阻碍的部位比较紧张，其他部位比较松弛。

(3) 元音发音时，气流较弱；辅音发音时，气流较强。

(4) 元音发音时，声带要颤动，发出的声音比较响亮。辅音发音时，有的声带颤动，声音响亮，如 m、n、l、r；有的声带不颤动，声音不响亮，如 b、t、z、c。

二、音节

音节是语音结构的基本单位，也是人们在自然状态下能感到的最小的语音片段。一个音节可以是一个音素，也可以由几个音素合成。汉语音节和汉字基本上是一对一的，一个汉字也就是一个音节。只有少数例外，如"花儿、盆儿"都写成两个汉字，可是读成一个音节 huār、pénr。

音节是由音素构成的。普通话里一个音节可以只有一个音素，如"啊"(ā)、"鹅"(é)；也可以有两个或三个音素，如"大"(dà)、"地"(dì)、"人"(rén)、"民"(mín)；最多可以有四个音素，如"交"(jiāo)、"先"(xiān)。

汉语有非常丰富的词汇，但用来表达的语音音节却只有 400 个左右，学习普通话语言最简易的方法是读准这 400 多个音节。

三、声母、韵母和声调

汉语音韵学的传统分析方法把一个音节分为声母、韵母和声调三个部分。

1. 声母

声母，是音节开头的辅音。普通话有 21 个声母。例如："买 mǎi"、"卖 mài"、"明 míng"、"媚 mèi"开头的"m"就是声母。"二 èr"、"矮 ǎi"这样的音节没有辅音声母，叫做"零声母"音节。

2. 韵母

韵母，是音节中声母后面的部分，它主要是由元音构成的(鼻韵母有鼻辅音 n 或 ng 作韵尾)。例如："发达 fādá"中的"a"，"机器 jīqì"中的"i"，"电线 diànxiàn"中的"ian"就是韵母。韵母是每个音节不可缺少的构成成分。没有韵母，就不能构成音节。韵母分为韵头、韵腹和韵尾。例如："ian"中 i 是韵头，a 是韵腹，n 是韵尾。只有一个元音的韵母，这个元音就是韵腹，例如：i、a。做韵头的元音只有 i、u、ü，例如：ia、ua、üe。做韵尾的只有元音 i、o(u)和辅音 n、ng，例如：ai、ao、an、ang。普通话有 39 个韵母。

元音、辅音与声母、韵母的关系：元音、辅音和声母、韵母是从不同的角度分析语音得出来的概念。元音、辅音是音素的分类；声母、韵母是对汉语的音节进行分析得出的概念。在普通话中，声母都是由辅音充当的，韵母主要由元音来充当，有的韵母中也有辅音，但只限于 n 和 ng。换一个角度说，元音只用在韵母中，辅音主要用在声母中(只有 ng 不作声母)。辅音 n 既用在声母中，也用在韵母中。例如，音节 nián(年)里的前一个 n 是声母，后一个 n 是韵尾。辅音 ng 不用在声母中，只用在韵母中，例如，dāng(当)里的 ng。

3. 声调

声调，是音节的高低升降形式，它是由音高决定的。例如："辉 huī"、"回 huí"、"毁 huǐ"、"惠 huì"四个音节的声母都是 h，韵母都是 ui，但是它们的声调不同，就成了不同的音节，代表不同的意义。所以，声调是构成音节非常重要的成分。普通话声调含

"阴平、阳平、上声、去声"四个声调。

普通话声母和韵母相拼构成的基本音节(包括零声母音节)有 400 多个,加上声调的区别有 1200 多个音节。这 1200 多个音节的能量非常大,它们构成了汉语里成千上万的词。

四、音位

音位是一个语音系统中能够区别意义的最小语言单位,也就是按语音的辨义作用归纳出的音类。在一种语言或方言里,人们可以发出的音很多,其中有的可以区别意义,有的不能。例如,北京话里的"闻"有人念"wén",有人念"vén",北京人听了都一样,其中"w"和"v"的读音差别没有造成意义的不同,所以,这两个音在北京话里就可以归入一个音位中,写成:

$$/w/= \begin{cases} w \\ v \end{cases}$$

然而,d 和 t 情况就不同了,如果把"dì"(弟)念成"tì"(替),意思就变了,所以"d"和"t"在北京话里可以区别意义,应该归纳为/d/:/t/两个音位。北京话里的 a、o、e、b、p、m、…都是这样归纳出来的语音单位。实际上,它们每一个单位又都各成一类,就是一个音位。

第三节 汉语拼音方案

国家制定的汉语拼音字母连同它的拼写规则方案,就叫《汉语拼音方案》。它是中华人民共和国法定的拼音方案,是世界文献工作中拼写有关中国的专用名词和词语的国际标准。1958 年 2 月 11 日,第一届全国人民代表大会第五次会议正式通过了《汉语拼音方案》,并批准公布推行。

一、《汉语拼音方案》的内容

《汉语拼音方案》包括字母表、声母表、韵母表、声调符号和隔音符号五个部分。字母表规定了字母的形体、名称及排列顺序,26 个字母可以拼写普通话语音里所有的音节。声母表和韵母表是根据普通话语音结构特点制定的,26 个字母除字母 v 外(只用来拼写外来语、少数民族语言和方言),可以配合成普通话里 21 个声母和 39 个韵母。

二、《汉语拼音方案》的用途

(一) 给汉字注音

汉字不是拼音文字,为了标记汉字的读音,人们曾采用过直音法、反切法或注音字母(注音符号)三种方法。但是,这些注音法都有缺点。前两种要以认识大量的汉字为基础,如果没有音同或音近的字就难以注音。注音符号曾起过一定的作用，但它不完全是音素字母，注音不够准确，书写也不够方便。《汉语拼音方案》基本上克服了上述缺点，能够准确地给汉字注音。它采用国际上流行的拉丁字母，既容易为广大群众掌握，又便于国际上的文化交流。

(二) 是推广普通话的工具

推广普通话，是我国社会主义改革和社会主义建设的需要，也是国家统一和人民团结的需要。学习普通话仅靠口和耳是不够的，必须有一套记音符号，以帮助教学，矫正读音。事实证明，《汉语拼音方案》正是推广普通话的有效工具。

此外，《汉语拼音方案》还可以用来作为我国各少数民族创制和改革文字的共同基础，用来帮助外国人学汉语，用来音译人名、地名和科学术语，以及用来编制索引和代号等。(《汉语拼音方案》见第四节后的本章附录，即附录1)

第四节　汉语拼音的拼写

《汉语拼音方案》对普通话音节的拼写具体规定如下。

一、y 和 w 的意义和使用

(一) y、w 的意义

y、w 不是声母，只是起隔音作用的字母。例如："大意"两字写成"dai"，就会以为是一个音节"带"；而用了 y，写成"dayi"，音节分界就分明了。

(二) y、w 的作用

汉语拼音方案规定"齐、合、撮"三类韵母(即 i、u、ü 和用 i、u、ü 开头的复合音)，如果自成音节，其书写字样要做如下改换。

1. i 后面还有别的元音，改 i 为 y

例如：ya (呀)、ye (耶)、yao (腰)、you (优)、yan (烟)、yang (央)、yong (雍)。

2. i 后面若没有别的元音，在 i 前面加 y

例如：yi (衣)、yin (因)、ying (英)。

3. u 后面还有别的元音，改 u 为 w

例如：wa (蛙)、wo (窝)、wai (歪)、wei (威)、wan (弯)、wen (温)、wang (汪)、weng (翁)。

4. u 后面没有别的元音，就在 u 前面加 w

例如：wu (乌)。

5. ü 后面不管有没有别的元音，一律要加 y；加 y 后，ü 上两点要省去

例如：yu (迂)、yue (约)、yuɑn (冤)、yun (晕)。

二、隔音符号的用法

ɑ、o、e 开头的音节连接在其他音节后面时，如果音节的界限发生混淆，就要用隔音符号(')隔开。例如：pí'ǎo (皮袄)、jī'áng (激昂)、míng'é (名额)。

三、省写

(一) iou、uei、uen 的省写

《汉语拼音方案》规定：iou、uei、uen 这三个韵母和声母相拼时，要去掉中间的元音字母，写为 iu、ui、un。例如：niu (牛)、gui (归)、lun (论)。如果前面是零声母，就要按照 y 和 w 的使用规则，分别写为 you、wei、wen。

(二) ü 上两点的省略

韵母 ü 跟 n、l 以外的声母相拼时都省写两点。例如：qū (区)、xuán (旋)、jué (决)。

韵母 ü 出现在声母 n、l 后面时不能省写两点。因为如果省写了，这些音节就会发生混淆，例如：nǔ (女)—nǔ (努)、lǜ (律)—lù (路)。

四、标调法

声调符号简称调号，要标在韵母上，不标在声母上。

(一) 单韵母只有一个元音，调号只能标在那个元音上

例如：bā (八)、tí (提)。

(二) 两个元音的韵母，调号标在发音最响亮的元音上

例如：bāi (掰)、bēi (杯)等标在第一个元音上；jiā (家)、guó (国)，调号标在后一个元音上。

(三) 三合复韵母，调号标在中间的元音上

例如：jiāo (交)、guāi (乖)。iu、ui、un 是 iou、uei、uen 的省写式。iu、ui 的调号标在后一个元音上；un 的标号标在前一个元音上。例如：xiù (秀)、tuī (推)、dùn (顿)。

(四) 调号恰巧标在 i 上时，i 上的点儿省去

例如：yī (衣)、xīn (新)。

(五) 轻声音节不标调号

例如：péngyou (朋友)、wǎnshang (晚上)。

标调口诀：a母出现莫放过，没有a母找e、o，iu、ui 两韵标在后，"i"上标调去掉点。

五、音节连写和大写

(1) 同一个词的音节要连写，词与词一般要分写。句子或诗行开头的字母要用大写。
例如：

zǔguó	chāngshèng	rénmín	tuánjié
祖国	昌盛	人民	团结

(2) 专用名词和专用短语中的每个词开头的字母要大写。
例如：

Zhōngguó	Fújiàn	Dǒng Cúnruì	Lǐ Bái
中国	福建	董存瑞	李白

(3) 标题中的字母可以全部大写，也可以每个词开头的字母大写，有时为了简明美观，可以省略声调符号。
例如：

FANGYAN	SHIJIE	ZHANWANG	WEILAI
Fangyan	Shijie	Zhanwang	Weilai
放眼	世界	展望	未来

附录1　汉语拼音方案

(1957 年 11 月 1 日国务院全体会议第 60 次会议通过)
(1958 年 2 月 11 日第一届全国人民代表大会第五次会议批准)

1. 字母表

字母：	Aa	Bb	Cc	Dd	Ee	Ff	Gg
名称：	ㄚ	ㄅㄝ	ㄘㄝ	ㄉㄝ	ㄜ	ㄝㄈ	ㄍㄝ
	Hh	Ii	Jj	Kk	Ll	Mm	Nn
	ㄏㄚ	ㄧ	ㄐㄧㄝ	ㄎㄝ	ㄝㄌ	ㄝㄇ	ㄋㄝ
	Oo	Pp	Qq	Rr	Ss	Tt	
	ㄛ	ㄆㄝ	ㄑㄧㄡ	ㄚㄦ	ㄝㄙ	ㄊㄝ	
	Uu	Vv	Ww	Xx	Yy	Zz	
	ㄨ	ㄪㄝ	ㄨㄚ	ㄒㄧ	ㄧㄚ	ㄗㄝ	

V 只用来拼写外来语、少数民族语言和方言。
字母的手写体依照拉丁字母的一般书写习惯。

2. 声母表

b	p	m	f	d	t	n	l
ㄅ玻	ㄆ坡	ㄇ摸	ㄈ佛	ㄉ得	ㄊ特	ㄋ讷	ㄌ勒

g	k	h	j	q	x		
ㄍ哥	ㄎ科	ㄏ喝	ㄐ基	ㄑ欺	ㄒ希		

zh	ch	sh	r	z	c	s	
ㄓ知	ㄔ蚩	ㄕ诗	ㄖ日	ㄗ资	ㄘ雌	ㄙ思	

在给汉字注音的时候，为了使拼式简短，zh、ch、sh 可以省作 ẑ、ĉ、ŝ。

3. 韵母表

	i ㄧ衣	u ㄨ乌	ü ㄩ迂
a ㄚ啊	ia ㄧㄚ呀	ua ㄨㄚ蛙	
o ㄛ喔		uo ㄨㄛ窝	
e ㄜ鹅	ie ㄧㄝ耶		üe ㄩㄝ约
ai ㄞ哀		uai ㄨㄞ歪	
ei ㄟ欸		uei ㄨㄟ威	
ao ㄠ熬	iao ㄧㄠ腰		
ou ㄡ欧	iou ㄧㄡ忧		
an ㄢ安	ian ㄧㄢ烟	uan ㄨㄢ弯	üan ㄩㄢ冤
en ㄣ恩	in ㄧㄣ因	uen ㄨㄣ温	ün ㄩㄣ晕
ang ㄤ昂	iang ㄧㄤ央	uang ㄨㄤ汪	
eng ㄥ亨的韵母	ing ㄧㄥ英	ueng ㄨㄥ翁	
ong (ㄨㄥ)轰的韵母	iong ㄩㄥ雍		

(1) "知、蚩、诗、日、资、雌、思"这七个音节的韵母用 i，即：知、蚩、诗、日、资、雌、思拼作 zhi、chi、shi、ri、zi、ci、si。

(2) 韵母儿写成 er，用作韵尾的时候写成 r。例如："儿童"拼作 értóng，"花儿"拼作 huār。

(3) 韵母ㄝ单用的时候写成 ê。

(4) i 列的韵母，前面没有声母的时候，写成 yi (衣)、ya (呀)、ye (耶)、yao (腰)、you (忧)、yan (烟)、yin (因)、yang (央)、ying (英)、yong (雍)。

u 列的韵母，前面没有声母的时候，写成 wu (乌)、wa (蛙)、wo (窝)、wai (歪)、wei (威)、wan (弯)、wen (温)、wang (汪)、weng (翁)。

ü 列的韵母，前面没有声母的时候，写成 yu (迂)、yue (约)、yuan (冤)、yun (晕)，ü 上两点省略。

ü 列的韵母跟声母 j、q、x 拼的时候，写成 ju (居)、qu (区)、xu (虚)，ü 上两点也省略；但是跟声母 n、l 拼的时候，仍然写成 nü (女)、lü (吕)。

(5) iou、uei、uen 前面加声母的时候，写成 iu、ui、un。例如：niu (牛)、gui (归)、lun (论)。

(6) 在给汉字注音的时候，为了使拼式简短，ng 可以省作 ŋ。

4．声调符号

阴平	阳平	上声	去声
ˉ	ˊ	ˇ	ˋ

声调符号标在音节的主要母音上，轻音不标。例如：

妈 mā　　麻 má　　马 mǎ　　骂 mà　　吗 ma
(阴平)　　(阳平)　　(上声)　　(去声)　　(轻声)

5．隔音符号

a、o、e 开头的音节连接在其他音节后面的时候，如果音节的界限发生混淆，用隔音符号(')隔开，例如：pi'ao (皮袄)。

第二章 声 母

第一节 声母概说

一、声母的定义

声母是指一个音节开头的辅音。普通话中有 21 个辅音声母，还有一个是零声母，也就是音节开头没有辅音作声母，这样的音节叫零声母音节。例如："啊、爱、恩"等。

声母绝大多数由辅音充当。辅音发音的特点是：气流在发音器官中受到一定程度的阻碍或者阻塞；发音时气流较强；发音器官中对气流形成阻碍的部位肌肉紧张；发音时，声带不一定振动，声音一般不响亮。

二、声母的作用

1. 区别语义

一个音节的韵母和声调相同，而声母不同，此音节的意义就不同。因此区别语义是声母的主要作用。例如：三哥 (sāngē)—山歌 (shāngē)。

2. 能区别音节的清晰度

声母处于音节的开头，发音短促、有力，干脆利落，在语流中能使音节界限区别明显，字字清晰可辨。

3. 增强音节的力度和亮度

声母发音时蓄气充足，弹发有力，并迅速与韵头结合，使整个音节的力度和亮度增强。

三、声母的分类

声母发音时气流在口腔中受到各种阻碍，阻碍气流的位置和方式不同，也就形成了不同的声母。因此可以依据气流受阻的位置(发音部位)和阻碍气流的方式(发音方法)这两个方面将 21 个声母分成不同的类别。

1. 按发音部位分类

发音部位是指气流在发音时受到阻碍的部位。普通话的 21 个辅音声母根据发音部位的不同可以分成七大类。

1) 双唇音，发音部位是上下唇

发音时，上唇和下唇构成阻碍。普通话中有三个双唇音：b、p、m。

2) 唇齿音，发音部位是上齿和下唇

发音时，上齿和下唇靠拢构成阻碍。普通话中有一个唇齿音：f。

3) 舌尖前音，发音部位是舌尖和上齿背

发音时，舌尖和上齿背接触或接近形成阻碍。普通话中有三个舌尖前音：z、c、s (也叫平舌音)。

4) 舌尖中音，发音部位是舌尖和上齿龈

发音时，舌尖和上齿龈接触形成阻碍。普通话中有四个舌尖中音：d、t、n、l。

5) 舌尖后音，发音部位是舌尖和硬腭前

发音时，舌尖和硬腭前沿接触或接近形成阻碍。普通话中有四个舌尖后音：zh、ch、sh、r (也叫翘舌音)。

6) 舌面音，发音部位是舌面前部和硬腭前

发音时，舌面前部和硬腭前部接触或接近形成阻碍。普通话中有三个舌面音：j、q、x。

7) 舌面后音，发音部位是舌根(即舌面后部)和软腭

发音时，舌根和软腭接触或接近形成阻碍。普通话中有三个舌面后音：g、k、h(也叫舌根音)。

2．按发音方法分类

发音方法是指发辅音时构成阻碍和克服阻碍的方式，如气流的强弱、声带是否颤动等。普通话声母按照发音方法的不同，可从以下三个方面来分析。

(1) 根据构成阻碍和克服阻碍的方式不同，可把普通话声母分为五类，即塞音、擦音、塞擦音、鼻音和边音。

- 塞音：发音时，构成阻碍的两个部位完全闭塞，阻住气流，然后突然打开，让气流爆破成声。普通话中有 6 个塞音：b、p、d、t、g、k。
- 擦音：发音时，构成阻碍的两个部位接近后形成窄缝，气流从窄缝中挤出，摩擦成声。普通话中有 6 个擦音：f、h、x、sh、s、r。
- 塞擦音：发音时，构成阻碍的两个部位先完全闭塞，阻住气流，然后略微打开，形成一条窄缝，气流从窄缝中挤出，摩擦成声。普通话中有 6 个塞擦音：j、q、zh、ch、z、c。
- 鼻音：发音时，构成阻碍的两个部位完全闭塞，软腭下垂，关闭口腔通路，打开鼻腔通路，声带颤动，气流从鼻腔中透出成声。普通话中有两个鼻音声母：m、n。
- 边音：发音时，舌尖和上齿龈稍后的部位接触构成阻碍，阻住气流，软腭上升，关闭鼻腔通路，打开口腔通路，使气流沿着舌的两边出来成声。普通话中只有一个边音：l。

(2) 根据发音时声带是否颤动，可以把普通话声母分为清音和浊音两大类。

- 清音：指发音时声带不颤动的音。普通话中有 17 个清音：b、p、d、t、g、k、j、q、zh、ch、z、c、f、h、x、sh、s。
- 浊音：指发音时声带颤动的音。普通话中有 4 个浊音：m、n、l、r。

(3) 根据发音时气流的强弱，普通话声母中的塞音和塞擦音，可以分为送气音和不送气音两类。

- 送气音：指发音时，口腔呼出的气流比较强的音。普通话中有 6 个送气声母：p、t、k、q、ch、c。
- 不送气音：指发音时，口腔呼出的气流比较弱的音。普通话中有 6 个不送气声母：b、d、g、j、zh、z。

21 个声母和后鼻韵母韵尾-ng的归类如表 2.1 所示。

表 2.1　21 个声母和后鼻韵母韵尾-ng的归类

		双唇音	唇齿音	舌尖前音	舌尖中音	舌尖后音	舌面音	舌面后音
塞音（清）	不送气	b			d			g
	送气	p			t			k
塞擦音（清）	不送气			z		zh	j	
	送气			c		ch	q	
擦音	清		f	s		sh	x	h
	浊					r		
鼻音（浊）		m			n			(-ng)
边音（浊）					l			

第二节　声母的发音

1. b[p]　双唇、不送气、清、塞音

发音时，上唇、下唇闭紧，形成阻碍，软腭上升，关闭鼻腔通道，声带不振动，气流较弱，一下冲破双唇阻碍，爆发成声。

发音例词：

奔波 bēnbō　　　摆布 bǎibù　　　宝贝 bǎobèi　　　包办 bāobàn
标兵 biāobīng　　白布 báibù　　　辨别 biànbié　　　卑鄙 bēibǐ

2. p[pʻ]　双唇、送气、清、塞音

发音时，上唇、下唇闭紧，形成阻碍，软腭上升，关闭鼻腔通道，声带不振动，气流较强，一下冲破双唇阻碍，爆发成声。

发音例词：

偏旁 piānpáng　　偏僻 piānpì　　批评 pīpíng　　匹配 pǐpèi
拼盘 pīnpán　　　澎湃 péngpài　　乒乓 pīngpāng　　铺平 pūpíng

3. m[m] 双唇、浊、鼻音

发音时，上唇、下唇闭紧，软腭下降，关闭口腔通道，打开鼻腔通道，气流振动声带，并从鼻腔透出成声。

发音例词：

| 面貌 miànmào | 埋没 máimò | 麦苗 màimiáo | 眉目 méimù |
| 牧民 mùmín | 麻木 mámù | 明媚 míngmèi | 美妙 měimiào |

4. f[f] 唇齿、清、擦音

发音时，下唇略内收，靠近上齿，形成一条窄缝，软腭上升，关闭鼻腔通道，声带不振动，气流从唇齿音的窄缝中挤出，摩擦成声。

发音例词：

| 方法 fāngfǎ | 肺腑 fèifǔ | 丰富 fēngfù | 非凡 fēifán |
| 奋发 fènfā | 芬芳 fēnfāng | 反复 fǎnfù | 仿佛 fǎngfú |

5. d[t] 舌尖中、不送气、清、塞音

发音时，舌尖抵住上齿龈，形成阻碍、软腭上升，关闭鼻腔通道，声带不振动，气流较弱，突然冲破阻碍，爆发成声。

发音例词：

| 电灯 diàndēng | 当代 dāngdài | 导弹 dǎodàn | 大地 dàdì |
| 单调 dāndiào | 道德 dàodé | 等待 děngdài | 奠定 diàndìng |

6. t[tʻ] 舌尖中、送气、清、塞音

发音时，舌尖抵住上齿龈，形成阻碍、软腭上升，关闭鼻腔通道，声带不振动，气流较强，突然冲破阻碍，爆发成声。

发音例词：

| 团体 tuántǐ | 铁塔 tiětǎ | 天堂 tiāntáng | 探讨 tàntǎo |
| 淘汰 táotài | 忐忑 tǎntè | 体贴 tǐtiē | 贪图 tāntú |

7. n[n] 舌尖中、浊、鼻音

发音时，舌尖抵住上齿龈，软腭下降，关闭口腔通道，打开鼻腔通道，气流振动声带，并从鼻腔冲出成声。

发音例词：

| 牛奶 niúnǎi | 南宁 nánníng | 男女 nánnǚ | 恼怒 nǎonù |
| 农奴 nóngnú | 泥泞 nínìng | 能耐 néngnài | 袅娜 niǎonuó |

8. l[l] 舌尖中、浊、边音

发音时，舌尖抵住上齿龈(略后)，舌头两侧要有空隙，软腭上升，关闭鼻腔通道，气流振动声带，并经舌头两边从口腔通过成声。

发音例词：

| 理论 lǐlùn | 流利 liúlì | 嘹亮 liáoliàng | 老练 lǎoliàn |

轮流 lúnliú　　　　连累 liánlěi　　　　拉拢 lālǒng　　　　来历 láilì

9. g[k]　舌根、不送气、清、塞音

发音时，软腭上升，舌根隆起抵住软腭，关闭鼻腔通道，气流在成阻的部位积蓄起来，突然解除阻碍而成声，声带不振动。

发音例词：
钢轨 gāngguǐ　　　高贵 gāoguì　　　梗概 gěnggài　　　改革 gǎigé
公共 gōnggòng　　 桂冠 guìguān　　　故宫 gùgōng　　　巩固 gǒnggù

10. k[kʻ]　舌根、送气、清、塞音

发音时，阻碍部位和发音方式与发g音相同，只是在发k音时，冲出的气流比发g音时要强许多。

发音例词：
可靠 kěkào　　　　困苦 kùnkǔ　　　　慷慨 kāngkǎi　　　开阔 kāikuò
苛刻 kēkè　　　　　空旷 kōngkuàng　　开垦 kāikěn　　　可口 kěkǒu

11. h[x]　舌根、清、擦音

发音时，软腭上升，关闭鼻腔通道，声带不振动，舌根隆起，与软腭之间形成一个窄缝，气流从窄缝摩擦成声。

发音例词：
黄河 huánghé　　　辉煌 huīhuáng　　　互惠 hùhuì　　　荷花 héhuā
憨厚 hānhòu　　　　绘画 huìhuà　　　　欢呼 huānhū　　　后悔 hòuhuǐ

12. j[tɕ]　舌面前、不送气、清、塞擦音

舌尖抵住下门齿背，使舌面前贴紧硬腭前部，软腭上升，关闭鼻腔通道；在阻塞的部位后积蓄气流，突然解除阻碍时，在原形成阻碍的部位之间保持适度的间隙，使气流从间隙透出而成声。

发音例词：
焦急 jiāojí　　　　境界 jìngjiè　　　家具 jiājù　　　　经济 jīngjì
将军 jiāngjūn　　　季节 jìjié　　　　结晶 jiéjīng　　　阶级 jiējí

13. q[tɕʻ]　舌面前、送气、清、塞擦音

发q音的阻碍部位和发音方式与发j音相同，只是在发q音时，冲出的气流比发j音时要强。

发音例词：
崎岖 qíqū　　　　　全球 quánqiú　　　亲切 qīnqiè　　　确切 quèqiè
情趣 qíngqù　　　　祈求 qíqiú　　　　牵强 qiānqiáng　　恰巧 qiàqiǎo

14. x[ɕ]　舌面前、清、擦音

舌尖抵住下齿背，使舌面前接近硬腭前部，形成适度的间隙，气流从空隙摩擦通过而成声。

发音例词：

学习 xuéxí	形象 xíngxiàng	雄心 xióngxīn	虚心 xūxīn
相信 xiāngxìn	喜讯 xǐxùn	细小 xìxiǎo	消息 xiāoxi

15．z[ts]　舌尖前、不送气、清、塞擦音

发音时舌尖轻轻抵住上齿背，软腭上升，关闭鼻腔通道，声带不振动，气流较弱，首先冲开一条窄缝，然后再从窄缝中挤出，摩擦成声。

发音例词：

祖宗 zǔzōng	总则 zǒngzé	藏族 zàngzú	曾祖 zēngzǔ
造作 zàozuò	罪责 zuìzé	自尊 zìzūn	枣子 zǎozi

16．c[ts']　舌尖前、送气、清、塞擦音

发音时舌尖轻轻抵住上齿背，软腭上升，关闭鼻腔通道，声带不振动，气流较强，首先冲开一条窄缝，然后再从窄缝中挤出，摩擦成声。

发音例词：

层次 céngcì	苍翠 cāngcuì	催促 cuīcù	草从 cǎocóng
粗糙 cūcāo	参差 cēncī	猜测 cāicè	措辞 cuòcí

17．s[s]　舌尖前、清、擦音

发音时舌尖接近上齿背，形成一条窄缝，软腭上升，关闭鼻腔通道，声带不振动，气流从窄缝中挤出，摩擦成声。

发音例词：

色素 sèsù	琐碎 suǒsuì	思索 sīsuǒ	诉讼 sùsòng
松散 sōngsǎn	四岁 sìsuì	速算 sùsuàn	瑟缩 sèsuō

18．zh [tʂ]　舌尖后、不送气、清、塞擦音

发音时舌尖上翘，抵住硬腭前部，软腭上升，关闭鼻腔通道，声带不振动，气流较弱，首先将阻碍冲开一条窄缝，然后经窄缝摩擦成声。

发音例词：

正直 zhèngzhí	茁壮 zhuózhuàng	政治 zhèngzhì	招展 zhāozhǎn
主张 zhǔzhāng	住宅 zhùzhái	辗转 zhǎnzhuǎn	庄重 zhuāngzhòng

19．ch[tʂ']　舌尖后、送气、清、塞擦音

发音时舌尖上翘，抵住硬腭前部，软腭上升，关闭鼻腔通道，声带不振动，气流较强，首先将阻碍冲开一条窄缝，然后通过窄缝摩擦成声。

发音例词：

车床 chēchuáng	长城 chángchéng	驰骋 chíchěng	出产 chūchǎn
出差 chūchāi	充斥 chōngchì	超产 chāochǎn	戳穿 chuōchuān

20．sh[ʂ]　舌尖后、清、擦音

发音时舌尖上翘，接近硬腭前部，形成窄缝，软腭上升，关闭鼻腔通道，声带不振动，

气流从窄缝中挤出，摩擦成声。

发音例词：

身世 shēnshì	山水 shānshuǐ	生疏 shēngshū	上升 shàngshēng
事实 shìshí	施舍 shīshě	舒适 shūshì	述说 shùshuō

21. r[ʐ] 舌尖后、浊、擦音

发音时舌尖上翘，接近硬腭前部，形成窄缝，软腭上升，关闭鼻腔通道，声带振动，气流从窄缝中挤出，摩擦成声。

发音例词：

柔软 róuruǎn	仍然 réngrán	忍让 rěnràng	荏苒 rěnrǎn
容忍 róngrěn	如若 rúruò	柔韧 róurèn	扰攘 rǎorǎng

第三节 声 母 辨 正

全国有七大方言区，各方言区的人在说普通话时既存在许多不同的难点，也存在一些共同的问题。尽管许多方言区声母与普通话声母存在种种区别，但也是有一定规律的，按照这些规律进行声母辨正，可以收到事半功倍的效果。

一、舌尖前音(平舌音)z、c、s 与舌尖后音(翘舌音)zh、ch、sh 的辨正

这两组音的学习和区分在学习普通话中占有重要地位，也是学好普通话的重点和难点之一。全国很多方言区都平翘舌不分，闽、粤、客家等方言中缺少翘舌音的发音，一般用平舌音 z、c、s 代替翘舌音 zh、ch、sh 的发音，例如：把"开始"发成"开死"，"诗人"发成"私人"等。归纳起来主要有以下几个方面的问题：①发音部位靠前。许多人在发翘舌音时，舌尖对着上齿龈，这样发出的音既不是平舌音也不是翘舌音，是一种缺陷音。纠正的办法是舌头后缩，舌尖接触或接近硬腭的前端(上齿龈的后部)。②舌尖后卷或舌尖接触上腭的面积过大，这样发出的音也是一种缺陷音。纠正的办法是舌头不要过于后缩，舌尖翘起而不是舌的前部上举。③记不住哪些字读平舌音，哪些字读翘舌音。因此，训练时首先要发好平、翘舌音，其次是辨记平、翘舌音的字。

(一) 平、翘舌音发音对比

平、翘舌音发音方法是相对的，z—zh 是不送气的清塞擦音，c—ch 是送气的清塞擦音，s—sh 是清擦音。它们之间关键的区别在于发音的部位不同：z、c、s 的发音部位是舌尖与上齿背；zh、ch、sh 的发音部位是舌尖与硬腭前端(上齿龈的后部)。同时注意塞擦音 z、zh、c、ch 发音时，发音部位必须接触；而擦音 s、sh 发音时发音部位不能接触，只是靠近。

矫正 zh、ch、sh 发音部位的偏误。

z、c、s   正确：舌尖伸平，顶住或接近上齿背。

	错误：舌尖前伸，夹在两齿间。
	错误：舌尖前伸，顶住或接近下齿龈。
zh、ch、sh	正确：舌身略向后缩，舌尖上翘，抵硬腭前。
	错误：古身未后缩，舌尖翘不到位，抵上齿龈。
	错误：舌身后缩过多，舌尖卷起，发成"大舌头"卷舌音。

注意：这两组声母在发音方法上一一对应，区别在于发音部位的不同。舌尖前音(平舌音)z、c、s 发音时舌尖平伸，顶住或接近上齿背；舌尖后音(翘舌音)zh、ch、sh 发音时舌尖翘起，接触或接近硬腭前端。

(二) 平、翘舌音辨记方法

1．利用普通话声、韵拼合规律的特点帮助记忆

普通话韵母 ua、uai、uang 不能与平舌音声母相拼，却能与翘舌音声母相拼。因此当韵母是 ua、uai、uang 而分不清该字读平舌音还是翘舌音时，就能根据此拼合规律，确认其读翘舌音字。例如："抓、爪、装、庄、壮、揣、窗、刷、摔、双"等字的声母，就能确认读翘舌音。普通话的 ong 不与翘舌音 sh 相拼，所以，凡是韵母为 ong 的字，声母肯定不会是翘舌音 sh。例如："送、松、颂、诵、宋、怂、讼"等字的声母都是平舌音 s。

可以靠编口诀的办法加强这些韵母的记忆："抓闯帅，读翘舌"，"松耸送，翘不动"。

2．借助形声字声旁类推法

汉字 80% 以上的字是形声字，我们可以借助其声旁来类推。例如：

召 (zh)——招、照、邵、超、昭、沼；
昌 (ch)——唱、倡、阊、猖、娼；
少 (sh)——沙、纱、砂、莎、痧，抄、炒、吵；
子 (z)——籽、仔、耔、孜、孳；
曹 (c)——槽、嘈、漕、艚；
司 (s)——嗣、饲、伺、祠。

这条规律运用时要注意一些特殊性的例外字，例如"束"是翘舌音，不类推"速"，"速"是平舌音；"从"是平舌音，不类推"众"，"众"是翘舌音。

3．记少不记多

例如：z、c、s 与 en 相拼的字少，如怎、森、参、岑、涔等；zh、ch、sh 与 en 相拼的字多，如真、镇、震、趁、称、辰、身、伸等。

常用的平舌音字约 260 个，而翘舌音字竟有 620 多个。记住平舌声母字再借助形声字声旁类推法是一个简便的途径。常用平舌音字口诀：

曾子奏祖宗，次则曹操从。
仓卒随此错，催最赛采葱。
坐思索三载，遂字才暂聪。
尊叟藏慈赞，散作族词颂。

4. 借助方言进行识记

例如：福建的闽方言和闽北的客家方言，若分不清 zh、ch 与 z、c 时，可以借助方言声母来识记。方言中声母是 d 或 t 的，普通话中读 zh 或 ch，而不读平舌音，如表2.2所示。(闽南话应排除"择"、"泽"两字)

表2.2 部分方言声母与普通话声母对照

方言区	例 字	方言声母	普通话声母
闽(闽南)	张、沾、逞、除、抽、彻、宠	d/t	zh 或 ch
客(邵武)	初、楚、差、抄、衬、插、铲	d/t	zh 或 ch

【练习】

1. 字的对比

散—闪	仔—纸	字—挚	孜—知
砸—炸	增—蒸	赠—正	尊—谆
从—崇	才—豺	村—春	苍—昌
四—市	司—师	素—树	桑—伤
粽—众	窜—串	辞—迟	僧—升
子—纸	怎—诊	早—找	丧—伤

2. zh、ch、sh 和 z、c、s 词组的对比辨音

自 zì 愿—志 zhì 愿　　　鱼刺 cì—鱼翅 chì　　　私 sī 人—诗 shī 人
仿造 zào—仿照 zhào　　粗 cū 布—初 chū 步　　姿 zī 势—知 zhī 识
新村 cūn—新春 chūn　　宗 zōng 旨—中 zhōng 止　资 zī 助—支 zhī 柱
自 zì 动—制 zhì 动　　　物资 zī—物质 zhì　　　糟 zāo 了—招 zhāo 了
近似 sì—近视 shì　　　　搜 sōu 集—收 shōu 集　增 zēng 订—征 zhēng 订
从 cóng 来—重 chóng 来　资 zī 源—支 zhī 援　　阻 zǔ 力—主 zhǔ 力
木材 cái—木柴 chái　　　桑 sāng 叶—商 shāng 业　申诉 sù—申述 shù
栽 zāi 花—摘 zhāi 花　　五岁 suì—午睡 shuì　　八层 céng—八成 chéng
肃 sù 立—树 shù 立　　　早 zǎo 到—找 zhǎo 到　乱草 cǎo—乱吵 chǎo

3. 读准舌尖后音 zh、ch、sh 和舌尖前音 z、c、s

振作 zhènzuò	正宗 zhèngzōng	赈灾 zhènzāi	职责 zhízé
沼泽 zhǎozé	制作 zhìzuò	杂志 zázhì	栽种 zāizhòng
增长 zēngzhǎng	资助 zīzhù	自制 zìzhì	自重 zìzhòng
差错 chācuò	陈醋 chéncù	成材 chéngcái	出操 chūcāo
除草 chúcǎo	储藏 chǔcáng	财产 cáichǎn	采茶 cǎichá
残喘 cánchuǎn	操场 cāochǎng	磁场 cíchǎng	促成 cùchéng
上司 shàngsī	哨所 shàosuǒ	深思 shēnsī	生死 shēngsǐ

绳索 shéngsuǒ　　石笋 shísǔn　　散失 sànshī　　扫射 sǎoshè
四声 sìshēng　　宿舍 sùshè　　随时 suíshí　　所属 suǒshǔ

4. 绕口令

(1) 舌尖前音

做早操

早晨早早起，早起做早操，人人做早操，做操身体好。

子词丝

四十四个字和词，组成一首子词丝的绕口令。桃子李子梨子栗子橘子柿子杏子，栽满院子村子和寨子。刀子斧子锯子凿子锤子刨子尺子，做出桌子椅子和箱子。名词动词数词量词代词副词助词连词，造成句子诗词和唱词。蚕丝生丝热丝染丝晒丝缫丝织丝，自制粗丝细丝人造丝。

三哥三嫂子

三哥三嫂子，请借给我三斗三升酸枣子。等我明年上山摘了酸枣子，再如数奉还三哥三嫂子这三斗三升酸枣子。

(2) 舌尖后音

知道不知道

知道就是知道，不知道就是不知道，不要知道说不知道，也不要不知道装知道。

学习时事

史老师，讲时事，常学时事长知识。时事学习看报纸，报纸登的是时事。常看报纸要多思，心里装着天下事。

(3) 对比训练

① z—zh

红砖堆、青砖堆，砖堆旁边蝴蝶追，蝴蝶绕着砖堆飞，飞来飞去蝴蝶钻砖堆。

② c—ch

紫瓷盘，盛鱼翅。一盘热鱼翅，一盘生鱼翅。迟小池拿了一把瓷汤匙，要吃清蒸美鱼翅。一口鱼翅刚到嘴，鱼刺刺进齿缝里，疼得小池拍腿挠牙齿。

③ s—sh

四是四，十是十，十四是十四，四十是四十。谁能说准四十、十四、四十四，谁来试一试。谁说十四是四十，就打谁十四，谁说四十是十四，就打谁四十。

(4) 诗词朗读

泊船瓜洲

王安石

京口瓜洲一水间，钟山只隔数重山。春风又绿江南岸，明月何时照我还。

清平乐

李煜

别来春半,触目柔肠断。砌下落梅如雪乱,拂了一身还满。

雁来音信无凭,路遥归梦难成。离恨恰如春草,更行更远还生。

点绛唇

李清照

寂寞深闺,柔肠一寸愁千缕。惜春春去,几点催花雨。

倚遍栏干,只是无情绪!人何处?连天衰草,望断归来路。

(5) 段落朗读(注意加点字的读音)

那是力争上游的一种树,笔直的干,笔直的枝。它的干呢,通常是丈把高,像是加以人工似的,一丈以内,绝无旁枝;它所有的丫枝呢,一律向上,而且紧紧靠拢,也像是加以人工似的,成为一束,绝无横斜逸出;它的宽大的叶子也是片片向上,几乎没有斜生的,更不用说倒垂了;它的皮,光滑而有银色的晕圈,微微泛出淡青色。这是虽在北方的风雪的压迫下却保持着倔强挺立的一种树!哪怕只有碗来粗细罢,它却努力向上发展,高到丈许,两丈,参天耸立,不折不挠,对抗着西北风。

(节选自《普通话水平测试实施纲要》中的朗读作品 1 号)

在一次名人访问中,被问及上个世纪最重要的发明是什么时,有人说是电脑,有人说是汽车,等等。但新加坡的一位知名人士却说是冷气机。他解释,如果没有冷气,热带地区如东南亚国家,就不可能有高的生产力,就不可能达到今天的生活水准。他的回答实事求是,有理有据。

(节选自《普通话水平测试实施纲要》中的朗读作品 60 号)

二、唇齿音 f 和舌根音 h 的辨正

湘、赣、客家、闽、粤等方言都不能分清楚声母 f 和 h,北方方言、江淮方言及西南方言也存在 f 和 h 混读的现象。如闽方言没有 f 声母,闽方言区的人常常把 f 声母的字读成 h 声母字,如把"开发"读成"开花","理发"说成"理化";客家方言中虽然有 f 声母,但由于 f 声母字比普通话的多,因此常把普通话 h 声母字读成 f 声母字,如把"花卉"读成"花费","救护"读成"舅父"。在学习时首先注意 f 和 h 的发音,然后要清楚声母 f 和 h 相对应的字词。

(一) 掌握好 f 与 h 的发音

从发音部位看,f 与 h 的发音部位不同,f 是唇齿音,h 是舌根音;从发音方法看,f 和 h 都是清擦音;因此掌握好 f 与 h 的发音部位是关键。f 发音时下唇略内收,靠近上齿,

形成一条窄缝，软腭上升，关闭鼻腔通道，声带不振动，气流从唇齿音的窄缝中挤出，摩擦成声。h 发音时，软腭上升，关闭鼻腔通路，声带不振动，舌根隆起，与软腭之间形成一个窄缝，气流从窄缝中摩擦成声。

(二) 掌握好辨记 f 与 h 声母字的方法

掌握好辨记 f 与 h 声母字的方法有以下两种供参考。

1. 借助形声字声旁类推法

例如："方"声母是"f"，那么以"方"做声旁的字，如"芳、访、坊、妨、房、防、纺、放、肪、邡、枋、钫、舫、鲂、仿"等字的声母也是"f"。

例如："皇"声母是"h"，那么以"皇"做声旁的字，如"凰、湟、惶、徨、煌、蝗"等字的声母也是"h"。

2. 运用方言进行辨记

例如：闽方言分不清 f 和 h 时，可以根据方言与普通话的对应规律进行类推，凡闽方言声母读 h 和 p 的字，在普通话中，这个字一定是 f 声母字，如"分、肥、帆、蜂"。同时还可以这样类推，以这个字或这个字的偏旁作为偏旁的字也是 f 声母的字，如"芬、淝、梵、峰"。

又如，客家方言区的人把韵母为 u 开头的字几乎都读成 f 声母字，如"化、环、回"。客家方言区的人要记住普通话声韵拼合规律，f 声母不与 u 开头的复韵母、鼻韵母相拼，只跟单韵母相拼，以上三个字应该是 h 声母的字。

【练习】

1. 音节对比训练

f—h(hu)对比的音节有 8 对(客家方言区 huai 读作 fai，普通话没有 fai 这个音节)，其中有 7 对容易相混：

| fa—hua | fan—huan | fang—huang | fei—hui |
| fen—hun | feng—hong | fu—hu | |

2. 字的对比

| 发—花 | 番—欢 | 方—荒 | 非—灰 |
| 夫—呼 | 佛—活 | 分—昏 | 风—轰 |

3. 双音节词语对比训练

浮水—湖水	防空—航空	幅度—弧度	乏力—华丽
公费—工会	分钱—婚前	船夫—传呼	富丽—互利
分配—婚配	舅父—救护	花费—花卉	犯病—患病
风箱—烘箱	发展—花展	父爱—护爱	凡是—环视
发生—花生	放荡—晃荡	防虫—蝗虫	纷乱—昏乱
步伐—不滑	房后—皇后	翻腾—欢腾	浮想—胡想

白发—白话	附注—互助	废置—绘制	风传—哄传
反冲—缓冲	风干—烘干	分头—昏头	防风—黄蜂
开发—开花	俯视—虎视	复句—沪剧	幸福—姓胡

4. 词语

f—h

发话	返回	分化	腐化	符合	发狠	饭盒	分红	浮华	附会	丰厚	发挥
防护	分洪	风华	符号	妨害	反悔	废话	繁华	分号	凤凰	复活	奉还
防洪	愤恨	焚毁

h—f

划分	化肥	话锋	花房	豪放	耗费	浩繁	河防	合法	盒饭	横幅	洪峰
洪福	后方	花粉	华发	荒废	黄蜂	恢复	回访	挥发	混纺	汇费	花费
和风	合肥	焕发

5. 成语

翻云覆雨	返老还童	防患未然	焕然一新	奋发图强	翻天覆地
胡作非为	呼风唤雨	回光返照	风华正茂	飞扬跋扈	风云变幻
逢凶化吉	狐假虎威	绘声绘色	飞黄腾达

6. 绕口令

肥和灰

门前一堆肥,门后一堆灰。肥和灰,灰和肥,不知是肥肥过灰,还是灰肥过肥。

黄凤凰和红凤凰

对门儿有堵白粉墙,白粉墙上画凤凰。先画一只粉黄粉黄的黄凤凰,再画一只绯红绯红的红凤凰。黄凤凰看红凤凰,红凤凰看黄凤凰。黄凤凰,红凤凰,两只都像活凤凰。

7. 诗词朗读

雨过山村

王建

雨里鸡鸣一两家,竹溪村路板桥斜。妇姑相唤浴蚕去,闲着中庭栀子花。

如梦令

李清照

昨夜雨疏风骤,浓睡不消残酒。试问卷帘人,却道海棠依旧。知否?知否?应是绿肥红瘦。

8. 段落朗读(注意加点字的读音)

很快他又有了新的机会,他让他的顾客每天把垃圾袋放在门前,然后由他早上运到垃圾桶里,每个月加一美元。之后他还想出了许多孩子赚钱的办法,并把它集结成书,书名为《儿童挣钱的二百五十个主意》。为此，达瑞十二岁时就成了畅销书作家，十五岁有了自己的谈话节目，十七岁就拥有了几百万美元。

(节选自《普通话水平测试实施纲要》中的朗读作品 4 号)

我们家前院就有位叔叔，擅扎风筝，远近闻名。他扎的风筝不只体型好看，色彩艳丽，放飞得高远，还在风筝上绷一叶用蒲苇削成的膜片，经风一吹，发出"嗡嗡"的声响，仿佛是风筝的歌唱，在蓝天下播扬，给开阔的天地增添了无尽的韵味，给驰荡的童心带来几分疯狂。

(节选自《普通话水平测试实施纲要》中的朗读作品 9 号)

三、鼻音 n、边音 l 及舌尖后音 r 的辨正

普通话中的 n 和 l 是对立的音位，分得很清楚，但是在很多方言区中 n 和 l 是不分的，对于那些 n、l 不分的方言区来说，学习起来比较困难，例如，闽方言的各次方言大多有 n、l 声母，但字类分布与普通话不大一样。闽东方言中 n 声母又正在逐渐消失，多以 l 代之；客家方言的大部分地区有 n、l 声母，但少部分地区无 n 声母，因此说普通话时常以 l 代 n，例如，常把"男子"说成"篮子"，"脑子"说成"老子"。因此首先要读准 n 和 l，然后要知道哪些字的声母是 n，哪些字的声母是 l，这需要有个记忆过程。

r 这个音和 zh、ch、sh 是一个系列的，它们在汉语里是共现的，也就是说，凡是没有前三个音的方言里，自然也就没有这个音。如客家、闽、粤方言都没有 r 声母，说普通话时常以 n 或 l 代之，例如，把"很热"读成"很乐"；东北方言中，所有的 r 开头的声母一律读成 y 开头的声母；还有部分北方方言、西南方言、吴方言等地区也存在发不好 r 声母的情况。

(一) 掌握好 n、l、r 的发音

1. 先比较 n、l 发音的异同点

(1) 相同之处：发音部位相同，都是舌尖中音(舌尖—上齿龈)；发音方法中有一部分相同——发音时声带都振动(浊音)。

(2) 不同之处：发音方法中阻碍方式不同。发 n 时，舌尖及舌边均上举，顶住上齿龈，带动整个舌面的周围跟硬腭的周围密合，软腭下降，鼻孔出气，同时声带振动；发 l 时，舌尖前端上举，顶住齿龈(不顶满)，舌尖两边与硬腭的两侧保持适当的间隙，软腭上升，声带振动，气流从舌头两边透出。

有的人把两类声母都念成 n，但鼻音较弱，带有边音色彩。这是因为发 n 的时候，口腔没有完全封闭，有气流从舌头两侧或者一侧透出。有的人把两类声母都念成 l，但边音也不纯，带有鼻化音色彩。这是由于软腭提升不够，有气息从鼻腔透出。纠正的方法：可以采用"前字引导正音法"进行以下练习。

n：在 n 声母的前面加一个用 n 作韵尾的音节，两字连读，因发音部位相同，方法相近(只是除阻、不除阻的区别)，易于发准 n 的声母。

例如：kànna 看哪　　xīnnián 新年

l：在 l 声母的前面加上一个 ge、ke 的音节，借 g、k 发音时的舌根抬高，相对限制了软腭下降，使它不便于发鼻音而容易发边音。

例如：gèlèi 各类　　kēlì 颗粒

2．r 声母的发音

r 是舌尖后、浊、擦音，发音时舌尖上翘，接近硬腭前部，形成窄缝，软腭上升，关闭鼻腔通道，声带振动，气流从窄缝中挤出，摩擦成声。有的人发成舌尖前音或舌尖中音；有的人虽然发成舌尖后音，但又把擦音发成了塞擦音。sh 和 r 都是舌尖后音，都是擦音，所不同的是 sh 为清音，r 为浊音。可以先发 sh，然后让声带振动，就成 r 音了。

（二）掌握好辨记 n、l、r 声母字的方法

辨记 n、l、r 声母字的方法有以下几种。

1．借助形声字声旁类推法

例如："尼"字声母是"n"，那么以"尼"为声旁的字如"泥、呢、妮、旎、伲"等字的声母都是"n"。"里"字的声母是"l"，那么以"里"为声旁的字如"哩、理、厘、狸"等字的声母都是"l"。"容"字的声母是"r"，那么以"容"为声旁的字如"溶、熔、蓉、榕"等字的声母都是"r"。

2．凡是声旁与 zh、ch、sh、r 有关，或与 er 韵母有关，以及与韵母 i 开头的齐齿呼零声母字有关，普通话读 n 不读 l

声旁读 zh、ch、sh：扭、纽、妞、拈、黏、嫩、闹、尿。

声旁读 r：恁、匿、喏、诺、溺、捏。

声旁读 er：你、您、耐、聂、镊、蹑、腻。

声旁是以 i 开头的齐齿呼零声母字：拟、凝。

用这样的方法可以记住三分之一的 n 声母字。

3．利用声韵拼合规律类推

(1) 普通话中，r 不与 in 相拼，n 也基本上不与 in 相拼，因此当韵母是 in 时，分不清声母是 n、l、r 时，基本可以确定这个字的声母是 l。"您"字例外，它的读音是 nín。

(2) 普通话声母 r 不与 i 和 ü 开头的韵母相拼。凡是韵母以 i 或 ü 开头的字，分不清 n、l、r 时，可确定其声母不可能是 r。普通话 n、l 声母基本上不与 uei(ui)和 en 韵母相拼，遇到这些韵母字，分不清 n、l、r 时，基本上可确定其声母为 r，但"嫩"字例外，其读音是 nèn。

4．记少不记多

在字表中，n 声母的字比 l 声母字少。记住 n 声母字，其余的 l 声母字可以大胆地类推。

5．利用方言对应关系

如闽方言和客家方言零声母的字，分不清普通话 n、l、r 声母时，可以确定为 r 声母字。

闽方言声母是[ŋ]的字，分不清普通话 n、l、r 声母时，一般可以确定为 n 声母字，如"凝、牛、逆"等字。

【练习】

1. n、l 单音节字对比

那—辣	讷—乐	脑—老	男—蓝	你—里	聂—列	年—连
您—林	怒—路	挪—罗	女—铝	虐—略	耐—赖	囊—狼
尿—料	娘—凉	暖—卵	内—类	能—棱	牛—留	宁—零

2. n、l 对比辨音

旅 lǚ 客—女 nǚ 客　　脑 nǎo 子—老 lǎo 子　　连 lián 夜—年 nián 夜
留念 niàn—留恋 liàn　　浓 nóng 重—隆 lóng 重　　南 nán 部—蓝 lán 布
烂泥 ní—烂梨 lí　　牛 niú 黄—硫 liú 磺　　大娘 niáng—大梁 liáng

3. n、l 双音节词

哪里 nǎlǐ	纳凉 nàliáng	奶酪 nǎilào	脑力 nǎolì
内涝 nèilào	能力 nénglì	来年 láinián	老农 lǎonóng
冷暖 lěngnuǎn	流脑 liúnǎo	留念 liúniàn	岭南 lǐngnán
牛奶 niúnǎi	恼怒 nǎonù	扭捏 niǔniē	能耐 néngnài
呢喃 nínán	男女 nánnǚ	履历 lǚlì	理论 lǐlùn
联络 liánluò	流露 liúlù	老练 lǎoliàn	拉力 lālì

4. r 声母词

柔软	熔融	柔弱	容忍	荣任	如若	孺人
闰日	柔韧	如日	仍然	荣辱	惹人	忍让

5. n、l、r 词语

(1) n、r
泥人　拟人　袅绕　懦弱　男人　内燃　能人　宁日　呢绒　纳入

(2) l、r
蜡染　腊月　老人　来日　利润　礼让　老弱　历任　乱扔　朗润

(3) r、i
热药　热饮　人言　人烟　仁义　任意　任用　锐意
日夜　容易　溶液　熔岩　荣耀　肉眼　儒雅　儒医
如意　入夜　入眼　入药　软硬

(4) i、r
哑然　雅人　俨然　俨如　炎热　眼热　妖娆　萦绕
一日　异日　宜人　洋人　揖让　仪容　遗容　易熔
悠然　油然　犹如

(5) r、ü
绕远　热源　人鱼　人猿　日月　日晕　荣誉　肉欲
如愿　入院　入狱　软玉

6. 绕口令

念一念

念一念，练一练，n、l的发音要分辨。l是边音软腭升，n是鼻音舌靠前。你来练，我来念，不怕累，不怕难，齐努力，攻难关。

蓝布棉门帘

有座面铺面朝南，门口挂个蓝布棉门帘。摘了蓝布棉门帘，看了看，面铺面朝南；挂上蓝布棉门帘，看了看，面铺还是面朝南。

四轮大马车

门口有四辆四轮大马车，你爱拉哪两辆就拉哪两辆。小罗要拉前两辆，小梁不要后两辆。小梁偏要抢小罗的前两辆，小罗只好拉小梁的后两辆。

牛郎年年恋刘娘

牛郎年年恋刘娘，刘娘连连念牛郎；牛郎恋刘娘，刘娘念牛郎；郎恋娘来娘念郎。

老农闹老龙

老龙恼怒闹老农，老农怒恼闹老龙，农怒龙恼农更怒，龙恼农怒龙怕农。

说日

夏日无日日亦热，冬日有日日亦寒，春日日出天渐暖，晒衣晒被晒褥单，秋日天高复云淡，遥看红日迫西山。

日头石头舌头

天上有个日头，地下有块石头，嘴里有个舌头，手上有五个手指头。不管天上的热日头，地下的硬石头，嘴里的软舌头，手上的手指头，还是热日头、硬石头、软舌头、手指头，反正都是练舌头。

7. 段落朗读

布鲁诺很不满意老板的不公正待遇。终于有一天他到老板那儿发牢骚了。老板一边耐心地听着他的抱怨，一边在心里盘算着怎样向他解释清楚他和阿诺德之间的差别。

(节选自《普通话水平测试实施纲要》中朗读作品2号)

四、舌面音 j、q、x 与舌尖前音 z、c、s 的辨正

粤方言、闽方言、湘方言及吴方言区常出现声母 z、c、s 或 zh、ch、sh(此方言区人舌

尖后音也常发成舌尖前音)与 j、q、x 混用的情况，例如：把"知道"读成"机道"，"少数"读成"小数"等。闽南方言中的南安、晋江、惠安一部分地区常把"自己"发成"jiji"。有些地方直接用 z、c、s 代替 j、q、x。闽东方言中的大部分地区，常把"谢谢"(xièxie)说成"sese"；"细心"(xìxīn)说成"sisin"。北方方言、吴方言及湘方言区中的一些人，常常把 j、q、x 发成 z、c、s，把团音(即声母 j、q、x 跟 i、ü 或以 i、ü 起头的韵母相拼)发成尖音(即声母 z、c、s 跟 i、ü 或以 i、ü 起头的韵母相拼)，如把"九"(jiǔ)读成"ziǔ"，其实普通话不分尖团音。声母 z、c、s 不能和 i、ü 或 i、ü 起头的韵母相拼，而 j、q、x 则可以。要解决这些问题应注意以下几点。

(一) 正确区别 j、q、x 和 z、c、s 的发音

j、q、x 是舌面音，发音时气流从舌面的前部出来，气流摩擦的位置是舌面前和硬腭的前端，舌尖下压，放在下齿背上；z、c、s 是舌尖前音，发音时气流从舌尖和上齿背出去，舌面不能上抬。发不好 j、q、x 的主要原因是发音时部位朝前了，接近 z、c、s 的发音。而有部分人发 j、q、x 让气流从舌尖出来，发成尖音。我们可以用这种办法加以纠正：先让舌尖压在下齿背后，发音时不让舌尖起作用；然后舌尖的前部隆起，抵住或接近硬腭的前端构成阻碍。

(二) 辨识 j、q、x 和 z、c、s 的字

辨识 j、q、x 和 z、c、s 的字，主要是根据形声字声旁进行类推。如普通话中声母是 x 的字共有 211 个，其中 126 个字可以利用偏旁类推记忆，例如：

西(xi)—西、牺
息(xi)—息、熄、媳
悉(xi)—悉、蟋、窸
昔(xi)—昔、惜
瞎(xia)—瞎、辖
先(xian)—先、洗、铣、宪、选
写(xie)—写、泻
萧(xiao)—萧、啸、箫
秀(xiu)—秀、锈、绣
心(xin)—心、芯
新(xin)—新、薪
辛(xin)—辛、锌
星(xing)—星、腥、醒、猩
相(xiang)—相、箱、想、湘
象(xiang)—象、像、橡
旬(xun)—旬、询、殉
讯(xun)—讯、迅、汛
宣(xuan)—宣、喧
县(xian)—县、悬

旋(xuɑn)—旋、漩

鲜(xiɑn)—鲜、癣

还可以借助方言来辨识。如闽南方言区读[h]音的，普通话中若是舌面音，一般读 x，而不读 j、q，更不读 s。常用字中闽南方言读[h]音的而普通话读 x 音的有：

xi—希、稀、牺、喜、戏、系、犀、熙、嬉、徙

xiɑ—虾、峡、狭、下、夏、侠、暇、辖、霞、虾

xie—歇、协、胁、携、血、械、挟

xiɑo—晓、孝、效、校

xin—欣、芯

xiɑn—掀、贤、弦、嫌、衔、显、险、硬、宪、陷、馅、羡、献、舷、涎

xing—刑、兴、形、型、杏、幸

xiɑng—乡、香、响、向、项、享

xiong—凶、胸、兄、雄、汹、熊、匈

xu—虚、许、旭、酗、恤

xue—穴、学、靴、薛

xun—训、汛、勋、熏、薛

xuɑn—玄

【练习】

1. 词的对比

j:	击剑	加剧	将军	经济	集结	进军	鸡精
q:	祈求	牵强	巧取	求全	群情	轻巧	恰巧
x:	西学	遐想	先贤	行凶	小写	信心	小溪
x—j:	下解	闲居	现金	乡间	兴建	戏剧	迅急
x—q:	习气	细巧	辖区	心情	乡亲	星期	学区
z—j:	自己	再见	杂家	造就	祖籍	尊敬	总局
j—q:	尽情	加强	假期	讲求	九泉	近亲	景气
j—x:	精心	减刑	金星	进修	捐献	酒席	景象
q—j:	棋局	掐诀	千斤	侨眷	劝解	求教	切近
q—x:	前夕	浅显	球星	全息	谦虚	清闲	缺席
j—z:	机组	记载	简则	镜子	抉择	酒糟	讲座
c—q:	财气	采取	残缺	词曲	此前	瓷器	粗浅
q—c:	七次	凄惨	潜藏	青草	奇才	清脆	枪刺
s—x:	丝线	私下	死心	苏醒	速写	缩小	搜寻
x—s:	喜色	习俗	细碎	遐思	闲散	线索	羞涩

2. 词语

缉私 jīsī　　集资 jízī　　其次 qícì　　袖子 xiùzi　　下策 xiàcè

习字 xízì　　戏词 xìcí　　资金 zījīn　　字迹 zìjī　　字据 zìjù

自己 zìjǐ	自觉 zìjué	瓷器 cíqì	刺激 cìjī	思绪 sīxù
私交 sījiāo	私情 sīqíng	私心 sīxīn	司机 sījī	丝线 sīxiàn
四季 sìjì	剪除 jiǎnchú	精致 jīngzhì	趋势 qūshì	消失 xiāoshī
秩序 zhìxù	沉寂 chénjì	深浅 shēnqiǎn	审讯 shěnxùn	少将 shàojiàng
机器 jīqì	急切 jíqiè	军区 jūnqū	求救 qiújiù	迁就 qiānjiù
劝酒 quànjiǔ				

3. zh、ch、sh 和 j、q、x 对比辨音

墨迹 jì—墨汁 zhī	交际 jì—交织 zhī	密集 jí—密植 zhí
边际 jì—编制 zhì	就 jiù 业—昼 zhòu 夜	浅 qiǎn 明—阐 chǎn 明
砖墙 qiáng—专长 cháng	洗 xǐ 礼—失 shī 礼	详细 xì—翔实 shí
缺席 xí—确实 shí	获悉 xī—获释 shì	逍 xiāo 遥—烧 shāo 窑
修 xiū 饰—收 shōu 拾	电线 xiàn—电扇 shàn	艰辛 xīn—艰深 shēn
姓 xìng 名—盛 shèng 名		

4. 绕口令

漆匠和锡匠

东巷一个漆匠，西巷一个锡匠，东巷漆匠偷了西巷锡匠的锡，西巷锡匠偷了东巷漆匠的漆。

看风景

小金到北京看风景，小京到天津买纱巾。看风景，用眼睛，还带一个望远镜；买纱巾，带现金，到了天津把商店进。买纱巾，用现金；看风景，用眼睛，巾、京、金、津、睛、景都要读标准。

擒蜻蜓

小芹手脚灵，轻手擒蜻蜓。小青人精明，天天学钢琴。擒蜻蜓，趁天晴，小芹晴天擒住大蜻蜓。学钢琴，趁年轻，小青精益求精练本领。你想学小青还是学小芹。

5. 段落朗读（注意加点字的读音）

更为重要的是，读书加惠于人们的不仅是知识的增广，而且还在于精神的感化与陶冶。人们从读书学做人，从那些往哲先贤以及当代才俊的著述中学得他们的人格。人们从《论语》中学得智慧的思考，从《史记》中学得严肃的历史精神，从《正气歌》中学得人格的刚烈，从马克思学得人世的激情，从鲁迅学得批判精神，从托尔斯泰学得道德的执著。歌德的诗句刻写着睿智的人生，拜伦的诗句呼唤着奋斗的热情。一个读书人，一个有机会拥有超乎个人生命体验的幸运人。

(节选自《普通话水平测试实施纲要》中朗读作品 6 号)

五、分辨不送气音和送气音

普通话里，声母 b—p，d—t，g—k，zh—ch，z—c，j—q 这组音中，前者 b、d、g、zh、z、j 是不送气音，相对的 p、t、k、q、ch、c 是送气音。有些方言区的人不会发送气音，也有些方言区的人虽会发送气音，但方言中的不送气音和送气音是混乱的。例如：以江、浙为代表的方言中有古"浊音"，于是把一部分普通话该读送气音的字，读成了不送气而颤动声带的"浊音"了。如"陪、台、葵、才、床"等字，声母都是送气的，苏州话、长沙话都念成了不送气的浊音。

【练习】

1．字的对比

b—p：	拔—爬	败—派	拌—盼	倍—配	毕—僻	捕—谱
d—t：	蛋—探	到—套	毒—图	笛—提	夺—驮	堤—踢
g—k：	规—亏	柜—馈	剑—愧	公—空	怪—快	姑—哭
j—q：	集—齐	歼—千	截—茄	近—沁	局—渠	净—庆
zh—ch：	铡—茶	招—超	仗—唱	植—迟	轴—愁	撞—创
z—c：	字—刺	最—脆	凿—曹	坐—错	在—菜	灾—猜

2．词的对比

b—p：	逼迫	摆谱	被迫	半票
p—b：	拍板	旁边	排比	判别
d—t：	顶替	地毯	动弹	灯塔
t—d：	坦荡	态度	糖弹	特点
g—k：	功课	孤苦	高亢	工楷
k—g：	凯歌	看管	考古	刻骨
j—q：	机器	佳期	嘉庆	坚强
q—j：	千斤	曲剧	清剿	群居
zh—ch：	支持	展翅	战车	章程
ch—zh：	插针	查证	车站	拆账
z—c：	字词	早操	造次	杂草
c—z：	擦澡	刺字	才子	参赞

3．词语对比

b—p：	败兵—派兵	鼻子—皮子	部位—铺位	辫子—骗子
d—t：	淡化—碳化	肚子—兔子	毒药—涂药	稻子—套子
g—k：	米缸—米糠	怪事—快事	工地—空地	孤树—枯树
j—q：	掣人—呛人	净利—庆历	坚强—牵强	掬水—渠水
zh—ch：	直到—迟到	仗着—唱着	侄子—池子	质子—赤子
z—c：	座位—错位	在场—菜场	自序—次序	大字—大刺

4. 绕口令(注意加点字的读音)

白猫黑鼻子

白猫黑鼻子,黑猫白鼻子,黑猫的白鼻子,碰破了白猫的黑鼻子。白猫的黑鼻子破了,剥个秕谷皮儿补鼻子;黑猫的白鼻子不破,不必剥秕谷皮儿补鼻子。

盆和瓶

车上放着一个盆,盆里放着一个瓶。乒乒乒,乓乓乓,瓶碰盆,盆碰瓶,不知是盆碰坏了瓶,还是瓶碰坏了盆。

六、读准普通话零声母的字

普通话一部分读零声母的字,如"鹅、爱、欧、袄、安"等在有些方言中读成了有声母的字,大致情况如下。

(1) 在读以a、o、e开头的零声母字时,常在前面加舌根鼻音ng,如青岛人将"安"读成"ngan","欧"读成"ngou","恩"读成"ngen";有的方言加n声母,如天津话的"爱",只要把该读零声母的字记熟,去掉前面的ng或n,直接发元音就行了。

(2) 普通话中合口呼的零声母字,有的方言读成了v(唇齿浊擦音)声母,如"万、闻、物、尾、问"等字,在吴方言中读成v声母或以v代u,如宁夏话的"文",桂林话的"武"。只要在发音时注意把双唇拢圆,不要让下唇和上齿接触,就可以改正了。此外,有些方言把普通话的这类声母读成了m声母,如广州话、玉林话的"文",那就要记熟这类零声母的字,不要读成m声母。

【练习】

1. 零声母辨音

爱 ài 心—耐 nài 心	海岸 àn—海难 nàn	大义 yì—大逆 nì
傲 ào 气—闹 nào 气	疑 yí 心—泥 ní 心	语 yǔ 序—女 nǚ 婿
文 wén 风—门 mén 风	余味 wèi—愚昧 mèi	每晚 wǎn—美满 mǎn
纹 wén 路—门 mén 路	万 wàn 丈—幔 màn 帐	五味 wèi—妩媚 mèi

2. 读准零声母字词

阿姨 āyí	挨饿 ái'è	昂扬 ángyáng	熬药 áoyào	偶尔 ǒu'ěr
扼要 èyào	压抑 yāyì	沿用 yányòng	演义 yǎnyì	扬言 yángyán
洋溢 yángyì	谣言 yáoyán	幽雅 yōuyǎ	友谊 yǒuyì	外围 wàiwéi
忘我 wàngwǒ	委婉 wěiwǎn	万般 wànbān	唯物 wéiwù	无谓 wúwèi

附录2　声旁类推字表

1. zh、ch、sh 与 z、c、s 代表字类推表

1) zh 声母

丈：zhàng 丈、仗、杖

专：zhuān 专、砖；zhuǎn 转(转身、转达)；zhuàn 转(转子、转动)、传(传记，传又念 chuán [宣传])

支：zhī 支、枝、肢

止：zhǐ 止、芷、趾

中：zhōng 中(中央)、忠、钟、盅、衷；zhǒng 种(种子)、肿；zhòng 中(中暑)、种(种植)；冲(冲念 chōng [冲锋]，又念 chòng [冲劲儿])

长：zhāng 张；zhǎng 长(生长、班长)、涨(涨潮)；zhàng 胀(头昏脑胀)、帐、涨(长又念 cháng [长短])

主：zhǔ 主、拄；zhù 住、注、炷、驻、蛀、柱

正：zhēng 正(正月)、怔、征、症(症结)；zhěng 整；zhèng 正、证、政、症

占：zhān 沾、毡、粘(粘贴标语)；zhàn 占、战、站(砧念 zhēn，钻念 zuān [钻研]，又念 zuàn [钻石])

只：zhī 只(两只手、只身)、织；zhí 职；zhǐ 只(只有)；zhì 帜(识念 shí [识别]，炽念 chì [炽热])

召：zhāo 招、昭；zhǎo 沼；zhào 召(号召)、诏、照(召又念 shào [姓])

执：zhí 执；zhì 贽、挚、鸷；zhé 蛰

至：zhí 侄；zhì 至、郅、致、室、蛭

贞：zhēn 贞、侦、祯、桢(帧念 zhèng)

朱：zhū 朱、诛、侏、茱、珠、铢、蛛(殊念 shū)

争：zhēng 争、挣(挣扎)、峥、狰、铮、睁、筝；zhèng 诤、挣(挣脱)

志：zhì 志、痣

折：zhē 折(折跟头)；zhé 折(折磨)、哲、蜇(海蜇)；zhè 浙(折又念 shé [棍子折了]，誓念 shì)

者：zhě 者、赭；zhū 诸；zhǔ 渚、煮；zhù 著、箸(储、褚、楮念 chǔ)

直：zhí 直、值、植、殖(繁殖)；zhì 置

知：zhī 知、蜘；zhì 智(痴念 chī)

珍：zhēn 珍；zhěn 诊疹(趁念 chèn)

真：zhēn 真；zhěn 缜；zhèn 镇(慎念 shèn)

振：zhèn 振、赈、震(辰、宸、晨念 chén)

章：zhāng 章、漳、彰、嫜、蟑(蟑螂)；zhàng 障、嶂、幛、瘴

啄：zhuō 涿；zhuó 啄、琢

2) z 声母

子：zī 孜；zǐ 子、仔、籽

匝：zā 匝；zá 砸
宗：zōng 宗、综(综合)、棕、踪、鬃；zòng 粽
卒：zú 卒(小卒)；zùi 醉
责：zé 责、啧、帻、箦
兹：zī 兹(兹定于)、滋、孳
租：zū 租；zǔ 诅、阻、组、俎、祖
资：zī 咨、姿、资、趑；zì 恣
造：zào 造(糙念 cāo)
尊：zūn 尊、遵、樽
曾：zēng 曾(姓)、憎、缯；zèng 赠(曾又念 céng [曾经])
攒：zǎn 攒(积攒)、趱；zàn 赞
澡：zǎo 澡、藻；zào 噪、燥、躁

3) c 声母

才：cái 才、材、财(豺念 chái)
寸：cūn 村；cǔn 忖；cùn 寸
仓：cāng 仓、伧(伧俗)、沧、苍、舱(伧又念 chen [寒伧]，创、怆、疮的声母念 ch)
从：cōng 从(从容)、枞(枞树)；cóng 从(服从)、丛
此：cī 疵；cí 雌；cǐ 此
采：cǎi 采(采访)彩、睬、踩；cài 菜
参：cān 参(参观)；cēn 参(参差)(参又念 shēn [人参]，渗念 shèn)
挫：cuò 挫、锉
曹：cáo 曹、漕、嘈、槽、螬
崔：cuī 崔、催、摧；cuǐ 璀
窜：cuān 撺、蹿；cuàn 窜
差：cī 差(参差)；cuō 搓、磋(差又念 chā [差别]，chà [差不多]，chāi [出差])
慈：cí 慈、糍、鹚
猝：cù 猝；cuì 淬、翠、萃、啐、瘁、粹
蔡：cā 擦、嚓(象声词)；cài 蔡
醋：cù 粗；cuò 措、错

4) ch 声母

叉：chā 叉(渔叉)；chá 叉(叉住)；chǎ 叉(叉开)；chà 杈(树杈)、衩(衣衩)；chāi 钗
斥：chì 斥；chè 坼；chāi 拆(拆信)
出：chū 出；chǔ 础；chù 绌、黜
池：chí 池、弛、驰
产：chǎn 产、铲
场：cháng 场(场院)、肠；chǎng 场(会场)；chàng 畅
成：chéng 成、诚、城、盛(盛东西)
抄：chāo 抄、吵(吵吵)钞；chǎo 吵(吵架)、炒
辰：chén 辰、宸、晨；chǔn 唇
呈：chéng 呈、程；chěng 逞
昌：chāng 昌、阊、猖、鲳、娼；chàng 倡、唱

垂：chuí 垂、陲、捶、锤
啜：chuò 啜、辍
春：chūn 春、椿；chǔn 蠢
除：chú 除、滁
惆：chóu 惆(惆怅)、绸、稠
搀：chān 搀；chán 馋、谗
朝：cháo 朝(朝鲜)、潮、嘲(嘲笑)
揣：chuāi 揣(怀揣)；chuǎi 揣(揣测)；chuǎn 喘

5) s 声母
四：sì 四、泗、驷
司：sī 司；sì 伺、饲、嗣
孙：sūn 孙、荪、狲(猢狲)
松：sōng 忪(惺忪)、松、淞；sòng 颂、忪(忪又念 zhōng [怔忪])
思：sāi 腮、鳃；sī 思、锶
叟：sǎo 嫂；sōu 溲、搜、馊、飕、艘(瘦念 shòu)
素：sù 素、愫、嗉
酸：suān 酸；suō 唆、梭
桑：sāng 桑；sǎng 搡、嗓、颡
遂：suí 遂(半身不遂)；suì 遂(遂心)、隧、燧、邃
散：sā 撒(撒手)；sǎ 撒(撒种)；sǎn 散(散漫)、糁；sàn 散(散会)
斯：sī 斯、澌、撕、嘶
锁：suǒ 唢(唢呐)、琐、锁

6) sh 声母
山：shān 山；shàn 讪、汕、疝
少：shā 沙、莎、纱、砂、裟、鲨；shà 沙(沙一沙，动词)；shǎo 少(少数)；shào 少(少年)(娑念 suō)
市：shì 市、柿、铈
申：shēn 申、伸、呻、绅、砷；shén 神；shěn 审、婶
生：shēng 生、牲、胜、笙、甥；shèng 胜(胜利)
召：sháo 苕(红苕)、韶；shào 召(姓)、邵(姓)、绍(介绍)
式：shì 式、试、拭、轼、弑
师：shī 师、狮；shāi 筛(蛳念 sī)
抒：shū 抒、纾、舒
诗：shī 诗；shí 时、鲥；shì 侍、恃(寺念 sì)
叔：shū 叔、淑、菽
尚：shǎng 赏；shàng 尚；shang 裳(衣裳)(徜念 cháng [徜徉])
受：shòu 受、授、绶
舍：shá 啥；shě 舍(舍弃)；shè 猞(猞猁)、舍(宿舍)
刷：shuā 刷；shuà 刷(刷白)；shuàn 涮
珊：shān 删、姗、珊、栅(栅极)、跚(蹒跚)(册念 cè，栅又念 zhà [栅栏])
扇：shān 扇(动词)、煽；shàn 扇(扇子，两扇窗)

2. f、h 代表字类推表

1) f 声母

凡：fān 帆；fán 矾、钒

反：fǎn 返；fàn 饭、贩

番：fān 番、藩、翻

方：fāng 芳、坊(牌坊)；fáng 防、妨、坊(油坊)、房、肪；fǎng 访、仿、纺、舫；fàng 放

父：fǔ 斧、釜；fù 父

夫：fū 肤；麸、芙；fú 扶、呋

付：fǔ 符、府、腑、俯、腐；fù 付、附、咐

弗：fú 拂、佛、氟、佛；fèi 沸、狒、费

伏：fú 茯、袱

甫：fǔ 敷、辅；fù 傅、缚

孚：fū 孵；fú 俘、浮

福：fú 幅、辐、蝠；fù 富、副

复：fù 腹、蝮、馥、覆

分：fēn 芬、吩、纷；fěn 粉；fèn 份、忿

乏：fàn 泛

发：fèi 废

阀：fá 伐、筏

风：fēng 枫、疯；fěng 讽

非：fēi 菲、啡、绯、扉、霏、蜚；fěi 诽、匪、斐、翡；fèi 痱

丰：fēng 峰、烽、锋、蜂

2) h 声母

火：huǒ 伙

户：hù 沪、护、戽

乎：hū 呼、滹

虎：hǔ 唬、琥

忽：hū 惚、唿

胡：hú 湖、葫、猢、瑚、糊、蝴

化：huā 花、哗；huá 华、哗(喧哗)、铧；huà 化、桦；huò 货

话：huó 活

灰：huī 恢、诙

回：huí 茴、蛔、徊

会：huì 绘、烩、桧(秦桧)

挥：huī 辉；hūn 荤；hùn 混

悔：huǐ 悔、晦

红：hóng 虹、鸿

哄：hōng 哄(哄动)、烘；hóng 洪；hǒng 哄(哄骗)；hòng 哄(起哄)

怀：huán 还、环
奂：huàn 涣、换、唤、焕、痪
昏：hūn 阍、婚
混：hún 馄、混
荒：huāng 慌；huǎng 谎
皇：huáng 凰、湟、惶、徨、煌、蝗
晃：huǎng 恍、幌；huàng 晃(摇晃)
黄：huāng 璜、潢、磺、蟥、簧

3. n、l、r 代表字类推表

1) n 声母

乃：nǎi 乃
奈：nài 奈、萘；nà 捺
内：nèi 内；nè 讷；nà 呐、纳、衲、钠
宁：níng 宁、拧、咛、狞、柠；nìng 宁(宁可)、泞
尼：ní 尼、泥、呢(呢绒)伲；nì 泥(拘泥)
倪：ní 倪、猊、霓
奴：nú 奴、孥、驽；nǔ 努、弩；nù 怒
农：nóng 浓、脓、农、侬
那：nǎ 哪；nà 那；nuó 挪、娜(婀娜)
纽：niū 妞；niǔ 扭、忸、钮、纽
念：niǎn 捻；niàn 念、埝
南：nán 喃、南、楠
虐：nüè 虐、疟、谑
懦：nuò 懦、糯
捏：niē 捏；niè 涅
聂：niè 聂、蹑、镊、嗫
脑：nǎo 恼、脑、瑙

2) l 声母

力：lì 力、荔；liè 劣；lèi 肋；lè 勒
历：lì 历、沥、呖、枥
立：lì 立、粒、笠；lā 拉、垃、啦
厉：lì 厉、励、疠、蛎
里：lí 厘、狸；lǐ 里、理、鲤；liàng 量
利：lí 梨、犁、蜊；lì 利、俐、痢、莉、狸；li 蜊(蛤蜊)
离：lí 离、漓、篱、璃
仑：lūn 抡；lún 仑、伦、沦、轮；lùn 论
兰：lán 兰、拦、栏；làn 烂
览：lǎn 览、揽、缆；lan 榄(橄榄)
蓝：lán 蓝、篮；làn 滥

龙：lóng 龙、咙、聋、笼、珑、胧；lǒng 陇、垄、垅、拢
卢：lú 卢、泸、栌、颅、鸬、舻、鲈、胪、轳
隆：lóng 隆、癃、窿(窟窿)
录：lù 录、禄、碌；lǜ 绿、氯
鹿：lù 鹿、漉、辘、麓
鲁：lǔ 鲁、橹
路：lù 路、鹭、露、潞、璐
戮：lù 戮
令：líng 伶、玲、羚、聆、岭、零、龄；lǐng 岭令(一令纸)；ling 令；lěng 冷；lin 邻；lián 怜
劳：lāo 捞；láo 劳、痨、崂、唠(唠叨)；lào 涝
列：liě 咧；liè 烈、列、裂；lì 例
吕：lǚ 吕、侣、铝
虑：lǜ 虑、滤
良：liáng 良、粮；láng 郎、廊、狼、琅、榔、螂；lǎng 朗；làng 浪；lang 螂(蟑螂)
两：liǎng 两、俩(伎俩)；liàng 辆；liǎ 俩
凉：liáng 凉；liàng 凉、晾；lüè 掠
梁：liáng 梁、粱
涟：lián 连、莲、涟、鲢；liǎn 琏；liàn 链
炼：liàn 练、炼
恋：liàn 恋；luán 峦、孪、娈、鸾、滦
脸：liǎn 脸、敛；liàn 殓、检、潋
廉：lián 廉、濂、镰
林：lín 林、淋、琳、霖；lán 婪
鳞：lín 嶙、辚、鳞、麟
罗：luó 罗、逻、萝、锣、箩
洛：luò 洛、落、络、骆；lào 烙、酪；lüè 略
娄：lóu 娄、喽、楼；lǒu 搂、篓；lǚ 缕屡
剌：lǎ 喇；là 剌、辣；lài 赖、癞、籁
蜡：là 腊、蜡；liè 猎
流：liú 流、琉、硫
留：liū 溜；liú 留、馏、榴、瘤

3) r 声母

冉：rán 髯；rǎn 苒
然：rán 然、燃
刃：rěn 忍；rèn 韧、轫、仞、纫
壬：rèn 任、妊、衽、饪
柔：róu 糅、揉、蹂、鞣
容：róng 溶、榕、熔、蓉

戎：róng 戎、绒
荣：róng 嵘、蝾
嚷：rǎng 壤、攘；ráng 瓤
人：rén 人；rèn 认
若：ruò 若、偌
闰：rùn 闰、润
儒：rú 儒、蠕、孺、濡

4．zh—z、ch—c、sh—s 及 n、l、r 辨音字表

以下辨音字表中圈码数字表示声调，①是阴平，②是阳平，③是上声，④是去声。

1) zh—z 辨音字表

	zh	z
a	①扎(驻~)、渣；②闸、铡、扎(挣~)、札(信~)；③；眨；④乍、炸、榨、蚱、栅	①扎(包~)匝；②杂、砸；③咋
e	①遮；②折、哲、辙；③者；④蔗、浙、这	②泽、择、责、则；④仄、昃
u	①朱、珠、蛛、株、诸、猪；②竹、烛、逐；③主、煮、嘱；④注、蛀、住、柱、驻、贮、祝、铸、筑、箸	①租；②族、足、卒；③组、阻、祖
-i	①之、芝、支、枝、肢、知、蜘、汁、只、织、脂；②直、植、殖、值、执、职；③止、址、趾、旨、指、纸、只；④至、室、致、志、治、质、帜、挚、掷、秩、置、滞、制、智、稚、痔	①兹、滋、孳、姿、资、孜、龇、缁、辎；③子、仔、籽、梓、滓、紫；④字、自、恣、渍
ai	①摘、斋；②宅；③窄；④寨、债	①灾、哉、栽；③宰、载；④再、在、载(~重)
ei		②贼
ao	①昭、招、朝；②着；③找、爪、沼；④照、召、赵、兆、罩	①遭、糟；②凿；③早、枣、澡；④造、皂、灶、躁、燥
ou	①州、洲、舟、周、粥；②轴；③帚、肘；④宙、昼、咒、骤、皱	①邹；③走；④奏、揍
ua	①抓	
uo	①桌、捉、拙、卓；②着、酌、灼、浊、镯、啄、琢	①作(~坊)；②昨、凿(确~)；③左；④坐、座、作、柞、咋、做
ui	①追、锥；④缀、赘、坠	③嘴；④最、罪、醉
an	①沾、毡、粘；③盏、展、斩；④占、战、站、栈、绽、蘸	①簪；②咱；③攒；④赞、暂
en	①贞、侦、祯、桢、真；③疹、诊、枕、缜；④振、震、阵、镇	③怎
ang	①张、章、樟、彰；③长、掌、涨；④丈、仗、杖、帐、涨、瘴、障	①赃、脏、(肮~)；④葬、藏、脏
eng	①正(~月)征、争、睁、挣；③整、拯；④正、政、症、证、郑、帧	①曾、僧、增、缯；④赠
ong	①中、盅、忠、钟、衷、终；③肿、种(~子)；④中(打~)、种(~植)、仲、重、众	①宗、踪、棕、综、鬃；③总；④纵、粽
uan	①专、砖；③转；④传、转(~动)撰、篆、赚	①钻；③纂；④钻(~石)
un	①谆；③准	①尊、遵
uang	①庄、桩、装、妆；④壮、状、撞	

2) ch—c 辨音字表

	ch	c
a	①叉、杈、插、差(～别)；②茶、搽、查、察；③衩；④岔、诧、差(～错)	①擦、嚓
e	①车；③扯；④彻、撤、掣	④册、策、厕、侧、测、恻
u	①出、初；②除、厨、橱、锄、蹰、刍、雏；③楚、础、杵、储、处(～分)；④畜、触、蠢、处	①粗；②徂、殂；④卒(仓～)、猝、促、醋、簇
-i	①吃、痴、嗤；②池、弛、迟、持、匙；③尺、齿、耻、侈、豉；④斥、炽、翅、赤、叱	①疵、差(参～)、②雌、辞、词、祠、瓷、慈、磁；③此；④次、伺、刺、赐
ai	①差、拆、钗；②柴、豺；③茝、跴；④虿	①猜；②才、财、材、裁；③采、彩、踩；④菜、蔡
ao	①抄、钞、超；②朝、潮、嘲、巢；③吵、炒	①操、糙；②曹、漕、嘈、槽；③草
ou	①抽；②仇、筹、畴、踌、绸、稠、酬、愁；③瞅、丑；④臭	④凑
uo	①踔、戳；④绰(～号)、辍啜	①搓、蹉、撮；②痤；③脞；④措、错、挫、锉
uai	①搋；③揣；④踹	
ui	①吹、炊；②垂、锤、捶、槌	①崔、催、摧；④萃、悴、淬、翠、粹、瘁、脆
an	①搀、掺；②蝉、禅、逸、潺、缠、蟾；③铲、产、阐；④忏、颤	①餐、参；②蚕、残、惭；③惨；④灿
en	①琛、嗔；②辰、晨、宸、沉、忱、陈、橙、臣；③碜；④趁、衬、称(相～)	①参(～差)；②岑
ang	①昌、猖、娼、伥；②常、嫦、尝、偿、场、肠、长；③厂、场、敞、氅；④倡、唱、畅、怅	①仓、苍、舱、沧；②藏
eng	①称、撑；②成、诚、城、盛(～水)、呈、程、承、乘、澄、惩；③逞、骋；④秤	②曾、层；④蹭
ong	①充、冲、春；②重、虫、崇；③宠；④冲(～压)	①匆、葱、囱、聪；②从、丛、淙
uan	①川、穿；②船、传、椽；③喘；④串、钏	①蹿；④窜、篡
un	①春、椿；②唇、纯、淳、醇；③蠢	①村；②存；③忖；④寸
uang	①窗、疮、创(～伤)②床；③闯、④创(～造)	

3) sh—s 辨音字表

	sh	s
a	①沙、纱、砂、痧、杀、杉；③傻；④煞、厦(大~)	①撒；③洒、撒(~种)；④卅、萨、飒
e	①奢、赊；②舌、蛇；③舍(~弃)；④社、佘、射、麝、设、摄、涉、赦	④塞(~责)、瑟、啬、穑(稼~)、色(~彩)、涩
u	①书、梳、疏、蔬、舒、殊、叔、淑、输、抒、纾、枢；②孰、塾、赎；③暑、署、薯、曙、鼠、数、属、黍；④树、竖、术、述、束、漱、恕、数	①苏、酥；②俗；④素、塑、诉、肃、粟、宿、速
-i	①尸、师、狮、失、施、诗、湿、虱；②十、什、拾、石、时、识、实、食、蚀；③史、使、驶、始、屎、矢；④世、势、誓、逝、市、示、事、是、视、室、适、饰、士、氏、恃、式、试、拭、轼、弑	①司、私、思、斯、丝、鸶；③死；④四、肆、似、寺
ai	①筛；④晒	①腮、鳃、塞；④塞(要~)、赛
ao	①捎、稍、艄、烧；②勺、芍、杓、韶；③少(多~)；④少(~年)、哨、绍、邵	①臊、骚、搔；③扫(~除)、嫂；④扫(~帚)、臊(害~)
ou	①收；②熟；③手、首、守；④受、授、寿、售、兽、瘦	①溲、嗖、飕、搜、艘、馊；③叟、擞；④嗽
ua	①刷；③耍	
uo	①说；④硕、烁、朔	①缩、娑、蓑、梭、唆；③所、锁、琐、索
uai	①衰；③甩；④帅、率、蟀	
ui	②谁；③水；④税、睡	①虽、尿；②绥、隋、随；③髓；④岁、碎、穗、隧、燧、遂
an	①山、舢、删、衫、珊、姗、栅、跚；③闪、陕；④扇、善、膳、缮、擅、赡	①三、叁；③伞、散(~文)；④散
en	①申、伸、呻、身、深、参(人~)；②神；③沈、审、婶；④慎、肾、甚、渗	①森
ang	①商、墒、伤；③晌、垧、赏；④上、尚	①桑丧(~事)；③嗓；④丧
eng	①生、牲、笙、甥、升、声；②绳；③省；④圣、胜、盛、剩	①僧
ong		①松；③悚；④送、宋、颂、诵
uan	①拴、栓；④涮	①酸；④算、蒜
un	④顺	①孙；③笋、损
uang	①双、霜；③爽	

4) n、l、r 辨音字表

	n	L	r
a	①那，②拿，③哪；④那、纳、呐、捺、钠	①拉、啦、垃、邋；③喇；④辣、剌、瘌、蜡、腊、落	
ai	③乃、奶；④奈、耐	②来；④赖、癞	
an	②难、男、南、楠；④难	②兰、栏、篮、蓝、婪、阑、澜；③懒、览、揽、榄、缆；④烂、滥	②然、燃；③染
ang	②囊	①啷；②狼、郎、廊、榔、螂、琅；③朗；④浪	②嚷；④让
ao	②挠、蛲、铙；③脑、恼；④闹	①捞；②劳、痨、牢；③老、姥；④涝、烙、酪	②饶；③扰；④绕
e	呢	①勒；④乐、了	③惹；④热
ei	③馁；④内、那	①勒；②雷、播、镭；③累(～进)、垒、儡、蕾；④累、类、泪、肋	
en	④嫩		②人、仁；③忍；④认、任、纫
eng	②能	②棱；①冷；④愣	①扔；②仍
i	②尼、泥、呢、霓；③你、拟；④腻、匿、溺、逆	②离、篱、璃、厘、狸、黎、犁、梨、蜊；③礼、里、理、鲤、李；④粒、例、立、力、历、沥、荔、丽	④日
ia		③俩	
ian	①蔫、拈、黏；②年、粘、鲇；③撵、捻、碾；④念	②怜、连、莲、联、帘、廉、镰；③脸；④炼、链、练、恋、敛、殓	
iang	②娘；④酿	②良、凉、梁、粮、量；③两；④亮、晾、谅、辆、量	
iao	③鸟、袅；④尿	①撩；②辽、疗、僚、潦、燎、嘹、聊、寥；③了；④料、廖、了	
ie	①捏；④聂、蹑、镊、镍、孽、啮	③咧；④列、烈、裂、劣、猎、冽、洌	
in	②您	②邻、鳞、麟、林、淋、琳、临、磷；③凛、檩；④吝、蔺、赁	
ing	②宁、拧、柠、咛、凝；③拧；④宁、泞、佞、拧	②零、灵、龄、伶、蛉、铃、玲、羚、聆、凌、陵、菱；③岭、领、④令、另	
iu	①妞；②牛；③扭、忸、纽、拗	①溜；②刘、流、琉、硫、留、榴、瘤；③柳、绺；④六、镏、陆	

续表

	n	l	r
ong	②农、浓、脓；④弄	②龙、咙、聋、笼、隆、窿；③垄、拢、陇；④弄(～堂)	②容、溶、熔、绒、戎、融
ou		①搂；②楼、喽、耧；③搂、篓；④陋、漏、露	②柔、揉、蹂；④肉
u	②奴；③努；④怒	②卢、庐、炉、芦、轳、颅；③卤、虏、鲁、橹；④碌、陆、路、赂、鹭、露(～水)、录、鹿、辘、绿(～林)	②如、蠕、儒；③乳、辱；④入、褥
uan	③暖	②滦、孪；③卵；④乱	③软
ui			④锐、瑞
un		①抡；②仑、伦、沦、轮；④论	④闰、润
uo	②挪；④懦、诺、糯	①罗(～嗦)、捋；②罗、萝、逻、箩、锣、螺、骡；③裸；④落、洛、络、骆	④若、偌、弱
ü	③女	②驴；③吕、侣、铝、旅、屡、履、缕；④虑、滤、律、率(效～)、氯、绿	
üe	④虐	④略、掠	

第三章 韵 母

第一节 韵母概说

一、什么是韵母

韵母是指一个音节中声母后面的部分，如"pǔtōnghuà"(普通话)三个音节中的"u、ong、ua"都是韵母。普通话中共有 39 个韵母。

二、韵母的结构和分类

(一) 韵母的结构

普通话韵母的主要成分是元音。韵母的结构可以分为韵头、韵腹、韵尾三个部分。

(1) 韵头是主要元音前面的元音，也叫介音或介母，由 i、u、ü 充当；它的发音轻而短，只表示韵母发音的起点，一发音就滑向另一个元音了。如 ia、ua、üe、iao、uan 中的 i、u、ü。

(2) 韵腹是韵母中的主要元音。充当韵腹的主要元音口腔开度最大、声音最响亮、清晰。韵腹是韵母的主要构成部分，由 a、o、e、ê、i、u、ü、-i(前)、-i(后)、er 充当。

(3) 韵尾是韵腹后面的音素，又叫尾音。由 i、u 或鼻辅音 n、ng 充当。

韵母中只有一个元音时，这个元音就是韵腹；有两个或三个元音时，开口度最大、声音最响亮的元音是韵腹。韵腹前面的元音是韵头，后面的元音或辅音是韵尾。韵腹是韵母的主要成分，一个韵母可以没有韵头或韵尾，但是不能没有韵腹。

(二) 韵母的分类

根据不同的标准，普通话韵母可以划分出不同的类型。

1. 按照韵母开头元音的发音口形的不同分类

按照韵母开头元音的发音口形的不同，可以分成四类，又叫"四呼"。

(1) 开口呼：韵母不是 i、u、ü，或不以 i、u、ü 开头的韵母。
(2) 齐齿呼：韵母是 i，或以 i 开头的韵母。
(3) 合口呼：韵母是 u，或以 u 开头的韵母。
(4) 撮口呼：韵母是 ü，或以 ü 开头的韵母。

2. 按照韵母中元音音素的多少分类

按照韵母中元音音素的多少可以分成三类。

(1) 单韵母：由一个元音构成的韵母，又叫单元音韵母。普通话中共有 10 个单韵母：a、o、e、ê、i、u、ü、-i(前)、-i(后)、er。

(2) 复韵母：由两个或三个元音结合构成的韵母，又叫复元音韵母。普通话中共有 13 个复韵母：ai、ei、ao、ou、ia、ie、ua、uo、üe、iao、iou、uai、uei。

(3) 鼻韵母：元音后面带上鼻辅音构成的韵母，又叫鼻音尾韵母。普通话中共有 16 个鼻韵母：an、ian、uan、üan、en、in、uen、ün、ang、iang、uang、eng、ing、ueng、ong、iong，如表 3.1 所示。

表 3.1 普通话韵母表

按结构分 \ 按口形分 韵母	开口呼	齐齿呼	合口呼	撮口呼
单韵母	-i(前)[ɿ] -i(后)[ʅ]	i	u	ü
	a	ia	ua	
	o		uo	
	e			
	ê	ie		üe
	er			
复韵母	ai		uai	
	ei		uei	
	ao	iao		
	ou	iou		
鼻韵母	an	ian	uan	üan
	en	in	uen	ün
	ang	iang	uang	
	eng	ing	ueng	
			ong	iong

注：ong[uŋ]放在合口呼、iong[yŋ]放在撮口呼，是按它们的实际读音排列的。在《汉语拼音方案》中用"ong、iong"表示[uŋ]、[yŋ]，没有采用"ung、üng"，是为了使字形清晰，避免手写体 u 和 a 相混。

第二节 韵母的发音

一、单元音韵母的发音

发音时舌位、唇形及开口度始终不变的元音叫单元音。单韵母就是由单元音充当的。普通话的 10 个单韵母可以分为舌面元音、舌尖元音和卷舌元音三类。舌面元音是发音时由舌面起主要作用的元音，有 a、o、e、ê、i、u、ü 7 个；舌尖元音是发音时由舌尖起主要作用的元音，有 -i (前)、-i (后) 两个；卷舌元音是发音时舌面、舌尖同时起作用的元音，只有 1 个，即 er。

单元音的不同主要是由口腔形状的不同造成的。口腔形状取决于舌位的前后、高低和唇形的圆展。描写舌面元音发音条件可以用元音舌位图来表示，如图 3.1 所示。

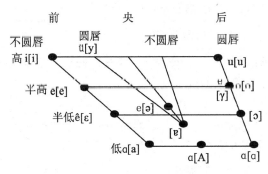

图 3.1 舌面元音占位唇形图

(一) 舌位的前后

舌位指发音时舌面隆起部分的所在位置。舌前伸隆起部分对着硬腭的时候，叫舌位"前"；舌后缩隆起部分对着软腭的时候，叫舌位"后"；舌头不前不后，舌位居中，这时的舌位叫"央"。发元音时舌头前伸，舌位在前，这时发出的元音叫前元音。普通话舌面元音里有 3 个前元音，即 i、ü、ê。发元音时，舌头后缩，舌位在后，这时发出的元音叫后元音。普通话舌面元音里有 3 个后元音，即 o、e、u。发元音时，舌头不前不后，舌位居中，这时发出的元音叫央元音。普通话里有 1 个舌面央元音，即 a。

(二) 舌位的高低

舌位的高低是指舌头和上颚的距离。舌面抬高，与硬腭的距离达到最小时，发出的元音叫高元音。舌面降低，与硬腭的距离达到最大时，发出的元音叫低元音。由高元音到低元音的这段距离可以分为相等的四份，中间有三个点。舌位处在这三个点上时，发出的元音由上而下分别叫做半高元音、中元音和半低元音。普通话里有 3 个舌面高元音，即 i、u、ü；有两个半高元音，即 o、e；有 1 个低元音，即 a。

(三) 唇形的圆展

唇形的圆展是指嘴唇形状的变化。嘴唇收圆,发出的元音叫圆唇元音;嘴唇展开,发出的元音叫不圆唇元音。普通话舌面元音里有3个圆唇元音,即o、u、ü;有4个不圆唇元音,即a、e、i、ê。

单韵母的发音特点是:发音过程中舌位、唇形和开口度始终不变。如有一点变化,就不是纯正的单韵母了,所以,发音时要保持固定的口形。

1. a[A]　舌面、央、低、不圆唇元音(是舌面元音、央元音、低元音、不圆唇元音的简称,以下类推)

发音时,口自然大开,唇形不圆,舌头居中央,舌面中部略隆起和硬腭后部相对,舌尖置下齿龈。声带振动,软腭上升,关闭鼻腔通路。

发音例词:

打靶 dǎbǎ　　大厦 dàshà　　发达 fādá
马达 mǎdá　　喇叭 lǎba　　　哪怕 nǎpà

2. o[o]　舌面、后、半高、圆唇元音

发音时,口半闭,圆唇,舌头后缩,舌面后部略隆起和软腭相对,舌尖置下齿龈后。声带振动,软腭上升,关闭鼻腔通路。

发音例词:

伯伯 bóbo　　　婆婆 pópo　　　默默 mòmò
泼墨 pōmò　　　薄膜 bómó　　　馍馍 mómo

3. e[ɤ]　舌面、后、半高、不圆唇元音

发音时,口半闭,展唇,舌头后缩,舌面后部略隆起和软腭相对,舌面两边微卷,舌面中部稍凹,舌尖置于下齿龈后。声带振动,软腭上升,关闭鼻腔通路。

发音例词:

隔阂 géhé　　　合格 hégé　　　客车 kèchē
特色 tèsè　　　折射 zhéshè　　这个 zhège

4. ê[ɛ]　舌面、前、半低、不圆唇元音

发音时,口自然打开,扁唇,舌头前伸,舌面前部略隆起和硬腭相对,舌尖抵住下齿背,嘴角向两边微展。声带振动,软腭上升,关闭鼻腔通路。

在普通话中,ê 只在语气词"欸"中单用。ê 不与任何辅音声母相拼,只构成复韵母 ie、üe,并在书写时省去上面的附加符号"^"。

发音例词:

告别 gàobié　　感谢 gǎnxiè　　夜晚 yèwǎn
消灭 xiāomiè　　坚决 jiānjué　　省略 shěnglüè

5. i[i]　舌面、前、高、不圆唇元音

发音时,口微开,扁唇,上下齿相对(齐齿),舌头前伸,舌面前部略隆起和硬腭前部

相对，舌尖抵住下齿背，嘴角向两边微展。声带振动，软腭上升，关闭鼻腔通路。

发音例词：

笔记 bǐjì　　　　激励 jīlì　　　　基地 jīdì
记忆 jìyì　　　　霹雳 pīlì　　　　习题 xítí

6．u[u]　舌面、后、高、圆唇元音

发音时，双唇拢成圆形，略向前突出；舌头后缩，舌面后部隆起和软腭相对。声带振动，软腭上升，关闭鼻腔通路。

发音例词：

补助 bǔzhù　　　读物 dúwù　　　辜负 gūfù
瀑布 pùbù　　　入伍 rùwǔ　　　疏忽 shūhu

7．ü[y]　舌面、前、高、圆唇元音

发音时，双唇拢成圆形，略向前突；舌头前伸，舌面前部略隆起和硬腭前部相对，舌尖抵住下齿背。声带振动，软腭上升，关闭鼻腔通路。

发音例词：

聚居 jùjū　　　　区域 qūyù　　　屈居 qūjū
须臾 xūyú　　　　序曲 xùqǔ　　　语序 yǔxù

8．er[ər]　卷舌、央、中、不圆唇元音

er[ər]是在[ə]的基础上加上卷舌动作而成。发音时，口腔自然打开(是ɑ[A]的开口度的一半)，扁唇，舌头居中央，舌尖向硬腭上卷(但不接触)。声带振动，软腭上升，关闭鼻腔通路。

发音例词：

而且 érqiě　　　儿歌 érgē　　　耳朵 ěrduo
二胡 èrhú　　　二十 èrshí　　　儿童 értóng

9．-i(ɿ)　舌尖、前、高、不圆唇元音

发音时，口微开，扁唇，嘴角向两边展开，舌头平伸，舌尖靠近上齿背。声带振动，软腭上升，关闭鼻腔通路。可试着把声母 z、c、s 的发音拉长，拉长的部分即是-i(前)的读音。

发音例词：

私自 sīzì　　　　此次 cǐcì　　　　次子 cìzǐ
字词 zìcí　　　　自私 zìsī　　　　孜孜 zīzī

10．-i(ʅ)　舌尖、后、高、不圆唇元音

发音时，口微开，扁唇，嘴角向两边展开，舌尖上翘，靠近硬腭前部。声带振动，软腭上升，关闭鼻腔通路。可试把声母 zh、ch、sh 的发音拉长，拉长的部分即是-i(后)的读音。

发音例词：

实施 shíshī　　　支持 zhīchí　　　知识 zhīshi
制止 zhìzhǐ　　　值日 zhírì　　　　试制 shìzhì

二、复韵母的发音

复韵母是由两个或三个元音组成的韵母。复韵母的发音有两个特点：一是元音之间没有明显的界限，整个过程是从一个元音滑向另一个元音。在滑动过程中，舌位的前后、高低和唇形的圆展都在逐渐变动，不是突变、跳跃的，中间有一连串过渡音；同时气流不中断，中间没有明显的界限，发的音围绕一个中心形成一个发音整体。如发ai时，从a到i，舌位逐渐升高、前移，嘴唇逐渐展开，从a到i中间有许多过渡音。二是各元音的发音响度不同。主要元音的发音口腔开口度最大，声音最响亮，持续时间最长，其他元音发音轻短或含混模糊。响度大的元音在前的，叫做前响复韵母；响度大的元音在后的，叫做后响复韵母；响度大的元音在中间的，叫做中响复韵母。

(一) 前响复韵母

前响复韵母是指主要元音处在前面的复韵母。普通话中前响复韵母有四个：ɑi、ɑo、ei、ou。其发音的共同点是前响后轻。发音时，元音舌位都是由低向高滑动，开头的元音音素发音清晰响亮、时间较长，后头的元音音素轻短模糊，音值不太固定，只表示舌位滑动的方向。

1. ɑi[ai]

发音时，起点元音是比单元音a[A]舌位靠前的前低不圆唇元音a[a]，可以简称它为"前a"。发a[a]时，口大开，扁唇，舌面前部略隆起，舌尖抵住下齿背，声带振动。发ɑi[ai]时，a[a]清晰响亮，后面的元音 i[i]含混模糊，只表示舌位滑动的方向。

发音例词：

爱戴 àidài	采摘 cǎizhāi	海带 hǎidài
开采 kāicǎi	拍卖 pāimài	灾害 zāihài

2. ei[ei]

发音时，起点元音是前半高不圆唇元音 e[e]，实际发音舌位略靠前、靠下，接近央元音[ə]。发 ei[ei]时，开头的元音 e[e]清晰响亮，舌尖抵住下齿背，使舌面前部隆起与硬腭中部相对。从 e[e]舌位开始，向 i[i]的舌位滑动，i[i]的发音含混模糊，只表示舌位滑动的方向。

发音例词：

肥美 féiměi	妹妹 mèimei	配备 pèibèi	蓓蕾 bèilěi

3. ɑo[au]

发音时，起点元音 ɑ [a]是比单元音a[A]舌位靠后的后低不圆唇元音，可简称它为"后ɑ"。发ɑ [a]时，舌头后缩，舌面后部略隆起，声带振动。发ɑo[au]时，ɑ [a]清晰响亮，后面的元音 o[u]舌位状态接近单元音 u[u](拼写为-o，实际发音接近 u)，但舌位略低，只表示舌位滑动的方向。

发音例词：

懊恼 àonǎo	操劳 cāoláo	高潮 gāocháo

骚扰 sāorǎo　　　　逃跑 táopǎo　　　　早操 zǎocāo

4. ou[ou]

发音时，起点元音 o 比单元音 o[o]的舌位略高、略前，接近央元音[ɔ]，唇形略圆。发音时，开头的元音 o[o]清晰响亮，舌位向 u 的方向滑动，u[u]的发音含混模糊，只表示舌位滑动的方向。ou 是普通话复韵母中动程最短的复合元音。

发音例词：

丑陋 chǒulòu　　　　兜售 dōushòu　　　　口头 kǒutóu
漏斗 lòudǒu　　　　收购 shōugòu　　　　喉头 hóutóu

(二) 后响复韵母

后响复韵母是指主要元音处在后面的复韵母。普通话中后响复韵母有 5 个：ia、ie、ua、uo、üe。它们发音的特点是前轻后响。发音时，舌位由高向低滑动，收尾的元音响亮清晰，在韵母中处在韵腹的位置，因此舌位移动的终点是确定的。而开头的元音音素都是高元音 i-、u-、ü-，由于它们均处于韵母的韵头位置，发音轻短，只表示舌位滑动的方向。

1. ia[iA]

发音时，从前高元音 i[i]开始，舌位滑向央低元音a[A]结束。i[i]的发音较短，a[A]的发音响亮而且时间较长。

发音例词：

假牙 jiǎyá　　　　恰恰 qiàqià　　　　压价 yājià　　　　下家 xiàjiā

2. ie[iɛ]

发音时，从前高元音 i[i]开始，舌位滑向前半低元音 ê[ɛ]结束。i[i]发音较短，ê[ɛ]发音响亮而且时间较长。

发音例词：

结业 jiéyè　　　　贴切 tiēqiè　　　　铁屑 tiěxiè　　　　谢谢 xièxie

3. ua[uA]

发音时，从后高圆唇元音 u[u]开始，舌位滑向央低元音a[A]结束。唇形由最圆逐步展开到不圆。u[u]发音较短，a[A]的发音响亮而且时间较长。

发音例词：

挂花 guàhuā　　　　耍滑 shuǎhuá　　　　娃娃 wáwa　　　　花袜 huāwà

4. uo[uo]

由圆唇后元音复合而成。发音时，从后高元音 u[u]开始，舌位向下滑到后半高元音 o[o]结束。发音过程中，唇形保持圆唇，开头最圆，结尾圆唇度略减。u[u]发音较短，o[o]的发音响亮而且时间较长。

发音例词：

错落 cuòluò　　　　硕果 shuòguǒ　　　　脱落 tuōluò
阔绰 kuòchuò　　　　骆驼 luòtuo　　　　火锅 huǒguō

5. üe[yɛ]

由前元音复合而成。发音时,从圆唇的前高元音ü[y]开始,舌位下滑到前半低元音ê[ɛ],唇形由圆到不圆。ü[y]的发音时间较短,ê[ɛ]的发音响亮而且时间较长。

发音例词:

雀跃 quèyuè　　　约略 yuēlüè　　　雪月 xuěyuè　　　决绝 juéjué

(三) 中响复韵母

中响复韵母是指主要元音处在中间的复韵母。普通话中的中响复韵母共有4个:iao、iou、uai、uei。这些韵母发音的特点是舌位由高向低滑动,再从低向高滑动。开头的元音发音不响亮、较短促,只表示舌位滑动的开始,在音节里,特别是在零声母音节里常伴有轻微的摩擦;中间的元音清晰响亮;收尾的元音轻短且模糊,音值不太固定,只表示舌位滑动的方向。

1. iao[iɑu]

发音时,由前高不圆唇元音i[i]开始,舌位降至后低元音ɑ[ɑ],然后再向后高圆唇元音u[u]的方向滑升。发音过程中,舌位先降后升,由前到后。唇形从中间的元音ɑ[ɑ]开始由不圆唇变为圆唇。

发音例词:

吊销 diàoxiāo　　　疗效 liáoxiào　　　巧妙 qiǎomiào

调料 tiáoliào　　　逍遥 xiāoyáo　　　苗条 miáotiao

2. iou[iəu]

发音时,由前高不圆唇元音i[i]开始,舌位后移且降至后半高元音o[o],然后再向后高圆唇元音 u[u]的方向滑升。发音过程中,舌位先降后升,由前到后,曲折幅度较大。唇形由不圆唇开始到后元音o[o]时,逐渐圆唇。

复合元音 iou 在阴平(第一声)和阳平(第二声)的音节里,中间的元音(韵腹)弱化,甚至接近消失,舌位动程主要表现为前后的滑动,成为[iu]。如优[iu]、流[liu],这是汉语拼音省写 iou 为 iu 的依据。这种音变是随着声调自然变化的,在语音训练中不必过于强调。

发音例词:

久留 jiǔliú　　　求救 qiújiù　　　绣球 xiùqiú

优秀 yōuxiù　　　悠久 yōujiǔ　　　牛油 niúyóu

3. uai[uai]

发音时,由圆唇的后高元音u[u]开始,舌位向前滑降到前低不圆唇元音ɑ[a](即"前ɑ"),然后再向前高不圆唇元音i[i]的方向滑升。舌位动程先降后升,由后到前,曲折幅度大。唇形从最圆开始,逐渐减弱圆唇度,至发前元音ɑ[a]时渐变为不圆唇。

发音例词:

外快 wàikuài　　　怀揣 huáichuāi　　　乖乖 guāiguai　　　摔坏 shuāihuài

4. uei[uei]

发音时，由后高圆唇元音 u[u] 开始，舌位向前向下滑到前半高不圆唇元音 e[e] 的位置，然后再向前高不圆唇元音 i[i] 的方向滑升。发音过程中，舌位先降后升，由后到前，曲折幅度大。唇形从最圆开始，随着舌位的前移，渐变为不圆唇。

在音节中，韵母 uei 受声母和声调的影响，中间的元音弱化。大致有四种情况：①在阴平(第一声)或阳平(第二声)的零声母音节里，韵母 uei 中间的元音音素弱化接近消失。例如："微"、"围"的韵母弱化为[ui]。②在声母为舌尖音 z、c、s、d、t、zh、ch、sh 的阴平(第一声)和阳平(第二声)的音节里，韵母 uei 中间的元音音素弱化接近消失。例如："催"、"推"、"垂"的韵母弱化为[ui]。③在舌尖音声母的上声(第三声)或去声(第四声)的音节里，uei 中间的元音音素只是弱化，但不会消失。例如："嘴"、"腿"、"最"、"退"的韵母都弱化成[uᵉi]。④在舌面后音(舌根)声母 g、k、h 的阴平或阳平音节里，韵母 uei 中间的元音 e 也只是弱化而不消失。例如："规"、"葵"的韵母弱化成[uᵉi]。这种音变是随着声母和声调的条件变化的，语音训练中不必过于强调。

发音例词：
垂危 chuíwēi　　归队 guīduì　　悔罪 huǐzuì
追悔 zhuīhuǐ　　荟萃 huìcuì　　推诿 tuīwěi

《汉语拼音方案》规定，iou、uei 两个韵母和辅音声母相拼时，受声母与声调的影响，中间的元音弱化，写为 iu、ui。例如"牛"的拼音写为 niú，不写为 nióu；"归"的拼音写为 guī，不写为 guēi。

三、鼻韵母的发音分析

鼻韵母是指带有鼻辅音的韵母，又叫做鼻音尾韵母。鼻韵母的发音有两个特点：一是元音同后面的鼻辅音不是生硬地结合在一起，而是有机的统一体。发音时，逐渐由元音的发音状态向鼻辅音过渡，逐渐增加鼻音色彩，最后形成鼻辅音。二是除阻阶段作韵尾的鼻辅音不发音。鼻韵母的发音不是以鼻辅音为主，而是以元音为主，元音清晰响亮，鼻辅音重在做出发音状态，发音不太明显。

(一) 前鼻音尾韵母

前鼻音尾韵母指的是鼻韵母中以 -n 为韵尾的韵母。普通话中的前鼻音尾韵母总共有 8 个：an、en、in、un、ian、uan、üan、uen。韵尾 -n 的发音部位比声母 n- 的位置略微靠后，一般是舌面前部向硬腭接触。前鼻音尾韵母的发音中，韵头的发音比较轻短，韵腹的发音清晰响亮，韵尾的发音只做出发音状态。

1. an[an]

发音时，起点元音是前低不圆唇元音 a[a]，舌尖抵住下齿背，舌面前部隆起，舌位降到最低，软腭上升，关闭鼻腔通路。从"前a"开始，舌面升高，舌面前部抵住硬腭前部，当两者将要接触时，软腭下降，打开鼻腔通路，紧接着舌面前部与硬腭前部闭合，使在口腔受到阻碍的气流从鼻腔里透出。口形由开到合，舌位动程较大。

发音例词：

参战 cānzhàn	反感 fǎngǎn	烂漫 lànmàn
谈判 tánpàn	坦然 tǎnrán	赞叹 zàntàn

2. en[ən]

发音时，起点元音是央元音 e[ə]，舌位居中(不高不低不前不后)，舌尖接触下齿背，舌面隆起部位受韵尾影响略靠前。从央元音 e[ə]开始，舌面升高，舌面前部抵住硬腭前部，当两者将要接触时，软腭下降，打开鼻腔通路，紧接着舌面前部与硬腭前部闭合，使在口腔受到阻碍的气流从鼻腔里透出。口形开合度由大渐小，舌位动程较小。

发音例词：

根本 gēnběn	门诊 ménzhěn	人参 rénshēn
认真 rènzhēn	深沉 shēnchén	振奋 zhènfèn

3. in[in]

发音时，起点元音是前高不圆唇元音 i[i]，舌尖抵住下齿背，软腭上升，关闭鼻腔通路。从舌位最高的前元音 i[i]开始，舌面升高，舌面前部抵住硬腭前部，当两者将要接触时，软腭下降，打开鼻腔通路，紧接着舌面前部与硬腭前部闭合，使在口腔受到阻碍的气流从鼻腔透出。开口度始终很小，几乎没有变化；舌位动程很小。

发音例词：

近邻 jìnlín	拼音 pīnyīn	信心 xìnxīn
辛勤 xīnqín	引进 yǐnjìn	濒临 bīnlín

4. ün[yn]

发音时，起点元音是前高圆唇元音 ü[y]。与 in 的发音过程基本相同，只是唇形变化不同。从圆唇的前元音 ü 开始，唇形从圆唇逐步展开，而 in 的唇形始终是展唇。

发音例词：

军训 jūnxùn	均匀 jūnyún	芸芸 yúnyún
群众 qúnzhòng	循环 xúnhuán	允许 yǔnxǔ

5. ian[iɛn]

发音时，从前高不圆唇元音 i[i]开始，舌位向前低元音ɑ[a](前ɑ)的方向滑降，舌位只降到半低前元音 ê[ɛ]的位置就开始升高。发 ê[ɛ]后，软腭下降，逐渐增强鼻音色彩，舌尖迅速移到上齿龈，最后抵住上齿龈做出发鼻音-n 的状态。

发音例词：

艰险 jiānxiǎn	简便 jiǎnbiàn	连篇 liánpiān
前天 qiántiān	浅显 qiǎnxiǎn	田间 tiánjiān

6. uan[uan]

发音时，由圆唇的后高元音 u[u]开始，口形迅速由合口变为开口状，舌位向前迅速滑降到不圆唇的前低元音ɑ[a](前ɑ)的位置就开始升高。发ɑ[a]后，软腭下降，逐渐增强鼻音色彩，舌尖迅速移到上齿龈，最后抵住上齿龈做出发鼻音-n 的状态。

发音例词：

贯穿 guànchuān　　软缎 ruǎnduàn　　酸软 suānruǎn
婉转 wǎnzhuǎn　　专款 zhuānkuǎn　　转换 zhuǎnhuàn

7. üɑn[yan]

发音时，由圆唇的后高元音 ü[y]开始，向前低元音ɑ[a]的方向滑降。舌位只降到前半低元音 ê[ɛ]略后的位置就开始升高。随后，软腭下降，逐渐增强鼻音色彩，舌尖迅速移到上齿龈，最后抵住上齿龈做出发鼻音-n 的状态。

发音例词：

源泉 yuánquán　　轩辕 xuānyuán　　涓涓 juānjuān
圆圈 yuánquān　　渊源 yuānyuán　　全权 quánquán

8. uen[uən]

发音时，由圆唇的后高元音 u[u]开始，向央元音 e[ə]的位置滑降，然后舌位升高。发 e[ə]后，软腭下降，逐渐增强鼻音色彩，舌尖迅速移到上齿龈，最后抵住上齿龈做出发鼻音-n 的状态。唇形从圆唇在向中间折点元音滑动的过程中渐变为展唇。

鼻韵母 uen 受声母和声调的影响，中间的元音(韵腹)产生弱化。它的音变条件与 uei 相同。

发音例词：

昆仑 kūnlún　　温存 wēncún　　温顺 wēnshùn
论文 lùnwén　　馄饨 húntun　　谆谆 zhūnzhūn

《汉语拼音方案》规定，韵母 uen 和辅音声母相拼时，受声母和声调的影响，中间的元音(韵腹)产生弱化，写为 un。例如"论"的拼音写为 lùn，不写为 luèn。

(二) 后鼻音尾韵母

后鼻音尾韵母指的是鼻韵母中以-ng 为韵尾的韵母。普通话中的后鼻音尾韵母有 8 个：ɑng、eng、ing、ong、iɑng、uɑng、ueng、iong。ng[ŋ]是舌面后、浊、鼻音，在普通话中只做韵尾不做声母。发音时，软腭下降，关闭口腔，打开鼻腔通道，舌面后部后缩，并抵住软腭，气流颤动声带，从鼻腔通过。在鼻韵母中，同-n 的发音一样，-ng 除阻阶段也不发音。后鼻音尾韵母的发音中，韵头的发音比较轻短，韵腹的发音清晰响亮，韵尾的发音只做出发音状态。

1. ɑng[aŋ]

发音时，起点元音是后低不圆唇元音ɑ[a](后ɑ)，口大开，舌尖离开下齿背，舌头后缩。从"后ɑ"开始，舌面后部抬起，当贴近软腭时，软腭下降，打开鼻腔通路，紧接着舌根与软腭接触，封闭口腔通路，气流从鼻腔里透出。

发音例词：

帮忙 bāngmáng　　苍茫 cāngmáng　　当场 dāngchǎng
刚刚 gānggāng　　商场 shāngchǎng　　上当 shàngdàng

2. eng[əŋ]

发音时，起点元音是央元音 e[ə]。从 e[ə]开始，舌面后部抬起，贴向软腭。当两者将要接触时，软腭下降，打开鼻腔通路，紧接着舌面后部抵住软腭，使在口腔受到阻碍的气流从鼻腔里透出。

发音例词：

承蒙 chéngméng　　丰盛 fēngshèng　　更正 gēngzhèng
萌生 méngshēng　　声称 shēngchēng　　升腾 shēngténg

3. ing[iŋ]

发音时，起点元音是前高不圆唇元音 i[i]，舌尖接触下齿背，舌面前部隆起，软腭上升，关闭鼻腔通路。发 i[i]之后，软腭下降，打开鼻腔通路，紧接着舌面后部抵住软腭，封闭口腔通路，气流从鼻腔透出。口形没有明显变化。

发音例词：

叮咛 dīngníng　　经营 jīngyíng　　命令 mìnglìng
评定 píngdìng　　清静 qīngjìng　　姓名 xìngmíng

4. ong[uŋ]

发音时，起点元音是后高圆唇元音 u[u]，但比 u 的舌位略低一点，舌尖离开下齿背，舌头后缩，舌面后部隆起，软腭上升，关闭鼻腔通路。从 u[u]开始，舌面后部贴向软腭，当两者将要接触时，软腭下降，打开鼻腔通路，紧接着舌面后部抵住软腭，封闭口腔通路，气流从鼻腔里透出。唇形始终拢圆。

为避免字母相混，《汉语拼音方案》规定，以 o 表示开头元音[u]，写为 ong。

发音例词：

共同 gòngtóng　　轰动 hōngdòng　　空洞 kōngdòng
隆重 lóngzhòng　　通融 tōngróng　　恐龙 kǒnglóng

5. iang[iaŋ]

发音时，由前高不圆唇元音 i[i]开始，舌位向后滑降到后低元音a[ɑ](后a)，然后舌位升高。从后低元音a[ɑ]开始，舌面后部贴向软腭。当两者将要接触时，软腭下降，打开鼻腔通路，紧接着舌面后部抵住软腭，封闭口腔通路，气流从鼻腔里透出。

发音例词：

两样 liǎngyàng　　洋相 yángxiàng　　响亮 xiǎngliàng
长江 chángjiāng　　踉跄 liàngqiàng　　湘江 xiāngjiāng

6. uang[uaŋ]

发音时，由圆唇的后高元音 u[u]开始，舌位滑降至后低元音a[ɑ](后a)，然后舌位升高。从后低元音a[ɑ]开始，舌面后部贴向软腭。当两者将要接触时，软腭下降，打开鼻腔通路，紧接着舌面后部抵住软腭，封闭口腔通路，气流从鼻腔里透出。唇形从圆唇在向元音a[ɑ]的滑动中渐变为展唇。

发音例词：

狂妄 kuángwàng　　　双簧 shuānghuáng　　　状况 zhuàngkuàng
装潢 zhuānghuáng　　矿床 kuàngchuáng　　　网状 wǎngzhuàng

7. ueng[uəŋ]

发音时，由圆唇的后高元音 u[u]开始，舌位滑降到央元音 e[ə]的位置，然后舌位升高。从央元音 e[ə]开始，舌面后部贴向软腭。当两者将要接触时，软腭下降，打开鼻腔通路，紧接着舌面后部抵住软腭，封闭口腔通路，气流从鼻腔里透出。唇形从圆唇在向中间折点元音的滑动过程中渐变为展唇。

在普通话里，韵母 ueng 只有一种零声母的音节形式 weng。

发音例词：

水瓮 shuǐwèng　　主人翁 zhǔrénwēng　　老翁 lǎowēng　　嗡嗡 wēngwēng

8. iong[yŋ]

发音时，起点元音是舌面前高圆唇元音 ü[y]，发 ü[y]后，舌位向后略向下滑动到后次高圆唇元音[u]的位置，然后舌位升高，接续鼻音-ng。由于受后面圆唇元音的影响，开始的前高元音 i 也带上了圆唇色彩而近似 ü[y]。传统汉语语音学把 iong 归属撮口呼。

为避免字母相混，《汉语拼音方案》规定，用字母 io 表示起点元音 ü[y]。

发音例词：

炯炯 jiǒngjiǒng　　汹涌 xiōngyǒng　　穷困 qióngkùn　　熊熊 xióngxióng

第三节　韵母辨正

一、防止丢失韵头 i 或 u

普通话里的复韵母和鼻韵母都有以 i 或 u 为韵头的，而有些方言往往丢失韵头 i 或 u，把齐齿呼和合口呼的字读成开口呼。例如粤方言、客家方言、闽南方言、闽北方言、吴方言里没有 i 韵头，像广州话就把"流 liú"读成了"láo"；普通话里 d、t、n、l、z、c、s 这 7 个声母与 u 韵头韵母相拼的字，在北方方言、吴方言、湘方言的有些地方话里却没有 u 韵头。比如和 uei 相拼时，西南方言、湘方言、吴方言、山东方言区东莱区所有市县和东潍区的崂山、青岛等地把 uei 读成 ei，把韵头 u 丢掉，将合口呼韵母改读成了开口呼韵母，如把"队(duì)"读成"dei"，把"推(tuī)"读成"tei"；"堆、颓、腿、退、蜕、嘴、罪、最、醉、催、翠、脆、虽、随、岁、碎"等的发音也是如此。实际上，在普通话里除"得、贼"等个别字以外，d、t、z、c、s 声母不能与 ei 韵母相拼，但能与 uei 韵母相拼，有此问题的方言区的人应把这些字的 ei 韵母改为带 u 韵头的合口呼韵母 uei。西南方言里把"多(duō)"读成"dō"，把"伦(lún)"读成"lén"；武汉话把"团(tuán)"说成"tán"；上海话把"吞(tūn)"说成"tēng"。这些都属丢失韵头(介音脱落)情况。这些方言区的人学习普通话必须注意增加韵头。再如，山东方言区东莱区的所有市县和东潍区的平度把普通话 uan、uen 韵母与 d、t、n、l、z、c、s 声母相拼的字如"端、存"等都读成了 an、en 韵母，把韵头 u 丢掉了；崂山、青岛等地则是把一些字读 an、en，一些字读 uan、uen。胶东地区的人需要根据普通话从方言 an、en 韵中分辨出 uan、uen 韵母的字来，并加以记忆和练习。此外，在一些方言区，随着介音的脱落，有时音节中的声母和韵腹、韵尾也会做相应的改变。如"街"，普通话读 jiē，一些方言区的人有读成 gāi 的，这时声母、韵尾、韵腹都改变了。

说类似上述方言的人首先就应该注意学好有韵头的韵母的发音，丢失韵头 i 或 u(介音脱落)主要反映在拼音的过程中，例如：家 j—a、江 j—ang、穷 q—ong 等。

我们在拼读带有韵头(介音)的音节时，一定要注意不要丢失韵头(介音)。为了准确起见，可在纠正方音练习时用三拼连读法和声介合音法。例如：三拼连读法：强 q—i—ang→qiang、团 t—u—an→tuan；声介合音法：强 qi—ang→qiang、团 tu—an→tuan。

其次，要弄清字音的韵母有无 i 或 u 韵头。例如：普通话唇音声母和 n、l 可以跟 ei 韵母拼合而不能跟 uei 韵母拼合；除 j、q、x 外的其他声母则可以跟 uei 韵母拼合(只有极个别字例外)；普通话舌尖前音声母只跟 uei 韵母拼合，不跟 ei 韵母拼合。掌握这些规律有助于防止韵头的丢失。

另外，个别方言地区还存在着与上述介音脱离恰恰相反的情况，如吴方言、西南方言及山东中部、西部的大部分地区将普通话部分 lei 或 nei 的音节读成 lui 和 nui，韵母增加了韵头 u，如下列字：l—累、雷、擂、垒、磊、蕾、儡、泪、类；n—馁、内。

这些方言区发这些音时，只需将其韵母中的韵头 u 去掉(脱落)，读成 ei 韵母就行了。

【练习】

1. 比较

(1) uan—an

端方 duānfāng—单方 dānfāng　　短气 duǎnqì—胆气 dǎnqì
段子 duànzi—担子 dànzi　　　　卵生 luǎnshēng—缆绳 lǎnshéng
乱用 luànyòng—滥用 lànyòng　　钻石 zuànshí—暂时 zànshí
攒聚 cuánjù—残局 cánjú　　　　酸根 suāngēn—三根 sāngēn
断绝 duànjué—旦角 dànjué

(2) un—en

尊严 zūnyán—箴言 zhēnyán　　　寸心 cùnxīn—称心 chènxīn
孙子 sūnzi—身子 shēnzi

2. 连用

算盘 suànpan　　战乱 zhànluàn　　转暖 zhuǎnnuǎn　　短暂 duǎnzàn
本村 běncūn　　　沉沦 chénlún　　存根 cúngēn　　　　伦敦 lúndūn

3. 绕口令

(1) uan—an

大帆船，小帆船，竖起桅杆撑起船。风吹帆，帆引船，帆船顺风转海湾。

(《帆船》)

(2) uen—en

孙伦打靶真叫准，半蹲射击特别神，本是半路出家人，摸爬滚打练成神。

(《孙伦打靶》)

4. 诗歌朗读(注意带点字的韵母)

静夜思

床前明月光，
疑是地上霜。
举头望明月，
低头思故乡。

5. 短文朗读

太阳国

从前，有兄弟两个，各自过活。哥哥很阔气，但是很吝啬。弟弟只有破屋一座，天天在山上耕作。一天，他口渴了，到河边去找水喝。回来一看，地里的禾苗一棵也没有了，他就大哭起来。忽然，飞来一只天鹅，说："小伙子，不要哭，我带你到太阳国去摘金果。"于是，他就坐在天鹅的背上，飞过小河，翻过山坡，到了太阳国。他看见一棵金光闪烁的金果树，他摸摸金色的果子，只摘了一个。回去后，整理了田舍，又盖了新房一所。哥哥知道后，前来道贺，回去也模仿着做，天鹅也把他带到太阳国。他毫不客气地抓住那棵金果树，摘了一个又一个。天鹅说，可以啦，不然就会有祸。他还舍不得，认为良机不可错过。结果，太阳出来了，光芒四射，把这个刻薄的恶人，晒死在太阳国。

二、分清韵头 i 和 ü

普通话中 i 和 ü 是两个不同的高元音。但有些方言，如闽、湘、粤、赣和客家方言以及北方方言区中云南、贵州、山西的部分地区的方言，没有 ü 和 ü-，大都把普通话读 ü 和 ü-的字读成 i 和 i-，如"鱼头"念成"姨头"，"有趣"说成"有气"；像客家梅县话"全"和"前"读音就相同，山东很多地区则把"去(qù)"读成 qì。

有的方言还把 ü 和 ü-读成 u 和 u-(如闽南方言中的厦门话，"冤"和"湾"就读音相同)。在四川的一些地区则把普通话中的 ü 韵读成 üu 或 üo，应注意纠正。这里举几个较典型的方音。

例 字	普通话	重 庆	成 都
局、菊、橘	ju	jüu	jüo
曲、屈、麦	qu	qüu	qüo
蓄、旭、续	xu	xüu	xüo
育、狱、浴	yu	üu	üo

四川方言中，还习惯将普通话中的 ü 韵读成 u 和 ou 韵。例如，"律、率、绿(色)、驴、氯"等音节，在四川许多地方都念成 u 韵；"屡、楼、缕"等音节在四川一些地方念成 ou 韵。

ü 的上述几种情况，都是方言区的人学习普通话应克服的，这要求有以上情况的方言

区的人要习惯发 ü 这个韵母。i 和 ü 都是舌面前高元音,差别只是发音时 i 不圆唇,ü 要圆唇。不习惯发 ü 的人,可用唇形变化的办法来练习:先展开唇发 i 的音,舌位保持不变,慢慢把嘴唇收圆就能发出 ü 的音。此外还要分清普通话分别读 ü(和 ü-)和读 i(和 i-)或 u(和 u-)的字词。

【练习】

1. i、ü 的对比辨音

(1) 比较

书籍 jí—书局 jú	比翼 yì—比喻 yù	经济 jì—京剧 jù
气 qì 味—趣 qù 味	戏 xì 曲—序 xù 曲	挤 jǐ 人—举 jǔ 人
饥 jī 民—居 jū 民	生育 yù—生意 yì	居 jū 住—记 jì 住
聚 jù 会—忌 jì 讳	取 qǔ 名—起 qǐ 名	于 yú 是—仪 yí 式
名誉 yù—名义 yì	遇 yù 见—意 yì 见	舆 yú 论—议 yì 论
美育 yù—美意 yì	姓吕 lǚ—姓李 lǐ	雨 yǔ 具—以 yǐ 及

(2) 连用

① i—ü

必须 bìxū	地区 dìqū	急剧 jíjù	奇遇 qíyù
继续 jìxù	纪律 jìlǜ	谜语 míyǔ	体育 tǐyù
比喻 bǐyù	抑郁 yìyù	寄语 jìyǔ	一律 yílǜ

② ü—i

躯体 qūtǐ	蓄积 xùjī	雨衣 yǔyī	居奇 jūqí
羽翼 yǔyì	与其 yǔqí	雨季 yǔjì	聚集 jùjí
预计 yùjì	履历 lǚlì	语气 yǔqì	距离 jùlí

(3) 绕口令

清早起来雨稀稀,王七上街去买席,骑着毛驴跑得急,捎带卖蛋又贩梨。一跑跑到小桥西,毛驴一下失了蹄,打了蛋,撒了梨,跑了驴,急得王七眼泪滴,又哭鸡蛋又骂驴。

老李去卖鱼,老吕去牵驴。老李要用老吕的驴去驮鱼,老吕说老李要用我的驴去驮鱼,就得给鱼。要不给我鱼,就别想用我老吕的驴去驮鱼。二人争来又争去,都误了去赶集。

(4) 谚语

湖里游着的大鲤鱼,不如桌上的小鲫鱼。

乌云成堆要下雨,人群聚集有力量。

遇事要慢许愿,快实行。

2. ie、üe 的对比辨音

(1) 比较

切 qiè 实—确 què 实	蝎子 xiē—靴 xuē 子	夜 yè 光—月 yuè 光
截 jié 开—掘 jué 开	大写 xiě—大雪 xuě	枝节 jié—知觉 jué
荷叶 yè—和悦 yuè	日夜 yè—日月 yuè	午夜 yè—五岳 yuè
竹叶 yè—逐月 yuè	列 liè 表—略 lüè 表	猎 liè 取—掠 lüè 取

(2) 连用

① ie—üe

夜学 yèxué　　灭绝 mièjué　　解决 jiějué　　节略 jiélüè
竭蹶 jiéjué　　谢绝 xièjué　　节约 jiéyuē　　劫掠 jiélüè

② üe—ie

越界 yuèjiè　　月夜 yuèyè　　诀别 juébié　　学界 xuéjiè
学业 xuéyè　　决裂 juéliè　　确切 quèqiè　　血液 xuèyè

(3) 绕口令

真绝，真绝，真叫绝，皓月当空下大雪，麻雀游泳不飞跃，鹊巢鸠占鹊喜悦。

北边来了一个瘸子背着一捆橛子。南边来了一个瘸子背着一筐茄子。背橛子的瘸子打了背茄子的瘸子一橛子。背茄子的瘸子打了背橛子的瘸子一茄子。

(4) 朗读

白雪

像柳絮，像飞蝶，情绵绵，意切切。我爱这人间最美的花朵，白雪飘飘，飘飘白雪。

看那晶莹的花瓣，铺满了大边的原野，看那轻盈的舞姿，催开了红梅的笑靥。呵，白雪飘飘，飘飘白雪。她赠给大地一片皎洁，她撒向人间多少欢悦。

是她用纯真的爱情，滋润着生命的绿叶，是她把热烈的追求，献给那美好的季节。呵，白雪飘飘，飘飘白雪，她用白玉般的身躯，装扮银光闪闪的世界。

3. ian、üan 的对比辨音

(1) 比较

前 qián 面—全 quán 面　　潜 qián 力—权 quán 利　　颜 yán 色—原 yuán 色
盐 yán 分—缘 yuán 分　　大雁 yàn—大院 yuàn　　镶嵌 qiàn—相劝 quàn
皮件 jiàn—疲倦 juàn　　演 yǎn 示—远 yuǎn 视　　羡慕 xiànmù—眩目 xuànmù
建 jiàn 议—倦 juàn 意　　前 qián 线—权 quán 限　　当前 qián—当权 quán
前 qián 程—全 quán 程　　庄严 yán—庄园 yuán　　方言 yán—方圆 yuán

(2) 连用

① ian—üan

厌倦 yànjuàn　　边远 biānyuǎn　　田园 tiányuán
演员 yǎnyuán　　线圈 xiànquān　　减员 jiǎnyuán

② üan—ian

卷烟 juǎnyān　　劝勉 quànmiǎn　　悬念 xuànniàn
捐钱 juānqián　　捐献 juānxiàn　　怨言 yuànyán

(3) 绕口令

燕燕愿当演员，圆圆也愿当演员，二人天天练表演，不知燕燕和圆圆，谁能如愿当演员。

圆圈圆，圈圆圈，圆圆娟娟画圆圈。娟娟画的圈连圈，圆圆画的圈套圈。娟娟圆圆比圆圈，看看谁的圆圈圆。

(4) 谚语

米粉越磨越细,语言越学越精。

4．in、ün 的对比辨音

(1) 比较

白银 yín—白云 yún	通信 xìn—通讯 xùn	扬琴 qín—羊群 qún
真金 jīn—真菌 jūn	平津 jīn—平均 jūn	晋 jìn 级—峻 jùn 急
餐巾 jīn—参军 jūn	攻心 xīn—功勋 xūn	金银 jīnyín—均匀 jūnyún

(2) 连用

① in—ün

音韵 yīnyùn　　因循 yīnxún　　进军 jìnjūn
音讯 yīnxùn　　阴云 yīnyún　　新裙 xīnqún

② ün—in

云锦 yúnjǐn　　军心 jūnxīn　　寻衅 xúnxìn
军民 jūnmín　　熏心 xūnxīn　　循进 xúnjìn

三、念准单韵母

(一) o、e、uo 的辨音

1．o 与 e、uo

就韵母 o 与 e、uo 而言,普通话语音凡声母是双唇音 b、p、m 的,韵母都是单元音 o,如:bō(波)、pō(泼)、mó(摩);其他声母的字韵母多数是 uo,如:duō(多)、guō(锅)、zuò(坐)等。但是在一些方言地区却存在 o、e、uo 语音混淆的现象。

(1) 当 o 与 b、p、m、f 等声母相拼时,东北地区和山东方言的绝大多数地方发 o 时嘴唇合拢得不够圆,发出的声音近似于扁唇的 e。普通话的韵母 o 只跟 b、p、m、f 相拼,而韵母 e 却相反,不能和这四个声母相拼("什么"的"么"字除外),所以有此问题的方言区的人应注意 b、p、m、f 后面的韵母一定是 o 而不是 e。发音时注意将唇形略微拢圆即可。

(2) 新疆话没有 o 韵母,把 o 韵母的字全读成了 e 韵母;北方有些方言如东北话也把韵母 o 读成 e,如"坡、破、摸"的韵母读成了 e。发音时,这些方言区的人要注意把 e 改成 o。

(3) 山东方言区的一些地方把普通话 o 韵母拼声母 b、p、m 的部分字如"伯、迫、魄、陌、默、墨"等读成了 ei 韵母,与"北、胚、妹"等同韵。这些方言区的人应该把"伯"等字的 ei 韵母改为 o 韵母。

(4) 还有些方言区的人把普通话的 bo、po、mo 读成 buo、puo、muo,这同样不准确。

2．e 与 o、uo

(1) 客家方言、粤方言和西南有些方言把舌根音拼韵母 e 的字读成韵母 o,如把"哥、科、喝"的韵母读成 o。这些地区的人只需记住,普通话中 g、k、h 不与 o 拼,纠正时把方言中与g、k、h拼的o改为e即可。

（2）山东方言区的一些地方把普通话e韵母拼g、k、h和零声母的部分字如"哥、科、喝"等读成uo韵母，与"锅、阔、活"等字的韵母相同；或uo、e两种读法皆可；或一些字读uo、一些字读e。如：哥、歌、个、科、苛、棵、颗、可、课、禾、河、何、荷、贺、蛾、鹅、饿、俄等。有此现象的人应该把以上字的韵母uo一律改为e韵母。

（3）山东方言区东区的绝大多数地区把普通话e韵母拼g、k、h声母的部分字即"割、疙、葛、渴、磕、喝"等读成了a韵母。如割ga、渴ka、喝ha等。有此现象的人应把韵母a改为e。

（4）山东方言区的东潍区、西鲁区及黄河以南的西齐区，把普通话e韵母拼d、t、k、g、h(部分)、z、c、s声母的字读成ei韵母，与"给、贼"等字的韵母相同；或ei、e两种读法皆可；或一些字读ei、一些字读e。具体字有：得、德、特、隔、膈、格、革、克、客、刻、核、貉、赫、泽、责、侧、策、塞、涩、色、瑟、啬等。有此现象的人应把这些字的韵母ei改为e。

练习发准o、e音的方法很简单。o、e的发音情况大致相同，区别在于：e是不圆唇元音，o是圆唇元音。可以用唇形变化的办法来练习，就是先拢圆嘴唇发好o，舌位保持不动，然后展开嘴唇，就能发出e音。o、e都是单元音，发音时舌位始终如一，没有动程，但uo是复合元音，发音时舌位有极小的动程，口形由小到大，这个动程不易感觉，需要在练习中辨认。

普通话韵母o只跟唇音声母拼合，韵母e则相反，不跟唇音声母拼合。学习时，要注意掌握这个规律。此外，还要注意弄清哪些字的韵母是e，哪些字的韵母是o或uo。除了准确发音外，可以利用语音演变及普通话语音内部结构规律来纠正以上错误现象。

① 普通话语音声母b、p、m、f不能和e构成音节(音节表中有一个"么me"，这是用在"什么(shénme)"这个词中的轻声音节，没有固定的声调，读音轻短模糊，不足以说明m可以和e构成音节)，所以凡方言中读be、pe、me的音节应改为bo、po、mo。

② 普通话语音声母b、p、m、f不能和uo构成音节(单元音韵母o也不能和b、p、m、f以外的声母构成音节)，所以方言区的人错读为buo、puo、muo、fuo的音节应改为bo、po、mo、fo。

【练习】

1. 比较(e、uo)

鸽gē子—锅guō子　客kè气—阔kuò气　河hé马—活huó马　合hé口—活huó口
赫hè然—豁huò然　老歌gē—老郭guō　干戈gē—堪坷kuō　骨骼gé—古国guó

2. 连用(o、e)

破格 pògé　　墨盒 mòhé　　薄荷 bòhé　　波折 bōzhé
叵测 pǒcè　　恶魔 èmó　　刻薄 kèbó　　河坡 hépō

3. 绕口令

哥哥弟弟坡前坐，坡上立着一只鹅，坡下流着一条河。哥哥说：宽宽的河。弟弟说：

肥肥的鹅。鹅要过河,河要渡鹅。不知是鹅过河,还是河渡鹅。(分清 e、uo)

打南坡走来个老婆婆,两手托着两筐箩。左手托着的筐箩装的是菠萝,右手托着的筐箩装的是萝卜。你说说,是老婆婆左手托着的筐箩装的菠萝多,还是老婆婆右手托的筐箩装的萝卜多?说得对送你一筐箩菠萝,说不对不给菠萝也不给萝卜,罚你替老婆婆把装菠萝的筐箩和装萝卜的筐箩送到大北坡。(分清 o、uo)

(二) u 和 ou 的辨音

普通话中 d、t、n、l、z、c、s、zh、ch、sh、m 和 u 相拼时,有的方言如湘方言、西南的部分方言改成了和 ou 相拼。例如,把"图案"读成了"投案",把"楚剧"念成"丑剧";读"肚、努、路、租、促、苏、竹、初、树、牡"等音也都有类似的情况。ou 和 u 的发音应分辨清。

其实方言区的人一般都能发准这两个韵母,只是不习惯拿 u 和上述声母相拼。

【练习】

1. 比较

dou—du:	豆浆—渡江	豆子—肚子	都是—都市
tou—tu:	偷袭—突袭	投递—徒弟	头疼—图腾
lou—lu:	楼台—炉台	篓子—橹子	漏水—露水
zhou—zhu:	轴子—竹子	骤然—助燃	周朝—筑巢
chou—chu:	抽查—初查	丑剧—楚剧	筹建—锄奸
shou—shu:	收菜—蔬菜	寿木—树木	手巾—蜀锦
zou—zu:	邹家—租价	走色—阻塞	奏捷—阻截

2. 连用

(1) ou—u
头颅　透露　投宿　走路　走卒
凑数　首都　手术　手足　头目

(2) u—ou
独奏　毒手　赌咒　秃头　助手
出售　粗陋　疏漏　诅咒　锄头

(3) u—u
督促　度数　荼毒　吐露　粗俗
陆路　露宿　逐鹿　出租　俘虏

3. 绕口令

鼓上画只虎,破了拿布补。不知布补鼓,还是布补虎。

一位爷爷他姓顾,上街打醋又买布。买了布,打了醋,回头看见鹰抓兔。放下布,搁下醋,上前去追鹰和兔,飞了鹰,跑了兔,打翻醋,醋湿布。

小猪扛锄头,吭哧吭哧走。小鸟唱枝头,小猪扭头瞅,锄头撞石头,石头砸猪头。小猪怨锄头,锄头怨猪头。

4．朗读诗词(注意带点字的韵母)

黄鹤楼 Huánghè lóu

昔人已乘黄鹤去，	Xīrén yǐ chéng huánghè qù,
此地空余黄鹤楼。	Cǐdì kōng yú huánghèlóu。
黄鹤一去不复返，	Huánghè yí qù bú fùfǎn,
白云千载空悠悠。	Báiyún qiān zǎi kōng yōuyōu。
晴川历历汉阳树，	Qíngchuān lìlì Hànyáng shù,
芳草萋萋鹦鹉洲。	Fāngcǎo qīqī yīngwǔ zhōu。
日暮乡关何处是？	Rìmù xiāngguān hé chù shì?
烟波江上使人愁。	Yānbō jiāng shang shǐ rén chóu。

(三) er 和 e、ê、o 的辨音

在普通话中，er 只能自成音节，不与任何声母相拼。虽然 er 构成的字很少，常用字中只有"儿、而、尔、耳、饵、二"等几个，但是，学会发 er，是发好普通话儿化韵的基础，因此，学会 er 韵母的发音很重要。绝大多数的北方人发 er 都没有太大问题，而南方方言区因缺少 er 音，许多人都发不好 er，往往把 er 发成了央 e 或 ê、o 等。er 的发音比较特殊：它虽是单元音韵母，但发 er 时舌头在口腔中并非静止不动，而是在发央 e 的同时，舌尖卷起，向硬腭靠拢。er 发音中的问题主要有两个：一是口张得太大，二是舌头不能上卷到硬腭中部。因此，发 er 时，要注意开口度适中，尽可能使舌头上卷到硬腭中部。

【练习】

1．比较

儿 ér 子—蛾 é 子　　而 ér 且—俄 é 国　　耳 ěr 朵—恶 ě 心
二 èr 人—恶 è 人　　鱼饵 ěr—肥鹅 é　　偶尔 ěr—花萼 è

2．绕口令

二大娘的二儿子，从云南洱海湖归来，带了二十二斤好木耳。

要说"尔"，专说"尔"。马尔代夫，喀布尔。阿尔巴尼亚，扎伊尔。卡塔尔，尼泊尔。贝尔格莱德，安道尔。萨尔瓦多，伯尔尼。利伯维尔，班珠尔。厄瓜多尔，塞舌尔。哈密尔顿，尼日尔。圣彼埃尔，巴斯特尔。塞内加尔的达喀尔，阿尔及利亚的阿尔及尔。

四、念准复韵母

(一) 防止丢失元音韵尾

普通话的复韵母比较丰富，有 13 个，占全部韵母的三分之一，而有些方言元音韵尾比较少，如吴方言和山东方言的许多地方就没有 ai、ei、ao、ou 这一类复韵母，而是把它们读成单韵母；同样，iao、iou、uai、uei 等复韵母中的 ai、ei、ao、ou 也做了相应的改变，

念成了复元音韵母。闽方言和客家方言的部分地区也存在这种语音现象。闽北方言、粤方言中还有拿 ü 代替 i 作为韵尾的复元音韵母，如"崔"、"雷"、"水"等字。这种韵尾，在普通话里是没有的，应该纠正。复韵母在发音时，舌位、唇形必须有一个逐渐变化移动的过程即动程，全国很多方言都存在复韵母发音动程不明显的现象。这些方言区的人学习普通话时要注意学习复韵母，练习复韵母发音的动程。

【练习】

1. 对比辨音

(1) ai 和 ei

摆 bǎi 手—背 bèi 手	小麦 mài—小妹 mèi	分派 pài—分配 pèi
安培 péi—安排 pái	镁 měi 光—买 mǎi 光	来 lái 生—雷 léi 声
怪 guài 人—贵 guì 人	未 wèi 来—外 wài 来	鬼 guǐ 子—拐 guǎi 子

(2) ao 和 ou

稻 dào 子—豆 dòu 子	考 kǎo 试—口 kǒu 试	病后 hòu—病号 hào
勾 gōu 结—高 gāo 洁	消 xiāo 息—休 xiū 息	铁桥 qiáo—铁球 qiú
求救 jiù—求教 jiào	游 yóu 动—摇 yáo 动	小赵 zhào—小周 zhōu

(3) ou 和 u

豆 dòu 子—肚 dù 子	收 shōu 拾—舒 shū 适	投 tóu 递—徒 tú 弟

(4) ao 和 u

冒 mào 名—慕 mù 名	操 cāo 心—粗 cū 心	保 bǎo 住—补 bǔ 助

(5) e 和 ie

折 zhé 断—截 jié 断	黑蛇 shé—黑鞋 xié	侧 cè 面—切 qiē 面

(6) iao 和 ao

条 tiáo 子—桃 táo 子	缥 piāo 缈—抛 pāo 锚	校 xiào 长—道 dào 长

(7) iou 和 ou

修 xiū 饰—收 shōu 拾	旧 jiù 了—够 gòu 了	救 jiù 人—揍 zòu 人

2. 绕口令

(1) ao—iao—ou—iou

咱村有六十六条沟，沟沟都是大丰收。东山果园像彩楼，西山棉田似锦绣。北山有条红旗渠，滚滚清泉绕山走。过去瞅见这六十六条沟，心里就难受；今天瞅见这六十六条彩楼、锦绣、万宝沟，瞅也瞅不够！

(《彩楼和锦绣》)

(2) ao—iao—iou

铜勺舀热油，铁勺舀凉油；铜勺舀了热油舀凉油，铁勺舀了凉油舀热油。

(《铜勺和铁勺》)

3. 朗读(注意带点字的韵母)

(1) 诗歌

空山新雨后，　　Kōngshān xīnyǔ hòu,
天气晚来秋。　　Tiānqì wǎn lái qiū。
明月松间照，　　Míngyuè sōng jiān zhào,
清泉石上流。　　Qīngquán shí shang liú。
竹喧归浣女，　　Zhú xuān guī huàn nǚ,
莲动下渔舟。　　Lián dòng xià yúzhōu。
随意春芳歇，　　Suí yì chūn fāng xiē,
王孙自可留。　　Wángsūn zì kě liú。

(2) 歌词(uo—e—iao—ou)

我和我的祖国，一刻也不能分割，无论我走到哪里，都流出一首赞歌。我歌唱每一座高山，我歌唱每一条河，袅袅炊烟，小小村落，路上一道辙。我最亲爱的祖国，我永远紧依着你的心窝，你用你那母亲的脉搏和我诉说。

我的祖国和我，像海和浪花一朵，浪是那海的赤子，海是那浪的依托。每当大海在微笑，我就是笑的漩涡，我分担着海的忧愁，分享海的欢乐。我最亲爱的祖国，你是大海永不干涸，永远给我碧浪清波，我心中的歌。

(《我和我的祖国》)

(二) 发好ai 和 uai

在发音方面，山东各地方言在发ai、uai韵母时往往缺少韵尾i，同时把韵腹a发成近似ê的音，ai、uai就成了ê、uê(a的发音是口大开，舌尖置下齿龈，舌头中部隆起；ê的发音是口自然半开，舌尖放在下齿背，舌面前部隆起)。为了练好ai、uai二韵，学习时不妨有意识地把韵尾i发得响亮、清楚一些，养成发韵尾的习惯。

普通话ai韵母拼b、p、m、zh、ch声母的部分字如"掰、白、柏、拍、麦、脉、摘、宅、翟、拆"等，山东方言区的东潍区、西鲁区及黄河以南的西齐区读成了ei韵母，与"杯、胚、妹"等同韵；长岛、蓬莱等地区读成了e韵母；烟台、牟平等地区读成了o韵母，与"波、坡、磨"等同韵；西南方言区的重庆等地读成了ê韵母。这些方言区的人应将以上的ei、e、o、ê等韵母改为ai。

ai韵母自成音节时，山东的部分方言区把"矮、挨、埃"等字发成ie韵母，学习普通话时把ie直接改读为ai即可。

【练习】绕口令

(1) ai

买白菜，搭海带，不买海带就别买大白菜。买卖改，不搭卖，不买海带也能买到大白菜。

(《白菜和海带》)

(2) uɑi

槐树槐，槐树槐，槐树底下搭戏台，人家的姑娘都来了，我家的姑娘还不来。说着说着就来了，骑着驴，打着伞，歪着脑袋上戏台。

(《槐树槐》)

(三) 分清 ie、üe 与 o、e

1. 分清 ie 与 e

(1) 北方方言区的许多地方都把普通话 ie 韵母拼 j、x 声母的部分字读成了[iɛi](iei)，如"皆、阶、秸、街、解、介、界、芥、疥、届、戒、谐、鞋、解(姓)、蟹、懈"等。在很多方言中，普通话 ie 韵母的另一部分字如"接、斜、姐"等仍读 ie，因此这些方言区的人学习普通话时，只要把"皆、鞋"等字的[iɛi]改为跟"接、斜、姐"等字相同的韵母 ie 就可以了。

(2) 山东方言区的许多地方把 ie 中的元音 ê 发得近似后元音 e。ê 是前半低元音，发音时要注意舌位是由高元音 i 向半低元音 ê 下滑，而不要向后移动。

2. 分清 üe 与 o、e

üe 的后一个音是 ê，在山东部分方言中，发音近乎 e；还有一部分地区的发音接近于圆唇元音 o，如"跳跃、乐曲、五岳"的发音。这些方言区的人应注意，ê 是一个前元音，发音时舌头前伸，舌尖抵住下齿背，舌面前部隆起，口半开，唇形扁平状。而 e 和 o 是后元音。发 üe 时，控制舌位不要向舌面后部移动。

(四) 分清 uo 和 o

西南地区的成都、重庆、贵阳、昆明等地方的方言中没有 uo 韵母，普通话 uo 韵母的字，在这些地方基本都读成了 o 韵母，如"多、朵、拖、驮、糯、罗、桌、戳、硕、弱、昨、措、所、锁"等字的韵母都读成了 o。这些方言区的人在学习普通话时首先要分清哪些字是 uo 韵母，哪些字是 o 韵母，然后将方言中相应的 o 韵母改成 uo 韵母即可。

五、念准鼻韵母

(一) 分清前鼻音尾韵母和后鼻音尾韵母

前鼻音尾韵母和后鼻音尾韵母在方言中的问题主要体现在 in 和 ing、en 和 eng、an 和 ang、uan 和 uang、ian 和 iang、eng 和 ong 的混淆上。例如，南京话不能区分 an 和 ang、ian 和 iang、uan 和 uang，如"天坛"读成"天堂"，"平凡"读成"平房"；而其中 in 和 ing、en 和 eng 的混淆最普遍，全国许多方言都存在这种情况，西南地区、西北地区、吴、湘、客家及赣方言区的人尤其明显，如"人民"读成"人名"，"老陈"读成"老程"等。前鼻音尾韵母和后鼻音尾韵母的混淆大体有以下几种情况。

以南京话、长沙话为代表的方言区，所有的后鼻音尾韵母都读成了前鼻音尾韵母，也就是把 in 和 ing、en 和 eng、an 和 ang、ian 和 iang、uan 和 uang 这五对韵母的韵尾都读成了前鼻音-n。例如：把"鹰(yīng)"读成 yīn。

上海话、昆明话、重庆话、桂林话、兰州话一般把 in 和 ing、en 和 eng的韵尾读成前鼻音-n。例如：把"谈情"说成"谈琴"等。

广西灵川诂、广东潮州诂把 in 和 ing、en 和 eng、an 和 ang、uan 和 uang的韵尾都读成了后鼻音-ng。例如：把"开饭(kāifàn)"读成 kāifàng。

在西北地区中，有些方言(如宁夏话、新疆话)，一般把 en、in、ün、uen 的前鼻音韵尾-n 读成后鼻音韵尾-ng。

要发好每一个前鼻音尾韵母和后鼻音尾韵母应注意两点：第一，要掌握好-n 和-ng的发音。掌握好-n 和-ng的发音，关键在于要掌握好舌头的位置变化情况。-n 是舌尖浊鼻音，发前鼻音尾韵母时，最后要用舌尖抵住上齿龈，舌头基本是平伸在口腔里；-ng是舌根浊鼻音，发后鼻音尾韵母时，舌头后缩，舌面后部轻轻抵住软腭，舌尖置于下齿龈的下面，舌根和软腭构成阻碍，并且下颌肌肉有紧张感。-n 和-ng的发音口形也不相同。发-n 时，上、下门齿是相对的，口形较闭；发-ng时，上、下门齿离得远一些，口形较开。第二，要掌握好前鼻音尾韵母和后鼻音尾韵母中元音的发音。例如，ing的发音，虽然能发好-ng，但是如果 i 的发音不好，如发音时舌位不够高、唇形不扁等，也同样不能发好 ing。就 eng和 ong的发音而言，eng是扁唇音，ong是圆唇音。关于前、后鼻韵母韵腹元音的音色，概括地说，前鼻韵母的韵腹元音舌位偏前，发音时开口度相对小些，音色较尖细；后鼻韵母的韵腹元音舌位偏后，发音时，开口度相对大些，音色较洪亮。比如，前鼻韵母an、uan 中的a为前a([a])，en、uen 中的 e 为央偏前的 e(一般记为[ə])，ian、üan 中的a为前、半低的 ê([ɛ])，ün 中的 ü 为舌位前元音；后鼻韵母ang、iang、uang中的a均为后a([ɑ])，eng、ueng中的 e 为舌位后、偏下的 e([ʌ])，ong、iong中 o 的实际发音为舌位后元音 u；前鼻韵母 in 和后鼻韵母 ing的韵腹元音虽然同为前、高元音 i，但 in 从起音到收音动程短，口腔基本没有张开，而 ing动程较长，过渡音明显，发 i 后口形微张，所以二者在元音发音上区别也是明显的。

除了要学会鼻尾音-n 和-ng的发音外，还需要分清常用字中哪些字的韵母属-n 韵尾，哪些字属-ng韵尾。

1. 普通话语音声、韵相配有一定的规律，可利用它来掌握一部分字的韵母

如鼻韵母 ueng不与任何声母相拼，分不清 uen、ueng类字时，凡带声母的，一定是-uen 类字，像"蹲、吞、村、准、孙、顺、仑、昆、浑"等；若是零声母音节，常用字除"瓮、翁、嗡"为 weng外，其余都是 wen。前鼻韵母 ün、uan，没有与其相对应的后鼻韵母，后鼻韵母 ong、iong，也无相应的前鼻韵母，带这些鼻韵母的字类一般不容易相混。又如，普通话声母 d、t、n、l，除"扽"、"嫩"外，不与韵母 en 相拼。因此方言中念 ten、nen、len 的字，一般都应改念 eng。普通话中念"gen"的字只有少数几个，因此，方言中念gen 的字，一般都应念geng。z、c、s 和 en 组成音节，除"怎、岑、森"等少数几个之外，其余都应归入 eng韵。d、t、n 不与 in 韵相拼，只与 ing韵相拼，因此，凡方言中念 din、tin 的都应改念 ding、ting("您"nin 是本规律中的一个例外字)。

2. 利用形声字的声旁类推

例如，同属前鼻音的"芬、粉、纷(en)、颁、盼、扮(an)"都从"分"得声，同属后鼻音的"功、虹、贡(ong)和扛、杠、肛(ang)"都从"工"得声。

【练习】

1. an、ang的对比辨音

(1) 比较

担 dān 心—当 dāng 心	烂 làn 漫—浪 làng 漫	赞 zàn 歌—葬 zàng 歌
三 sān 叶—桑 sāng 叶	反 fǎn 问—访 fǎng 问	天坛 tán—天堂 táng
一半 bàn—一磅 bàng	开饭 fàn—开放 fàng	和善 shàn—和尚 shang

(2) 连用

① 担当 dāndāng　　班长 bānzhǎng　　繁忙 fánmáng　　擅长 shàncháng
　　当然 dāngrán　　傍晚 bàngwǎn　　账单 zhàngdān　　方案 fāng'àn

② an — ang：　反抗　肝脏　南方　盘账　散场
　　ang — an：　盎然　档案　放胆　怅然　钢板

(3) 朗读

① 绕口令

a. ang—an

扁担长，板凳宽，扁担没有板凳宽，板凳没有扁担长。扁担绑在板凳上，板凳不让扁担绑在板凳上，扁担偏要绑在板凳上。

b. ang—an

张康当董事长，詹丹当厂长，张康帮助詹丹，詹丹帮助张康。

(《张康和詹丹》)

② 歌词(注意带点字的读音)

我的家在东北松花江上，那里有森林煤矿，还有那满山遍野的大豆高粱。

我的家在东北松花江上，那里有我的同胞，还有那衰老的爹娘。

"九一八"，"九一八"，从那个悲惨的时候，脱离了我的家乡，抛弃那无尽的宝藏，流浪！流浪！整日价在关内，流浪！流浪！

哪年哪月，才能够回到我那可爱的故乡？哪年哪月，才能够收回我那无尽的宝藏？爹娘啊，爹娘啊，什么时候才能欢聚在一堂。

(《松花江上》)

2. en、eng的对比辨音

(1) 比较

身 shēn 世—声 shēng 势	陈 chén 旧—成 chéng 就	诊 zhěn 治—整 zhěng 治
申 shēn 明—声 shēng 明	吩 fēn 咐—丰 fēng 富	木盆 pén—木棚 péng
瓜分 fēn—刮风 fēng	清真 zhēn—清蒸 zhēng	三根 gēn—三更 gēng

(2) 连用

① 真诚 zhēnchéng　　本能 běnnéng　　奔腾 bēnténg　　人生 rénshēng
　　承认 chéngrèn　　证人 zhèngrén　　登门 dēngmén　　成本 chéngběn

② en—eng： 纷争　　深层　　人称　　人生　　真正
　　eng—en： 诚恳　　风尘　　冷门　　烹饪　　省份
(3) 绕口令

陈是陈，程是程，姓陈不能说成姓程，姓程也不能说成姓陈。木旁是程，耳朵是陈。程陈不分，就会认错人。

老彭拿着一个盆，跨过老陈住的棚；盆碰棚，棚碰盆，棚倒盆碎棚压盆。

(4) 朗读
① 诗词

怎肯轻言愤世，说甚看破红尘。无病呻吟其何益，空负好时辰。最问人生真谛何在？奋进是根本！

少冷漠，要热忱，坚韧忠贞。趁青春年华，吐芬芳，挑重任，显身手，报国门。(读好en韵母字)

② 歌词(注意带点字的读音)

送战友，踏征程，默默无语两眼泪，耳边响起驼铃声。路漫漫，雾蒙蒙，革命生涯常分手，一样分别两样情。战友啊战友，亲爱的弟兄，当心夜半北风寒，一路多保重。

送战友，踏征程，任重道远多艰险，洒下一路驼铃声。山叠嶂，水纵横，顶风逆水雄心在，不负人民养育情。战友啊战友，亲爱的弟兄，待到春风传佳讯，我们再相逢。

(《驼铃》)

3．in、ing的对比辨音

(1) 比较

人民 mín—人名 míng　　不信 xìn—不幸 xìng　　辛勤 qín—心情 qíng
亲近 jìn—清净 jìng　　红心 xīn—红星 xīng　　金 jīn 鱼—鲸 jīng 鱼
信 xìn 服—幸 xìng 福　　亲 qīn 生—轻 qīng 生　　谈情 qíng—弹琴 qín
老凌 líng—老林 lín　　冰 bīng 棺—宾 bīn 馆　　频频 pín—平平 píng

(2) 连用

in—ing： 民情　　禁令　　金星　　心病　　银杏
ing—in： 青筋　　定亲　　清贫　　听信　　行进

(3) 朗读诗词

近河滨，景色新，绿草茵茵水粼粼，禽鸟唱林荫。政策好，顺民心，人人尽力共驱贫，辛勤换来遍地金，天灾难相侵。诗心禁不住，一曲今昔吟。

志士镇守在边庭。统猛丁，将精英，依形恃险筑长屏，亭燧座座警号鸣，惨淡经营。屏侵凌，震顽冥，敌胆破望影心惊，其锋谁撄？八方平定四境宁，赢得史册彪炳，千古留名。

(以上两则均摘自《中国教育报》，作者：任恩顺)

(4) 绕口令

民民和明明，拾到皮夹交民警。民警表扬民民和明明，请他二人留姓名。民民请民警表扬明明，明明请民警表扬民民。民民、明明争得民警弄不清，眨眼不见民民和明明。

小青和小琴，小琴手很勤，小青人很精，手勤人精，琴勤青精，你学小琴还是小青？

4．ün、iong的对比辨音

运 yùn 费—用 yòng 费　　晕 yùn 车—用 yòng 车　　勋 xūn 章—胸 xiōng 章
驯 xùn 马—雄 xióng 马　　因循 xún—英雄 xióng　　应允 yǔn—英勇 yǒng
中旬 xún—棕熊 xióng　　昏晕 yūn—昏庸 yōng

5．ian、iang的对比辨音

(1) 比较

险 xiǎn 象—想 xiǎng 象　　简 jiǎn 历—奖 jiǎng 励　　坚 jiān 硬—僵 jiāng 硬
鲜 xiān 花—香 xiāng 花　　钳 qián 制—强 qiáng 制　　铜钱 qián—铜墙 qiáng

(2) 连用

演讲 yǎnjiǎng　　　现象 xiànxiàng　　　坚强 jiānqiáng　　　岩浆 yánjiāng
香甜 xiāngtián　　　想念 xiǎngniàn　　　量变 liàngbiàn　　　镶嵌 xiāngqiàn

(3) 绕口令(iang)

杨家养了一只羊，蒋家修了一道墙。杨家的羊撞倒了蒋家的墙，蒋家的墙压死了杨家的羊。杨家要蒋家赔杨家的羊，蒋家要杨家赔蒋家的墙。

6．uan、uang的对比辨音

(1) 比较

机关 guān—激光 guāng　　大碗 wǎn—大网 wǎng　　红砖 zhuān—红装 zhuāng
木船 chuán—木床 chuáng　　新欢 huān—心慌 huāng　　环 huán 球—黄 huáng 球
专 zhuān 车—装 zhuāng 车　　惋 wǎn 惜—往 wǎng 昔　　关 guān 头—光 guāng 头

(2) 连用

观光 guān'guāng　　　宽广 kuān'guǎng　　　观望 guānwàng
万状 wànzhuàng　　　端庄 duānzhuāng　　　乱撞 luànzhuàng
光环 guānghuán　　　狂欢 kuánghuān　　　双关 shuāngguān
狂乱 kuángluàn　　　壮观 zhuàngguān　　　双管 shāngguǎn

(3) 绕口令

① uang

王庄卖筐，匡庄卖网，王庄卖筐不卖网，匡庄卖网不卖筐，你要买筐别去匡庄去王庄，你要买网别去王庄去匡庄。

② uan—uang

对河过来一只船，这边漂去一张床，船床河中互相撞。不知是船撞床，还是床撞船。

7．uen、ong的对比辨音

轮 lún 子—笼 lóng 子　　吞 tūn 并—通 tōng 病　　炖 dùn 肉—冻 dòng 肉
春 chūn 风—冲 chōng 锋　　混 hún 水—洪 hóng 水　　吞吐 tūntǔ—通读 tōngdú
依存 cún—依从 cóng　　水准 zhǔn—水肿 zhǒng　　理论 lùn—里弄 nòng

(二) 避免丢失鼻韵尾-n

普通话中的an、ian、uan、üan、en、in、uen和ün这8个带舌尖鼻音韵尾的韵母在全国很多方言区，如济南话、西安话、兰州话、昆明话、南京话、厦门话、绍兴话、无锡话以及湘方言的双峰话等方言里往往没有明显的鼻音韵尾，而读成元音鼻化的鼻化韵。鼻化韵是指其元音发音时软腭下降，打开鼻腔通路，气流同时从口腔和鼻腔里出来，听上去带有鼻音色彩的元音韵母。例如，厦门话"三"、"天"等字的白话音，绍兴话和济南话"班"和"陈"等字的发音。而鼻韵母an、en等发元音时应先将软腭上收，堵塞鼻腔通路，气流从口腔出来，发完元音后再将软腭下降，用舌尖抵住上齿龈，堵塞口腔通路，气流经过鼻腔发出鼻音-n。方言有鼻化元音的人，应特别留心鼻韵尾收音时堵住气流的口腔通路，避免以鼻化韵代替鼻韵母。比如，山东人念an、ian、uan、üan、en、in、uen、ün韵母时就应特别注意收尾时一定要把舌尖抵在上齿龈后，练习时不妨特意地把韵尾-n发得清楚一些，拖长一些，养成发-n韵尾的习惯。有的方言(如上海话、苏州话、温州话，一些北方话等)甚至把鼻韵尾完全丢失，读成单元音韵母或复元音韵母，例如，上海话读"山"(shān)、"关"(guān)两字的韵母，近似"ê"和"üe"，都没有-n韵尾。有的方言上面两种情况都有，如皖南歙县话等。

此外，普通话带-n韵尾的韵母，有一部分在客家、闽南和粤方言中，读成带-m韵尾，如"三、深、今"等字。这些方言区的人学习普通话时，必须掌握鼻音韵尾的发音，防止失落韵尾，应将-m韵尾改读成-n韵尾，同时要分清哪些字在普通话中有鼻音韵尾。

【练习】

1．朗读成语

安如泰山　ān rú tài shān　　　见钱眼开　jiàn qián yǎn kāi
外圆内方　wài yuán nèi fāng　　万般无奈　wàn bān wú nài
春暖花开　chūn nuǎn huā kāi　　辗转反侧　zhǎn zhuǎn fǎn cè
人山人海　rén shān rén hǎi　　　尽善尽美　jìn shàn jìn měi

2．朗读诗歌(注意带点字的读音)

更深月色半人家，　Gēng shēn yuè sè bàn rén jiā,
北斗阑干南斗斜。　Běi dǒu lán gān nán dǒu xiá。
今夜偏知春气暖，　Jīn yè piān zhī chūn qì nuǎn,
虫声新透绿窗纱。　Chóng shēng xīn tòu lù chuāng shā。

胜日寻芳泗水滨，　Shèng rì xún fāng sì shuǐ bīn,
无边光景一时新。　Wú biān guāng jǐng yì shí xīn。
等闲识得东风面，　Děng xián shí dé dōng fēng miàn,
万紫千红总是春。　Wàn zǐ qiān hóng zǒng shì chūn。

(三) 辨清 eng 和 ong、ing 和 iong

就韵母 eng 和 ong 而言，普通话语音里凡声母是 b、p、m、f 的字的韵母都是 eng，而一些方言地区(如四川)却常把"蹦 bèng，蓬 péng，蒙 méng，梦 mèng，风、峰、丰 fēng，逢 féng，奉 fèng"的韵母读成 ong。要改变这种语音习惯只要记住一条规律，在普通话语音里声母 b、p、m、f 不能和 ong 构成音节，准确的韵母应该是 eng，发这个韵母的元音时不要把唇形拢圆。例如：

b—崩、嘣、绷、甭、迸、泵、蹦
p—烹、怦、抨、砰、澎、彭、膨、朋、棚、硼、鹏、蓬、篷、捧、碰
m—蒙、檬、蠓、虻、氓、萌、盟、蜢、锰、猛、梦、孟
f—封、丰、烽、蜂、峰、锋、风、疯、枫、冯、逢、缝、讽、奉、俸、凤

山东方言区东潍区胶州湾周围的青岛等地把普通话 eng—ong、ing—iong 四韵合成两韵或读成 eng、ing；或读成 ong、iong。在普通话中，eng、ing 的主要元音 e、i 发音时唇形应为扁平状(不圆唇)，而 ong、iong 中的主要元音发音时唇形应为小圆状(圆唇)。例如：

疼痛 téngtòng   东风 dōngfēng   冷冻 lěngdòng   正统 zhèngtǒng
叮咚 dīngdōng   英雄 yīngxióng   雄性 xióngxìng

(四) 辨清 ueng 和 ong

山东部分地区如烟台等地的方言把普通话 ueng 韵母的字如"翁、嗡"等读成了开口呼韵母 ong。有此现象的方言区要改为带 u 韵头的合口呼韵母 ueng。

【练习】绕口令

(1) ueng
老翁卖酒老翁买，老翁买酒老翁卖。

(2) ong
冲冲栽了十畦葱，松松栽了十棵松。冲冲说栽松不如栽葱，松松说栽葱不如栽松。是栽松不如栽葱，还是栽葱不如栽松？

(五) 辨清 ian 和 in

福建、湖北等地的部分方言地区存在 ian 和 in 混淆的现象，通常把韵母 ian 读成了韵母 in，应注意辨正。

【练习】

1. 读准下列词语

新鲜 xīnxiān   进见 jìnjiàn   今天 jīntiān   鳞片 línpiàn
铅印 qiānyìn   先进 xiānjìn   潜心 qiánxīn   变频 biànpín
偏心 piānxīn   年薪 niánxīn   前进 qiánjìn   连襟 liánjīn

2. 对比辨音

建 jiàn 军—进 jìn 军　　简 jiǎn 章—紧 jǐn 张　　连 lián 接—邻 lín 接
连 lián 夜—林 lín 业　　鲜 xiān 血—心 xīn 血　　偏 piān 心—拼 pīn 音
签 qiān 字—亲 qīn 自　　棉 mián 芯—民 mín 心　　仙 xiān 境—心 xīn 境
现 xiàn 任—信 xìn 任　　盐 yán 粉—银 yín 粉　　眼 yǎn 见—引 yǐn 见

附录 3　声旁类推字表及常用字辨音表

1. 声旁类推字表

1) en 韵母

门—闷、们、扪、焖
刃—忍、仞、纫、韧、轫
分—盆、芬、吩、纷、氛、汾、棼、粉、份、忿
壬—任、荏、饪、妊
本—苯、笨
申—伸、呻、绅、砷、神、审、渖、婶
贞—侦、祯、桢、帧
艮—根、跟、茛、垦、恳、痕、很、狠、恨
辰—宸、晨、振、震
枕—忱、沈
肯—啃
贲—喷、愤
甚—斟、葚
真—缜、镇、嗔、慎

2) eng 韵母

风—枫、疯、讽
正—怔、征、症、整、证、政、症、惩
生—牲、甥、笙、胜
成—诚、城、盛
争—挣、峥、狰、睁、铮、筝、诤
丞—蒸、拯
亨—烹、哼
更—埂、绠、哽、梗、鲠
呈—程、酲、逞
奉—捧、俸(棒除外)
朋—崩、绷、绷、蹦、棚、硼、鹏
乘—剩、嵊

曾—憎、增、缯、赠、蹭、僧
彭—澎、膨
登—蹬、凳、澄、磴、镫、瞪
誊—腾、滕、藤
蒙—檬、蠓、艨
峰—蓬、篷、峰、烽、锋、蜂、逢、缝
孟—勐、猛、锰、蟒、艋

3) in 韵母
心—沁、芯
今—衿、矜、妗、衾、琴、芩、吟
斤—近、靳、芹、忻、昕、欣、新、薪
民—岷、抿、泯
因—洇、茵、姻、氤、铟（烟除外）
林—彬、淋、琳、霖
侵—浸、寝
宾—傧、滨、缤、槟、镔、摈、殡、鬓、嫔
禽—擒、噙
堇—谨、馑、瑾、槿、勤、鄞
禁—襟、噤

4) ing 韵母
丁—仃、疗、盯、钉、酊、顶、订、厅、汀
并—饼、屏、摒、瓶（拼、妍除外）
名—茗、铭、酩
廷—庭、蜓、霆、挺、梃、铤、艇
刑—荆、型
京—惊、鲸、黥
定—腚、碇、锭
婴—撄、嘤、缨、樱、鹦、罂
茎—泾、经、颈、刭、劲、径、胫、痉、轻、氢
敬—儆、警、擎
景—憬、影
冥—溟、螟、暝、瞑
亭—停、葶、婷
凌—陵、菱、绫
青—菁、睛、精、靖、静、清、蜻、鲭、请

2. en 和 eng, in 和 ing, an、ang, o、uo、ou, i、ü, ie、üe 常用字辨音表

1) en 和 eng 常用字辨音表

en	eng
bēn 奔	bēng 崩、绷
běn 本	běng (绷)
bèn (奔)笨	bèng (绷)
	céng 层、曾
	cèng 蹭
chēn 琛	chēng 称、撑、铛
chén 臣、尘、辰、沉、陈、晨、忱	chéng 成、呈、诚、承、城、乘、盛、程、惩、澄、橙
chěn 碜	chěng 逞
chèn 衬(称)趁	chèng 秤
	dēng 灯、登、蹬
	děng 等
	dèng 凳、邓、(澄)、瞪、(蹬)
fēn 分、芬、吩、纷、氛	fēng 丰、风、封、疯、峰、烽、蜂、枫
fén 坟、焚	féng 逢、缝、冯
fěn 粉	fěng 讽
fèn (分)、份、奋、粪、愤、忿、瓮	fèng 凤、奉、(缝)
gēn 根、跟	gēng 更、耕、羹
	gěng 颈、埂、耿、梗
	gèng (更)
	hēng 哼
hén 痕	héng 恒、横、衡
hěn 很、狠	
hèn 恨	hèng (横)
kěn 肯、垦、恳、啃	kēng 坑、吭
	léng 棱、楞
	lěng 冷
mēn 闷	mēng 蒙
mén 门	méng 萌、(蒙)、盟、朦
	měng 猛、(蒙)、锰
mèn (闷)	mèng 孟、梦
men 们	
nèn 嫩	néng 能
pēn 喷	pēng 砰、烹
pén 盆	péng 朋、棚、蓬、膨、彭、硼、鹏、澎、篷
	pěng 捧
pèn (喷)	pèng 碰
pen (喷)	

续表

en	eng
	rēng 扔
rén 人、仁、任	réng 仍
rěn 忍	
rèn 刃、认、(任)、纫、韧	
sēn 森	sēng 僧
shēn 申、伸、身、参、深、呻、绅	shēng 升、生、声、牲、笙、甥
shén 什、神	shéng 绳
shěn 沈、审、婶	shěng 省
shèn 肾、甚、渗、慎	shèng 圣、胜、(乘)、(盛)、剩
	téng 疼、腾、誊、藤
wēn 温、瘟	wēng 翁、嗡
wén 文、纹、闻、蚊	
wěn 稳、吻、紊	
wèn 问	wèng 瓮
	zēng (曾)、增
zěn 怎	
	zèng 赠
ēn 恩	

2) in 和 ing 常用字辨音表

in	ing
bīn 宾、滨、彬、缤、濒	bīng 冰、兵
	bǐng 丙、柄、饼、秉、屏、禀
bìn 鬓	bìng 并、病
	dīng 丁、叮、盯、钉
	dǐng 顶、鼎
	dìng 订、(钉)、定、锭
jīn 巾、斤、今、金、津、筋、禁、襟	jīng 茎、京、经、惊、晶、睛、精、荆、兢、鲸
jǐn 仅、尽、紧、锦、谨	jǐng 井、(颈)、景、警、阱
jìn (尽)、进、近、劲、晋、浸、(禁)	jìng (劲)、径、净、(经)、竞、竟、敬、静、境、镜、靖
lín 邻、林、临、淋、琳、磷、鳞	líng 伶、灵、铃、陵、零、玲、凌、翎
lǐn 凛、檩	lǐng 岭、领
lìn (淋)、吝、赁、躏	lìng 另、令
mín 民	míng 名、明、鸣、铭、螟
mǐn 敏、皿、闽、悯	

续表

in	ing
nín 您	mìng 命 níng 宁、凝、拧、狞、柠 nǐng (拧) nìng (宁)、泞
pīn 拼 pín 贫、频 pǐn 品 pìn 聘	pīng 乒 píng 平、评、苹、凭、瓶、萍、(冯)、坪、(屏)
qīn 侵、亲、钦 qín 芹、琴、禽、勤、秦、擒 qǐn 寝	qīng 青、轻、倾、清、氢、卿 qíng 情、晴、擎 qǐng 请、顷 qìng 庆、(亲)
	tīng 厅、听 tíng 亭、庭、停、蜓、廷 tǐng 挺、艇
xīn 心、辛、欣、新、薪、芯、锌 xìn 信、(芯)、衅	xīng 兴、星、腥、猩 xíng 刑、行、形、型、邢 xǐng (省)、醒 xìng (兴)、杏、幸、性、姓
yīn 因、阴、音、姻、茵、殷 yín 银、吟、淫 yǐn 引、饮、隐、蚓、瘾 yìn 印、(饮)	yīng 应、英、樱、鹰、莺、缨、鹦 yíng 迎、盈、营、蝇、赢、荧、莹、萤 yǐng 影、颖 yìng (应)、映、硬

3) an、ang 常用字辨音表

	an	ang
(an)	①安、桉、氨、鞍、庵、鹌、谙；③俺、铵；④岸、按、案、胺、暗、黯	①肮；②昂；④盎
b	①扳、颁、班、斑、般、搬；③阪、坂、板、版、钣、舨；④办、半、伴、拌、绊、扮、瓣	①邦、帮、梆、浜；③绑、榜、膀；④蚌、棒、傍、谤、磅、镑
p	①番、潘、攀；②爿、胖、盘、磐、蟠、蹒；④判、叛、畔、拚、盼、襻	①乓、滂、膀；②庞、旁、膀、磅、螃；③耪；④胖
m	②埋、蛮、谩、蔓、馒、鳗、瞒；③满、螨；④曼、谩、蔓、幔、慢、漫	②邙、芒、忙、盲、氓、茫、硭；③莽、蟒
f	①帆、番、蕃、幡、藩、翻；②凡、矾、钒、烦、蕃、樊、繁；③反、返；④犯、范、饭、贩、泛、梵	①方、坊、芳；②防、坊、妨、肪、房、鲂；③仿、访、纺、舫；④放

续表

	an	ang
d	①丹、担、单、郸、殚、眈、耽；③胆、疸、掸；④石、旦、但、担、诞、淡、惮、弹、蛋、氮、澹	①当、铛、裆；③挡、党、谠；④当、挡、档、凼、砀、荡、宕
t	①坍、贪、摊、滩、瘫；②坛、昙、谈、郯、痰、弹、覃、谭、潭、檀；③忐、坦、钽、袒、毯；④叹、炭、碳、探	①汤、铴、镗；②唐、塘、搪、溏、瑭、糖、堂、樘、膛、螳、棠；③倘、淌、尚、躺、傥；④烫、趟
n	①囡；②男、南、喃、楠、难；③腩、蝻；④难	①囊、囔；②囊、馕；③攮
l	②兰、拦、栏、岚、婪、谰、阑、澜、谰、蓝、褴、篮；③览、揽、缆、榄、懒；④烂、滥	①啷；②郎、廊、榔、螂、狼、琅、锒；③朗；④浪
g	①干、杆、肝、竿、甘、泔、柑、尴；③杆、秆、赶、擀、敢、橄、感；④干、赣	①冈、刚、纲、钢、扛、肛、缸、罡；③岗、港；④杠、钢、戆
k	①刊、看、堪；③坎、砍、侃、槛；④看、阚、瞰	①康、慷、糠；②扛；④亢、伉、抗、炕、钪
h	①鼾、酣、憨；②邗、汗、邯、含、晗、函、涵、韩、寒；③罕、喊；④汉、汗、旱、捍、悍、焊、颔、翰、瀚、撼、憾	①夯；②行、吭、杭、航；④巷
zh	①占、沾、毡、粘、旃、詹、谵、瞻；③斩、崭、盏、展、搌、辗；④占、战、站、栈、绽、湛、颤、蘸	①张、章、彰、獐、漳、樟、蟑；③长、涨、掌；④丈、仗、杖、账、帐、涨、障、瘴
ch	①掺、搀；②单、婵、禅、蝉、逸、馋、孱、潺、缠、廛、澶、蟾；③产、铲、谄、阐；④忏、颤	①昌、菖、猖、娼、鲳；②长、苌、肠、尝、偿、徜、常、嫦；③厂、场、昶、惝、敞；④怅、畅、倡、唱
sh	①山、舢、芟、杉、钐、衫、删、姗、珊、栅、跚、苫、扇、煽、膻；③闪、陕；④讪、汕、疝、苫、钐、单、掸、禅、扇、骟、善、缮、膳、擅、赡、鳝	①伤、殇、商、墒；③上、垧、晌、垧、赏；④上、尚、绱
r	②蚺、然、燃；③冉、苒、染	①嚷；②瓤；③壤、攘、嚷；④让
z	①糌、簪；②咱；③攒；④暂、錾、赞、瓒	①赃、脏、臧；③驵；④脏、奘、葬、藏
c	①参、骖、餐；②残、蚕、惭；③惨；④灿、孱、璨	①仓、苍、沧、舱；②藏
s	①三、叁；③伞、散、馓、糁；④散	①丧、桑；③搡、嗓；④丧

4) o、uo、ou 常用字辨音表

	o	uo	ou
(ou)			①殴、讴、鸥、区；③呕、偶、藕；④沤、怄

续表

	o	uo	ou
b	①剥、播、拔、波、菠；②博、搏、薄、伯、驳、帛、鹁、泊		
p	①坡、泼、颇；②婆；③叵；④破、迫、魄		①剖
m	①摸；②模、膜、磨、摩、魔；③抹；④末、茉、莫、漠、陌、默、没		②谋、牟；③某
d		①多；②夺；③朵；④踱、舵、堕	①都、兜；③抖、陡、斗；④斗、豆、逗、窦
t		①拖、托、脱；②驮、砣、鸵、驼；③椭、妥；④唾、拓	②投、头；④透
g		①锅；②国；③果、裹；④过	①钩、勾、沟、篝；③狗、苟；④勾、构、购、够、垢
k		④扩、阔、括	①抠；③口；④扣、寇
w	①窝、倭、涡、蜗；③我；④卧、握、斡		

5) i、ü常用字辨音表

	i	ü
j	①跻、机、饥、肌、讥、叽、积、击、基、激、鸡、缉、畸、犄、稽；②籍、急、疾、嫉、吉、集、及、级、极、即、棘、辑、瘠、脊；③挤、济、给、几、己；④忌、记、纪、伎、季、寂、计、继、既、寄、祭、济、剂、迹、际、绩	①鞠、拘、居；②局、菊、橘；③举、沮、咀、矩；④巨、距、据、锯、剧、具、聚、惧、飓、句
q	①期、欺、栖、凄、蹊、漆、七、柒、沏；②其、奇、棋、旗、骑、崎、歧、齐、脐、祈；③起、岂、企、乞、启；④气、汽、弃、契、砌、迄、器	①趋、区、驱、躯、曲、屈、祛、蛆；②渠；③曲、取、娶、龋；④趣、去
x	①西、牺、吸、希、稀、夕、矽、奚、溪、膝、犀、悉、蟋、锡、昔、惜、析、嬉、息、熄、媳；②席、习、檄、袭；③喜、洗、铣；④系、戏、细	①需、虚、须；②徐；③许；④畜、蓄、叙、序、絮、恤、婿、酗、绪、续
y	①壹、一、医、衣、依；②移、彝、宜、颐、遗、仪、疑、姨、倚；③乙、已、以；④意、癔、薏、臆、义、议、毅、亿、忆、艺、呓、译、驿、异、优、益、抑、翼、易、亦、屹、逸、肆、谊、疫、役	①淤、迂、于；②遇、舆、余、鱼、渔、愉、逾、娱；③雨、予、语、羽、宇、与、屿；④预、玉、愈、谕、喻、郁、育、遇、寓、浴、欲、裕、御、狱、与、豫、尉、驭

6) ie、üe 常用字辨音表

	ie	üe
j	①接、揭、皆、阶、街、结；②节、结、截、劫、洁、杰、竭、捷、睫、拮；③解、姐；④戒、借、介、界、疥、届	①跃、噘、屦；②决、廖、觉、绝、掘、崛、攫、角、爵、角；③蹶；④倔
q	①切；②伽、茄；③且；④窃、妾、怯、惬	①缺；②瘸；④确、雀、鹊
x	①些、歇；②鞋、协、胁、谐、携、邪、斜；③血、写；④泻、卸、械、泄、谢、屑、懈、蟹、亵	①削、薛；②学、穴；③雪；④谑、血
y	ye①掖；②爷；③野、冶、也；④页、业、叶、谒、夜、液、腋	①曰、约；③哟；④越、月、乐、阅、悦、岳、粤、跃

注：以上表中的圈码数字表示声调，①是阴平，②是阳平，③是上声，④是去声。

第四章 声　　调

第一节　声调概说

一、什么是声调

声调是一个音节发音时的高低升降，是一个音节内部的音高变化现象。在汉语里，一个音节一般就是一个汉字，所以声调也叫字调。声调是汉语音节中一个重要的、不可缺少的组成部分，具有重要的区别意义的作用。例如，"通史"和"同事"、"校长"和"嚣张"等，这些词语声母和韵母相同，意义的不同主要靠声调来区别。

二、调类与调值

调类是指声调的种类。普通话有阴平、阳平、上声、去声四个调类，这四个调类有时也称为第一声、第二声、第三声、第四声，简称"四声"。《汉语拼音方案》规定普通话四种声调符号为：ˉ(阴平)、ˊ(阳平)、ˇ(上声)、ˋ(去声)，调号要标在主要元音(韵腹)上。

调值是指声调的实际读法，即音节声音高低升降、曲直长短的变化形式。普通话四个声调的调值用"五度标记法"标记，如图 4.1 所示。"五度标记法"将声调的音高分为五度，分别是低、半低、中、半高、高，在竖线上标明；两条竖线之间的横线、斜线、曲线分别表示四个声调的音高变化。

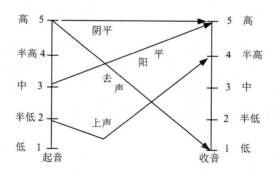

图 4.1　五度标记法

普通话四声的调值分别是：阴平的实际读法是高平，调值为 55，如"春、天、花、开"的声调；阳平的实际读法是高升，调值为 35，如"严、格、执、行"的声调；上声的实际读法是降升，调值为 214，如"古、董、展、览"的声调；去声的实际读法是高降，调值为 51，如"胜、利、闭、幕"的声调。

第二节　声调的发音与辨正

一、声调的发音

普通话四个声调的发音特点，总的说来是：一平、二升、三曲、四降。

(一) 阴平

阴平是高平调，调值为55。发音时声带绷到最紧，始终无明显变化，保持声音高而平稳。例如：

丹 dān　　抛 pāo　　歇 xiē　　知 zhī
公 gōng　　真 zhēn　　康 kāng　　均 jūn

(二) 阳平

阳平是高升调，调值为35。发音时声带从不松不紧开始，逐渐绷紧，到最紧为止，声音从不低不高升到最高，收音一定要到位。例如：

矛 máo　　牙 yá　　肥 féi　　皇 huáng
俗 sú　　情 qíng　　权 quán　　仁 rén

(三) 上声

上声是降升调，调值为214。发音时声带从略微有些紧张开始，立刻松弛下来，稍稍延长，然后迅速绷紧，但没有绷到最紧。即起音半低，先降后升，有一个曲折的趋势。要防止出现只降不升或者未降而升的现象。上声的音长在普通话四个声调中是最长的。例如：

永 yǒng　　法 fǎ　　小 xiǎo　　审 shěn
老 lǎo　　统 tǒng　　脸 liǎn　　惹 rě

(四) 去声

去声是全降(高降)调，调值为51。发音时声带从紧开始，到完全松弛为止，声音由高到低，起音高，接着迅速往下落。去声的音长在普通话四个声调中是最短的。例如：

券 quàn　　救 jiù　　棍 gùn　　烈 liè
树 shù　　架 jià　　调 diào　　愣 lèng

二、声调的辨正

(一) 注意方言声调和普通话声调的区别

说普通话要注意读准音节的调值，如果调值不准确、不到位，就难免带有方言语调，听起来不自然。

来自方言区的人由于受到自身方言的影响，说普通话时，表现在声调方面的主要问题是：阴平相对音高不够高，阳平上升的高度不够，上声降升不够明显，去声降得不够快。存在这些现象时，一定要注意方言声调和普通话声调的区别和对应关系，努力发好普通话的阴平、阳平、上声和去声。

例如，来自闽方言区的人学习普通话声调就比较困难。闽方言声调数目有6~8个，以7个为多见。闽南方言的潮州话有八声：平、上、去、入各分阴、阳；闽北的建瓯话、闽中的永安话都只有六声：闽北是平、上不分阴阳，而去、入分阴阳；闽中是平、上分阴阳而去、入不分阴阳。七个声调的地方遍布闽南方言的厦门、台北、海南、浙南等地和莆仙方言的莆田、仙游以及闽东方言的福州、福安等地。

复杂的方言声调严重影响了福建人读准普通话音节的调值。如福建莆仙方言区的人因为自己方言的影响，说普通话时经常把阳平和上声混淆起来，把上声读成阳平，如把"liǎngge"(两个)读成"liángge"(良个)。莆仙方言区的人应该特别注意区分上声和阳平的正确读法，上声发音时要突出上声先降后升、低调段稍稍延长的特点(上声调值的忠实描写应为2114，低调段为11)，避免与阳平混淆。

(二) 注意入声字的普通话发音

入声是古代汉语的调类之一，入声字的发音一般比较短促。普通话是没有入声的，古入声字分别归入普通话的阴平、阳平、上声、去声四个声调中，其中入声字归入去声的最多，归入上声的最少。

但是，南方的有些方言，如闽方言和粤方言、客家方言、吴方言等，还保留着入声调类。如闽方言区的人在读"突出、毕业、实习、笔迹"这样一些词语时很容易发成短促音，即入声。这就要求来自保留入声调类的方言区的人学习普通话时，应该特别注意哪些是入声字，注意这些入声字的普通话发音，即发音时要将入声改读为普通话相应的声调，并且读出一定的音长，不能发成短促音。

下面列举部分常用古入声字的普通话声调归类。
1) 归入阴平
只 织 汁 吃 湿 失 逼 滴 踢 激 缉 击 积 七 柒 漆 沏 吸 夕
惜 析 膝 扑 突 凸 哭 出 叔 屋 鞠 八 捌 发 塌 拉 垃 插 杀
擦 夹 掐 瞎 鸭 刮 挖 拔 剥 泼 摸 脱 托 桌 捉 戳 说 胳 疙
割 鳖 帖 薛 约
2) 归入阳平
执 职 识 级 吉 急 疾 即 媳 福 幅 烛 竹 卒 足 菊 桔 察 砸
驳 伯 博 搏 驳 膜 国 酌 灼 啄 德 格 阁 革 隔 壳 哲 辙 蚕
则 责 洁 节 结 拮 诘 胁 决 诀 爵 觉
3) 归入上声
尺 笔 匹 乙 朴 骨 谷 嘱 辱 法 塔 眨 甲 抹 索 渴 撒 铁 血
雪 百 柏 窄 北 角
4) 归入去声
质 室 拆 赤 叱 式 室 释 适 饰 毕 壁 僻 碧 秘 密 泌 绩 迹
惕 泣 戚 忆 抑 臆 不 腹 复 酷 祝 筑 束 宿 速 肃 触 踏 恰

洽 迫 魄 阔 括 扩 廊 绰 硕 作 握 沃 各 克 客 刻 赫 设 册
策 色 撤 设 摄 测 策 恻 瑟 啬 扼 怯 切 泄 却 确 雀 日 率
蜜 匿 逆 力 粒 笠 历 厉 疫 译 幕 木 目 鹿 陆 褥 入 物 绿
律 育 玉 狱 捺 辣 蜡 诺 或 获 弱 乐 热 灭 烈 猎 劣 叶
业 页 略 阅 越 月 药 脉 肉 六

【练习】

1. 单音节字词

四声顺序：妈—麻—码—骂　掰—白—百—拜
　　　　　哥—格—葛—各　突—图—土—兔

阴平：微　均　租　枪　优　街　深　花
阳平：毫　贤　柴　条　徐　直　神　华
上声：满　写　旅　软　朵　稿　审　法
去声：店　换　正　劣　赵　静　慎　画

2. 双音节词语

(1) 阴平+阴平
青春　参加　西安　光辉　春天
攻关　丰收　班车　江山　军官

(2) 阳平+阳平
停泊　滑翔　儿童　模型　团结
联合　循环　和平　吉祥　银行

(3) 去声+去声
大厦　世界　教育　破例　宴会
利润　变化　跨越　示范　创造

(4) 阴平+阳平
坚决　鲜明　依然　支持　光明
资源　胸膛　辉煌　鲜活　消除

(5) 阴平+上声
批准　歌舞　因此　温暖　书法
终点　商场　艰苦　高手　山谷

(6) 阴平+去声
希望　歌颂　思念　深刻　波浪
悲愤　穿越　坚硬　经历　生命

(7) 阳平+阴平
联欢　革新　黄昏　慈悲　传播
崇高　长江　雄心　阳光　读书

(8) 阳平+上声
描写　难免　博览　情景　联想
烦琐　停止　宏伟　游览　即使
(9) 阳平+去声
局势　回忆　完蛋　逐渐　权利
培育　灼热　原谅　游戏　程序
(10) 去声+阴平
象征　贵宾　撞击　汽车　乐观
健康　灌输　信心　贵妃　雇佣
(11) 去声+阳平
措辞　会谈　自由　祝福　日食
色泽　顺从　适合　召集　乐园
(12) 去声+上声
戏曲　隽永　大海　梦想　壮美
翅膀　絮语　电脑　贷款　窃喜

3. 四音节词语训练

(1) 同调相连
江山多娇　息息相关　居安思危　卑躬屈膝
和平繁荣　闻名全球　提前完成　儿童文学
变幻莫测　意气用事　爱护备至　创造纪录
(2) 四声顺序
千锤百炼　山明水秀　深谋远虑　中流砥柱
风调雨顺　花红柳绿　光明磊落　诸如此类
(3) 四声逆序
破釜沉舟　调虎离山　弄巧成拙　万马齐喑
妙手回春　异口同声　逆水行舟　叫苦连天
(4) 四声交错
名不虚传　当机立断　鸟语花香　望眼欲穿
前仆后继　生龙活虎　发愤图强　掩耳盗铃

4. 绕口令

石室诗士施氏，嗜狮，誓食十狮。氏时时适市视狮。十时，适十狮适市。是时，适施氏适市，氏视是十狮，恃矢势，使十狮逝世。氏拾是十狮尸，适石室。石室湿，氏使侍拭石室。石室拭，氏始试食十狮尸。食时，始识是十狮尸，实十石狮尸。试释是事。

(赵元任《施氏食狮史》)

5. 朗读片段

(1) 快乐，它是一种富有概括性的生存状态、工作状态。它几乎是先验的，它来自生命本身的活力，来自宇宙、地球和人间的吸引，它是世界的丰富、绚丽、阔大、悠久的体现。快乐还是一种力量，是埋在地下的根脉。消灭一个人的快乐比挖掘掉一棵大树的根要难得多。

(节选自王蒙《喜悦》)

(2) 年少的时候，我们差不多都在为别人而活，为苦口婆心的父母活，为循循善诱的师长活，为许多观念、许多传统的约束力而活。年岁逐增，渐渐挣脱外在的限制与束缚，开始懂得为自己活，照自己的方式做一些自己喜欢的事，不在乎别人的批评意见，不在乎别人的诋毁流言，只在乎那一份随心所欲的舒坦自然。偶尔，也能够纵容自己放浪一下，并且有一种恶作剧的窃喜。

(节选自台湾·杏林子《朋友和其他》)

6. 古入声字的普通话发音

(1) 单字
滴　汁　察　福　胁　笔　日　革
杀　物　谷　国　急　尺　绿　密

(2) 词语
八月　百合　逼迫　作业　剥削
答复　落叶　黑色　结扎　突出
成绩　默读　蜜月　节约　叔伯
物质　隔壁　出发　获得　的确
值日　学习　排骨　目录　解释
陆续　瞎说　掠夺　脉搏　格式

(3) 朗读古诗词(注意带点字的读音)

大江东去，浪淘尽、千古风流人物。故垒西边，人道是、三国周郎赤壁。乱石穿空，惊涛拍岸，卷起千堆雪。江山如画，一时多少豪杰！

遥想公瑾当年，小乔初嫁了，雄姿英发。羽扇纶巾，谈笑间、樯橹灰飞烟灭。故国神游，多情应笑我，早生华发，人生如梦，一尊还酹江月。

(宋·苏轼《念奴娇·赤壁怀古》)

(4) 绕口令(注意带点字的读音)

岳伯伯特有德，读书千百册，摘要写心得，博学阅历多，跟谁也谐和。岳伯伯不在家中坐，要上街去买笔和墨，遇见好友祝玉国，玉国拉着伯伯进宅把水喝，二人谈得很随和，话就格外多。岳伯伯和祝玉国一谈谈到鸡上窝，伯伯也没买成笔和墨。

葛立在屋外扫积雪，白雪在屋里做作业。白雪见葛立在屋外扫积雪，急忙放下手里的作业，到屋外帮助葛立扫积雪，白雪扫完了积雪，立即进屋再做作业。

(摘自万里、张锐《教师口语训练手册》)

第五章　语流音变

第一节　变　　调

一、什么是语流音变

　　人们说话时，不是孤立地发出一个个音节，而是把音节组成一连串自然的"语流"。在连续发音形成的语流中，由于相邻音节的相互影响，有些音节的读音发生了一定的变化，这就是语流音变。
　　普通话的语流音变现象主要包括变调、轻声、儿化、语气词"啊"的变读等。掌握和运用普通话语流音变规律，可以使语音自然和谐而不生硬。

二、什么是变调

　　普通话的四个声调是单个音节发音时的声调。在语流中，有些音节的声调因相邻音节声调的影响会发生音高变化，这就是变调。变调主要有两种：上声的变调和"一"、"不"的变调。

三、上声的变调

　　普通话上声是降升调，调值为 214。上声处在阴平、阳平、上声、去声前面都会产生变调。上声只有在单念或处在词语、句子的末尾时才有可能读完整的原调。
　　上声的变调规则如下。

1. 上声与非上声相连时的变调

上声在非上声(阴平、阳平、去声、轻声)前变成半上，调值由 214 变为 21。例如：
1)　上声+阴平
首都　解剖　普通　紧张　摆脱
北方　许多　导师　野心　保温
2)　上声+阳平
祖国　导游　朗读　警察　导航
法庭　草原　考察　改革　祖国
3)　上声+去声
礼貌　武汉　想念　考试　讨论
土地　保护　挑战　典范　本质

4) 上声+轻声

矮子　耳朵　老婆　尾巴　里头
嘴巴　伙计　首饰　早晨　口袋

2. 上声与上声相连时的变调

1) 两个上声相连的变调

两个上声相连时，前一个上声变成阳平，调值由 214 变为 35。例如：

上声+上声：

水果　首长　简短　理想　懒散
海岛　美好　广场　母语　勇敢

2) 三个上声相连的变调

三个上声连在一起，则按语音停顿情况来变：在第二个上声字后停顿，前两个上声一律变成阳平，调值由 214 变为 35；在第一个上声字后停顿，第一个字变成半上，调值变为 21，第二个字变成阳平，调值变为 35。例如：

(1) 在第二个字后停顿

展览/馆　蒙古/语　选举/法　打靶/场
水彩/笔　管理/组　演讲/稿　手写/体

(2) 在第一个字后停顿

小/两口　纸/老虎　冷/处理　耍/笔杆
好/领导　党/小组　很/勇敢　小/拇指

3) 三个以上上声相连的变调

三个以上上声相连，按语意和气息自然划分节拍，再按照以上说到的变调规则进行发音。例如：

我很/了解/你。
请你/给我/五把/小/雨伞。
理想/永远/很/美好。

【练习】

1. 练习要领

上声变调的一般规则是"前变后不变"，即在语流中，上声作"前字"时变调，作"后字"(处于词句末尾)时不变调。

2. 发音练习

(1) 词语练习

组织　小心　隐瞒　敏捷　挑逗　老实
举止　保险　影响　也许　感慨　美好
手写体　洗脸水　老保守　厂党委

(2) 朗读片段(注意加点字的读音)

① 这使我们都很惊奇！这又怪又丑的石头，原来是天上的啊！它补过天，在天上发过热、闪过光，我们的先祖或许仰望过它，它给了他们光明、向往、憧憬；而它落下来了，

在污土里，荒草里，一躺就是几百年了！

(节选自贾平凹《丑石》)

② 其实你在很久以前并不喜欢牡丹，因为它总被人作为富贵膜拜。后来你目睹了一次牡丹的落花，你相信所有的人都会为之感动：一阵清风徐来，娇艳鲜嫩的盛期牡丹忽然整朵整朵地坠落，铺撒一地绚丽的花瓣。那花瓣落地时依然鲜艳夺目，如同一只奉上祭坛的大鸟脱落的羽毛，低吟着壮烈的悲歌离去。

(节选自张抗抗《牡丹的拒绝》)

四、"一"、"不"的变调

"一"、"不"在这些情况下念本调：单独念；出现在词句末尾；"一"表日期或序数时，"不"在非去声前。"一"、"不"在其他情况下要进行变调。

(一) "一"的变调规则

1. "一"在阴平、阳平、上声前，变为去声

例如：

(1) "一"+阴平

一杯　一棵　一生　一端　一经

(2) "一"+阳平

一头　一同　一直　一旁　一条

(3) "一"+上声

一统　一起　一手　一体　一举

2. "一"在去声前，变为阳平

例如：

一切　一致　一阵　一半　一次

一定　一律　一度　一概　一道

3. "一"夹在重叠式动词中间念轻声

例如：

尝一尝　看一看　洗一洗　说一说

笑一笑　问一问　学一学　瞧一瞧

(二) "不"的变调规则

1. "不"在去声前变为阳平

例如：

不幸　不但　不便　不利　不顾

不错　不测　不料　不愿　不愧

2. "不"夹在语词中间读轻声

例如：
行不行　会不会　甜不甜　吃不吃
嫩不嫩　像不像　走不了　来不及

【练习】

1. 练习要领

"一"和"不"的变调都以它们后边的音节为变调条件，即"前变后不变"；如果"一"、"不"夹在词语中间则变读为轻声。

2. 发音练习

(1) 词语练习

一身　一行　一早　一起　一贯
不要　不必　不见　不管　不行
一朝一夕　一心一意　一丝一毫
一往无前　一见如故　一表人才
不伦不类　不尴不尬　不屈不挠
不知所云　不寒而栗　不共戴天

(2) 朗读片段(注意加点字的读音)

① 我们于日用必需的东西以外，必须还有一点无用的游戏与享乐，生活才觉得有意思。我们看夕阳，看秋河，看花，听雨，闻香，喝不求解渴的酒，吃不求饱的点心，都是生活上必要的——虽然是无用的装点，而且是愈精练愈好。可怜现在的中国生活，却是极端地干燥粗鄙，别的不说，我在北京彷徨了十年，终未曾吃到好点心。

(节选自周作人《北京的茶食》)

② 雨季的果子，是杨梅。卖杨梅的都是苗族女孩子，戴一顶小花帽子，穿着扳尖的绣了满帮花的鞋，坐在人家阶石的一角，不时吆唤一声："卖杨梅——"，声音娇娇的。她们的声音使得昆明雨季的空气更加柔和了。昆明的杨梅很大，有一个乒乓球那样大，颜色黑红黑红的，叫做"火炭梅"。这个名字起得真好，真是像一球烧得炽红的火炭！一点都不酸！我吃过苏州洞庭山的杨梅、井冈山的杨梅，好像都比不上昆明的火炭梅。

(节选自汪曾祺《昆明的雨》)

第二节　轻　　声

一、什么是轻声

在一连串音节组成的词或句子里，某些音节失去了它原有的声调，读得又轻又短，这就是轻声。轻声是音节连读时产生的一种变调现象，不是一个独立的调类。轻声一定出现在词语和句子中，没有独立存在的轻声音节。

二、轻声的语音特性

轻声的语音特性是由音长和音高这两个主要因素构成的。

从音长上看，轻声音节的音长一般说来大大缩短，一个含有轻声音节的双音节词语发音时，可以把原本两个节拍的音长调整为：轻声音节读成近乎半拍，而前一个非轻声音节读成近乎一拍半。

从音高上看，轻声音节失去原有的声调调值，变为新的调值形式。

三、轻声音节的调值

轻声是普通话四声的一种特殊变调，这种变调总是根据前一个音节声调的调值决定后一个轻声音节的调值，而与后一个音节原调调值没有关系。

具体地说，普通话轻声音节的调值有以下两种形式。

1. 轻声在非上声(阴平、阳平、去声)后，读短促的低降调，调值为31

例如：

(1) 阴平+轻声

玻璃　休息　知道　机灵　舒服
跟头　折腾　清楚　叔叔　疙瘩

(2) 阳平+轻声

头发　粮食　萝卜　麻烦　活泼
泥鳅　白天　朋友　抬举　行李

(3) 去声+轻声

豆腐　意思　骆驼　漂亮　扇子
吓唬　爱人　热闹　任务　应酬

2. 轻声在上声后，读短促的微升调，调值为34

例如：

眼睛　耳朵　体面　老实　已经
口袋　马虎　使唤　脊梁　祖宗

四、必读轻声音节

普通话中的必读轻声音节大都带有一定的规律性，如带有附着性(附着在别的词或语素后边)，缺乏独立性。带有规律性读轻声的词语主要有以下几种。

1. 结构助词"的、地、得"和动态助词"着、了、过"

例如：
我的　他的　偷偷地　飞快地　走得动
睡了　好了　微笑着　走着　去过

2. 语气词"吧、吗、呢、啊"等

例如：
去吧　放心吧　轻吗　还早呢　谁呢　是啊

3. 名词和代词的后缀"子、头、们、巴、么"等

例如：
桌子　燕子　帽子　兔子　房子
骨头　拳头　甜头　丫头　石头
嘴巴　结巴　哑巴　泥巴　尾巴
我们　同学们　这么　怎么　什么

4. 叠音词和动词的重叠形式后面的字

例如：
弟弟　奶奶　太太　娃娃　星星　坐坐　看看　打听打听　商量商量

5. 用在名词、代词后面表示方位的语素或词，如"上、下、边、面、里"等

例如：
山上　路上　楼上　树下　阳光下　南边　前边　里面　后面　屋里

6. 用在动词、形容词后面表示趋向的词，如"来、去、开、起来、下去"等

例如：
进来　出来　过去　拿去　躲开　打开　藏起来　好起来　坐下去　溜出去

7. 嵌在词语中的"一、不"

例如：
坐一坐　想一想　去不去　好不好

8. 其他必读轻声的词语

普通话中还有一部分规律性不强，但习惯上必读轻声的词语。例如：
苗条　呵欠　粮食　好处　窗户　舒服　学问　名堂
出息　木匠　脾气　糊涂　动静　报酬　冤枉　打量

【练习】

1. 练习要领

训练时要注意领会轻声音节发音轻而短促的特点，注重掌握带有规律性的轻声词的共性特征。

2. 发音练习

(1) 有规律的轻声词训练

看着　　跑了　好吧　　来过
偷偷地　馒头　我们
房子　　床上　屋里　　底下
过来　　出去　打开　　好起来
星星　　看看　试一试　要不要

(2) 必读轻声词

爱人	包袱	胳膊	疙瘩	工夫	姑娘	故事	棺材	官司	规矩
闺女	含糊	核桃	合同	狐狸	葫芦	活泼	伙计	机灵	家伙
见识	街坊	结实	戒指	精神	客气	口袋	困难	喇叭	懒得
老婆	老实	老爷	里头	力气	利落	凉快	粮食	玻璃	啰嗦
萝卜	骆驼	麻烦	马虎	买卖	忙活	苗条	明白	名堂	名字
模糊	脑袋	难为	能耐	暖和	盘算	佩服	朋友	琵琶	脾气
便宜	葡萄	漂亮	亲戚	清楚	热闹	人家	认识	傻子	扫帚
商量	少爷	牲口	生意	师傅	石榴	实在	使唤	收拾	舒服
算计	踏实	抬举	体面	挑剔	铁匠	委屈	稀罕	吓唬	先生
相声	消息	笑话	兄弟	休息	秀才	学问	衙门	哑巴	胭脂
烟筒	眼睛	秧歌	养活	吆喝	妖精	衣服	意思	影子	应酬
冤枉	运气	在乎	咱们	扎实	招呼	折腾	指甲	嘱咐	主意

(3) 绕口令(注意加点字的读音)

① 一二三、三二一，一二三四五六七。七种果子摆七样，苹果、桃儿、石榴、柿子、李子、栗子、梨。

② 毛毛和涛涛，赛跑又跳高，毛毛跳不过涛涛，涛涛跑不过毛毛，毛毛起得早，教涛涛练跑，涛涛起得早，教毛毛跳高，毛毛跳高跳过了涛涛，涛涛跑步跑过了毛毛。

③ 打南边来了个喇嘛，手里提着个蛤蟆；打北边来了个哑巴，腰里别着个喇叭。手提着蛤蟆的喇嘛，要拿蛤蟆换哑巴腰里别着的喇叭；腰里别着喇叭的哑巴，不肯拿喇叭换喇嘛手里提着的蛤蟆。手里提着蛤蟆的喇嘛打了腰里别着喇叭的哑巴一蛤蟆，腰里别着喇叭的哑巴打了手里提着蛤蟆的喇嘛一喇叭。

(4) 朗读片段(注意加点字的读音)

① 燕子去了，有再来的时候；杨柳枯了，有再青的时候；桃花谢了，有再开的时候。但是，聪明的，你告诉我，我们的日子为什么一去不复返呢？——是有人偷了他们罢：那是谁？又藏在何处呢？是他们自己逃走了罢：现在又到了哪里呢？

(节选自朱自清《匆匆》)

② 这女人编着席。不久在她的身子下面，就编成了一大片。她像坐在一片洁白的雪

地上，也像坐在一片洁白的云彩上。她有时望望淀里，淀里也是一片银白世界。水面笼起一层薄薄透明的雾，风吹过来，带着新鲜的荷叶荷花香。但是大门还没关，丈夫还没回来。

(节选自孙犁《荷花淀》)

第三节　儿　　化

一、什么是儿化

普通话的儿化现象主要由词尾"儿"变化而来。

词尾"儿"本是一个独立的音节，由于它在口语中处于轻读的地位，长期与前面的音节流利地连读而产生音变，"儿"失去了独立性，"化"到前一个音节里，只保留一个卷舌动作，使两个音节融合成为一个音节，前面音节里的韵母发生了或多或少的变化，这种现象就是"儿化"。 例如，"花儿"只能读成一个音节，发"hua"音时要在韵尾带上卷舌动作(-r)。

我们把这种带有卷舌色彩的韵母称作"儿化韵"。

二、儿化发音的基本规则

儿化的发音取决于韵母的末尾音素是否便于发生卷舌动作。

(一) 便于卷舌

便于卷舌，是指韵母的末尾音素是舌位较低或较后的元音(a、e、o、u)，舌尖有足够的空间卷起。儿化时原韵母不变，直接卷舌。

例如：

a＞ar	刀把儿	号码儿	找茬儿
ia＞iar	掉价儿	一下儿	豆芽儿
ua＞uar	麻花儿	脑瓜儿	大褂儿
e＞er	个儿	打嗝儿	逗乐儿
ie＞ier	半截儿	小鞋儿	锅贴儿
üe＞üer	旦角儿	木橛儿	
o＞or	粉末儿	土坡儿	耳膜儿
uo＞uor	被窝儿	大伙儿	邮戳儿
ao＞aor	好好儿	口罩儿	口哨儿
iao＞iaor	面条儿	火苗儿	小鸟儿
u＞ur	碎步儿	纹路儿	有数儿
ou＞our	老头儿	门口儿	纽扣儿
iou＞iour	一溜儿	抓阄儿	皮球儿

(二) 不便于卷舌

不便于卷舌，是指韵母的末尾音素是前、高元音(i、ü)，舌尖元音(-i)，或鼻韵尾(n、ng)，末尾音素的舌位与卷舌动作发生冲突。不便于卷舌韵母儿化时，发音器官自动将这些高舌位音素做了处理，发音要领分别为以下几点。

(1) 主要元音是 i、ü，在后面加 er。

例如：

i＞i:er	玩意儿	米粒儿	垫底儿
ü＞ü:er	金鱼儿	小曲儿	毛驴儿

(2) 丢掉韵尾 i、n、ng，主要元音(i、ü 除外)卷舌。后鼻韵母丢掉韵尾 ng 后，主要元音要同时鼻化。

例如：

ɑi＞ɑr	小孩儿	鞋带儿	壶盖儿
uɑi＞uɑr	一块儿		
ei＞er	刀背儿	摸黑儿	倍儿(棒)
uei＞uer	京味儿	一会儿	跑腿儿
ɑn＞ɑr	门槛儿	老伴儿	脸蛋儿
iɑn＞iɑr	心眼儿	差点儿	冒尖儿
uɑn＞uɑr	好玩儿	大碗儿	饭馆儿
üɑn＞üɑr	人缘儿	烟卷儿	绕远儿
en＞er	嗓门儿	大婶儿	纳闷儿
uen＞uer	三轮儿	冰棍儿	没准儿
ɑng＞ɑr (鼻化)	帮忙儿	药方儿	赶趟儿
iɑng＞iɑr (鼻化)	鼻梁儿	好样儿	透亮儿
uɑng＞uɑr (鼻化)	天窗儿	蛋黄儿	
eng＞er (鼻化)	麻绳儿	板凳儿	门缝儿
ong＞or (鼻化)	胡同儿	小葱儿	果冻儿
iong＞ior (鼻化)	小熊儿		

(3) 丢掉韵尾 n、ng，主要元音 i、ü 后面加 er。后鼻韵母丢掉韵尾 ng 后，主要元音要同时鼻化。

例如：

in＞i:er	今儿	皮筋儿	脚印儿
ün＞ü:er	合群儿	化裙儿	
ing＞i:er (鼻化)	电影儿	打鸣儿	火星儿

(4) 丢掉舌尖元音 -i (前)、-i (后)，加 er。

例如：

-i (前)＞er	瓜子儿	小字儿	没词儿
-i (后)＞er	果汁儿	树枝儿	年三十儿

【练习】

1. 练习要领

儿化发音的主要特点是把"儿"(卷舌动作 r)"化"在与它结合的韵母上,要读得柔软、自然。

2. 发音练习

(1) 儿化发音基本练习

把儿　价码儿　打杂儿　名牌儿　加塞儿
快板儿　老伴儿　包干儿　杂院儿　手绢儿
别针儿　走神儿　刀刃儿　打盹儿　胖墩儿
石子儿　挑刺儿　墨汁儿　记事儿　锯齿儿
肚脐儿　玩意儿　有劲儿　送信儿　今儿
小曲儿　痰盂儿　有趣儿　花裙儿　合群儿

(2) 绕口令(注意加点字的读音)

① 进了门儿,倒杯水儿,喝了两口运运气儿。顺手拿起小唱本儿,唱一曲儿,又一曲儿,练完了嗓子我练嘴皮儿。绕口令儿,练字音儿,还有单弦儿牌子曲儿。小快板儿,大鼓词儿,又说又唱我真带劲儿!

② 有个小孩儿叫小兰儿,挑着水桶上庙台儿,摔了个跟头儿拣了个钱儿,又打醋,又买盐儿,还买了一个小饭碗儿。小饭碗儿,真好玩儿,红花儿绿叶儿镶金边儿,中间儿有个小红点儿。

(3) 朗读片段

最妙的是下点儿小雪呀。看吧,山上的矮松越发的青黑,树尖儿上顶着一髻儿白花,好像日本看护妇。山尖儿全白了,给蓝天镶上一道银边。山坡上,有的地方雪厚点儿,有的地方草色还露着;这样,一道儿白,一道儿暗黄,给山们穿上一件带水纹儿的花衣;看着看着,这件花衣好像被风儿吹动,叫你希望看见一点儿更美的山的肌肤。等到快日落的时候,微黄的阳光斜射在山腰上,那点儿薄雪好像忽然害羞,微微露出点儿粉色。就是下小雪吧,济南是受不住大雪的,那些小山太秀气。

(节选自老舍《济南的冬天》)

(4) 朗读小故事

猴吃西瓜

猴儿王找到个大西瓜。可是怎么吃呢?这个猴儿啊是从来也没吃过西瓜。忽然,他想出一条妙计,于是就把所有的猴儿都召集来了,对大家说:"今天我找到一个大西瓜,这个西瓜的吃法嘛,我是全知道的,不过我要考验一下你们的智慧,看你们谁能说出西瓜的吃法,要是说对了,我可以多赏他一份儿;要是说错了,我可要惩罚他!"

小毛猴儿一听，搔了搔腮说："我知道，吃西瓜是吃瓤儿！"猴儿王刚想同意，"不对，我不同意小毛猴儿的意见！"一个短尾巴猴儿说："我清清楚楚地记得，我和我爸爸到我姑妈家去的时候，吃过甜瓜，吃甜瓜是吃皮儿，我想西瓜是瓜，甜瓜也是瓜，当然该吃皮儿啦！"大家一听，有道理，可到底谁对呢？于是都不由地把眼光集中到一只老猴儿身上，老猴儿一看，觉得出头露面的机会来了，就清了清嗓子说道："吃西瓜嘛，当然……是吃皮儿啦，我从小就吃西瓜，而且一直是吃皮儿，我想我之所以老而不死，也正是由于吃西瓜皮儿的缘故！"

有些猴儿早等急了，一听老猴儿也这么说，就跟着嚷起来，"对，吃西瓜吃皮儿！""吃西瓜吃皮儿！"猴儿王一看，认为已经找到了正确的答案，就向前跨了一步，开言道："对！大家说的都对，吃西瓜是吃皮儿！哼，就小毛猴儿崽子说吃西瓜是吃瓤儿，那就叫他一个人吃，咱们大家都吃西瓜皮儿！"于是西瓜一刀两断，小毛猴儿吃瓤儿，大家伙儿是共分西瓜皮儿。

有个猴儿吃了两口。就捅了捅旁边的说："哎，我说这可不是滋味啊！"

"咳——老弟，我常吃西瓜，西瓜嘛，就这味儿……"

(节选自《寓言故事·猴吃西瓜》)

第四节　语气词"啊"的音变

一、什么是"啊"的音变

语气词"啊"在口语中往往出现在句末和句中停顿处，它会受到前面一个音节的末尾音素的影响而发生连读音变。我们把这种变化，叫做语气词"啊"的音变。

二、"啊"的音变规则

"啊"的音变发音取决于"啊"之前音节的末尾音素。
(1) "啊"之前音节的末尾音素是舌面元音a、o、e、i、ü时，"啊"音变为ya(呀)。
例如：
画啊　真多啊　唱歌啊　写啊　对啊　注意啊　争取啊　去啊
(2) 其他"啊"音变都是将"啊"之前音节的末尾音素作为"啊"的韵头或声母，连读成音。
例如：
u(ao)—wa：　　真苦啊　　好瘦啊　　手真巧啊
n—na：　　　　看啊　　　好人啊　　小心啊

ng—nga:	大声唱啊	行不行啊	冲啊
-i(前)—/za/:	几次啊	真自私啊	第四啊
-i(后)—/ra/:	是啊	什么事啊	谁值日啊

【练习】

1. 练习要领

先将"啊"前面音节的末尾音素适度夸张延长，再与后面的"啊"自然连读。书面上虽然都写成"啊"，在读说时要注意按照规律变读。

2. 发音练习

读下列语句，注意"啊"的音变。

(1) 这又怪又丑的石头，原来是天上的啊！
(2) 然而，火光啊……毕竟……毕竟就在前头！
(3) 我仰望一碧蓝天，心底轻声呼喊：家乡的桥啊，我梦中的桥！
(4) 清晨，当第一束阳光射进舷窗时，它便敞开美丽的歌喉，唱啊唱，嘤嘤有韵，宛如春水淙淙。
(5) 是啊，我们有自己的祖国，小鸟也有它的归宿，人和动物都是一样啊，哪儿也不如故乡好！
(6) 人生会有多少个第一次啊！
(7) 推开门一看，嗬！好大的雪啊！
(8) 大约潭是很深的，故能蕴蓄着这样奇异的绿；仿佛蔚蓝的天融了一块在里面似的，这才这般的鲜润啊。
(9) 我想张开两臂抱住她，但这是怎样一个妄想啊。
(10) 在它看来，狗该是多么庞大的怪物啊！

附录4 普通话水平测试用必读轻声词语表

(1) 本表根据《普通话水平测试用普通话词语表》编制。
(2) 本表供普通话水平测试第二项——读多音节词语(100个音节)测试使用。
(3) 本表共收词545条(其中"子"尾词206条)，按汉语拼音字母顺序排列。
(4) 条目中的非轻声音节只标本调，不标变调；条目中的轻声音节，不标调号。例如："明白　míngbai"。

[1] 爱人 àiren	[7] 白净 báijing	[13] 棒槌 bàngchui
[2] 案子 ànzi	[8] 班子 bānzi	[14] 棒子 bàngzi
[3] 巴掌 bāzhang	[9] 板子 bǎnzi	[15] 包袱 bāofu
[4] 靶子 bǎzi	[10] 帮手 bāngshou	[16] 包涵 bāohan
[5] 把子 bàzi	[11] 梆子 bāngzi	[17] 包子 bāozi
[6] 爸爸 bàba	[12] 膀子 bǎngzi	[18] 豹子 bàozi

[19] 杯子 bēizi	[60] 村子 cūnzi	[101] 肚子 dùzi
[20] 被子 bèizi	[61] 耷拉 dāla	[102] 缎子 duànzi
[21] 本事 běnshi	[62] 答应 dāying	[103] 对付 duifu
[22] 本子 běnzi	[63] 打扮 dǎban	[104] 对头 duitou
[23] 鼻子 bízi	[64] 打点 dǎdian	[105] 队伍 duiwu
[24] 比方 bǐfang	[65] 打发 dǎfa	[106] 多么 duōme
[25] 鞭子 biānzi	[66] 打量 dǎliang	[107] 蛾子 ézi
[26] 扁担 biǎndan	[67] 打算 dǎsuan	[108] 儿子 érzi
[27] 辫子 biànzi	[68] 打听 dǎting	[109] 耳朵 ěrduo
[28] 别扭 bièniu	[69] 大方 dàfang	[110] 贩子 fànzi
[29] 饼子 bǐngzi	[70] 大爷 dàye	[111] 房子 fángzi
[30] 拨弄 bōnong	[71] 大夫 dàifu	[112] 份子 fènzi
[31] 脖子 bózi	[72] 带子 dàizi	[113] 风筝 fēngzheng
[32] 簸箕 bòji	[73] 袋子 dàizi	[114] 疯子 fēngzi
[33] 补丁 bǔding	[74] 耽搁 dānge	[115] 福气 fúqi
[34] 不由得 bùyóude	[75] 耽误 dānwu	[116] 斧子 fǔzi
[35] 不在乎 bùzàihu	[76] 单子 dānzi	[117] 盖子 gàizi
[36] 步子 bùzi	[77] 胆子 dǎnzi	[118] 甘蔗 gānzhe
[37] 部分 bùfen	[78] 担子 dànzi	[119] 杆子 gānzi
[38] 裁缝 cáifeng	[79] 刀子 dāozi	[120] 杆子 gǎnzi
[39] 财主 cáizhu	[80] 道士 dàoshi	[121] 干事 gànshi
[40] 苍蝇 cāngying	[81] 稻子 dàozi	[122] 杠子 gàngzi
[41] 差事 chāishi	[82] 灯笼 dēnglong	[123] 高粱 gāoliang
[42] 柴火 cháihuo	[83] 提防 dīfang	[124] 膏药 gāoyao
[43] 肠子 chángzi	[84] 笛子 dízi	[125] 稿子 gǎozi
[44] 厂子 chǎngzi	[85] 底子 dǐzi	[126] 告诉 gàosu
[45] 场子 chǎngzi	[86] 地道 dìdao	[127] 疙瘩 gēda
[46] 车子 chēzi	[87] 地方 dìfang	[128] 哥哥 gēge
[47] 称呼 chēnghu	[88] 弟弟 dìdi	[129] 胳膊 gēbo
[48] 池子 chízi	[89] 弟兄 dìxiong	[130] 鸽子 gēzi
[49] 尺子 chǐzi	[90] 点心 diǎnxin	[131] 格子 gézi
[50] 虫子 chóngzi	[91] 调子 diàozi	[132] 个子 gèzi
[51] 绸子 chóuzi	[92] 钉子 dīngzi	[133] 根子 gēnzi
[52] 除了 chúle	[93] 东家 dōngjia	[134] 跟头 gēntou
[53] 锄头 chútou	[94] 东西 dōngxi	[135] 工夫 gōngfu
[54] 畜生 chùsheng	[95] 动静 dòngjing	[136] 功夫 gōngfu
[55] 窗户 chuānghu	[96] 动弹 dòngtan	[137] 弓子 gōngzi
[56] 窗子 chuāngzi	[97] 豆腐 dòufu	[138] 公公 gōnggong
[57] 锤子 chuízi	[98] 豆子 dòuzi	[139] 钩子 gōuzi
[58] 刺猬 cìwei	[99] 嘟囔 dūnang	[140] 姑姑 gūgu
[59] 凑合 còuhe	[100] 肚子 dǔzi	[141] 姑娘 gūniang

[142]谷子 gǔzi	[183]脊梁 jǐliang	[224]困难 kùnnan
[143]骨头 gǔtou	[184]记号 jihao	[225]阔气 kuòqi
[144]故事 gùshi	[185]记性 jìxing	[226]喇叭 lǎba
[145]寡妇 guǎfu	[186]夹子 jiāzi	[227]喇嘛 lǎma
[146]褂子 guàzi	[187]家伙 jiāhuo	[228]篮子 lánzi
[147]怪物 guàiwu	[188]架势 jiàshi	[229]懒得 lǎnde
[148]关系 guānxi	[189]架子 jiàzi	[230]浪头 làngtou
[149]官司 guānsi	[190]嫁妆 jiàzhuang	[231]老婆 lǎopo
[150]罐头 guàntou	[191]尖子 jiānzi	[232]老实 lǎoshi
[151]罐子 guànzi	[192]茧子 jiǎnzi	[233]老太太 lǎotàitai
[152]规矩 guīju	[193]剪子 jiǎnzi	[234]老头子 lǎotóuzi
[153]闺女 guīnü	[194]见识 jiànshi	[235]老爷 lǎoye
[154]鬼子 guǐzi	[195]毽子 jiànzi	[236]老子 lǎozi
[155]柜子 guìzi	[196]将就 jiāngjiu	[237]姥姥 lǎolao
[156]棍子 gùnzi	[197]交情 jiāoqing	[238]累赘 léizhui
[157]锅子 guōzi	[198]饺子 jiǎozi	[239]篱笆 líba
[158]果子 guǒzi	[199]叫唤 jiàohuan	[240]里头 lǐtou
[159]蛤蟆 háma	[200]轿子 jiàozi	[241]厉害 lìhai
[160]孩子 háizi	[201]结实 jiēshi	[242]痢疾 lìji
[161]含糊 hánhu	[202]街坊 jiēfang	[243]利落 lìluo
[162]汉子 hànzi	[203]姐夫 jiěfu	[244]力气 lìqi
[163]行当 hángdang	[204]姐姐 jiějie	[245]利索 lìsuo
[164]合同 hétong	[205]戒指 jièzhi	[246]例子 lìzi
[165]和尚 héshang	[206]金子 jīnzi	[247]栗子 lìzi
[166]核桃 hétao	[207]精神 jīngshen	[248]连累 liánlei
[167]盒子 hézi	[208]镜子 jìngzi	[249]帘子 liánzi
[168]红火 hónghuo	[209]舅舅 jiùjiu	[250]凉快 liángkuai
[169]猴子 hóuzi	[210]橘子 júzi	[251]粮食 liángshi
[170]后头 hòutou	[211]句子 jùzi	[252]两口子 liǎngkǒuzi
[171]厚道 hòudao	[212]卷子 juànzi	[253]料子 liàozi
[172]狐狸 húli	[213]咳嗽 késou	[254]林子 línzi
[173]胡琴 húqin	[214]客气 kèqi	[255]翎子 língzi
[174]糊涂 hútu	[215]空子 kòngzi	[256]领子 lǐngzi
[175]皇上 huángshang	[216]口袋 kǒudai	[257]溜达 liūda
[176]幌子 huǎngzi	[217]口子 kǒuzi	[258]聋子 lóngzi
[177]胡萝卜 húluóbo	[218]扣子 kòuzi	[259]笼子 lóngzi
[178]活泼 huópo	[219]窟窿 kūlong	[260]炉子 lúzi
[179]火候 huǒhou	[220]裤子 kùzi	[261]路子 lùzi
[180]伙计 huǒji	[221]快活 kuàihuo	[262]轮子 lúnzi
[181]护士 hùshi	[222]筷子 kuàizi	[263]萝卜 luóbo
[182]机灵 jīling	[223]框子 kuàngzi	[264]骡子 luózi

[265]骆驼 luòtuo	[306]女婿 nǚxu	[347]人们 rénmen
[266]妈妈 māma	[307]暖和 nuǎnhuo	[348]认识 rènshi
[267]麻烦 máfan	[308]疟疾 nüèji	[349]日子 rìzi
[268]麻利 máli	[309]拍子 paizi	[350]褥子 rùzi
[269]麻子 mázi	[310]牌楼 páilou	[351]塞子 sāizi
[270]马虎 mǎhu	[311]牌子 páizi	[352]嗓子 sǎngzi
[271]码头 mǎtou	[312]盘算 pánsuan	[353]嫂子 sǎozi
[272]买卖 mǎimai	[313]盘子 pánzi	[354]扫帚 sàozhou
[273]麦子 màizi	[314]胖子 pàngzi	[355]沙子 shāzi
[274]馒头 mántou	[315]狍子 páozi	[356]傻子 shǎzi
[275]忙活 mánghuo	[316]盆子 pénzi	[357]扇子 shànzi
[276]冒失 màoshi	[317]朋友 péngyou	[358]商量 shāngliang
[277]帽子 màozi	[318]棚子 péngzi	[359]上司 shàngsi
[278]眉毛 méimao	[319]脾气 píqi	[360]上头 shàngtou
[279]媒人 méiren	[320]皮子 pízi	[361]烧饼 shāobing
[280]妹妹 mèimei	[321]痞子 pǐzi	[362]勺子 sháozi
[281]门道 méndao	[322]屁股 pìgu	[363]少爷 shàoye
[282]眯缝 mīfeng	[323]片子 piānzi	[364]哨子 shàozi
[283]迷糊 míhu	[324]便宜 piányi	[365]舌头 shétou
[284]面子 miànzi	[325]骗子 piànzi	[366]身子 shēnzi
[285]苗条 miáotiao	[326]票子 piàozi	[367]什么 shénme
[286]苗头 miáotou	[327]漂亮 piàoliang	[368]婶子 shěnzi
[287]名堂 míngtang	[328]瓶子 píngzi	[369]生意 shēngyi
[288]名字 míngzi	[329]婆家 pójia	[370]牲口 shēngkou
[289]明白 míngbai	[330]婆婆 pópo	[371]绳子 shéngzi
[290]蘑菇 mógu	[331]铺盖 pūgai	[372]师父 shīfu
[291]模糊 móhu	[332]欺负 qīfu	[373]师傅 shīfu
[292]木匠 mùjiang	[333]旗子 qízi	[374]虱子 shīzi
[293]木头 mùtou	[334]前头 qiántou	[375]狮子 shīzi
[294]那么 nàme	[335]钳子 qiánzi	[376]石匠 shíjiang
[295]奶奶 nǎinai	[336]茄子 qiézi	[377]石榴 shíliu
[296]难为 nánwei	[337]亲戚 qīnqi	[378]石头 shítou
[297]脑袋 nǎodai	[338]勤快 qínkuai	[379]时候 shíhou
[298]脑子 nǎozi	[339]清楚 qīngchu	[380]实在 shízai
[299]能耐 néngnai	[340]亲家 qìngjia	[381]拾掇 shíduo
[300]你们 nǐmen	[341]曲子 qǔzi	[382]使唤 shǐhuan
[301]念叨 niàndao	[342]圈子 quānzi	[383]世故 shìgu
[302]念头 niàntou	[343]拳头 quántou	[384]似的 shìde
[303]娘家 niángjia	[344]裙子 qúnzi	[385]事情 shìqing
[304]镊子 nièzi	[345]热闹 rènao	[386]柿子 shìzi
[305]奴才 núcai	[346]人家 rénjia	[387]收成 shōucheng

[388]收拾 shōushi	[429]为了 wèile	[470]哑巴 yǎba
[389]首饰 shǒushi	[430]位置 wèizhi	[471]胭脂 yānzhi
[390]叔叔 shūshu	[431]位子 wèizi	[472]烟筒 yāntong
[391]梳子 shūzi	[432]蚊子 wénzi	[473]眼睛 yǎnjing
[392]舒服 shūfu	[433]稳当 wěndang	[474]燕子 yànzi
[393]舒坦 shūtan	[434]我们 wǒmen	[475]秧歌 yāngge
[394]疏忽 shūhu	[435]屋子 wūzi	[476]养活 yǎnghuo
[395]爽快 shuǎngkuai	[436]稀罕 xīhan	[477]样子 yàngzi
[396]思量 sīliang	[437]席子 xízi	[478]吆喝 yāohe
[397]算计 suànji	[438]媳妇 xífu	[479]妖精 yāojing
[398]岁数 suìshu	[439]喜欢 xǐhuan	[480]钥匙 yàoshi
[399]孙子 sūnzi	[440]瞎子 xiāzi	[481]椰子 yēzi
[400]他们 tāmen	[441]匣子 xiázi	[482]爷爷 yéye
[401]它们 tāmen	[442]下巴 xiàba	[483]叶子 yèzi
[402]她们 tāmen	[443]吓唬 xiàhu	[484]一辈子 yībèizi
[403]台子 táizi	[444]先生 xiānsheng	[485]衣服 yīfu
[404]太太 tàitai	[445]乡下 xiāngxia	[486]衣裳 yīshang
[405]摊子 tānzi	[446]箱子 xiāngzi	[487]椅子 yǐzi
[406]坛子 tánzi	[447]相声 xiàngsheng	[488]意思 yìsi
[407]毯子 tǎnzi	[448]消息 xiāoxi	[489]银子 yínzi
[408]桃子 táozi	[449]小伙子 xiǎohuǒzi	[490]影子 yǐngzi
[409]特务 tèwu	[450]小气 xiǎoqi	[491]应酬 yìngchou
[410]梯子 tīzi	[451]小子 xiǎozi	[492]柚子 yòuzi
[411]蹄子 tízi	[452]笑话 xiàohua	[493]冤枉 yuānwang
[412]挑剔 tiāoti	[453]谢谢 xièxie	[494]院子 yuànzi
[413]挑子 tiāozi	[454]心思 xīnsi	[495]月饼 yuèbing
[414]条子 tiáozi	[455]星星 xīngxing	[496]月亮 yuèliang
[415]跳蚤 tiàozao	[456]猩猩 xīngxing	[497]云彩 yúncai
[416]铁匠 tiějiang	[457]行李 xíngli	[498]运气 yùnqi
[417]亭子 tíngzi	[458]性子 xìngzi	[499]在乎 zàihu
[418]头发 tóufa	[459]兄弟 xiōngdi	[500]咱们 zánmen
[419]头子 tóuzi	[460]休息 xiūxi	[501]早上 zǎoshang
[420]兔子 tùzi	[461]秀才 xiùcai	[502]怎么 zěnme
[421]妥当 tuǒdang	[462]秀气 xiùqi	[503]扎实 zhāshi
[422]唾沫 tuòmo	[463]袖子 xiùzi	[504]眨巴 zhǎba
[423]挖苦 wāku	[464]靴子 xuēzi	[505]栅栏 zhàlan
[424]娃娃 wáwa	[465]学生 xuésheng	[506]宅子 zháizi
[425]袜子 wàzi	[466]学问 xuéwen	[507]寨子 zhàizi
[426]晚上 wǎnshang	[467]丫头 yātou	[508]张罗 zhāngluo
[427]尾巴 wěiba	[468]鸭子 yāzi	[509]丈夫 zhàngfu
[428]委屈 wěiqu	[469]衙门 yámen	[510]帐篷 zhàngpeng

[511]丈人 zhàngren		(zhíjia)	[535]壮实 zhuàngshi
[512]帐子 zhàngzi	[524]指头	zhǐtou	[536]状元 zhuàngyuan
[513]招呼 zhāohu		(zhítou)	[537]锥子 zhuīzi
[514]招牌 zhāopai	[525]种子	zhǒngzi	[538]桌子 zhuōzi
[515]折腾 zhēteng	[526]珠子	zhūzi	[539]字号 zihao
[516]这个 zhège	[527]竹子	zhúzi	[540]自在 zìzai
[517]这么 zhème	[528]主意	zhǔyi	[541]粽子 zòngzi
[518]枕头 zhěntou	[529]主子	zhǔzi	[542]祖宗 zǔzong
[519]镇子 zhènzi	[530]柱子	zhùzi	[543]嘴巴 zuǐba
[520]芝麻 zhīma	[531]爪子	zhuǎzi	[544]作坊 zuōfang
[521]知识 zhīshi	[532]转悠	zhuànyou	[545]琢磨 zuómo
[522]侄子 zhízi	[533]庄稼	zhuāngjia	
[523]指甲 zhǐjia	[534]庄子	zhuāngzi	

附录5 普通话水平测试用儿化词语表

(1) 本表参照《普通话水平测试用普通话词语表》及《现代汉语词典》编制，加*的是以上二者未收，根据测试需要而酌增的条目。

(2) 本表仅供普通话水平测试第二项——读多音节词语(100个音节)测试使用。本表儿化音节，在书面上一律加"儿"，但并不表明所列词语在任何语用场合都必须儿化。

(3) 本表共收词189条，按儿化韵母的汉语拼音顺序排列。

(4) 本表列出了原形韵母和所对应的儿化韵，用＞表示条目中儿化音节的注音，只在基本形式后面加r，如"一会儿 yīhuìr"，不标语音上的实际变化。

一

a＞ar

刀把儿 dāobàr
号码儿 hàomǎr
戏法儿 xìfǎr
在哪儿 zàinǎr
找茬儿 zhǎochár
打杂儿 dǎzár
板擦儿 bǎncār

ai＞ar

名牌儿 míngpáir
鞋带儿 xiédàir
壶盖儿 húgàir
小孩儿 xiǎoháir
加塞儿 jiāsāir

an＞ar

快板儿 kuàibǎnr
老伴儿 lǎobànr
蒜瓣儿 suànbànr
脸盘儿 liǎnpánr
脸蛋儿 liǎndànr
收摊儿 shōutānr
栅栏儿 zhàlánr
包干儿 bāogānr
笔杆儿 bǐgǎnr
门槛儿 ménkǎnr

二

ang＞ar (鼻化)

药方儿 yàofāngr

赶趟儿 gǎntàngr
香肠儿 xiāngchángr
瓜瓤儿 guārángr

三

ia＞iar
掉价儿 diàojiàr
一下儿 yīxiàr
豆芽儿 dòuyár

ian＞iar
小辫儿 xiǎobiànr
照片儿 zhàopiānr
扇面儿 shànmiànr
差点儿 chàdiǎnr
一点儿 yīdiǎnr
雨点儿 yǔdiǎnr
聊天儿 liáotiānr
拉链儿 lāliànr
冒尖儿 màojiānr
坎肩儿 kǎnjiānr
牙签儿 yáqiānr
露馅儿 lòuxiànr
心眼儿 xīnyǎnr

四

iang＞iar (鼻化)
鼻梁儿 bíliángr
透亮儿 tòuliàngr
花样儿 huāyàngr

五

ua＞uar
脑瓜儿 nǎoguār
大褂儿 dàguàr
麻花儿 máhuār
笑话儿 xiàohuar
牙刷儿 yáshuār

uai＞uar
一块儿 yīkuàir

uan＞uar
茶馆儿 cháguǎnr
饭馆儿 fànguǎnr
火罐儿 huǒguànr
落款儿 luòkuǎnr
打转儿 dǎzhuǎnr
拐弯儿 guǎiwānr
好玩儿 hǎowánr
大腕儿 dàwànr

六

uang＞uar(鼻化)
蛋黄儿 dànhuángr
打晃儿 dǎhuàngr
天窗儿 tiānchuāngr

七

üan＞üar
烟卷儿 yānjuǎnr
手绢儿 shǒujuànr
出圈儿 chūquānr
包圆儿 bāoyuánr
人缘儿 rényuánr
绕远儿 ràoyuǎnr
杂院儿 záyuànr

八

ei＞er
刀背儿 dāobèir
摸黑儿 mōhēir
en＞er
老本儿 lǎoběnr
花盆儿 huāpénr
嗓门儿 sǎngménr
把门儿 bǎménr
哥们儿 gēmenr
纳闷儿 nàmènr
后跟儿 hòugēnr
高跟儿鞋 gāogēnrxié
别针儿 biézhēnr
一阵儿 yīzhènr
走神儿 zǒushénr
大婶儿 dàshěnr

小人儿书 xiǎorénrshū
杏仁儿 xìngrénr
刀刃儿 dāorènr

九

eng＞er (鼻化)
钢镚儿 gāngbèngr
夹缝儿 jiāfèngr
脖颈儿 bógěngr
提成儿 tíchéngr

十

ie＞ier
半截儿 bànjiér
小鞋儿 xiǎoxiér
üe＞üer
旦角儿 dànjuér
主角儿 zhǔjuér

十一

uei＞uer
跑腿儿 pǎotuǐr
一会儿 yīhuìr
耳垂儿 ěrchuír
墨水儿 mòshuǐr
围嘴儿 wéizuǐr
走味儿 zǒuwèir
uen＞uer
打盹儿 dǎdǔnr
胖墩儿 pàngdūnr
砂轮儿 shālúnr
冰棍儿 bīnggùnr
没准儿 méizhǔnr
开春儿 kāichūnr
ueng＞uer (鼻化)
小瓮儿 xiǎowèngr

十二

-i (前)＞er
瓜子儿 guāzǐr
石子儿 shízǐr
没词儿 méicír

挑刺儿 tiāocìr
-i (后)＞er
墨汁儿 mòzhīr
锯齿儿 jùchǐr
记事儿 jìshìr

十三

i＞i:er
针鼻儿 zhēnbír
垫底儿 diàndǐr
肚脐儿 dùqír
玩意儿 wányìr
in＞i:er
有劲儿 yǒujìnr
送信儿 sòngxìnr
脚印儿 jiǎoyìnr

十四

ing＞i:er (鼻化)
花瓶儿 huāpíngr
打鸣儿 dǎmíngr
图钉儿 túdīngr
门铃儿 ménlíngr
眼镜儿 yǎnjìngr
蛋清儿 dànqīngr
火星儿 huǒxīngr
人影儿 rényǐngr

十五

ü＞ü:er
毛驴儿 máolúr
小曲儿 xiǎoqǔr
痰盂儿 tányúr
ün＞ü:er
合群儿 héqúnr

十六

e＞er
模特儿 mótèr

逗乐儿 dòulèr
唱歌儿 chànggēr
挨个儿 āigèr
打嗝儿 dǎgér
饭盒儿 fànhér
在这儿 zàizhèr

十七

u＞ur
碎步儿 suìbùr
没谱儿 méipǔr
儿媳妇儿 érxífur
梨核儿 líhúr
泪珠儿 lèizhūr
有数儿 yǒushùr

十八

ong＞or (鼻化)
果冻儿 guǒdòngr
门洞儿 méndòngr
胡同儿 hútòngr
抽空儿 chōukòngr
酒盅儿 jiǔzhōngr
小葱儿 xiǎocōngr
iong＞ior (鼻化)
*小熊儿 xiǎoxióngr

十九

ao＞aor
红包儿 hóngbāor
灯泡儿 dēngpàor
半道儿 bàndàor
手套儿 shǒutàor
跳高儿 tiàogāor
叫好儿 jiàohǎor
口罩儿 kǒuzhàor
绝招儿 juézhāor
口哨儿 kǒushàor
蜜枣儿 mìzǎor

二十

iao＞iaor
鱼漂儿 yúpiāor
火苗儿 huǒmiáor
跑调儿 pǎodiàor
面条儿 miàntiáor
豆角儿 dòujiǎor
开窍儿 kāiqiàor

二十一

ou＞our
衣兜儿 yīdōur
老头儿 lǎotóur
年头儿 niántóur
小偷儿 xiǎotōur
门口儿 ménkǒur
纽扣儿 niǔkòur
线轴儿 xiànzhóur
小丑儿 xiǎochǒur
加油儿 jiāyóur

二十二

iou＞iour
顶牛儿 dǐngniúr
抓阄儿 zhuājiūr
棉球儿 miánqiúr

二十三

uo＞uor
火锅儿 huǒguōr
做活儿 zuòhuór
大伙儿 dàhuǒr
邮戳儿 yóuchuōr
小说儿 xiǎoshuōr
被窝儿 bèiwōr
(o)＞or
耳膜儿 ěrmór
粉末儿 fěnmòr

第二篇　普通话等级测试指导

第六章　单音节字词测试指导

第一节　普通话单音节字词测试项说明

一、测试目的

《普通话水平测试大纲》规定："单音节字词测试的目的是测查应试人普通话声母、韵母、声调的读音的标准程度。"

二、试卷的构成与要求

(1) 100 个音节中，70%选自《普通话水平测试用普通话词语表》"表一"，30%选自"表二"。

(2) 100 个音节中，每个声母的出现次数一般不少于三次，每个韵母的出现次数一般不少于两次，四个声调出现次数大致均衡。

(3) 音节的排列要避免同一测试要素的连续出现。

三、评分细则

此项成绩占总分的 10%，即 10 分，限时 3.5 分钟。
(1) 语音错误，每个音节扣 0.1 分。
(2) 语音缺陷，每个音节扣 0.05 分。
(3) 超时 1 分钟以内，扣 0.5 分，超时 1 分钟以上(含 1 分钟)，扣 1 分。

四、应试提示

声母、韵母、声调是普通话语音系统中最基本、最重要的内容，一个人要说标准的普通话，声母、韵母、声调三项都要读标准。在这个测试项的测试中，任何一个应试者在说普通话时声母、韵母、声调方面的一些主要问题，包括错误和缺陷都将在测试时暴露出来。所以，这是测查一个人的普通话水平高低的最基本的内容。

要顺利地通过这个测试项，就要求读得有准确度、清晰度、响亮度和力度。具体地说，就是声母有力，发音部位要准确，发音方法要得当，韵母要注意唇形和舌位的到位，韵腹要拉得开、立得住，韵尾要收住，归音要到位，声调要标准、规范，发音时声韵调三者兼顾。不能含糊不清，模棱两可。

应试中要注意的问题：首先自己的方音中没有的音或者自己常发得不准的音要特别注意。其次还必须注意时间的把握，如果节奏太慢，字与字之间的停顿时间稍长，再加上遇到比较生僻的字，耽误一点时间，就容易超时。可以用几套模拟题练习一下，把握好节奏，以免超时。再次，测试时如果发现不认识的字，可以不读，跳过这个字，以错误评判，扣0.1分。最后，测试时如果发现第一次读音有口误，读错了一个音，可以立即改读，测试员将按第二次读音的正误评判。

第二节　单音节字词测试应试提示

一、声母方面

(一) 声母错误

声母错误是指明确地把声母甲读成声母乙，常见错误类型如下。
(1) 把舌尖后音 zh、ch、sh 声母发成舌尖前音 z、c、s 声母。
(2) 把舌尖前音 z、c、s 声母发成舌尖后音 zh、ch、sh 声母。
(3) 把舌尖中鼻音 n 发成舌尖中边音 l。
(4) 把舌尖中边音 l 发成舌尖中鼻音 n。
(5) 把舌面后清擦音 h 发成唇齿清擦音 f。
(6) 把唇齿清擦音 f 发成舌面后清擦音 h。
(7) 把舌尖后音 r 声母发成舌尖中边音 l 或舌尖中鼻音 n。
(8) 把不送气音(b、d、g)读成送气音(p、t、k)等。
(9) 尖音重，把 j、q、x 读成 z、c、s。

(二) 声母缺陷

声母缺陷是指声母发音含混或不完全到位；发音介于对应音之间(z — zh)等。常见缺陷类型如下。
(1) 舌尖后音 zh、ch、sh、r 的发音部位靠前或靠后。
(2) 舌面前音 j、q、x 的发音部位明显靠前，但还没有完全读成舌尖前音，实际音色接近舌叶音。
(3) 舌尖前音 z、c、s 的发音部位靠后或读成齿间音。

二、韵母方面

(一) 常见错误类型

(1) 把后半高不圆唇元音 e 读成前中元音 ê 或读成前半高元音。
(2) 卷舌韵母 er 没有卷舌色彩。
(3) 舌尖后元音-i (后)没有保持单元音的状态，明显向央元音的舌位滑动，有的同时带有卷舌色彩。
(4) 把圆唇音复合的复韵母 uo 读成后半高圆唇的单元音。
(5) 把撮口呼韵母读成齐齿呼韵母。
(6) 把韵母 ie、üe 中的前中不圆唇元音读成后半高不圆唇元音。
(7) 把有韵头的韵母读成无韵头的韵母。
(8) 把无韵头的韵母读成有韵头的韵母。
(9) 把前鼻音韵母读成后鼻音韵母。
(10) 把后鼻音韵母读成前鼻音韵母。
(11) 把鼻韵母读成鼻化元音。
(12) 把二合前响复合元音读成单元音。
(13) 把三合复合元音读成二合元音。

(二) 常见缺陷类型

(1) 单韵母 u 的舌位靠前，接近央元音 u。
(2) 卷舌韵母 er 虽有卷舌色彩，但相当不自然。
(3) 舌尖前韵母-i (前)有摩擦，接近舌尖前浊擦音。
(4) 舌尖后韵母-i (后)有摩擦，接近舌尖后浊擦音。
(5) 二合前响复合元音动程明显不到位，但还没有发成单元音。
(6) 三合复合元音动程明显不到位，但还没有发成二合元音。
(7) 韵母 ie、üe 中的前中不圆唇元音读音接近央中元音。
(8) 韵母 ou、iou 中的韵腹、韵尾整体舌位靠前。
(9) 韵母 ian 中的韵腹开口度太大，实际成为前低不圆唇元音。
(10) 韵母 üan 中的韵腹开口度太大，实际成为央低不圆唇元音。
(11) 韵母an 开口度不够大，舌位不够低，大体相当 [æn]。
(12) 在有介音(韵头)i 的音节中，i 介音音长太短。
(13) 在有介音(韵头)u 的音节中，u 介音圆唇度明显不够。
(14) 在有介音(韵头)ü 的音节中，ü 介音圆唇度明显不够。
(15) 鼻韵母 in、ing中 i 和鼻韵尾之间(特别是在读阴平、阳平时)明显嵌入央元音 e。
(16) 过分强调鼻音韵尾-n、-ng，使韵尾延长。

三、声调方面

(一) 常见错误类型

(1) 把阴平调调值 55 度读成升调，包括 35 度、24 度。
(2) 把阴平调调值 55 度读成降调，包括 53 度、42 度。
(3) 把阳平调调值 35 度读成曲折调的，类似于上声。
(4) 把上声调的调值 214(降升调)读成升调。
(5) 把上声调的调值 214(降升调)读成降调。

(二) 常见缺陷类型

(1) 阴平调保持平调调型，但调值明显偏低。
(2) 阴平调调值读成微升调。
(3) 阳平调调值中间略带曲折，不太明显，还没有同上声调值相混。
(4) 阳平调的单字或在重读音节中调值明显不到位，没有扬到 5 度。
(5) 上声为曲折调，但开头略高，相当于 412 度、312 度。
(6) 上声读成"半上"211 度。
(7) 上声的曲折不明显。

第三节　普通话单音节字词模拟测试

为了便于应试人备考，这里提供普通话水平测试卷第一题"读单音节字词"模拟试题 6 套。

模拟试题(一)

锣	破	则	窜	凶	亮	恍	顾	挨(挨打)	绷(绷带)
涮	洼	愣	甲	锅	针	舔	心	塞(塞子)	胜(胜利)
净	酶	后	叠	沦	自	娄	秒	长(长处)	褪(褪色)
绝	酪	桉	酿	刁	攥	瑟	网	当(当代)	识(识别)
科	膜	罢	组	废	醉	甬	歪	恶(恶毒)	洗(洗澡)
疚	瀚	插	副	羌	孽	验	掏	否(否定)	虾(虾仁)
锥	拿	膘	缸	姨	炖	洒	男	红(红花)	冒(冒险)
款	濒	挺	戳	取	日	酋	温	中(中间)	攒(积攒)
矿	陨	穿	跟	疱	闰	学	胃	派(派别)	横(一横)
簇	淮	怨	蓉	辞	斋	冥	刷	齐(齐全)	圈(猪圈)

模拟试题(二)

二	曾	膻	香	卷	阔	聊	屈	拨	灭
压	钻	肾	胸	军	亏	邻	条	罚	碑
痒	尊	漱	蜇	且	框	量	佟	否	遍
应	擦	耍	枕	秋	捉	钙	那	繁	破
蛙	册	日	郑	瘸	坏	梗	饶	逮	泡
委	藏	揉	中	劝	唤	刮	南	丢	膀
翁	促	弱	尺	群	假	逛	拟	叮	瞥
御	洒	润	踹	习	揪	嗑	鸟	褪	每
约	鳃	紫	纯	洗	兼	铐	浪	断	某
用	粟	邹	冲	锌	距	砍	俩	榻	门

模拟试题(三)

匿	诌	蛊	吹	港	嗪	窄	世	稳	露(露面)
禽	攻	劣	环	糙	斩	饶	耍	黄	绿(绿化)
索	龙	巍	抵	根	侃	震	甩	鸡	落(落后)
想	蜜	鹁	牌	促	知	童	迥	形	喷
佳	命	辈	叼	麟	旺	叵	藤	膀(膀肿)	铅(铅笔)
噩	扬	步	猜	汀	匈	再	谑	长(长处)	省(省略)
珐	惊	冻	超	却	云	末	肉	好(好比)	虾(虾仁)
瀚	寅	跺	傻	字	磕	按	牛	核(核桃)	咽(咽气)
成	贰	撑	放	腻	诠	掣	吞	节(节目)	转(转变)
洼	蜢	鳔	肺	遭	渊	外	髓	六(六月)	便(顺便)

模拟试题(四)

满	鹿	全	奏	福	城	遇	耍	渊	埋(埋没)
后	乖	磷	丑	纲	字	讴	霜	蓉	派(派别)
诳	美	沧	逛	砸	著	赐	迥	匿	挑(挑战)
噩	丹	懊	妙	鳃	桥	宰	箱	紊	踏(踏步)
硕	撑	闭	关	质	船	骑	岁	弹(弹琴)	分(分辨)
揪	破	锉	等	握	氧	魏	挠	通(通常)	划(划船)
孺	八	阵	刁	丙	疽	冕	梨	种(种类)	蛇(毒蛇)
野	厥	拨	凝	锌	东	钾	劲	裂(分裂)	还(还原)
勋	褶	槽	沦	星	妞	瑕	喷	混(混合)	嚷(叫嚷)
缺	常	穷	费	沿	疱	诗	外	看(看守)	横(一横)

模拟试题(五)

良	框	棚	蠢	尼	改	琼	软	望	钢(钢铁)

毁	挎	盒	吝	蕊	凝	闻	杀	霞	担(担心)
伙	列	嫦	话	鬼	农	侩	使	秃	号(号称)
箭	楼	氨	酥	扭	咱	窝	挛	赎	禁(禁止)
珐	枚	本	存	狠	莱	溃	双	丸	看(看守)
捐	密	财	冬	醒	钟	荀	四	凹(凹陷)	埋(埋没)
敷	庙	进	短	熊	织	莜	躯	膀(膀肿)	哪(哪怕)
俊	昭	册	队	芽	阵	淹	镢	车(车床)	否(否定)

模拟试题(六)

劣	叁	粪	擒	废	窘	最	很	蓄	抹(抹杀)
快	虐	嘶	缆	松	远	货	梗	穹	排(排队)
傻	春	腼	痤	买	运	猥	探	挛	同(同伴)
咒	妙	帮	瞧	吹	螃	佳	蹄	垫	曾(曾经)
追	您	胱	冥	昝	豚	荀	挖	挨(挨打)	轧(轧道机)
拣	泼	被	淬	渗	邹	断	逼	恶(恶毒)	叉(刀叉)
较	氧	外	孺	奈	闻	肇	请	过(过程)	壳(蛋壳)
顿	置	标	而	褶	蛲	赔	镶	溜(溜冰)	盛(茂盛)
羌	认	琶	饭	胡	跨	奴	泄	露(露天)	臊(腥臊)
映	网	撰	悬	册	肛	日	超	绿(绿化)	晃(虚晃一刀)

第七章 多音节词语测试指导

第一节 普通话多音节词语测试项说明

一、普通话多音节词语测试项要求与目的

本测试项要求应试人朗读总计100个音节的多音节词语，限时2.5分钟，共20分。

《普通话水平测试大纲》规定该测试项的测试目的是："测查应试人声母、韵母、声调和变调、轻声、儿化读音的标准程度。"

本测试项试卷构成与要求如下。

(1) 词语的70%选自《普通话水平测试用普通话词语表》"表一"，30%选自"表二"。
(2) 声母、韵母、声调出现的次数与读单音节字词的要求相同。
(3) 上声与上声相连的词语不少于三个，上声与非上声相连的词语不少于四个，轻声不少于三个，儿化不少于四个(应为不同的儿化韵母)。
(4) 词语的排列要避免同一测试要素连续出现。

二、普通话多音节词语测试项评分细则

1. 语音错误(含漏读音节)

语音错误(含漏读音节)，每个音节扣0.2分。

语音错误包括以下两方面。

(1) 将某个音节的声母、韵母、声调中的任何一个或几个要素读成其他声母、韵母、声调。
(2) 轻声、儿化、变调的发音错误。

轻声词以《普通话水平测试用必读轻声词语表》为准。该表中标注为轻声，而未读成轻声的，判为错误；该表与《现代汉语词典》均未标注为轻声的，如读成轻声，判为错误；该表中没有，而《现代汉语词典》中标注为轻声的，读不读轻声均不算错误。

儿化词以《普通话水平测试用儿化词语表》为准。该表中标注为儿化，而未读成儿化的，判为错误；该表与《现代汉语词典》均未标注为儿化的，如读成儿化，判为错误；该表中没有，但《现代汉语词典》中标注为儿化的，读不读儿化均不算错误；未按普通话儿化韵音变规则发音的，判为错误。

变调方面：应该变调而未变调的，或者未按变调规律变调的，该音节判为错误；一个词语内由于一个音节声调错误而导致其他音节声调错误的，有关音节均判为错误。

2. 语音缺陷

语音缺陷，每个音节扣 0.1 分。

语音缺陷包括以下几方面。

(1) 虽然没有将某个音节的声母、韵母、声调读成其他声母、韵母、声调，但其中一个或几个要素没有达到标准的程度。

(2) 轻声、儿化、变调发音不完全规范。

(3) 多音节词语若按音节分开读，该词语整体算一个语音缺陷；如词语内已有音节因语音错误或语音缺陷而扣分，则不再加扣该词语语音缺陷分。

(4) 轻重音格式不正确。

本项测试还考查应试人读词语时的轻重音格式是否正确。轻重音格式不正确，该词语整体算一个语音缺陷；如该词语音节因语音错误或语音缺陷已扣分，则不再加扣该词语语音缺陷分。

3. 超时

超时 1 分钟以内扣 0.5 分，1 分钟以上(含 1 分钟)扣 1 分。

4. 改读

一个词语允许应试人即时改读一次，以改读后的读音为准。隔词语改读无效。

第二节 普通话多音节词语测试项应试提示

一、注意声母、韵母、声调的准确发音

声母、韵母、声调仍然是本测试项很基本、很重要的内容，应试者在朗读多音节词语时一定要注意声母、韵母、声调的准确发音，避免语音错误和语音缺陷的出现。

关于声母、韵母、声调方面典型的错误和缺陷类型，在"普通话单音节词语测试项应试提示"中已经列举，这里不再重复。

以下列举普通话多音节测试中常见的容易认错、读错的字词，并加注拼音。

黯然 ànrán	嗔怪 chēnguài	打擂 dǎlèi
稗草 bàicǎo	成绩 chéngjì	逮捕 dàibǔ
碑帖 bēitiè	处理 chǔlǐ	刁难 diāonàn
标识 biāozhì	船舷 chuánxián	发酵 fājiào
濒临 bīnlín	创口 chuāngkǒu	废黜 fèichù
哺育 bǔyù	垂涎 chuíxián	氛围 fēnwéi
猜度 cāiduó	辍学 chuòxué	风靡 fēngmǐ
参差 cēncī	痤疮 cuóchuāng	佝偻 gōulóu
茶几 chájī	粗犷 cūguǎng	干涸 gānhé
谄媚 chǎnmèi	搭讪 dāshàn	巷道 hàngdào

号哭 háokū	模样 múyàng	洗涮 xǐshuàn
呵欠 hēqian	抹布 mābù	戏谑 xìxuè
横财 hèngcái	泥淖 nínào	肖像 xiàoxiàng
横祸 hènghuò	宁愿 nìngyuàn	笑靥 xiàoyè
胡诌 húzhōu	呕吐 ǒutù	骁勇 xiāoyǒng
豢养 huànyǎng	咆哮 páoxiào	星宿 xīngxiù
混淆 hùnxiáo	喷香 pènxiāng	酗酒 xùjiǔ
混浊 hùnzhuó	纰漏 pīlòu	渲染 xuànrǎn
嫉妒 jídù	剽窃 piāoqiè	绚丽 xuànlì
给予 jǐyǔ	嫔妃 pínfēi	噱头 xuétóu
脊背 jǐbèi	普遍 pǔbiàn	压轴 yāzhòu
假期 jiàqī	栖息 qīxī	亚洲 yàzhōu
监考 jiānkǎo	卡壳 qiǎké	湮没 yānmò
豇豆 jiāngdòu	悭吝 qiānlìn	赝品 yànpǐn
狡黠 jiǎoxiá	掮客 qiánkè	揶揄 yéyú
酵母 jiàomǔ	潜藏 qiáncáng	肄业 yìyè
尽管 jǐnguǎn	翘首 qiáoshǒu	友谊 yǒuyì
粳米 jīngmǐ	悄然 qiǎorán	娱乐 yúlè
狙击 jūjī	倾轧 qīngyà	伛偻 yǔlǚ
句读 jùdòu	请帖 qǐngtiě	与会 yùhuì
龟裂 jūnliè	龋齿 qǔchǐ	咱俩 zánliǎ
角色 juésè	妊娠 rènshēn	召开 zhàokāi
抄袭 chāoxí	扫帚 sàozhou	蛰伏 zhéfú
恪守 kèshǒu	什么 shénme	箴言 zhēnyán
框架 kuàngjià	汤匙 tāngchí	整饬 zhěngchì
喟叹 kuìtàn	倜傥 tìtǎng	诤友 zhèngyǒu
懒散 lǎnsǎn	通缉 tōngjī	证券 zhèngquàn
累赘 léizhui	恸哭 tòngkū	自诩 zìxǔ
埋怨 mányuàn	湍急 tuānjí	走穴 zǒuxué
蛮横 mánhèng	威吓 wēihè	伫立 zhùlì
闷热 mēnrè	猥亵 wěi xiè	拙劣 zhuōliè
蒙骗 mēngpiàn	慰藉 wèijiè	卓越 zhuóyuè
勉强 miǎnqiǎng	龌龊 wòchuò	作坊 zuōfang

二、注意测读的节奏

  读词语时要注意时间的把握，如果节奏太慢，就容易超时；而节奏太快，则造成发音模糊，影响得分。

读词语时还应注意，一个多音节词语不能按音节分开读，不能读成独立的多个音节，而应该自然连读。

测试时如果发现第一次发音出现口误，不要紧张，可以改读。一个词语允许应试人即时改读一次，测试员将按照改读后的读音进行评判。

三、注意变调、轻声、儿化的准确发音

多音节词语测试除了测查应试人声母、韵母、声调的标准程度，还测查应试人变调、轻声、儿化读音的标准程度。应试人应该注意变调、轻声、儿化的准确发音。

(一) 上声的变调

一定要掌握上声变调的音变规则，进行正确发音。上声变调的一般规则是"前变后不变"。在多音节词语中，上声作"前字"时一定要变调，作"后字"(处于词尾)时不变调。如果上声在非上声前没有读成半上，或者两个上声相连时前一个上声没有读成阳平，都算错误。同时要注意该测试项中可能出现的两个以上上声相连的多音节词语的正确发音。

当然，应试人在考试中不能忘记：上声作"后字"(处于词尾)时不变调。一个多音节词语的末一个音节如果是上声，一定要读出完整的降升调，不能只降不升；如果读成半上，就是语音缺陷。

(二) "一"、"不"的变调

一定要掌握"一"、"不"变调的音变规则，在具体语境中进行正确发音。

"一"和"不"的变调都是以它们后边的音节为变调条件，如果后一音节为去声，则"一"和"不"应该读成阳平；后一音节为非去声，则"一"和"不"应该读成去声。

(三) 轻声

要找出测试项里的轻声音节(一般来说，不少于三个)，按照轻声的语音特性正确发音，读得轻短些。

轻声音节的音长要明显短于前一个音节的音长，不应该等同于前一个音节或长于前一个音节。

轻声音节的调值一定要根据前一个音节声调的调值来正确把握，轻声在非上声后读短促的低降调，调值为31；轻声在上声后读短促的微升调，调值为34。如"出息"的后一个音节是轻声音节，在非上声后，它的调值应为短促的31，如果读成短促的44或33，就是语音缺陷。

(四) 儿化

儿化韵的考查项(一般来说，不少于四个)可以从卷面上看出来，词条后面附着一个字号偏小的"儿"尾，即为儿化的标志。应试人要按照儿化音变的规则正确发音，努力读得柔软自然。

儿化的语音缺陷包括以下几方面。

(1) 儿化韵卷舌色彩生硬或不明显。
(2) 儿化音节中带有ar 的儿化韵发音时开口度不够，发音接近er。
(3) 儿化音节中带有er的儿化韵发音时开口度太大，发音接近ar。
(4) 把儿化韵aor、iaor 分别读成近乎ar、iar。
(5) 把儿化韵 i:er、ü:er 分别读成 ier、üer，即把"小鸡儿、趣儿"读成"小街儿、鹊儿"。
(6) 后鼻韵母儿化时，主要元音没有鼻化。

如果把儿化音节读成近乎两个音节，即有"儿"未"化"，则是语音错误。

四、注意多音节词语的轻重音格式

普通话多音节词语中的音节在读音上往往有相对定型的轻重差别，这就是词语的轻重音格式。在实际发音中，如果不能比较准确地掌握普通话词语的轻重音格式，听起来就会觉得生硬、不自然，甚至带有方言腔调，应试人平时要多辨别、多练习，在测试时要表现出纯正自然的语感。

多音节词语的轻重音是相对而言的，根据普通话词的语音结构，可以把普通话轻重音分为四个等级：重音、中音、次轻音、轻音。

(一) 双音节词的轻重格式

1. 中·重

前一个读中音，后一个读重音。双音节词绝大部分是这个格式。
发音例词：

孤单	搭铺	羽毛	善良	倔强	面包	蛋糕
长城	电话	学校	蝴蝶	语法	拼音	汽车
出版	和平	绿叶	炊烟	泥土	世界	海洋
中央	人民	广播	电视	国家	地球	民族

2. 重·次轻

前一个音节读重音，后一个音节读次轻音。后面轻读的音节，原调调值仍可分辨，但不稳定。其中有的词语在《现代汉语词典》中轻读音节标注声调符号，但在轻读音节前加圆点以表提示，如：客人、碰见、新鲜、匀称；有的词语在《现代汉语词典》中未明确标注，但一般也轻读，读音不大稳定，称"可轻读音节"，如：分析、制度、现象、快乐。
发音例词：

老虎	诗人	冬天	方便	福利	季度	节日
战士	中国	四川	老鼠	女士	娇气	男人
干部	工人	手艺	生活	厂长	问题	技能
利益	命令	篇目	轻便	嗜好	私下	文艺

3. 重·轻

前一个音节读重音，后一个音节读轻音，即轻声词的结构。这部分词语可以依据《普通话水平测试用必读轻声词语表》认定。

发音例词：

漂亮	窗户	奶奶	尾巴	懂得	接着	椅子
石头	地上	城里	起来	骨头	看看	想想
椅子	嫂子	先生	朋友	姑娘	师傅	工夫
眼睛	耳朵	胳膊	灯笼	风筝	脑袋	钥匙

(二) 三音节词的轻重格式

1. 中·次轻·重

第一个音节读重音，第二个音节读次轻音，第三个音节读重音。绝大部分三音节词语都读这种格式。

发音例词：

染色体	地球仪	冰激凌	踢足球	做杂务
照相册	统治者	扁桃体	视网膜	原子能
打电话	三角形	掷雪球	电视机	教研室
奥运会	展览馆	博物馆	火车站	立交桥
安理会	急诊室	乒乓球	运动场	自行车
分子式	男子汉	探险家	东道主	想象力

2. 中·重·轻

第一音节读中音，中间一个音节读重音，末尾的音节读轻音。

发音例词：

好家伙	老头子	拿架子	做生意	好朋友
胡萝卜	同学们	老师们	小姑娘	凑热闹
打官司	闹别扭	赔不是	做事情	为什么

3. 重·轻·轻

第一个音节读重音，后面两个音读轻音。这种格式的三音节词数量较少，其中有的相当于轻声后面加上一个轻读的词缀。

发音例词：

朋友们	孩子们	姑娘们	娃娃们	先生们
落下来	冷起来	跑下来	走出去	拿过去
跳起来	桌子上	出来了	屋子里	耳朵里

(三) 四音节词的轻重格式

1. 中·次轻·中·重

第一个和第三个音节读中音，第二个音节读次轻音，末尾一个音节读重音。绝大多数四音节词都是这个格式。

发音例词：

二氧化碳	心明眼亮	五湖四海	万古长青
一马当先	画蛇添足	天长地久	龙潭虎穴
心旷神怡	小心翼翼	至高无上	班门弄斧
死记硬背	推心置腹	众目睽睽	断断续续
慌里慌张	嘻嘻哈哈	清清楚楚	形形色色
热热闹闹	北京大学	乌鲁木齐	全国人大

2. 中·次轻·重·轻

重音在第三个音节，第一个音节读中音，第二个音节读次轻音，末尾的音节读轻音。这种格式在四音节词中占极少数。

发音例词：

如意算盘　　外甥媳妇(儿)

五、注意多音多义字的正确读音

读多音节词语时还应该注意普通话多音多义字现象。绝大多数汉字，每一个字只有一个读音。有一小部分汉字，每一个字有两个或两个以上读音，各个不同的读音又分别表示不同的意义，这样的汉字叫做多音多义字。例如：

铺①pū (动作义)：　　　　铺张　铺路　铺垫
　②pù (名物义)：　　　　卧铺　铺位　店铺
乐①yuè (名物义)：　　　 声乐　器乐　乐队
　②lè (动作义和性状义)：乐意　快乐　乐观
传①chuán (动作义)：　　 传授　流传　传说
　②zhuàn (名物义)：　　 传略　自传　传记

多音多义字的存在，增加了普通话水平测试的困难程度。要避免误读，就要结合具体语境，正确理解词语的意义。因为多音多义字进入词语或句子后，由于上下文的限制，这时它只有一个读音和一项意义得到确定，其他意义和读音就排除在外了。

汉字里还有一种"多音同义字"值得注意。多音同义字是指同一个汉字，有不同的读音，但意义相同，只是使用的场合不同。多音同义字的主要来源是"文白异读"。"文"指"读书音"，就是旧时的人读文章时汉字的读音；"白"指"口语音"，就是说话时汉字的读音。有些汉字"读书音"与"口语音"不一样，又同时存在，就成了"文白异读"。一个字的"读书音"和"口语音"并不是可以任意互相替代的，一般"读书音"用于书面语言，用于双音节词和文言成语中；"口语音"用于口头语言中的单音节词和少数日常生活事物的双音节词中，例如：

  血：读书音 xuè： 血压 血球 呕心沥血
     口语音 xiě： 吐血 猪血 手流血了
  薄：读书音 bó：   薄弱 薄利 厚古薄今
     口语音 báo： 薄饼 薄板 纸很薄
  色：读书音 sè：   色彩 颜色 色盲
     口语音 shǎi： 掉色 不变色儿

第三节　普通话多音节词语模拟测试

为了便于应试人备考，这里提供普通话水平测试卷第二项"读多音节词语"模拟试题6份(不是标准卷，未经信度、区别度、难度分析)。

模拟试题(一)

准儿	海军	一溜儿	商品	心软
餐车	骄傲	攒聚	警笛	什么
斗争	耍弄	大量	享乐	常用
写作	罚款	墨水儿	然后	撇开
觉悟	试验	罪孽	球儿	暗暗
炮火	小雨	步兵	此外	对付
远方	执行	起草	态度	祖国
下游	捆绑	丢面子	手腕	能力
文学	洽谈	崇高	墙头	接近
状况	本色儿	广播	专人	森林

模拟试题(二)

家庭	错误	确定	范畴	骄傲
宽容	恶棍	纸张	密切	响亮
联络	旅伴	鲜花	柔软	围脖儿
万能	僧徒	敏感	父亲	芍药
形状	打盹儿	重新	工业	凝视
有点儿	口语	遵循	文雅	网球
贫穷	枕席	学费	讲解	灾祸
扭转	衰退	脑儿	背后	议员
裁军	合得来	立场	蛐蛐儿	男人
告诉	亏待	刺客	碰见	号子

模拟试题(三)

谈判	信心	冷风	顺利	护士
激烈	画家	抽穗	铿锵	苍耳
寻找	馅儿饼	去年	容量	轻快
奖品	屉儿	贯彻	安慰	优质
球门	动人	豆腐乳	缴纳	够本儿
表明	公平	消费	牙刷	完整
彩色	擦澡	蝈蝈儿	哀悼	反抗
绝对	抹黑	结业	语文	灾害
撒谎	中学	处女	社员	枕套
西边	一溜儿	今天	死亡	专用

模拟试题(四)

被告	采购	弓子	牛奶	调整
骄傲	月份	腊味	品行	晃荡
转念	不怎么样	反抗	最后	千瓦
萌芽	必修	软弱	回生	喜讯
代替	手巾	扩充	取暖	农村
海产	森林	状况	另外	失业
发明	草原	一顺儿	僧徒	打嗝儿
晓得	伯父	配合	儿孙	家具
垂直	馅儿饼	侵略	左右	穷人
漂染	录像	说头儿	辩解	

模拟试题(五)

制止	老婆	群众	参加	坛子
开垦	来年	痛快	府邸	营业
夏天	柔软	青春	节气	尾音
哆嗦	跳舞	纹路儿	科研	短命
足球	整个	兴趣	上座儿	据点
生怕	园林	学问	梗死	撒谎
小麦	公共	干杯	人次	默默
新郎	尽量	逃跑	闹腾	双方
享有	花费	偶尔	一会儿	靶场
尿道	惹祸	推广	粉尘	板擦儿

模拟试题(六)

| 忘记 | 找茬儿 | 节日 | 位子 | 可爱 |
| 肥料 | 采访 | 看来 | 奔丧 | 许多 |

球儿(棉球儿)	牙刷	凑热闹儿	发票	协调
念叨	光亮	斩首	风力	揣测
阴森	昨天	情景	中药	口岸
花园	加强	凶恶	补给	屯聚
审讯	哈欠	友好	专门	吹捧
雨露	融洽	关心	讲坛	农村
凛凛	旁边	阅读	起名儿	摸索
指示	学术	笔耕	追究	水灾

第八章 词汇语法测试指导

第一节 词汇语法测试说明

这项测试的目的是重点考查应试人掌握普通话词汇、语法的程度。此项成绩占总分的 10%，即 10 分。共包括三项内容。

(1) 考查应试人掌握普通话词汇的情况。从《普通话水平测试实施大纲》第三部分"普通话和方言常用词语对照表"选列 10 组普通话和方言说法不同的词语，由应试人判断哪种说法是普通话的词语。错一组扣 0.25 分。

在《普通话水平测试实施大纲》第三部分共列出了 2572 条普通话词语与上海、厦门、广州、梅州、长沙五个方言点在说法上不同的词语对照。这些词语是从第二部分[表一]的 8455 条词语范围内，根据方言与普通话的对照选编的。应试者要在认真学习第二部分[表一]的基础上强化学习这 2572 条词语的用法。因此，学习训练这些词语不仅是这五个方言点所代表的方言区的应试者的事情，其他应试者也要认真准备。

(2) 考查应试人掌握量词的情况。从《普通话水平测试实施大纲》第四部分"普通话和方言常见的语法差异"中[二]"常见量词的选择"中抽选出 5 个量词，同时列出分别可以与之搭配的 10 个名词，由应试人现场组合。搭配错误的每次扣 0.5 分。

《普通话水平测试实施大纲》共列出 45 个量词，并在量词后列出常见的能与之搭配的若干名词或者这个量词的使用范围。应试者要辨明在方言里容易搭配错误的用法着重进行训练。

(3) 考查应试人普通话语法的规范程度。从《普通话水平测试实施大纲》第四部分中[一]选出 5 组普通话和方言在语序或表达方式上不一致的短语或短句，由应试人判定符合普通话语法规范的形式。判断失误每次扣 0.5 分。

这项测试虽然是考查词汇语法的，但在口头回答时如果属于答案的部分读音有错误，也要扣分。每次字音错误扣 0.1 分。

作为方言区的考生，应特别注意所处方言区与普通话之间的语法差别，特别是南方方言区的受测人，方言与普通话之间的语法差别很大，应特别注意纠正平时的方言语法，注意普通话的词汇和语法规范。

第二节 各方言区特征及训练要领

我国语言学家根据汉语方言的不同特点，把汉语划分为七大方言，分别是北方方言、湘方言、赣方言、吴方言、闽方言、粤方言和客家方言。在这七大方言内部，仍存在不同的次方言区。不同方言区方言与普通话之间的差别最集中表现在语音上，其次是在词汇上，某些方言的语法和普通话也有一些差别。本节主要分析不同方言的词汇语法特征及其与普通话之间的差别，以帮助不同方言区的受测者更好地学好普通话。由于湘方言与北方方言之间差别较少，赣方言与客家方言有不少共同点，因此略去。

一、北方方言

（一）概述

官话方言通称北方方言，即广义的北方话，一般所谓"大北方话"。在汉语各大方言中，官话方言有它突出的地位和影响。近 1000 年来，中国许多优秀的文学作品，从唐宋白话到元曲再到明清小说，都是在北方话的基础上创作的，再加以北京为中心的北方话通行地区从元代以来一直是中国政治、经济、文化高度集中的心脏地带，向来官场上办事交际，都使用北方话，因而有"官话"的名称。实际上它是汉语各方言区的人共同使用的交际语言，现在全国推行的普通话，就是在"官话"的基础上发展起来的现代汉民族共同语。

官话方言通行于长江以北各省全部汉族地区；长江下游镇江以上、九江以下沿江地带；湖北省除东南角以外的全部地区；广西北部和湖南省西北角地区；云南、四川、贵州三省少数民族区域以外的全部汉族地区。此外，在非官话方言区中，还有少数由于历史原因而形成的官话方言岛。如海南岛崖县、儋县的"军话"，福建南平城关的"土官话"，长乐洋屿的"京都话"等。官话方言的使用人口有 7 亿以上。

官话方言内部按其语言特点一般可以分为 4 个支系，即 4 个方言片(或称 4 个次方言)：华北官话、西北官话、西南官话和江淮官话。

华北官话即狭义的北方话，它通行于北京、天津两市，河北、河南、山东、辽宁、吉林、黑龙江等省以及内蒙古自治区的一部分。其中东北三省和河北省的方言最接近民族共同语——普通话。

西北官话通行于山西、陕西、甘肃等省以及青海、宁夏、内蒙古的一部分地区。新疆汉族使用的语言也属西北官话。

西南官话通行于湖北省大部分地区(东南部、东部除外)、云南、贵州、四川三省汉族地区以及湖南、广西两省(区)北缘地带。西南官话地域辽阔，但内部比较一致。

江淮官话俗称下江官话，通行于安徽省长江两岸地区，江苏省长江以北大部分地区(徐州一带除外)，长江南岸镇江以上、南京以下地区，以及江西省沿江地带。

（二）特点

1. 词汇方面

(1) 双音节词占优势。双音节词在汉语中是整个词汇里占比重最大的一部分，在官话方言中表现得尤为突出，如许多在官话方言中加"子"而成为双音节词的，在其他方言中往往是没有"子"的单音节词，如"稻子"在南方方言或叫"稻"(吴方言、闽方言)，或叫"禾"(客家方言、湘方言、赣方言、粤方言)；"谷子"在南方方言或叫"谷"(吴、湘、赣、客家、粤等方言)，或叫"粟"(闽方言)；"相片"一词在官话方言区各地大都叫"相片"或"相片儿",而南方各方言,除客、赣方言仍用双音节"相片"外,吴方言、粤方言、闽方言都是单音节词,或叫"照"(吴方言苏州话),或叫"相"(粤方言、闽方言)。

(2) 古代汉语词汇保留得比较少。尽管每个汉语方言都继承了不少古代汉语的语词,但是相对而言,官话方言区各地方言保留古语词的现象比较少。例如"眼睛"一词,官话方言区各地大都说"眼睛",而闽方言至今仍叫"目",粤方言仍叫"眼",保留了古代汉语对这一人体器官的名称;又如"站立"一词,除官话方言区及湘方言外,吴方言叫"立",闽、粤、客家、赣等方言叫"企",都沿用了古代汉语的说法。此外,还有一批极常见的生活用词,南方各方言保留了古代的说法,而官话方言则采用了跟现代汉语普通话一致的说法。如"看"是官话方言普遍通用的;而粤方言、闽方言(部分地区)却用古代的语词"睇"。

(3) 外来借词比较少。和南方诸方言比较,官话方言中外来的借词比较少。南方闽、粤等地向来为出海门户,与外国接触多,方言中较易借入外语语词。如闽方言中借入不少印度尼西亚-马来语词,粤方言中借入不少英语语词。有时候同一个事物,官话方言与南方各方言却采用不同的词语来表达,显示出"外来"词与"土产"词的差别。例如"水泥"一词,粤方言区有人叫"士敏土",吴方言叫"水门汀",都是英语 cement 的译音;闽方言叫"番家灰"、"红毛灰"之类,也显示出外来的色彩,而官话方言大多数和共同语一样,用"水泥"(部分地方叫"洋灰")这个地道的汉语语词。又如照相用的"胶卷",官话方言各地都叫"胶卷",而粤方言、闽方言、客家方言却都采用英语 film 的译音词"菲林"。

(4) 语气词比较少,用法比较概括。和南方各方言比较,官话方言的语气词比较少,用法更加概括,分工不那么细。例如,常见的语气词"呢、吗、啊"之类,官话方言跟共同语是一致的,而南方吴、粤等方言的语气词则丰富得多。

2. 语法方面

(1) 构词方面,修饰性的词素一般在前。如除西南官话偶有"鸡公"、"鸡母"一类说法外,各地官话大都是"公鸡"、"母鸡"、"客人"、"拖鞋"等说法,不像南方某些方言把修饰性的词素加在后面。如"鸡公"、"人客"、"鞋拖"(闽方言)之类。

(2) 运用语音内部曲折变化表现语法意义的现象比较少。除个别地方外,官话方言很少有语法学上所谓"构形法",即"狭义形态"的东西,粤方言、闽方言用变音的方式来表现某种语法意义的现象在官话方言中很少见。

(3) 结构助词"的、地、得"的运用。官话方言中不少地方有结构助词"的、地、得",用途各不相同。这几个结构助词以北方官话用得最为普遍,已进入共同语的语法体系中。在官话以外的南方各大方言中,却很少见,就是有类似的结构助词,也不像官话方言那样"的、地、得"分工明确,用法不混。

(4) 重叠式的运用范围相当广。官话方言的重叠式内容相当丰富,使用范围相当广泛。例如亲属称呼,南方闽、粤、客家、吴等方言一般都不用重叠式,多用单音节词素前加"阿"来称呼,如"阿爸"、"阿弟"、"阿嫂"之类。而在官话方言中,则普遍用重叠音节的方式来称呼人,如"哥哥"、"舅舅"、"爸爸"、"嫂嫂"、"叔叔"之类。又如某些常用的名词,在南方各方言中是不能重叠的,在官话方言中却以重叠的形式出现,如"星星"一词。在西南官话、西北官话中,重叠表示附加的小义。如成都话"盘盘"意为"盘儿","眼眼"意为"眼儿","豆豆"意为"豆儿";西安话"帽帽"意为"帽儿"。

西北官话有的地方量词和指示词也可以重叠,如西安话度量词重叠表示计量方式:"这米不卖升升"(不按升卖);指示词重叠表示所指的具体位置:"你得站在这这等着"(你们站在这儿等着)。这些重叠的用法在南方各大方言中都是没有的。

(5) 量词的使用比较概括。官话方言中最常用的量词"个"用途很广,可以用在许多事物上面,虚的实的,都能和"个"配搭。称人一般在官话方言中用"个"和"位"(尊称),而在其他各大方言中,却用各种不同的量词,并往往在量词的选用中体现出一定的感情色彩和修辞风格。例如粤方言,既有"这位先生"、"那个同学"等合乎规范的说法,而在某些场合,也有"呢条老坑"(这个老头儿)等指人量词的独特用法。

(6) 官话方言中一个句子里可出现两个"了"字,前者表示动作、行为的完成,后者作为句末的语气词。如:"他吃了饭了",这种用法在南方各方言中比较少见。

(7) 表示被动的介词比较多。在被动句中,表被动的词在官话方言中除了用"被"以外,还可以用"给"(他给人骂了)、"受"(小张受人欺负)、"让"(老鼠让猫逮住了)、"叫(教)"(我今天叫雨淋了一场)等。

(8) 官话方言疑问句有两类不同的格式。一类是北方官话用的,与共同语一样,有"是什么?""好吗?""是不是?"等句式;另一类是西南官话(云南、贵州)及江淮官话用的,与共同语不一样,有"可是?""可好?""是不?"等句式。

二、闽方言

(一) 概述

闽方言又称闽语,俗称"福佬话",是汉语七大方言中语言现象最复杂、内部分歧最大的一个方言。

闽方言主要通行于福建、广东、台湾三省和浙江省南部,以及江西、广西、江苏三省的个别地区,使用人口约4000万。

台湾省的各县市中,除约占人口2%的高山族地区说高山语,台北、彰化之间的中坜、竹东、苗栗及新竹等地和南部屏东、高雄等县市,以及东部花莲、台东的部分地区通行客家方言外,其余各地的汉族居民都说闽方言,约占全省人口的3/4以上。 浙江省南部泰顺、苍南、洞头、玉环等县的大部分和平阳县西部的少数地区,以及舟山群岛普陀、嵊泗县的一部分地区也说闽方言。

散居南洋群岛、中南半岛的华侨和华裔中,数百万人祖祖辈辈也以闽方言作为"母语"。在新加坡、马来西亚、菲律宾、印度尼西亚、泰国、缅甸以及印度支那各国的华裔社区中,闽方言也是主要的社会交际语之一。

闽方言按其语言特点大致分为5个方言片:闽南方言、闽东方言、闽北方言、闽中方言和莆仙方言。闽南方言是闽方言中使用人口最多、通行范围最广的一片,包括福建省内以厦门、漳州、泉州三市为中心的24个县市。福建省以外各地通行的闽方言,基本上也属于闽南方言。闽南方言以厦门话为代表,潮州话、文昌话也分别在广东东部和海南岛有较大的影响。闽东方言通行于福建省东部,包括以福州为中心的闽江下游地区和以福安为中心的山区,共18个县市,以福州话为代表。闽北方言通行于福建省北部建瓯、建阳、南平

(乡区)、崇安、松溪、政和、浦城(南部)，以建瓯话为代表。闽中方言通行于福建省中部永安、三明、沙县，以永安话为代表。莆仙方言通行于福建省东部沿海的莆田、仙游，以莆田话为代表。

(二) 特点

1．词汇方面

闽方言有一大批属于本方言区常见而其他方言区少见的方言词。这些方言词有两个特点：一是继承古代的语词多，二是单音节词多。例如："卵"(蛋)、"目"(眼睛)、"涂"(泥土)、"暴"(晒)、"拍"(打)等，都可以从古籍中找到出处，也都是单音节词。此外，也有一部分闽方言词来自外语。这些外来词大都来自印度尼西亚-马来语，形成了闽方言词汇中的独特色彩，例如，厦门话"雪文"(肥皂)来自 sabon，"道郎"(帮助)来自 tolong，"洞葛"(手杖)来自 tongkat，"斟"(接吻)来自 chium。也有一些来历不易判明的方言词，如"扬"(抽打)等。

在闽方言的五个片中，有许多方言词是各片共有的，但也有不少方言词只存在于某一些地方。大致说来，在五个闽方言片中，闽东、闽南、莆仙三个沿海片词汇上比较一致，而闽北、闽中两个片，则有不少和闽东、闽南、莆仙不一样的语词。

2．语法方面

(1) 数词"一"和指示词"这"、"那"的省略。量词前面的数词"一"或指示代词"这"、"那"在闽方言中往往可以省略，量词直接与名词组合。例如，潮州话"张画雅绝"(这张画很漂亮)，"只鸡肥死"(这只鸡很肥)。与此相关，指示代词"这"、"那"不能直接修饰名词，如普通话"这人很好"在闽方言说成"只个人很好"，不能说"只人很好"；同样，"这书"也只能说"只本书"，不能说"只书"。

(2) 形容词—量词—名词的结构形式在闽方言各地普遍存在，但能和量词直接组合的形容词不多，最常用的是"大"和"细"(小)。例如，厦门话"大只牛"、"细泡灯"等。

(3) 动词"有"的特殊用法。闽方言动词"有"的用法很多，其中之一是放在动词的前面，表示完成时态。例如：福州话"我有收着汝个批"(我收到了你的信)，厦门话"伊有食我无食"(他吃了我没吃)，台北话"我有买"(我买了)，潮州话"你有睇电影阿无？"(你看了电影没有)。

(4) 宾语提前的现象比较常见。如"苹果买两斤"(买两斤苹果)的说法就很普遍。普通话"主语—动词—宾语"的句式在闽方言中常加上一个介词"共"(或"甲")，并把宾语提到动词前面，例如"我共汝讲"(我告诉你)。

(5) 动词"去"常用作补语，表示动作行为已成为结果，相当于"已经"的意思，例如，"飞去了"(已经飞了)，"死去了"(已经死了)，"碗破去了"(碗已经破了)。

(6) 比较句的表达方式。闽方言的比较句有特别的结构，我国福建、台湾的闽方言多用"甲—较—形容词—乙"表示，如厦门话"伊较悬(高)我"，台北话"高雄较大新竹"。也有简单一点的表达方式："甲—形容词—乙"，如福州话"伊悬(高)我"。广东省内的闽方言(潮州话、海南话)比较的方式略有不同："甲—形容词—过—乙"，如潮州话"牛大过猪"。闽方言的等式比较，常用形容词"平"的重叠来表示"一样"，如"我共伊平平悬"

(我跟他一样高)。

(7) "把"字句的表达方式。闽方言"把"字句的表达方式是把宾语提到最前面,后面跟一个"甲伊"(把它),即"宾语—甲伊—动词",闽南方言片各地普遍通行这种说法。

三、吴方言

(一) 概述

吴方言习惯上称吴语,也叫江浙话或江南话。"吴"是古代地域名称的沿用。

吴方言通行于江苏南部、上海、浙江、江西东北部、福建西北角和安徽南部的一部分地区,大约有 110 多个县市,使用人口 7000 万左右。

(二) 特点

在词汇语法上吴语也有许多独特的特点,吴方言的词汇受北方方言的影响较大,较现代化的词汇的汉字写法和普通话大致相近,只是读音上有一定的差别;而固有词汇系统和北方方言有显著不同,有些甚至没有对应的汉字形式。

四、客家方言

(一) 概述

客家民系的共同语言即客家方言。客家方言又称客方言、客话、客家话,属于汉语七大方言之一。从分布上看,主要在福建、广东、江西、湖南、四川、台湾等 6 个省区,海外有马来西亚、新加坡、印度尼西亚等地。具体来说,国内主要分布在:福建闽西地区的长汀县、连城、上杭等 8 个县;广东梅州、惠州、蕉岭等 16 县市;江西南部宁都、瑞金、兴国等 14 县市。此外,非纯客县,如福建南靖、平和、绍安、龙岩;广东潮州、海丰、韶关、东莞;江西铜鼓、广昌、永丰等不少县市的许多地区也讲客家话。此外,台湾、海南、四川、湖南等不同程度地分布着客家话。依据内部的差异,客家话大体可以分为三个类型:以长汀话为代表的闽西客家话,以梅县话为代表的粤东客家话,以赣县蟠龙话为代表的赣南客家话。客家话进一步可以分为如下八片:汀州片(又称闽客片)、粤台片、粤中片、惠州片、粤北片、宁龙片、于桂片及铜鼓片。

(二) 特点

在词汇语法方面,客家方言最明显的是保留了不少古汉语词语。如"禾(稻子)、食(吃)、索(绳子)、面(脸)"。还有一些具有本方言特色的词,如"目珠(眼睛)、目汁(眼泪)"等。在语法上,常用一些如"老、公、子、哩、头"等前缀、后缀;用一些特定的助词或词语(如"黎、咧"等)表示动作时态;通过变化指示代词和声调变化区分近指和远指等。

五、粤方言

(一) 概述

粤方言又称粤语,俗称广东话、广府话,当地人称白话,是汉语七大方言中语言现象较为复杂、保留古音特点和古词语较多、内部分歧较小的一个方言。

粤方言通行于广东、广西境内,以广州话为中心,使用人口约 4000 万。

(二) 特点

1. 词汇方面

(1) 保持大量的古汉语词语。有些口语词在中原地区消亡了,却保留在粤语方言中,如"嘲气"是西晋时的汉语口语,中原地区早不用了,粤语方言一直沿用至今;另一类语词直至今天,还是沿用中原语音来读,如"来",粤语方言念成"嚟"。粤语方言中很多是古汉语,例如:食(吃)、行(走)、走(跑)、著(穿)、面(脸)、饮(喝)、畀(给)、斟(倒)、闹(骂)、晓(知道)、翼(翅膀)、晏(迟)、滚水(开水)、倾偈(交谈)、下昼(下午)及趁墟(赶集)等,都是古词语。

(2) 与吴越(楚)语言有许多相近之处。如须同苏,逃同徒,酒同走,毛同无,早同祖等。粤语称美好事物为"靓",如今苏州、宁波等地仍用此语。粤语的"咁多",实为吴越的"介多"。粤语自称我们为"我哋";吴越称"侬哋","侬"是吴越古音。吴越语的"黄、王"读音不分,两广也同样如此。

(3) 特殊词汇很多。如"菜"叫"餸","能干"叫"叻","什么"叫"乜嘢","睡"叫"瞓"等。广州人喜爱创造形象生动的俗语和俚语,统称为惯用语。例如:八卦,即爱管闲事,爱讲是非;"牛一",戏称生日;"手信",送与亲友的礼物等。

(4) 吸收外来语汇。唐宋时期吸收阿拉伯语,如邋遢(脏),清至民国时期则大量吸收英语,如波(球)、呔(车胎)、买飞(买票)等。特别是近年来,粤语方言的发展变化较大,吸收了很多外来语,词汇创造量十分丰富,甚至将英语直译成粤语方言。如将 party 说成"派对";show 说成"秀";cool 说成"酷"等。

(5) 词语结构特殊。粤语方言的名词重叠成分多,如口多多(多嘴)、心思思(心想),眼白白(睁眼)等;或者将动词、形容词重叠,如搞搞震(搞事)、湿湿碎(琐碎)等。

2. 语法方面

(1) 同素异素词现象。如普通话的"要紧",粤语方言说成"紧要";粤语方言将"客人"说成"人客";将"公鸡"叫做"鸡公";将"母鸡"叫做"鸡乸"、"鸡项"等:这些用词都带有古越语痕迹。

(2) 语法颠倒。粤语方言含双宾语的句式,语序排列正好同普通话颠倒。如普通话习惯说"我给你送礼物",粤语的习惯说法是"我送礼物畀你";普通话说"你先吃",粤语方言说"你食先"等。粤语方言是"主语+谓语+直接宾语(事或物)+间接宾语(人)",两个宾语的语法词序与汉语不同,如粤方言说"我年纪大过你",普通话则说"我年纪比你大"。

(3) 喜用民间俚语。请看下面一段粤语方言：昨天"潮流兴""炒更"，今天又兴"跳槽"；今天"老世"把你"炒鱿鱼"，明天说不定你会"炒""波士"。所以你要自己"执生"，也就是"食自己"，同时还要"识嘟"才会"趯到两餐"。这一段话尽管你每个字都认识，但其中的意思只有懂粤语的人才明白，粤语方言的奥妙堪值品味。

六、常见问题及训练对策

(一) 词汇

方言地区的人听、说普通话时在词汇上常见的毛病有三种，一是听时不知所云，说时无从表达；二是听得有误，说得不清；三是理解含糊，表达不准。原因是受到方言的影响，或是作品的阅读不够，书面语修养不高。方言区的人学习普通话必须从考察自己平时说普通话的常见毛病入手，对词汇方面的问题进行分类解决。

(二) 语法

常见的语法错误表现在以下几个方面：一是把方言的说法直接套用到普通话中，虽然意义不变，但不符合普通话的表达习惯。例如，普通话的"随便"，闽方言说"芒/青采/兴才"，普通话中的"随便看看"，不少人就说成"蛮看看"；再如"喝醉酒"，闽方言说"食酒醉"，福建人常说成"吃酒醉"、"喝酒醉"。二是把方言的说法直接套用到普通话中，但方言的说法与普通话的说法之间在意义上并不完全对应。例如，在闽方言的一部分地区，"不敢"兼有"不敢"与"不能"两个意义，普通话的"你不能去"当地人往往说成"你不敢去"，造成歧义。比如，广西方言说"我不比他好"，意思是"我没有他好"。孤立地看，这句话没有语法错误，因为普通话中也有这样的句式。但是普通话中"我不比他好"包含两层意思：一是"我没有他好"，二是"我和他一样"。广西话"我不比他好"只能表达前一层意思，如果要表达的是后一层意思，这种说法就错了。所以对于这一类句式，只有在一定的语言环境中才能判断出正误来。三是不明白与方言对应的普通话说法，却选用了普通话中一种不合适的表达方法。如福州口语"天乍光"译成普通话是"天刚亮"，但当地人说普通话译成"天才亮"；福州话副词"乍"兼有普通话时间副词"刚"和"才"的两个意思，而普通话的"刚"和"才"却不同意，造成了不准确的情况。上面提到的语法错误，在语法、语序和词汇方面都有所表现，因此，方言区的人员在训练普通话时要特别注重语法训练。

附录6 普通话水平测试用常见量词、名词搭配表

本表以量词为条目，共选收常见量词45条。可与表中所列多个量词搭配的名词，以互见形式出现。

(1)	把	菜刀、剪刀、宝剑(口)、铲子、铁锨、尺子、扫帚、椅子、锁、钥匙、伞(顶)、茶壶、扇子、提琴、手枪(支)
(2)	本	书(部、套)、著作(部)、字典(部)、杂志(份)、账
(3)	部	书(本、套)、著作(本)、字典(本)、电影(场)、电视剧、交响乐(场)、电话机、摄像机(架、台)、汽车(辆、台)
(4)	场(阳平)	雨、雪、冰雹、大风、病、大战、官司
(5)	场(上声)	电影(部)、演出(台)、话剧(台)、杂技(台)、节目(台、套)、交响乐(部)、比赛(节、项)、考试
(6)	道	河(条)、瀑布(条)、山(座)、山脉(条)、闪电、伤痕(条)、门(扇)、墙(面)、命令(项、条)、试题(份、套)、菜(份)
(7)	滴	水、血、油、汗水、眼泪
(8)	顶	伞(把)、轿子、帽子、蚊帐、帐篷
(9)	对	夫妻、舞伴、耳朵(双、只)、眼睛(双、只)、翅膀(双、只)、球拍(副、只)、沙发(套)、枕头、电池(节)
(10)	朵	花、云(片)、蘑菇
(11)	份	菜(道)、午餐、报纸(张)、杂志(本)、文件、礼物(件)、工作(项)、事(件)、试题(道、套)
(12)	幅	布(块、匹)、被面、彩旗(面)、图画(张)、相片(张)
(13)	副	对联、手套(双、只)、眼镜、球拍(对、只)、脸(张)、扑克牌(张)、围棋、担架
(14)	个	人、孩子,盘子、瓶子,梨、桃儿、橘子、苹果、西瓜、土豆、西红柿、鸡蛋、饺子、馒头、玩具、皮球、太阳、月亮、白天、上午、国家、社会、故事
(15)	根	草(棵)、葱(棵)、藕(节)、甘蔗(节)、胡须、头发、羽毛、冰棍儿、黄瓜(条)、香蕉、油条、竹竿、针、火柴、蜡烛(支)、香(支、盘)、筷子(双、支)、电线、绳子(条)、项链(条)、辫子(条)
(16)	家	人家、亲戚(们)、工厂(座)、公司、饭店、商店、医院(所)、银行(所)
(17)	架	飞机、钢琴(台)、摄像机(部、台)、鼓(面)
(18)	间	房子(所、套、座)、屋子、卧室、仓库
(19)	件	礼物(份)、行李、家具(套)、大衣、衬衣、毛衣、衣服(套)、西装(套)、工作(项)、公文、事(份)
(20)	节	甘蔗(根)、藕(根)、电池(对)、车厢、课(门)、比赛(场、项)
(21)	棵	树、草(根)、葱(根)、白菜
(22)	颗	种子(粒)、珍珠(粒)、宝石(粒)、糖(块)、星星、卫星、牙齿(粒)、心脏、子弹(粒)、炸弹、图钉、图章
(23)	口	人、猪(头)、大锅、大缸、大钟(座)、井、宝剑(把)
(24)	块	糖(颗)、橡皮、石头、砖、肥皂(条)、手表(只)、肉(片)、蛋糕、大饼(张)、布(幅、匹)、绸缎(匹)、手绢(条)、地(片)、石碑(座)
(25)	粒	米、种子(颗)、珍珠(颗)、宝石(颗)、牙齿(颗)、子弹(颗)

(26)	辆	汽车(部、台)、自行车、摩托车、三轮车
(27)	门	课(节)、课程、技术(项)、亲戚(家)、婚姻、大炮
(28)	名	教师(位)、医生(位)、犯人
(29)	面	墙(道)、镜子、彩旗(幅)、鼓(架)、锣
(30)	盘	磨(扇)、香(根、支)、磁带、录像带
(31)	匹	马、布(块、幅)、绸缎(块)
(32)	片	树叶、药片、肉(块)、阴凉、阳光、云(朵)、地(块)
(33)	扇	门(道)、窗户、屏风、磨(盘)
(34)	双	手(只)、脚(只)、耳朵(对、只)、眼睛(对、只)、翅膀(对、只)、鞋(只)、袜子(只)、手套(副、只)、筷子(根、支)
(35)	所	学校、医院(家)、银行(家)、房子(间、套、座)
(36)	台	计算机、医疗设备(套)、汽车(部、辆)、钢琴(架)、摄像机(部、架);演出(场)、话剧(场)、杂技(场)、节目(场、套)
(37)	套	衣服(件)、西装(件)、房子(间、所、座)、家具(件)、沙发(对)、餐具、书(本、部)、邮票(张)、医疗设备(台)、节目(场、台)、试题(道、份)
(38)	条	绳子(根)、项链(根)、辫子(根)、裤子、毛巾、手绢儿(块)、肥皂(块)、船(只)、游艇(只);蛇、鱼、狗(只)、牛(头、只)、驴(头、只);黄瓜(根)、河(道)、瀑布(道)、山脉(道)、道路、胡同儿、伤痕(道);新闻、信息、措施(项)、命令(道、项)
(39)	头	牛(条、只)、驴(条、只)、骆驼(只)、羊(只)、猪(口)
(40)	位	客人、朋友、作家(名)
(41)	项	措施(条)、制度、工作(份)、任务、技术(门)、运动、命令(道、条)、比赛(场、节)
(42)	张	报纸(份)、图画(幅)、相片(幅)、邮票(套)、扑克牌(副)、光盘、大饼(块)、脸(副)、嘴、网、弓、床、桌子
(43)	只	鸟、鸡、鸭、老鼠、兔子、狗(条)、牛(头、条)、驴(头、条)、羊(头)、骆驼(头)、老虎、蚊子、苍蝇、蜻蜓、蝴蝶;手表(块)、杯子;船(条)、游艇(条);鞋(双)、袜子(双)、手套(副、双)、袖子、球拍(对、副)、手(双)、脚(双)、耳朵(对、双)、眼睛(对、双)、翅膀(对、双)
(44)	支	笔、手枪(把)、蜡烛(根)、筷子(根、双)、香(根、盘)、军队、歌
(45)	座	山(道)、岛屿、城市、工厂(家)、学校(所)、房子(间、所、套)、桥、石碑(块)、雕塑、大钟(口)

第九章　朗读测试指导

第一节　普通话朗读测试项说明

一、朗读测试的目的、要求

国家颁布的《普通话水平测试大纲》对朗读测试的目的做了详细的规定："测查应试人使用普通话朗读书面作品的水平。在测查声母、韵母、声调读音标准程度的同时，重点测查连读音变、停连、语调以及流畅程度。"测试的要求是从《普通话水平测试实施纲要》第五部分朗读材料(1~60号)中选取。评分以朗读作品的前400个音节(不含标点符号和括注的音节)为限。

这里非常强调应试人在朗读中连读音变、停连、语调以及流畅程度，是否符合普通话规范。朗读的测试重点并不是对应试人朗读技巧的测试，而是对应试人运用普通话朗读书面材料的能力和水平的判定。此项测试从语音、语调、停顿、流畅程度、限时五个方面进行考查。

二、朗读测试的评分细则

朗读测试成绩占普通话测试总分的30%，即30分。评分情况如下。
(1) 错读、漏读、增读(每个音节扣0.1分)。
(2) 声母或韵母的系统性语音缺陷(视程度扣0.5分、1分、2分)。
(3) 语调偏误(视程度扣0.5分、1分、2分)。
(4) 停连不当(视程度扣0.5分、1分、2分)。
(5) 朗读不流畅(包括回读，视程度扣0.5分、1分、2分)。
(6) 超时(扣4分)。

三、朗读测试训练的要求及应试提示

(一) 训练要求

1. 语音规范

读准每个字词的声、韵、调，注意连读音变，容易读错的字词要查找后用拼音标记下

来，对于语音缺陷问题，要掌握科学的方法，反复训练。

2. 语速适中

语速指语言的速度，它不仅表现为音节的长度，更表现为音节与音节之间的疏密度和语调的"音长"。朗读中应该采取适中的语速。应试者若没有认真准备而造成语速过快或过慢，将影响朗读的水平。

3. 停连恰当

在朗读训练时，对每一篇朗读作品的语句，都要找准其恰当的停连位置，不要"见字读音"，造成停连不当。

4. 语调准确

在朗读训练时，对每一篇朗读作品都应该认真反复地读，对朗读作品中的句子所应选用的语调仔细推敲。只有多读才能掌握好正确的字调，掌握好恰当的句调，克服语调偏误的现象。

5. 朗读流畅

只有经过反复训练，对作品内容的熟练度才会提升，应试者应克服朗读中的"回读"、"误读"、"磕巴"，以及"漏读"、"增读"等不流畅现象。

(二) 应试提示

1. 心理准备

过于紧张或过于懈怠，都是不好的心理状态，它会影响朗读的正常发挥，应尽力克服。正确的朗读心理应该是充满自信，以积极主动的心态参与应试，这样才能引发强烈的朗读愿望，发挥最佳朗读状态。

2. 应试前准备

应试前先抽签决定篇目，然后准备几分钟。首先快速浏览材料，找出自己平时容易读错的字词，确认它们的正确读音；然后，找准难点句段的断句、停顿；确立感情基调，最后最好能有感情地小声朗读一遍，才能做到胸有成竹。

3. 应试时注意

应试时，若是遇上读错或误读句子的情况，应采取"将错就错"的应对措施，千万不要"回读"或"纠错读"，这样将导致更多的失分率。

下面按照《普通话水平测试实施纲要》的要求和朗读的评分标准从语音的规范、朗读的语调、朗读的停连等几个方面进行训练。

第二节 普通话朗读测试的语音规范

一、语音方面的评分标准

从评分细则六项中，语音的评分占了三项，凸显普通话朗读测试语音规范的重要性。在朗读测试项中，因语音不规范失分的情况，主要表现有声母、韵母、声调、上声和"一、不"的变调、轻声和儿化等方面的读音错误和缺陷。这部分内容在前面的章节里已有详细的讲解和训练，这里不再详述，只提出需注意的主要问题。

二、朗读应注意的主要语音问题

(一) 声母方面

注意发好和分清 zh—z、ch—c、sh—s、n—l—r、f—h，发好 j、q、x 等声母，避免造成系统性的声母缺陷。

(二) 韵母方面

注意发好和分清前后鼻音，i—ü 开头的韵母，e—er 韵母等，避免造成系统性的韵母缺陷。

(三) 声调方面

注意发准普通话四声的调值，尤其注意发好阴平、阳平和上声的调值。

(四) 变调方面

注意变调正确，熟练地驾驭上声、"一"、"不"、"啊"的变调规则，按照变调要求读准读音。

(五) 轻声方面

注意正确判断轻声词，掌握轻声音节的正确发音。

(六) 儿化方面

注意正确判断儿化词，掌握儿化音节的正确发音。

(七) 避免朗读中加字、漏字、读别字的错误

注意严格按照朗读作品中的内容朗读，避免任意加字、漏字和误读别字的错误。

【练习】

(1) 先根据括号里提示的平翘舌音声母读准字词，然后再朗读语段。

然而，到了世(sh)界杯大赛(s)，天下大变。各国球员都回国效力，穿(ch)上(sh)与光荣(r)的国旗同样色(s)彩(c)的服装(zh)。在每一场(ch)比赛(s)前，还高唱(ch)国歌以宣誓(sh)对自(z)己祖(z)国的挚(zh)爱与忠(zh)诚(ch)。一种血缘情感开始(sh)在(z)全身(sh)的血管里燃(r)烧(sh)起来，而且立刻热(r)血沸腾。

(节选自《普通话水平测试实施纲要》中朗读作品 11 号)

(2) 先根据括号里提示的前后鼻韵母读准字词，然后再朗读语段。

于是，每逢(-ng)大雪而小学不停(-ng)课时，都有家长(-ng)打电(-n)话去骂。奇妙的是，每个打电(-n)话的人(-n)，反(-n)应(-ng)全(-n)一样(-ng)——先(-n)怒气冲(-ng)冲地责问(-n)，然(-n)后满(-n)口道歉(-n)，最后笑容(-ng)满(-n)面地挂上(-ng)电(-n)话。原(-n)因(-n)是，学校告诉家长(-ng)：在纽约有许多百万(-n)富翁(-ng)，但(-n)也有不少贫(-n)困(-n)的家庭(-ng)。后者白天开不起暖(-n)气，供(-ng)不起午餐(-n)，孩子的营(-ng)养(-ng)全(-n)靠学校里免(-n)费的中(-ng)饭(-n)，甚(-n)至可以多拿些回家当(-ng)晚(-n)餐(-n)。学校停(-ng)课一天，穷(-ng)孩子就受一天(-n)冻(-ng)，挨一天(-n)饿，所以老师们(-n)宁(-ng)愿(-n)自己苦一点(-n)儿，也不能(-ng)停(-ng)课。

(节选自《普通话水平测试实施纲要》中朗读作品 23 号)

(3) 朗读下列语段，注意读准带点字的声调。

对于一个在北平住惯的人，像我，冬天要是不刮风，便觉得是奇迹；济南的冬天是没有风声的。对于一个刚由伦敦回来的人，像我，冬天要能看得见日光，便觉得是怪事；济南的冬天是响晴的。自然，在热带的地方，日光永远是那么毒，响亮的天气，反有点儿叫人害怕。可是，在北方的冬天，而能有温晴的天气，济南真得算个宝地。

(节选自《普通话水平测试实施纲要》中朗读作品 17 号)

(4) 先根据括号里的提示，读准儿化词语、轻声词语、"一""不"变调、"啊"音变词语，然后再朗读语段。

雪纷纷扬扬，下得(轻声)很大。开始还伴着(轻声)一(阳平)阵儿(儿化)小雨，不(去声)久就只见大片大片的(轻声)雪花，从彤云密布的(轻声)天空中飘落下来(轻声)。地面上(轻声)一(阳平)会儿(儿化)就白了(轻声)。冬天的(轻声)山村，到了夜里就万籁俱寂，只听得(轻声)雪花簌簌地(轻声)不(阳平)断往下落，树木的(轻声)枯枝被雪压断了(轻声)，偶尔咯吱一(去声)声响。

大雪整整下了(轻声)一(阳平)夜。今天早晨(轻声)，天放晴了(轻声)，太阳出来了(轻声)。推开门一(阳平)看，嗬！好大的雪啊(ia呀)！山川、河流、树木、房屋，全都罩上了(轻声)一(去声)层厚厚的(轻声)雪，万里江山，变成了(轻声)粉妆玉砌的(轻声)世界。落光了(轻声)叶子(轻声)的(轻声)柳树上(轻声)挂满了(轻声)毛茸茸亮晶晶的(轻声)银条儿(儿化)；而那些冬夏常青的(轻声)松树和柏树上(轻声)，则挂满了(轻声)蓬松松沉甸甸的(轻声)雪球儿(儿化)。一阵风吹来，树枝轻轻地(轻声)摇晃，美丽的(轻声)银条儿和雪球儿(儿化)簌簌地(轻声)落下来(轻声)，玉屑似的(轻声)雪末儿(儿化)随风飘扬，映着清晨的(轻声)阳光，显出一(阳平)道道五光十色的(轻声)彩虹。

大街上(轻声)的(轻声)积雪足有一(去声)尺多深，人踩上去，脚底下(轻声)发出咯吱咯吱的(轻声)响声。一(去声)群群孩子(轻声)在雪地里(轻声)堆雪人,掷雪球儿(儿化)。那欢乐的(轻声)叫喊声,把树枝上(轻声)的(轻声)雪都震落下来(轻声)了(轻声)。

(节选自《普通话水平测试实施纲要》中朗读作品5号)

(5) 先根据括号里的提示读准"一"、"不"轻声词语,然后再朗读语段。

牡丹(轻声)没有花谢花败之时,要么(轻声)烁于枝头,要么(轻声)归于泥土,它跨越萎顿和衰老,由青春而死亡,由美丽而消遁。它虽美却不(阳平)吝惜生命,即使告别也要展示给人最后一(阳平)次的惊心动魄。

所以在这阴冷的(轻声)四月里(轻声),奇迹不(阳平)会发生。任凭游人扫兴和诅咒,牡丹(轻声)依然安之若素。它不(去声)苟且、不(去声)俯就、不(去声)妥协、不(阳平)媚俗,甘愿自己冷落自己。它遵循自己的(轻声)花期,自己的(轻声)规律,它有权利为自己(轻声)选择每年一(阳平)度的(轻声)盛大节日。它为什么(轻声)不(阳平)拒绝寒冷?

天南海北的(轻声)看花人,依然络绎不(去声)绝地(轻声)涌入洛阳城。人们(轻声)不(阳平)会因牡丹(轻声)的(轻声)拒绝而拒绝它的(轻声)美。如果它再被贬谪十次,也许它就会繁衍出十个(轻声)洛阳牡丹(轻声)城。

(节选自《普通话水平测试实施纲要》中朗读作品30号)

第三节 普通话朗读测试的语调

语调是人们在语流中用高低轻重、抑扬顿挫来帮助表达思想感情的语音形式。语调是句子所特有的,它是句子的语音标志,任何句子都带有一定的语调。语调偏误就是指在用普通话朗读或说话的过程中,受方音的影响而形成的在语流中留下的具有方言色彩的语调形式。

一、"语调偏误"的评分标准

《普通话水平测试大纲》在朗读项规定:"语调偏误,视程度扣0.5分、1分、2分。"
语调与"语音四要素"中的音高、音强、音长联系很紧密。字调(声调)不准确,词语的轻重不当,句子的高低、轻重不当,是形成语调偏误的主要因素。语调偏误重点考查的就是这几个方面。下面就从这几个方面来进行训练。

二、克服语调偏误

(一) 字调

什么是字调?字调也就是汉语音节的声调(阴平、阳平、上声、去声),是音节中具有区别意义作用的音高变化。

字调不准是直接影响普通话语调的重要因素,主要表现在声调的调型上。不同的方言字调型也不尽相同。方言字调的遗留,在语句中一定会影响普通话语调的准确,因此必须读准字调。闽方言在声调的调值方面主要是阴平不够高、阳平升不到位、上声的曲折调发不好等问题；调类方面，有的地方阳平和上声相混，较普遍的是将方言的入声调带进普通话。

例如：

(1) 外祖母生前最疼爱我，我无法排除自己的忧伤，每天在学校的操场上一圈儿又一圈儿地跑着，跑得累倒在地上，扑在草坪上痛哭。

(节选自《普通话水平测试实施纲要》中朗读作品14号)

(2) 我们在漆黑如墨的河上又划了很久。一个个峡谷和悬崖，迎面驶来，又向后移去，仿佛消失在茫茫的远方，而火光却依然停在前头，闪闪发亮，令人神往——依然是这么近，又依然是那么远……

(节选自《普通话水平测试实施纲要》中朗读作品16号)

带点词语的声调大多是阴平调、阳平调和上声调，应试人若是阴平读得不够高、不够平，阳平调读得升不到位、没有向上扬的感觉，上声调曲折度不够等就会影响整段朗读的语调的准确，造成语调的偏误。

【练习】

准确把握加点词语的声调调型，反复朗读。

(1) 设若单单是有阳光，那也算不了出奇。请闭上眼睛想：一个老城，有山有水，全在天底下晒着阳光，暖和安适地睡着，只等春风来把它们唤醒，这是不是理想的境界？

(节选自《普通话水平测试实施纲要》中朗读作品17号)

(2) 纽约的冬天常有大风雪，扑面的雪花不但令人难以睁开眼睛，甚至呼吸都会吸入冰冷的雪花。有时前一天晚上还是一片晴朗，第二天拉开窗帘，却已经积雪盈尺，连门都推不开了。

(节选自《普通话水平测试实施纲要》中朗读作品23号)

(3) 天南海北的看花人，依然络绎不绝地涌入洛阳城。人们不会因牡丹的拒绝而拒绝它的美。如果它再被贬谪十次，也许它就会繁衍出十个洛阳牡丹城。

于是你在无言的遗憾中感悟到，富贵与高贵只是一字之差。同人一样，花儿也是有灵性的，更有品位之高低。品位这东西为气为魂为筋骨为神韵，只可意会。你叹服牡丹卓而不群之姿，方知品位是多么容易被世人忽略或是漠视的美。

(节选自《普通话水平测试实施纲要》中朗读作品30号)

(二) 词的轻重格式

语调偏误还表现在词的轻重格式上。词语的轻重格式不好，就会形成不同程度的方言语调，造成语调偏误，直接影响朗读的质量。

闽方言、粤方言等地区的人说普通话时常常在一些格式上出问题，朗读时在方言语调里就会被扣分。这个问题的解决,一是要加强语感的训练,多听标准的普通话朗读,听时注意分辨轻重格式;二是熟记一些词语,普通话的双音节词语中"重·轻"格式词语(即"轻声词语")必须要记,此外,还应记住"重·中"格式的词语,这种格式的词语在常用词里并不多。剩下的就都是"中·重"格式的词语了。

【练习】

朗读作品,注意词语的轻重格式。

态度创造快乐

　　一位访美中国女作家,在纽约遇到一位卖花的老太太。老太太穿着破旧,身体虚弱,但脸上的神情却是那样祥和兴奋。女作家挑了一朵花说:"看起来,你很高兴。"老太太面带微笑地说:"是的,一切都这么美好,我为什么不高兴呢?""对烦恼,你倒真能看得开。"女作家又说了一句。没料到,老太太的回答更令女作家大吃一惊:"耶稣在星期五被钉上十字架时,是全世界最糟糕的一天,可三天后就是复活节。所以,当我遇到不幸时,就会等待三天,这样一切就恢复正常了。"

　　"等待三天",多么富于哲理的话语,多么乐观的生活方式。它把烦恼和痛苦抛下,全力去收获快乐。

　　沈从文在"文革"期间,陷入了非人的境地。可他毫不在意,他在咸宁时给他的表侄、画家黄永玉写信说:"这里的荷花真好,你若来……"身陷苦难却仍为荷花的盛开欣喜赞叹不已,这是一种趋于澄明的境界,一种旷达洒脱的胸襟,一种面临磨难坦荡从容的气度,一种对生活童子般的热爱和对美好事物无限向往的生命情感。

　　由此可见,影响一个人快乐的,有时并不是困境及磨难,而是一个人的心态。如果把自己浸泡在积极、乐观、向上的心态中,快乐必然会占据你的每一天。

(节选自《普通话水平测试实施纲要》中朗读作品37号)

(三) 语句的轻重

　　在朗读由词和短语组成的句子时,那些组成句子的词和短语所表达的基本语意和思想感情绝不是并列地处在同一个地位上。就是说,有的词和短语在表达语意上显得十分重要;而与之相比,另外一些则处于一个较为次要的地位。这种情况就是朗读中的轻重音处理。

　　什么是重音?朗读时需要强调或突出的词或词组,甚至某个音节,叫做重音。朗读中我们强调什么,不强调什么,到底有没有依据呢?当然有,它就是我们所说的语句目的,是作者的思想感情。因此掌握重音的要点是对文章意思的理解,一般说来,句子理解正确了,重音也就容易找对。

　　应试者应根据不同材料所表现的不同思想感情,具体处理句子中的轻重词语,不可错误处理重读、轻念,以至歪曲作品的思想感情,传递错误的言语信息。

　　下面句中加点的词语是重音。

　　(1) 没有一片绿叶,没有一缕炊烟,没有一粒泥土,没有一丝花香,只有水的世界,云的海洋。

(节选自《普通话水平测试实施纲要》中朗读作品22号)

(2) 我的母亲老了,她早已习惯听从她强壮的儿子;我的儿子还小,他还习惯听从他高大的父亲;妻子呢,在外面,她总是听我的。霎时我感到了责任的重大。

(节选自《普通话水平测试实施纲要》中朗读作品33号)

【练习】

(1) 给下面的句子标上恰当的重音,然后朗读。

① 地球上是否真的存在"无底洞"?按说地球是圆的,由地壳、地幔和地核三层组成,真正的"无底洞"是不应存在的,我们所看到的各种山洞、裂口、裂缝,甚至火山口也都只是地壳浅部的一种现象。

(节选自《普通话水平测试实施纲要》中朗读作品34号)

② 完全按照托尔斯泰的愿望,他的坟墓成了世间最美的,给人印象最深刻的坟墓。它只是树林中的一个小小的长方形土丘,上面开满鲜花——没有十字架,没有墓碑,没有墓志铭,连托尔斯泰这个名字也没有。

(节选自《普通话水平测试实施纲要》中朗读作品35号)

③ 假山的堆叠,可以说是一项艺术而不仅是技术。或者是重峦叠嶂,或者是几座小山配合着竹子花木,全在乎设计者和匠师们生平多阅历,胸中有丘壑,才能使游览者攀登的时候忘却苏州城市,只觉得身在山间。

(节选自《普通话水平测试实施纲要》中朗读作品36号)

④ "等待三天",多么富于哲理的话语,多么乐观的生活方式。它把烦恼和痛苦抛下,全力去收获快乐。

(节选自《普通话水平测试实施纲要》中朗读作品37号)

⑤ 享受幸福是需要学习的,当它即将来临的时刻需要提醒。人可以自然而然地学会感官的享乐,却无法天生地掌握幸福的韵律。灵魂的快意同器官的舒适像一对孪生兄弟,时而相傍相依,时而南辕北辙。

(节选自《普通话水平测试实施纲要》中朗读作品40号)

(2) 朗读作品,正确处理语句重音。

我为什么当教师

[美]彼得·基·贝得勒

我为什么非要教书不可?是因为我喜欢当教师的时间安排表和生活节奏。七、八、九三个月给我提供了进行回顾、研究、写作的良机,并将三者有机融合,而善于回顾、研究和总结正是优秀教师素质中不可缺少的成分。

干这行给了我多种多样的"甘泉"去品尝,找优秀的书籍去研读,到"象牙塔"和实际世界里去发现。教学工作给我提供了继续学习的时间保证,以及多种途径、机遇和挑战。

然而,我爱这一行的真正原因,是爱我的学生。学生们在我的眼前成长、变化。当教师意味着亲历"创造"过程的发生——恰似亲手赋予一团泥土以生命,没有什么比目睹它开始呼吸更激动人心的了。

权利我也有了：我有权利去启发诱导，去激发智慧的火花，去问费心思考的问题，去赞扬回答的尝试，去推荐书籍，去指点迷津。还有什么别的权利能与之相比呢？

而且，教书还给我金钱和权利之外的东西，那就是爱心。不仅有对学生的爱，对书籍的爱，对知识的爱，还有教师才能感受到的对"特别"学生的爱。这些学生，有如冥顽不灵的泥块，由于接受了老师的炽爱才勃发了生机。

所以，我爱教书，还因为，在那些勃发生机的"特别"学生身上，我有时发现自己和他们呼吸相通，忧乐与共。

(节选自《普通话水平测试实施纲要》中朗读作品44号)

(四) 语句的句调训练

1．什么是句调

句调就是句子的语调，它指的是朗读时语句声音的高低升降的变化。朗读作品时，词语表现的意义和感情色彩是丰富多彩的，就是同一个词在不同的语境中，语调也会随之变化。语调是有声语言所特有的，它是句子的语音标志，任何句子都带有一定的语调。借助语调，有声语言才具有极强的表现力。例如：语气词"啊"，字调为阴平调，读得又高又平，调势平直。但它并非只有一种平直语调，它表示迟疑、坚定、悲哀、兴奋、轻松、沉重、淡漠、热情、向往、失望及愤恨等不同的意义时，语调就应该有变化。句调一般分为平、升、曲、降四种基本形式，用"→、↑、↷、↓"四种符号表示。在朗读文章时，升降趋势的变化应受朗读材料内部思想感情运动变化的制约。作为文章构成单位的句子，句调的处理应根据句子在文章中的地位而定，要考查它与前后句子的关系，不能机械地、教条地运用句调。

2．句调的四种调型

1) 平直调：→

语调平稳，没有什么显著的高低升降变化。一般表示庄重、平静、冷淡及追忆等的叙述、说明的句子。例如：

① 中国西部我们通常是指黄河与秦岭相连一线以西，包括西北和西南的十二个省、市、自治区。

(节选自《普通话水平测试实施纲要》中朗读作品45号)

② 高兴，这是一种具体的被看得到摸得着的事物所唤起的情绪。

(节选自《普通话水平测试实施纲要》中朗读作品46号)

③ 有个塌鼻子的小男孩儿，因为两岁时得过脑炎，智力受损，学习起来很吃力。

(节选自《普通话水平测试实施纲要》中朗读作品51号)

2) 上升调：↑

语调由低逐渐升高。常用于表示疑问、反诘、惊异、命令、呼唤、号召的句子。例如：

① "你以为这是什么车？旅游车？"

(节选自《普通话水平测试实施纲要》中朗读作品10号)

② 推开门一看，嗬！好大的雪啊！

(节选自《普通话水平测试实施纲要》中朗读作品5号)

③ 世界杯怎么会有如此巨大的吸引力？除去足球本身的魅力之外，还有什么超乎其上而更伟大的东西？

(节选自《普通话水平测试实施纲要》中朗读作品 11 号)

3) 下降调：↓

语调由高逐渐降低，末了的字低而短。这种语调常用于表示肯定、赞扬、坚定、恳求、允许的句子。例如：

① 近来观看世界杯，忽然从中得到了答案：是由于一种无上崇高的精神情感——国家荣誉感！

(节选自《普通话水平测试实施纲要》中朗读作品 11 号)

② 在它看来，狗该是多么庞大的怪物啊！

(节选自《普通话水平测试实施纲要》中朗读作品 27 号)

③ 是啊，请不要见笑。我崇敬那只小小的、英勇的鸟儿，我崇敬它那种爱的冲动和力量。

(节选自《普通话水平测试实施纲要》中朗读作品 27 号)

4) 曲折调：↻

语调曲折变化，对句子中某些音节，特别的加重、加高或延长，形成一种升降曲折的调子。这种语调常用来表示夸张、强调、反语、讽刺、惊讶等较为特殊的语气。

① 水手撵它它不走，抓它，它乖乖地落在掌心。

(节选自《普通话水平测试实施纲要》中朗读作品 22 号)

② 犯得着在大人都无须上班的时候让孩子去学校吗？

(节选自《普通话水平测试实施纲要》中朗读作品 23 号)

③ 树，活的树，又不卖何言其贵？

(节选自《普通话水平测试实施纲要》中朗读作品 47 号)

在普通话水平测试中，不少应试者的句调没有高低、升降和曲折的变化，表现为平直而生硬，或是有变化却变化不当，形成一种语调的偏误现象。这种现象要在短时间内克服是有一定难度的，但是只要我们注意读准字调，掌握词语的轻重格式，把握好语势，加上多听、多练、多想，我们的语调就会准确丰富，就能克服语调偏误的框框，提高普通话朗读水平。

【练习】

(1) 读下面的句子，选用恰当的语调。

① 大雪整整下了一夜。今天早晨，天放晴了，太阳出来了。推开门一看，嗬！好大的雪啊！山川、河流、树木、房屋，全都罩上了一层厚厚的雪，万里江山，变成了粉妆玉砌的世界。

(节选自《普通话水平测试实施纲要》中朗读作品 5 号)

② 我从小到大都听他说："你到哪里去？什么时候回家？汽车有没有汽油？不，不准去。"爸完全不知道怎样表达爱。除非……

(节选自《普通话水平测试实施纲要》中朗读作品 10 号)

③ 其中的一个，不由分说就坐在小凳上给我擦起皮鞋来，另一个则彬彬有礼地发问："小姐，您是哪国人？喜欢渥太华吗？""小姐，在你们国家有没有小孩儿患小儿麻痹？谁给他们医疗费？"

(节选自《普通话水平测试实施纲要》中朗读作品21号)

④ 就拿奈良的一个角落来说吧，我重游了为之感受很深的唐招提寺，在寺内各处匆匆走了一遍，庭院依旧，但意想不到还看到了一些新的东西。其中之一，就是近几年从中国移植来的"友谊之莲"。

(节选自《普通话水平测试实施纲要》中朗读作品24号)

⑤ "这些……难道还不够吗？"班杰明一边微笑着，一边扫视着自己的房间，轻言细语地说，"你进来又有一分钟了。"

(节选自《普通话水平测试实施纲要》中朗读作品50号)

(2) 朗读下列作品，注意选用恰当的语调。

一个美丽的故事

张玉庭

有个塌鼻子的小男孩儿，因为两岁时得过脑炎，智力受损，学习起来很吃力。打个比方，别人写作文能写二三百字，他却只能写三五行。但即使这样的作文，他同样能写得很动人。

那是一次作文课，题目是《愿望》。他极其认真地想了半天，然后极认真地写，那作文极短，只有三句话：我有两个愿望，第一个是，妈妈天天笑眯眯地看着我说："你真聪明。"第二个是，老师天天笑眯眯地看着我说："你一点儿也不笨。"

于是就是这篇作文，深深地打动了他的老师，那位妈妈式的老师不仅给了他最高分，在班上带感情地朗读了这篇作文，还一笔一画地批道：你很聪明，你的作文写得非常感人，请放心，妈妈肯定会格外喜欢你的，老师肯定会格外喜欢你的，大家肯定会格外喜欢你的。

捧着作文本，他笑了，蹦蹦跳跳地回家了，像只喜鹊。但他并没有把作文本拿给妈妈看，他是在等待，等待着一个美好的时刻。

那个时刻终于到了，是妈妈的生日——一个阳光灿烂的星期天：那天，他起得特别早，把作文本装在一个亲手做的美丽的大信封里，等着妈妈醒来。妈妈刚刚睁眼醒来，他就笑眯眯地走到妈妈跟前说："妈妈，今天是您的生日，我要送给您一件礼物。"

果然，看着这篇作文，妈妈甜甜地涌出了两行热泪，一把搂住小男孩儿，搂得很紧很紧。

是的，智力可以受损，但爱永远不会。

(选自《普通话水平测试实施纲要》中朗读作品51号)

第四节　普通话朗读测试的停连

　　停连指声音的停顿和连接。两者就像一扇门一样有开门就必定有关门。朗读中除去文章开头的第一句话前和结尾的最后一句话后，停顿和连接是永远如影随形的。朗读时有停有连才能更好地表情达意。停连和有声语言同时存在，它不仅是朗读者生理上的需要或单纯的语法上的需要，更是感情上的需要。

一、"停连不当"的评分标准

　　《普通话水平测试大纲》规定："停连不当，视程度扣0.5分、1分、2分。"在测试中主要是考查应试人是否停连得当，即该停则停、该连则连。测试中，有些应试者由于对朗读材料不太熟悉，或对材料内容理解有偏误，因此，出现停连不当所引起的误读现象。譬如，朗读中停连不当致使词、句产生歧义；或读破句、碎句；或因换气造成的句子停连不当；或者无论什么标点符号，停顿的时间都一样等情况。

　　以下是应试时常见的停顿不当的例句。

　　(1) 爸把汽车停在急诊室门口，他们叫|他驶开，说那空位是留给紧急车辆停放的。爸听了便叫嚷道："你以为这是什么车？旅游车？"

　　"他们叫他驶开"这个句子是兼语句，正确的停顿是"他们叫他|驶开"，但不少应试者却处理成"他们叫|他驶开"，造成句子的意思改变或意思的含混，应视为停顿不当。

　　(2) 有一次我偷了一块糖果，他要|我把它送回去，告诉卖糖的说是我偷来的，说我愿意替他拆箱卸货作为赔偿。

　　"他要我把它送回去"也是个兼语句，正确的停顿是"他要我|把它送回去"，若是处理成"他要|我把它送回去"或"他要我把|它送回去"都应视为停顿不当。

　　(3) 除去足球本身的魅力之外，还有什么超乎其|上而更伟大的东西？

　　正确的停顿是"还有什么超乎其上|而更伟大的东西？"有的应试者却处理成"还有什么超乎其|上而更伟大的东西？"这样就读破句了。

　　(4) 时间过得那么飞快，使我的小心眼儿|里不只是着急，而是悲伤。

　　"使我的小心眼儿里不只是着急"，正确的停顿是"使我的小心眼儿里|不只是着急"，有的应试者却处理成"使我的小心眼儿|里不只是着急"，这样就读破句、碎句了。

二、句子停连的几种格式

　　句子的停连格式一般有落停、扬停、紧连及徐连等。

(一) 落停

　　落停的位置往往在一个完整的意思表达之后。在一句话、一个层次、一篇文章结束时使用。句末语调下落、语气沉稳。一般在叙述的语气中比较多的使用这种方式。例如：

(1) 然而有一天，我发现母亲正仔细地用一小块碎面包擦那给我煎牛排用的油锅。我明白了她称自己为素食者的真正原因。

(节选自《普通话水平测试实施纲要》中朗读作品 42 号)

(2) 人们常常只是在幸福的金马车已经驶过去很远时，才拣起地上的金鬃毛说，原来我见过它。

(节选自《普通话水平测试实施纲要》中朗读作品 40 号)

（二）扬停

扬停一般用在句子中没有标点的地方或一个意思还没有说完而中途又需要停的地方。一般在表达雄壮、自豪、坚定及急促等情绪时使用这种方式。表现为气息饱满、气息支撑有力、音量较大，时间间歇较短。例如：

(1) 人类给它以生命，它毫不悭吝地|把自己的艺术青春|奉献给了哺育它的人。

(节选自《普通话水平测试实施纲要》中朗读作品 22 号)

(2) 它用另一种|"能吞能吐"的|特殊功能|孕育了人类。

(节选自《普通话水平测试实施纲要》中朗读作品 31 号)

（三）紧连

紧连的位置在有标点而前后内容又联系较紧密的地方。表达一种紧迫感和急迫感，在有标点符号但内容紧密联系的地方，停顿后迅速连接，不用换气，听上去似乎没有接点，紧连快带。朗读时一般不换气。例如：

(1) 山川、河流、树木、房屋，全都罩上了一层厚厚的雪，万里江山，变成了粉妆玉砌的世界。

(节选自《普通话水平测试实施纲要》中朗读作品 5 号)

(2) 苏东坡的四味"长寿药"，实际上是强调了情志、睡眠、运动、饮食四个方面对养生长寿的重要性，这种养生观点即使在今天仍然值得借鉴。

(节选自《普通话水平测试实施纲要》中朗读作品 54 号)

（四）徐连

徐连位置在短促的句子间，需要连接又需要区分的地方。似停非停，以连接为主。连续的短分句间的逗号，是徐连最典型的"连点"。一般用于较舒缓内容中的一句话或一段话当中的连接，这种连接一般用于并列性的停连。朗读时，上一个词的尾音与后一个词的尾音有间隙，但又不能换气，听觉上是有间隙，但又气息相连。例如：

(1) 我们在田野散步：我，我的母亲，我的妻子和儿子。

(节选自《普通话水平测试实施纲要》中朗读作品 33 号)

(2) 一锅小米稀饭，一碟大头菜，一盘自家酿制的泡菜，一只巷口买回的烤鸭，简简单单，不像请客，倒像家人团聚。

(节选自《普通话水平测试实施纲要》中朗读作品 32 号)

(3) 没有一片绿叶，没有一缕炊烟，没有一粒泥土，没有一丝花香，只有水的世界，云的海洋。

(节选自《普通话水平测试实施纲要》中朗读作品 22 号)

【练习】

(1) 在理解句子的基础上划出落停和扬停的位置，然后朗读。

① 我爱月夜，但我也爱星天。从前在家乡七八月的夜晚在庭院里纳凉的时候，我最爱看天上密密麻麻的繁星。望着星天，我就会忘记一切，仿佛回到了母亲的怀里似的。

(节选自《普通话水平测试实施纲要》中朗读作品 8 号)

② 星光在我们的肉眼里虽然微小，然而它使我们觉得光明无处不在。

(节选自《普通话水平测试实施纲要》中朗读作品 8 号)

③ 我们那条胡同的左邻右舍的孩子们放的风筝几乎都是叔叔编扎的。

(节选自《普通话水平测试实施纲要》中朗读作品 9 号)

(2) 在理解句子的基础上划出连接和停顿的符号，正确处理停连，然后朗读。

① 夕阳落山不久，西方的天空，还燃烧着一片橘红色的晚霞。大海，也被这霞光染成了红色，而且比天空的景色更要壮观。因为它是活动的，每当一排排波浪涌起的时候，那映照在浪峰上的霞光，又红又亮，简直就像一片片霍霍燃烧着的火焰，闪烁着，消失了。而后面的一排，又闪烁着，滚动着，涌了过来。

(节选自《普通话水平测试实施纲要》中朗读作品 12 号)

② 在这幽美的夜色中，我踏着软绵绵的沙滩，沿着海边，慢慢地向前走去。海水，轻轻地抚摸着细软的沙滩，发出温柔的刷刷声。

(节选自《普通话水平测试实施纲要》中朗读作品 12 号)

③ 水是一种良好的溶剂。海洋中含有许多生命所必需的无机盐，如氯化钠、氯化钾、碳酸盐、磷酸盐，还有溶解氧，原始生命可以毫不费力地从中吸取它所需要的元素。

(节选自《普通话水平测试实施纲要》中朗读作品 13 号)

(3) 认真研读下面的文章，在正确理解文章内容的基础上，处理好停连，然后再朗读。

坚守你的高贵

游宇明

三百多年前，建筑设计师莱伊恩受命设计了英国温泽市政府大厅。他运用工程力学的知识，依据自己多年的实践，巧妙地设计了只用一根柱子支撑的大厅天花板。一年以后，市政府权威人士进行工程验收时，却说只用一根柱子支撑天花板太危险，要求莱伊恩再多加几根柱子。

莱伊恩自信只要一根坚固的柱子足以保证大厅安全，他的"固执"惹恼了市政官员，险些被送上法庭。他非常苦恼，坚持自己原先的主张吧，市政官员肯定会另找人修改设计；不坚持吧，又有悖自己为人的准则。矛盾了很长一段时间，莱伊恩终于想出了一条妙计，他在大厅里增加了四根柱子，不过这些柱子并未与天花板接触，只不过是装装样子。

三百多年过去了，这个秘密始终没有被人发现。直到前两年，市政府准备修缮大厅的天花板，才发现莱伊恩当年的"弄虚作假"。消息传出后，世界各国的建筑专家和游客云集，当地政府对此也不加掩饰，在新世纪到来之际，特意将大厅作为一个旅游景点对外开放，旨在引导人们崇尚和相信科学。

　　作为一名建筑师，莱伊恩并不是最出色的。但作为一个人，他无疑非常伟大，这种伟大表现在他始终恪守着自己的原则，给高贵的心灵一个美丽的住所：哪怕是遭遇到最大的阻力，也要想办法抵达胜利。

(选自《普通话水平测试实施纲要》中朗读作品 19 号)

第五节　普通话朗读发声技巧

　　在日常生活中，人们仅仅依靠声带讲话的情形实际上是不存在的。声带发出的声音既小又不优美，只有在气息的推动下，经过各共鸣腔体扩大音量、美化音色之后才传出体外。因此，发声技巧训练，必须按用气发声、共鸣控制和吐字归音三个步骤进行。

一、用气发声训练

（一）呼吸是发声的动力

　　"气乃音之本"，"气动则声发"，呼吸是发声的动力。口语表达中的亮度、力度、清晰度以及音色的甜润、优美、持久等主要取决于气息的控制和呼吸方式。掌握科学的呼吸方法，是发声训练的根本。

（二）日常一般呼吸方式

　　(1) 胸式呼吸：又称浅呼吸。其表现是抬肩，颈静脉突起，吸进的气拥塞于上胸部，实际吸气量比可能吸气量少得多。又因为难以控制，势必束紧喉头以控制气息外流，因而造成声音挤压、粗糙，有杂音，并损坏声带。

　　(2) 腹式呼吸：又称单纯横膈式呼吸。其表现是腹部外突，胸廓没有明显的活动，主要靠腹肌的收缩或放松，使腹部一起一伏地进行活动，吸进的气少且弱，不能控制，声音无力，不能持久。

　　(3) 胸腹联合呼吸：又称深呼吸。是胸腹两种呼吸方式的结合。由于胸腹联合呼吸，全面扩大了胸腔的容积，所以吸气量大，且具有一定的厚度，容易产生坚实的音色。这种呼吸方式，吸进快，推出也快，胸部和腹部大起大落，不能满足语言工作者的需要。

（三）有控制的胸腹联合呼吸方式

　　这是一种用胸腔、横膈膜和腹部肌肉共同控制气息的呼吸方法。它的主要优点如下：

　　① 全面地调动了呼吸器官的能动作用，胸、腹、膈肌互相配合，协同完成控制气息的任务。

② 降膈与扩胸并举，气息容量大。
③ 控制气息的能力强。稳劲，有节制，操控灵活，变化自如。
④ 有明显的呼吸支点，使音域扩大，声区统一。

有控制的胸腹联合呼吸法的要领如下。

(1) 吸气。小腹收，横膈降，两肋开。腹部肌肉向"丹田"(脐下三指，下腹部中心)位置收缩，形成下部的支持力量。吸气时，肺叶扩张，推动横膈膜(胸腔与腹腔分界的一层薄膜，肺的底部正好落在膈膜上)下降使胸腔底部向下伸展。吸气时，肺叶扩张，把两肋撑开，使胸腔全面扩大，特别是胸的下部明显扩大。

吸气最后一刻的感觉：一是，躯体发"胖"，感觉像皮球一样。吸气后，胸、腹、腰部都鼓鼓胀胀的，这一截好像"胖"起来了。二是，大腹部略向前突。横膈膜下降，压迫内脏，由于杠杆作用，使大腹部略微向前鼓起。三是，人体重心下降。坐着，会感到臀部对凳子面的压力增大了；站着，会感到重心脚对地面的压力增大了。

吸气时应注意的问题如下。

① 气吸在胸腔下部(肺底)，不可过浅，也不可过深。
② 吸气要柔和、平稳，使整个胸部自然扩张，不可用强制的力量。呼吸器官各部分不能有僵硬逼紧的感觉。
③ 用口鼻一道吸气，要尽量做到吸气无声。
④ 吸气量要适度。吸得过满，会引起发音器官紧张，失去弹性。吸入气息的多少，应根据语句的长短、力度的大小、声音的高低和情感表达的要求来决定。一般情况下，吸六七分满就可以了。

(2) 呼气。呼气时必须是两个力起作用。一种是向上向外的呼气的力量，这是发声的动力，称之为"推动力"。只有这种推动力，气一下子就会泄掉，不能满足发声的需要。必须找到另外一种力与推动力相互作用来控制气息，这个力称为"保持力"。这是一种人为的、向下向后的力量，是一种慢慢往下放、徐徐向下渗的运动感觉。在发声过程中，推动力是动力，保持力是阻力，两种力量在发声中相对抗，在运动中求平衡，两种力量较量的结果就是发声中科学的气息运动。朗读中气息运动的诀窍和精髓，就是寻求稳固、强化这种双向运动中的对抗感觉。这种对抗的感觉就是"气柱"的感觉，"像皮球一样"的感觉。这种气息运动状态下产生的声音，能给人以饱满、深厚、洪亮而又富于弹性和变化自如的立体感觉。

【技能训练】

1. 用气发声训练之一——吸气训练

1) 训练目标

学习深吸气的方法，做到气沉丹田，蓄气量大。

2) 训练要领

(1) 扩展两肋：双肩放松，双臂可以自由活动，从容地扩展两肋，增大胸腔的前后左右径，使气容量增大。

(2) 吸气要领：要有吸向肺底的感觉，此时横膈下降，胸腔容量增大，气息量增多。加强膈肌锻炼是吸气训练的关键。

(3) 小腹内收：吸气的同时，腹部肌肉应向小腹的中心位置收缩。气息集中于丹田，就是用小腹的收缩感，达到气息控制的目的。

(4) 心理状态。要精神良好，保持一种积极的心理状态"兴奋从容两肋力，不觉吸气气自来"。

(5) 身体状态。有坐势和站势两种。坐势，要坐在椅面前部。为避免躯干弯曲、力量松懈，不要"坐满臀"；站势，站成"丁字步"，双脚一虚一实一支点。

3) 训练方法

(1) 站立式：全身放松，做深呼吸。"一、二"吸气，"三、四"呼气，"五、六"吸气，"七、八"呼气。如此循环往复，体会两肋扩展，横膈下降及小腹内收的感觉。

(2) 坐式：坐在椅子前端，上身略向前倾，小腹稍作内收，吸入气息，体会两肋展开的过程。

(3) 闻花香：在意念上，面前放置一盆香花，深吸一口气，将气吸到肺底，要吸得深入、自然、柔和。

(4) 抬重物：在意念上准备抬起一件重物，先要深吸一口气，然后憋足一股劲。这时，腹部所产生的感觉同有控制的胸腹联合呼吸的吸气最后一刻的感觉相似。

(5) 半打哈欠：不张大嘴地打哈欠。进气最后一刻的感觉同有控制的胸腹联合呼吸的吸气最后一刻的感觉相似。

2．用气发音训练之二——呼气训练

1) 训练目标

学会有控制地均匀平稳地呼气。

2) 训练要领

(1) 呼气要平稳：呼气时要将体内的气流拉住，均匀平稳地呼出，并能根据感情的变化，自如地变换呼气状态。

(2) 呼气要有控制：呼气时，呼气肌肉群体工作的同时，吸气肌肉群体应持续不断地进行工作，利用腹肌向丹田收缩的力量控制住气流，这样呼气才能持久。

(3) 呼气要有变化：随着表达内容的不同和感情变化的差异，调节呼气的强弱、快慢。

3) 训练方法

(1) 模拟训练

模拟生活中的叹息——"唉"，吆喝牲口的声音——"吁"，大笑声——"哈哈哈"或模拟吹掉桌上的尘土，或者吹响空瓶。

注意喉部要放松，让气息缓慢而均匀地流出，尽量拉长呼气时间，达到 30 秒左右后放松。

(2) 喊人训练

以发音响亮的音节组成人名，比如"黄刚"、"王强"等。由近渐远或由远到近地喊。声音要洪亮，远近适宜。做这一练习时，尽量将每个音节的韵腹拉开拉长，这样可以使情、气、声较为自然地结合起来。

3．用气发声之三——呼吸综合训练

1) 训练目标

学会将吸气和呼气紧密地结合起来使用，掌握控制呼吸的能力。

2) 训练要领

综合运用两肋开、横膈降、小腹自然内收等呼吸要领。

3) 训练方法

(1) 吹蜡烛：模拟吹灭生日蜡烛，深吸一口气后均匀缓慢地吹，尽可能时间长一点，达到25～30秒为合格。

(2) 咬住牙，深吸一口气后，从牙缝中发出"咝……"声，力求平稳均匀持久。

(3) 数数：从一数到十，往复循环，一口气能数多少遍就数多少遍，要数得清晰响亮。

(4) 绕口令。开始做练习的时候，中间可以适当换气，练到气息有了控制能力时，逐渐减少换气次数，最后要争取一口气说完。

出东门，过大桥，大桥底下一树枣儿，拿着杆子去打枣，青的多，红的少。一个枣儿，两个枣儿，三个枣儿，四个枣儿，五个枣儿，六个枣儿，七个枣儿，八个枣儿，九个枣儿，十个枣儿……这是一个绕口令，一口气说完才算好。

4) 训练检测

用力吸进一口气，反复读一段绕口令，用计时器测出一口气能读几句，比较训练前后的不同。

二、共鸣控制训练

气息是发声的动力，也是共鸣的基础。声带本身发出的声音是很微弱的，必须借助于共鸣器官，才能扩大音量，美化音色。

(一) 共鸣器官的作用

(1) 喉腔。它是人体的第一个共鸣腔。它的形状变化对于声音质量有较大影响。

(2) 咽腔。它的容积较大，对于扩大音量和美化音色起着重要作用。

(3) 口腔。它灵活多变，是人体最主要的共鸣腔体。

(4) 鼻腔。它的共鸣作用是由于腔内空气振动和骨骼的传导产生的，它对于高音的共鸣作用很大。

(5) 胸腔。随着声音的高低变化，胸部会感到有一个较为集中的响点，这一胸腔响点沿着胸骨的上下移动便产生了胸腔的振动。由这种振动造成的共鸣，可以使音量扩大，声音浑厚有力。

以上各共鸣体协调地工作，就能使发出的声音明亮、坚实、丰满、浑厚。

(二) 三腔共鸣的方式

在朗读中，人们主要运用的是以口腔为主，中、低、高三腔共鸣的方式，也就是"以口腔为主，三腔共鸣"的方式。中音共鸣就是口腔共鸣，它是指硬、软腭以下，胸腔以上各共鸣腔体。低音共鸣主要指胸腔共鸣。高音共鸣主要是鼻腔共鸣，它是指硬、软腭以上共鸣腔体。

【技能训练】

1. 共鸣控制训练之一——口腔共鸣训练

1) 训练目标

掌握打开口腔要领，发出坚实、丰满的声音。

2) 训练要领

适当地打开后槽牙(不是张大嘴)，使声波通畅地到达口腔。

3) 训练方法

(1) 发单韵母 a、i、u、e、o 把声音从喉咙中"吊"出来，使其能"站得住"，读时要体会上下贯通的感觉。

(2) 适当地打开后槽牙，上下牙呈"C"形，发复韵母ai、ei，发音时体会声束沿上腭中线前行、挂于前腭的感觉。

(3) 模拟练习。学发汽笛长鸣声或鞭炮声，体会声束冲击硬腭前部的感觉。

(4) 读下列开口元音的音节

ba　　da　　ga　　pa　　ta　　ka
peng　pa　　pi　　pu　　pai

(5) 读下列词组

澎湃　冰雹　拍照　平静　抨击　批评　哗啦啦　噼啪啪　咣啷啷
扑嗵嗵　胡噜噜　快乐　宣纸　挫折　菊花　捐助　吹捧　乌鸦

(6) 绕口令练习

山上五株树，架上五壶醋，林中五只鹿，柜中五条裤，伐了山上树，取下架上醋，捉住林中鹿，拿出柜中裤。

2. 共鸣控制训练之二——胸腔共鸣训练

1) 训练目标

学会放松胸部的呼吸发声方法，使声音浑厚、结实、有力。

2) 训练要领

颈部和脊背要自然伸直，胸部要自然放松，吸气不要过满，否则不利于胸腔调节。

3) 训练方法

(1) 加强胸腔共鸣训练。以自己感觉最舒适的音高和降低声音之后的音高，交替发出"a、i、u、e、o 和a̠、i̠、u̠、e̠、o̠"(加点的表示低音)，体会声音在胸腔直上、直下、滑动的过程。

(2) 加强胸腔响点训练。人们在发出某一声音时，会感到胸部有一个较为集中的"响点"，随着声音的高低变化，响点沿着前胸中线上下滑动。可夸张读一些句子，如"伟大的祖国，伟大的人民"。

(3) 读下列词组、句子

百炼成钢　翻江倒海　追悔莫及　海枯石烂

小柳树，满地栽，金花谢，银花开。

3. 共鸣控制训练之三——鼻腔共鸣训练

1) 训练目标

发鼻音音素或非鼻音音素时，要掌握软腭下降或上升的运动方式，以获得高亢、明亮的共鸣效果。

2) 训练要领

发鼻音音素时，软腭下降，阻塞口腔通道，声音全部由鼻腔通过；发鼻韵尾时，软腭先上挺后下降，声音分别从口腔和鼻腔通过。

3) 训练方法

(1) 发口音 ba、pa、da、ta，再发鼻音 ma、mi、mu、an、en，会感到鼻子的振动明显不同。

(2) 读下列词组、句子

妈妈　　光芒　　中央　　接纳　　头脑

蓝蓝的天上白云飘，白云下面马儿跑，挥动鞭儿响四方，百鸟齐飞翔。

4. 共鸣控制训练之四——综合训练

1) 训练目标

灵活运用三腔共鸣，学会进行控制调节，使声音富于变化。

2) 训练要领

打开口腔，放松胸部，鼻腔通畅。

3) 训练方法

(1) 读成语"阳——光——明——媚"、"乘——风——破——浪"。

(2) 大声呼唤。以 50～80 米远的一个目标为假设呼唤对象，大声告诉对方一件事或一句话，蓄气要有力，声音要洪亮。

三、吐字归音训练

吐字归音是我国传统的说唱艺术理论中在咬字方法上运用的一个术语。它是历代戏剧家在实践中总结出来的吐字发声的经验。它将一个音节的发音过程分为出字—立字—归音三个阶段。

出字是指声母和韵头(介音)的发音过程；立字是指韵腹(主要元音)的发音过程；归音是指音节发音的收尾(韵尾)过程。具体如下。

(1) 出字——要求声母的发音部位准确、弹发有力。

(2) 立字——要求韵腹拉开立起，做到"开口音稍闭，闭口音稍开"。

(3) 归音——要求干净利落，不可拖泥带水。尤其是 i、u、n、ng 等做韵尾时，要注意口型的变化。例如：发 tān(滩)这个音节时，要先找准 t 的发音部位，即咬住字头；而后在一股较强气流的作用下，冲破阻碍，清晰、响亮地吐字腹a；紧接着舌尖要轻轻回抵上牙床，(即 n 的发音部位)收住字尾，亦即传统所说的归音(或叫归韵)。

基本要领是：出字要准确有力，又叼住弹出之感；立字要拉开立起，明亮充实，圆润饱满；归音趋向要鲜明、迅速"到家"，干净利索。

汉字的音节结构分为声、韵、调几个部分。声，又叫字头；韵，分为韵头、韵尾、韵腹三个部分；调，字神，体现在韵腹上。汉字的发音应该遵循汉字的音节结构特点。吐字归音就是要求一个音节的发音过程有头有尾，构成一个"枣核形"：声母、韵头为一端，韵尾为一端，韵腹为核心。字的中间发音动程大，时间长；字的两头发音动程小，关合所占时间也短；字头和字尾要严格控制口形。当然，对"枣核形"不可做绝对化的理解。不过，无论如何，吐字时，不仅要有头有尾，不含混，而且又要连接得好，浑然一体，不能有分解、断接的痕迹。

要达到枣核形是让自己的普通话更纯正的关键，但是，不可能也不要片面强调字字如核，这样必然会违背语言交流的本质。

一个汉字的音程很短，大多在三分之一秒就会结束。要在短短的时间内兼顾声韵调和吐字归音，必须从日常训练开始严格要求。

【技能训练】

1. 吐字训练

咬字头时应准确、干脆、有力，吐字腹时应清晰、饱满、响亮。要避免出现字音含混模糊或吃字现象。

1) 喷崩法

喷崩就是在咬字时吸足气流，双唇紧闭，然后爆破除阻将字音吐送出来，发双唇音。请用此法读下列诗歌：

八百标兵奔北坡，

炮兵并排北边跑；

炮兵怕把标兵碰，

标兵怕碰炮兵炮。

2) 弹舌法

弹舌就是利用舌头的弹力，将字音有力且富有弹性地弹吐出来。请用此法读下列诗歌：

调到大岛打大盗，

大盗太习投短刀；

推打叮当短刀掉，

踏盗得刀盗打倒。

3) 开喉法

开喉法是在吐字时，尽量使口腔后部打开，蓄足气流，吐送有力。请用此法读下列诗歌：

哥挎瓜筐过宽沟，

过沟瓜筐滚宽沟；

挎筐过沟瓜筐扣，

瓜滚筐空哥怪狗。

2. 归音训练

归音也叫归韵。归音到位是指发音时要收准韵尾,渐弱渐止,清晰圆满。

1) 展唇归音

凡ai、ei、uai、uei 韵母的字归音时,应微展嘴角,唇形扁平。请用此法读下列诗歌:

祖国是一座花园,
北方就是园中的腊梅;
小兴安岭是一朵花,
森林就是花中的蕊。
花香啊,
沁满咱心肺;
祖国情啊,
春风一般往这儿吹;
同志爱啊,
河流一般往这儿汇。
党是太阳,
咱是向日葵。

(郭小川《祝酒歌》)

2) 聚唇归音

凡ao、iao、ou、iou 韵母的字归音时,应聚唇。请用此法读下列诗歌:

军港的夜啊静悄悄,
海浪把战舰轻轻地摇,
年轻的水兵,头枕着波涛,
睡梦中露出甜美的微笑。

(歌曲《军港之夜》)

3) 抵舌归音

凡是收前鼻音"n"的音节,字尾收音时要做一个明显的抵舌动作。请用此法读下列诗歌:

我生在一个小山村,
那里有我的父老乡亲。
胡子里长满故事,
憨笑中埋着乡音,
一声声喊我乳名,
一声声喊我乳名。
多少亲昵,
多少疼爱,

多少开心!

啊,父老乡亲,

我勤劳善良的父老乡亲,

树高千尺也忘不了根。

(歌曲《父老乡亲》)

4) 穿鼻归音

凡是收后鼻音"ng"的音节,归音时,气息要灌满鼻腔。请用此法读下列诗歌:

一棵呀小白杨,

长在哨所旁,

根儿深,干儿壮,

守望着北疆。

微风吹,吹得绿叶沙沙响,

太阳照得树叶闪银光。

小白杨,小白杨,

它长我也长,

同我一起守边防。

(歌曲《小白杨》)

3. 吐字归音综合训练(绕口令)

吃葡萄

吃葡萄不吐葡萄皮儿,不吃葡萄倒吐葡萄皮儿。吃葡萄吐葡萄皮儿,不吃葡萄不吐葡萄皮儿。

天上看

天上看满天星,地下看一个坑,坑上看冻着冰,冰上看长着松,松上看落着鹰,山前看一老僧,僧前看一本经,屋里看点着灯,墙上看钉着钉,钉上看挂着弓,说刮风就刮风,刮散了满天星,刮平了地下坑,刮化了坑上冰,刮倒了冰上松,刮飞了松上鹰,刮走了一老僧,刮碎了一本经,刮灭了屋里灯,刮掉了墙上钉,刮翻了钉上弓,这就是:星散、坑平、冰化、松倒、鹰飞、僧走、经碎、灯灭、钉掉、弓翻的绕口令。

附录7　普通话测试用朗读作品60篇

作品1号《白杨礼赞》

　　那是力争上游的一种树，笔直的干，笔直的枝。它的干呢，通常是丈把高，像是加以人工似的，一丈以内，绝无旁枝；它所有的丫枝呢，一律向上，而且紧紧靠拢，也像是加以人工似的，成为一束，绝无横斜逸出；它的宽大的叶子也是片片向上，几乎没有斜生的，更不用说倒垂了；它的皮，光滑而有银色的晕圈，微微泛出淡青色。这是虽在北方的风雪的压迫下却保持着倔强挺立的一种树！哪怕只有碗来粗细罢，它却努力向上发展，高到丈许，两丈，参天耸立，不折不挠，对抗着西北风。

　　这就是白杨树，西北极普通的一种树，然而绝不是平凡的树！

　　它没有婆娑的姿态，没有屈曲盘旋的虬枝，也许你要说它不美丽，——如果美是专指"婆娑"或"横斜逸出"之类而言，那么，白杨树算不得树中的好女子；但是它却是伟岸，正直，朴质，严肃，也不缺乏温和，更不用提它的坚强不屈与挺拔，它是树中的伟丈夫！当你在积雪初融的高原上走过，看见平坦的大地上傲然挺立这么一株或一排白杨树，难道你就只觉得树只是树，难道你就不想到它的朴质，严肃，坚强不屈，至少也象征了北方的农民；难道你竟一点儿也不联想到，在敌后的广大//[①]土地上，到处有坚强不屈，就像这白杨树一样傲然挺立的守卫他们家乡的哨兵！难道你又不更远一点儿想到这样枝枝叶叶靠紧团结，力求上进的白杨树，宛然象征了今天在华北平原纵横决荡用血写出新中国历史的那种精神和意志。

（节选自茅盾《白杨礼赞》）

Zuòpǐn 1 Hào　《Báiyáng Lǐ Zàn》

　　Nà shì lìzhēng shàngyóu de yī zhǒng shù, bǐzhí de gàn, bǐ zhí de zhī. Tā de gàn ne, tōngcháng shì zhàng bǎ gāo, xiàngshì jiāyǐ réngōng shìde, yīzhàng yǐnèi, juéwú pángzhī; tā suǒyǒu de yāzhī ne, yīlǜ xiàngshàng, érqiě jǐnjǐn kàolǒng, yě xiàngshì jiāyǐ réngōng shìde, chéngwéi yī shù, juéwú héng xié yì chū; tā de kuāndà de yèzi yě shì piànpiàn xiàngshàng, jīhū méi·[②]yǒu xié shēng de, gèng bùyòng shuō dàochuí le; tā de pí, guānghuá ér yǒu yínsè de yùnquān, wēiwēi fàn chū dànqīngsè. Zhè shì suī zài běifāng de fēngxuě de yāpò xià què bǎochízhe juéjiàng tǐnglì de yī zhǒng shù! Nǎpà zhǐyǒu wǎn lái cūxì ba, tā què nǔlì xiàngshàng fāzhǎn, gāo dào zhàng xǔ, liǎng zhàng, cāntiān sǒnglì, bùzhé-bùnáo, duì kàngzhe xīběifēng.

　　Zhè jiùshì báiyángshù, xīběi jí pǔtōng de yī zhǒng shù, rán'ér jué bù shì píngfán de shù!

　　Tā méi·yǒu pósuō de zītài, méi·yǒu qūqū pánxuán de qiúzhī, yěxǔ nǐyào shuō tā bù

---

① 在进行作品朗读测试时，要注意语速，读文章要在规定的时间内读到双斜线的位置，双斜线之后的内容一般不作要求。每篇朗读材料的正文中400字之后就会标注这样的符号。

② 此处的中圆点表示其后的拼音标注的字一般读轻声，有时也可以重读。朗读作品的拼音中的中圆点均为此含义，不再一一标注。

měilì, ——rúguǒ měi shì zhuān zhǐ "pósuō" huò "héng xié yì chū" zhīlèi ér yán, nàme, báiyángshù suàn·bù·dé shù zhōng de hǎo nǚzǐ; dànshì tā què shì wěi'àn, zhèngzhí, pǔzhì, yánsù, yě bù quēfá wēnhé, gèng bùyòng tí tā de jiān qiáng bùqū yǔ tǐngbá, tā shì shù zhōng de wěizhàngfū! Dāng nǐ zài jīxuěchū róng de gāoyuán·shàng zǒuguò, kàn·jiàn píngtǎn de dàdì·shàng àorán tǐnglì zhème yī zhū huò yī pái báiyángshù, nándào nǐ jiù zhǐ jué·dé shù zhǐ shì shù, nán dào nǐ jiù bù xiǎngdào tā de pǔzhì, yánsù, jiānqiáng bùqū, zhì shǎo yě xiàngzhēngle běifāng de nóngmín; nándào nǐ jìng yīdiǎnr yě bù liánxiǎng dào, zài díhòu de guǎngdà//tǔdì·shàng, dàochùyǒu jiānqiáng bùqū, jiù xiàng zhè báiyángshù yīyàng àorán tǐnglì de shǒuwèi tāmen jiāxiāng de shàobīng! Nándào nǐ yòu bù gèng yuǎn yīdiǎnr xiǎng dào zhèyàng zhīzhī-yèyè kàojǐn tuánjié, lìqiú shàngjìn de báiyángshù, wǎnrán xiàngzhēngle jīntiān zài Huáběi Píngyuán zòng héng juédàng yòng xuè xiěchū xīn Zhōngguó lìshǐ de nà zhǒng jīngshén hé yìzhì.

Jiéxuǎn zì Máo Dùn 《Báiyáng Lǐ Zàn》

作品 2 号《差别》

两个同龄的年轻人同时受雇于一家店铺，并且拿同样的薪水。

可是一段时间后，叫阿诺德的那个小伙子青云直上，而那个叫布鲁诺的小伙子却仍在原地踏步。布鲁诺很不满意老板的不公正待遇。终于有一天他到老板那儿发牢骚了。老板一边耐心地听着他的抱怨，一边在心里盘算着怎样向他解释清楚他和阿诺德之间的差别。

"布鲁诺先生，"老板开口说话了，"您现在到集市上去一下，看看今天早上有什么卖的。"

布鲁诺从集市上回来向老板汇报说，今早集市上只有一个农民拉了一车土豆在卖。

"有多少？"老板问。

布鲁诺赶快戴上帽子又跑到集上，然后回来告诉老板一共四十袋土豆。

"价格是多少？"

布鲁诺又第三次跑到集上问来了价格。

"好吧，"老板对他说，"现在请您坐到这把椅子上一句话也不要说，看看阿诺德怎么说。"

阿诺德很快就从集市上回来了。向老板汇报说到现在为止只有一个农民在卖土豆，一共四十袋，价格是多少多少；土豆质量很不错，他带回来一个让老板看看。这个农民一个钟头以后还会弄来几箱西红柿，据他看价格非常公道。昨天他们铺子的西红柿卖得很快，库存已经不//多了。他想这么便宜的西红柿，老板肯定会要进一些的，所以他不仅带回了一个西红柿做样品，而且把那个农民也带来了，他现在正在外面等回话呢。

此时老板转向了布鲁诺，说："现在您肯定知道为什么阿诺德的薪水比您高了吧！"

(节选自张健鹏，胡足青主编《故事时代》中《差别》)

Zuòpǐn 2 Hào 《Chā bié》

Liǎng gè tónglíng de niánqīngrén tóngshí shòugù yú yī jiā diànpù, bìngqiě ná tóngyàng de xīn·shuǐ.

　　Kěshì yī duàn shíjiān hòu, jiào Anuòdé de nàge xiǎohuǒzi qīngyún zhíshàng, ér nàgè jiào Bùlǔnuò de xiǎohuǒzi què réng zài yuándì tàbù. Bùlǔnuò hěn bùmǎn yì lǎobǎn de bù gōngzhèng dàiyù. Zhōng yú yǒu yī tiān tā dào lǎobǎn nàr fā láo·sāo le. Lǎobǎn yībiān nàixīn de tīngzhe tā de bào·yuàn, yībiān zài xīn·lǐ pánsuanzhe zěnyàng xiàng tā jiěshì qīngchu tā hé Anuòdé zhījiān de chābié.

　　"Bùlǔnuò xiānsheng, " Lǎobǎn kāikǒu shuōhuà le, "Nín xiànzài dào jíshì·shàng qù yīxià, kànkan jīntiān zǎoshang yǒu shénme mài de."

　　Bùlǔnuò cóng jíshì·shàng huí·lái xiàng lǎobǎn huìbào shuō, jīnzǎo jíshì·shàng zhǐyǒu yī gè nóngmín lāle yī chē tǔdòu zài mài.

　　"Yǒu duō·shǎo?"Lǎobǎn wèn.

　　Bùlǔnuò gǎnkuài dài·shàng màozi yòu pǎodào jí·shàng, rán hòu huí·lái gàosu lǎobǎn yīgòng sìshí dài tǔdòu.

　　"Jiàgé shì duō·shǎo?"

　　Bùlǔnuò yòu dì-sān cì pǎodào jí·shàng wènláile jiàgé.

　　"Hǎo ba, " Lǎo bǎn duì tā shuō, "Xiànzài qǐng nín zuòdào zhè bǎ yǐzi·shàng yī jù huà yě bùyào shuō, kànkan Anuòdé zěnme shuō. "

　　Anuòdé hěn kuài jiù cóng jíshì·shàng huí·lái le. Xiàng lǎobǎn huìbào shuō dào xiànzài wéizhǐ zhǐyǒu yī gè nóngmín zài mài tǔdòu, yīgòng sìshí dài, jiàgé shì duō·shǎo duō·shǎo; tǔdòu zhìliàng hěn bùcuò, tā dài huí·lái yī gè ràng lǎobǎn kànkan. Zhège nóng-mín yī gè zhōngtóu yǐhòu hái huì nòng lái jǐ xiāng xīhóngshì, jù tā kàn jiàgé fēi cháng gōng·dào. Zuótiān tāmen pùzi de xīhóngshì mài de hěn kuài, kùcún yǐ·jīng bù//duō le. Tā xiǎng zhème piányi de xīhóngshì, lǎobǎn kěndìng huì yào jìn yīxiē de, suǒyǐ tā bùjǐndàihuíle yī gè xīhóngshì zuò yàngpǐn, érqiě bǎ nàge nóng mín yě dài·lái le, tā xiàn zàizhèngzài wài·miàn děng huíhuà ne.

　　Cǐshí lǎobǎn zhuǎnxiàngle Bùlǔnuò, shuō: "Xiànzài nín kěndìng zhī·dào wèishén- me Anuòdé de xīn·shuǐ bǐ nín gāo le ba! "

　　Jié xuǎn zì Zhāng Jiànpéng, Hú Zúqīng zhǔbiān 《Gùshì Shídài》 zhōng 《Chā bié》

作品3号《丑石》

　　我常常遗憾我家门前那块丑石：它黑黝黝地卧在那里，牛似的模样；谁也不知道是什么时候留在这里的，谁也不去理会它。只是麦收时节，门前摊了麦子，奶奶总是说：这块丑石，多占地面呀，抽空把它搬走吧。

　　它不像汉白玉那样的细腻，可以刻字雕花，也不像大青石那样的光滑，可以供来浣纱捶布。它静静地卧在那里，院边的槐荫没有庇覆它，花儿也不再在它身边生长。荒草便繁衍出来，枝蔓上下，慢慢地，它竟锈上了绿苔、黑斑。我们这些做孩子的，也讨厌起它来，曾合伙要搬走它，但力气又不足；虽时时咒骂它，嫌弃它，也无可奈何，只好任它留在那里了。

　　终有一日，村子里来了一个天文学家。他在我家门前路过，突然发现了这块石头，眼光立即就拉直了。他再没有离开，就住了下来；以后又来了好些人，都说这是一块陨石，从天上落下来已经有二三百年了，是一件了不起的东西。不久便来了车，小心翼翼地将它运走了。

　　这使我们都很惊奇，这又怪又丑的石头，原来是天上的啊！它补过天，在天上发过热、闪过光，我们的先祖或许仰望过它，它给了他们光明、向往、憧憬；而它落下来了，在污土里，荒草里，一躺就//是几百年了！

　　我感到自己的无知，也感到了丑石的伟大，我甚至怨恨它这么多年竟会默默地忍受着这一切！而我又立即深深地感到它那种不屈于误解、寂寞的生存的伟大。

（节选自贾平凹《丑石》）

Zuòpǐn 3 Hào 《Chǒu Shí》

　　Wǒ chángcháng yíhàn wǒ jiā mén qián nà kuài chǒu shí：Tā hēiyǒuyǒu de wò zài nà·lǐ, niúshìde múyàng; shéi yě bù zhī·dào shì shénme shíhou liú zài zhè·lǐ de, shéi yě bù qù lǐhuì tā. Zhǐ shì màishōu shíjié，mén qián tānle màizi, nǎinai zǒngshì shuō：Zhè kuài chǒu shí, duō zhàn dìmiàn ya, chōukòng bǎtā bānzǒu ba.

　　Tā bù xiàng hànbáiyù nàyàng de xìnì, kěyǐ kèzì diāohuā, yě bù xiàng dà qīngshí nàyàng de guānghuá, kě yǐ gōng lái huànshā chuíbù. Tā jìngjìng de wò zài nà·lǐ, yuàn biān de huáiyīn méi·yǒu bìfù tā, huā'ér yě bùzài zài tā shēnbiān shēngzhǎng. Huāngcǎo biàn fányǎn chū·lái, zhīmàn shàngxià, mànmàn de, tājìng xiùshàngle lǜtái、hēibān. Wǒmen zhèxiē zuò háizǐ de, yě tǎoyàn·qǐ tā·lái, céng héhuǒ yào bānzǒu tā, dàn lìqi yòu bùzú; suī shíshí zhòumà tā, xián qì tā, yě wúkě·nài hé, zhǐhǎo rèn tā liú zài nà·lǐ le.

　　Zhōng yǒu yī rì, cūnzi·lǐ láile yī gè tiānwénxuéjiā. Tā zài wǒ jiā mén qián lùguò, tūrán fāxiànle zhè kuài shítou, yǎnguāng lìjí jiù lāzhí le. Tā zàiméi·yǒu líkāi, jiù zhùle xià·lái; yǐhòu yòu láile hǎoxiē rén, dōu shuō zhè shì yī kuài yǔnshí, cóng tiān·shàng luò xià·lái yǐ·jīng yǒu èr-sānbǎi nián le, shì yī jiàn liǎo·bùqǐ de dōngxi. Bùjiǔ biàn láile chē, xiǎoxīn-yìyì de jiāng tā yùnzǒu le.

　　Zhè shǐ wǒmen dōu hěn jīngqí, zhè yòu guài yòu chǒu de shítou, yuánlái shìtiān·shàng de a！Tā bǔguo tiān, zài tiān·shàng fāguo rè、shǎnguo guāng, wǒmen de xiānzǔ huòxǔ yǎngwàng guo tā, tā gěile tāmen guāngmíng、xiàng wǎng、chōngjǐng; ér tā luò xià·lái le, zài wū tǔ·lǐ, huāng cǎo·lǐ, yī tǎng jiù//shì jǐbǎi nián le！

　　Wǒ gǎndào zìjǐ de wúzhī, yě gǎndàole chǒu shí de wěidà, wǒ shènzhì yuànhèntā zhème duō nián jìng huì mòmò de rěnshòu zhe zhè yīqiè！Ér wǒ yòu lìjí shēn shēn de gǎndào tā nà zhǒng bùqū yú wùjiě、jìmò de shēngcún de wěidà.

Jiéxuǎn zì Jiǎ Píngwā 《Chǒu Shí》

作品4号《达瑞的故事》

　　在达瑞八岁的时候，有一天他想去看电影。因为没有钱，他想是向爸妈要钱，还是自己挣钱。最后他选择了后者。他自己调制了一种汽水儿，向过路的行人出售。可那时正是寒冷的冬天，没有人买，只有两个人例外——他的爸爸和妈妈。

　　他偶然有一个和非常成功的商人谈话的机会。当他对商人讲述了自己的"破产史"后，商人给了他两个重要的建议：一是尝试为别人解决一个难题；二是把精力集中在你知道的、你会的和你拥有的东西上。

这两个建议很关键。因为对于一个八岁的孩子而言，他不会做的事情很多。于是他穿过大街小巷，不停地思考：人们会有什么难题，他又如何利用这个机会？

一天，吃早饭时父亲让达瑞去取报纸。美国的送报员总是把报纸从花园篱笆的一个特制的管子里塞进来。假如你想穿着睡衣舒舒服服地吃早饭和看报纸，就必须离开温暖的房间，冒着寒风，到花园去取。虽然路短，但十分麻烦。

当达瑞为父亲取报纸的时候，一个主意诞生了。当天他就按响邻居的门铃，对他们说，每个月只需付给他一美元，他就每天早上把报纸塞到他们的房门底下。大多数人都同意了，很快他有//了七十多个顾客。一个月后，当他拿到自己赚的钱时，觉得自己简直是飞上了天。

很快他又有了新的机会，他让他的顾客每天把垃圾袋放在门前，然后由他早上运到垃圾桶里，每个月加一美元。之后他还想出了许多孩子赚钱的办法，并把它集结成书，书名为《儿童挣钱的二百五十个主意》。为此，达瑞十二岁时就成了畅销书作家，十五岁有了自己的谈话节目，十七岁就拥有了几百万美元。

(节选自[德]博多·舍费尔《达瑞的故事》刘志明译)

ZuòPǐn 4 Hào 《Dáruì de Gùshì》

Zài Dáruì bā suì de shíhou, yǒu yī tiān tā xiǎng qù kàn diànyǐng. Yīn·wéi méi·yǒu qián, tā xiǎng shì xiàng bà mā yào qián, háishì zìjǐ zhèngqián. Zuìhòu tā xuǎnzéle hòuzhě. Tā zìjǐ tiáozhìle yī zhǒng qìshuǐr, xiàng guòlù de xíngrén chūshòu. Kě nàshí zhèngshì hánlěng de dōngtiān, méi·yǒu rén mǎi, zhǐyǒu liǎng gè rén lìwài——tā de bàba hé māma.

Tā ǒurán yǒu yī gè hé fēicháng chénggōng de shāngrén tánhuà de jī·huì. Dāng tā duì shāngrén jiǎngshùle zìjǐ de "pòchǎnshǐ" hòu, shāngrén gěile tā liǎng gè zhòngyào de jiànyì: yī shì chángshì wéi bié·rén jiějué yī gè nántí; èr shì bǎ jīnglì jízhōng zài nǐ zhī·dào de, nǐ huì de hé nǐ yōngyǒu de dōngxi·shàng.

Zhè liǎng gè jiànyì hěn guānjiàn. Yīn·wèi duìyú yī gè bā suì de háizi ér yán, tā bù huì zuò de shìqíng hěn duō. Yúshì tā chuānguo dàjiē xiǎoxiàng, bùtíng de sīkǎo: rénmen huì yǒu shénme nántí, tā yòu rúhé lìyòng zhège jī·huì?

Yī tiān, chī zǎofàn shí fù·qīn ràng Dáruì qù qǔ bàozhǐ. Měiguó de sòng bàoyuán zǒngshì bǎ bàozhǐ cóng huāyuán líba de yī gè tèzhì de guǎnzi·lǐ sāi jìn·lái. Jiǎrú nǐ xiǎng chuānzhe shuìyī shūshū-fúfú de chī zǎofàn hé kàn bàozhǐ, jiù bìxū líkāi wēnnuǎn de fángjiān, màozhe hán fēng, dào huāyuán qù qǔ. Suīrán lù duǎn, dàn shífēn máfan.

Dāng Dáruì wèi fù·qīn qǔ bàozhǐ de shíhou, yī gè zhǔyì dànshēng le. Dàngtiān tā jiù ànxiǎng lín·jū de ménlíng, duì tāmen shuō, měi gè yuè zhǐ xū fùgěi tā yī měiyuán, tā jiù měitiān zǎoshang bǎ bàozhǐ sāidào tāmen de fángmén dǐ·xià. Dàduōshù rén dōu tóngyì le, hěn kuài tā yǒu//le qī shí duō gè gùkè. Yī gè yuè hòu, dāng tā nádào zìjǐ zhuàn de qián shí, jué·dé zìjǐ jiǎnzhí shì fēi·shàngle tiān.

Hěn kuài tā yòu yǒule xīn de jī·huì, tā ràng tā de gùkè měitiān bǎ lājīdài fàngzài mén qián, ránhòu yóu tā zǎoshang yùndào lājītǒng·lǐ, měi gè yuè jiā yī měiyuán. Zhīhòu tā hái xiǎngchūle xǔduō háizi zhuànqián de bànfǎ, bìng bǎ tā jíjié chéng shū, shūmíng wéi 《Ertóng Zhèngqián de

Erbǎi Wǔshí gè Zhǔyi》. Wèicǐ, Dáruì shí'èr suì shí jiù chéngle chàngxiāoshū zuòjiā, shíwǔ suì yǒule zìjǐ de tánhuà jiémù, shíqī suì jiù yōngyǒule jǐ bǎiwàn měiyuán.

Jiéxuǎn zì[Dé]Bóduō Shěfèi'ěr《Dáruì de Gùshì》, Liú Zhìmíng yì

作品 5 号《第一场雪》

　　这是入冬以来，胶东半岛上第一场雪。
　　雪纷纷扬扬，下得很大。开始还伴着一阵儿小雨，不久就只见大片大片的雪花，从彤云密布的天空中飘落下来。地面上一会儿就白了。冬天的山村，到了夜里就万籁俱寂，只听得雪花簌簌地不断往下落，树木的枯枝被雪压断了，偶尔咯吱一声响。
　　大雪整整下了一夜。今天早晨，天放晴了，太阳出来了。推开门一看，嗬！好大的雪啊！山川、河流、树木、房屋，全都罩上了一层厚厚的雪，万里江山，变成了粉妆玉砌的世界。落光了叶子的柳树上挂满了毛茸茸亮晶晶的银条儿；而那些冬夏常青的松树和柏树上，则挂满了蓬松松沉甸甸的雪球儿。一阵风吹来，树枝轻轻地摇晃，美丽的银条儿和雪球儿簌簌地落下来，玉屑似的雪末儿随风飘扬，映着清晨的阳光，显出一道道五光十色的彩虹。
　　大街上的积雪足有一尺多深，人踩上去，脚底下发出咯吱咯吱的响声。一群群孩子在雪地里堆雪人，掷雪球儿。那欢乐的叫喊声，把树枝上的雪都震落下来了。
　　俗话说，"瑞雪兆丰年"。这个话有充分的科学根据，并不是一句迷信的成语。寒冬大雪，可以冻死一部分越冬的害虫；融化了的水渗进土层深处，又能供应//庄稼生长的需要。我相信这一场十分及时的大雪，一定会促进明年春季作物，尤其是小麦的丰收。有经验的老农把雪比作是"麦子的棉被"。冬天"棉被"盖得越厚，明春麦子就长得越好，所以又有这样一句谚语："今冬麦盖三层被，来年枕着馒头睡。"
　　我想，这就是人们为什么把及时的大雪称为"瑞雪"的道理吧。

（节选自峻青《第一场雪》）

ZuòPǐn 5 Hào 《Dì-yī Cháng Xuě》

　　Zhè shì rùdōng yǐlái, Jiāodōng Bàndǎo·shàng dì-yī cháng xuě.
　　Xuě fēnfēn-yángyáng, xià de hěn dà. Kāishǐ hái bànzhe yīzhènr xiǎoyǔ, bù jiǔ jiù zhǐ jiàn dàpiàn dàpiàn de xuěhuā, cóng tóngyún-mìbù de tiānkōng zhōng piāoluò xià·lái. Dìmiàn·shàng yīhuìr jiù bái le. Dōngtiān de shāncūn, dàole yè·lǐ jiù wànlài-jùjì, zhǐ tīng de xuěhuā sùsù de bùduàn wǎngxià luò, shùmù de kūzhī bèi xuě yāduàn le, ǒu'ěr gēzhī yī shēng xiǎng.
　　Dàxuě zhěngzhěng xiàle yīyè. Jīntiān zǎo·chén, tiān fàngqíng le, tài·yáng chū·lái le. Tuīkāi mén yī kàn, hē! Hǎo dà de xuě a! Shānchuān、héliú、shùmù、fángwū, quán dōu zhào·shàngle yī céng hòuhòu de xuě, wànlǐ jiāngshān, biànchéngle fěnzhuāng-yùqì de shìjiè. Luòguāngle yèzi de liǔshù·shàng guàmǎn le máoróngróng liàngjīngjīng de yíntiáor; ér nàxiē dōng-xià chángqīng de sōngshù hé bǎishù·shàng, zé guàmǎnle péngsōngsōng chéndiàndiàn de xuěqiúr. Yīzhènfēng chuīlái, shùzhī qīngqīng de yáo·huàng, měilì de yíntiáor hé xuěqiúr sùsùde luò xià·lái, yùxiè shìde xuěmòr suí fēng piāoyáng, yìngzhe qīngchén de yáng guāng, xiǎnchū yī dàodào wǔguāng-shísè de cǎihóng.

Dàjiē·shàng de jīxuě zú yǒu yī chǐ duō shēn, rén cǎi shàng·qù, jiǎo dǐ·xià fāchū gēzhī gēzhī de xiǎngshēng. Yī qúnqún háizi zài xuědì·lǐ duī xuěrén, zhì xuěqiúr. Nà huānlè de jiàohǎnshēng, bǎ shùzhī·shàng de xuě dōu zhènluò xià·lái le.

Súhuà shuō, "Ruìxuě zhào fēngnián". Zhège huà yǒu chōngfèn de kēxué gēnjù, bìng bù shì yī jù míxìn de chéngyǔ. Hándōng dàxuě, kěyǐ dòngsǐ yī bùfen yuèdōng de hàichóng; rónghuà·le de shuǐ shènjìn tǔcéng shēnchù, yòu néng gōngyìng// zhuāngjia shēngzhǎng de xūyào. Wǒ xiāngxìn zhè yī cháng shífēn jíshí de dàxuě, yīdìng huì cùjìn míngnián chūnjì zuòwù, yóuqí shì xiǎomài de fēngshōu. Yǒu jīngyàn de lǎonóng bǎ xuě bǐzuò shì "màizǐ de miánbèi". Dōngtiān "miánbèi" gài de yuè hòu, míngchūn màizi jiù zhǎngde yuè hǎo, suǒyǐ yòu yǒu zhè yàng yī jù yànyǔ: "Jīndōng mài gài sān céng bèi, láinián zhěnzhe mántou shuì."

Wǒ xiǎng, zhè jiùshì rénmen wèishénme bǎ jíshí de dàxuě chēngwéi "ruìxuě" de dào·lǐ ba.

Jiéxuǎn zì JùnQīng 《Dì-yī Cháng Xuě》

作品 6 号《读书人是幸福人》

我常想读书人是世间幸福人，因为他除了拥有现实的世界之外，还拥有另一个更为浩瀚也更为丰富的世界。现实的世界是人人都有的，而后一个世界却为读书人所独有。由此我想，那些失去或不能阅读的人是多么的不幸，他们的丧失是不可补偿的。世间有诸多的不平等，财富的不平等，权力的不平等，而阅读能力的拥有或丧失却体现为精神的不平等。

一个人的一生，只能经历自己拥有的那一份欣悦，那一份苦难，也许再加上他亲自闻知的那一些关于自身以外的经历和经验。然而，人们通过阅读，却能进入不同时空的诸多他人的世界。这样，具有阅读能力的人，无形间获得了超越有限生命的无限可能性。阅读不仅使他多识了草木虫鱼之名，而且可以上溯远古下及未来，饱览存在的与非存在的奇风异俗。

更为重要的是，读书加惠于人们的不仅是知识的增广，而且还在于精神的感化与陶冶。人们从读书学做人，从那些往哲先贤以及当代才俊的著述中学得他们的人格。人们从《论语》中学得智慧的思考，从《史记》中学得严肃的历史精神，从《正气歌》中学得人格的刚烈，从马克思学得人世//的激情，从鲁迅学得批判精神，从托尔斯泰学得道德的执著。歌德的诗句刻写着睿智的人生，拜伦的诗句呼唤着奋斗的热情。一个读书人，一个有机会拥有超乎个人生命体验的幸运人。

(节选自谢冕《读书人是幸福人》)

Zuòpǐn 6 Hào 《Dúshūrén Shì Xìngfú Rén》

Wǒ cháng xiǎng dúshūrén shì shìjiān xìngfú rén, yīn·wèi tā chúle yōngyǒu xiànshí de shijiè zhīwài, hái yōngyǒu lìng yī gè gèng wéi hàohàn yě gèng wéi fēngfù de shìjiè. Xiànshí de shìjiè shì rénrén dōu yǒu de, ér hòu yī gè shìjièquè wéi dúshūrén suǒ dúyǒu. Yóu cǐ wǒ xiǎng, nàxiē shīqù huò bùnéng yuèdú de rén shì duōme de bùxìng, tāmen de sàngshī shì bùkě bǔcháng de. Shìjiān yǒu zhūduō de bù píngděng, cáifù de bù píngděng, quánlì de bù píngděng, ér yuèdú nénglì de yōngyǒu huò sàngshī què tǐxiàn wéi jīngshén de bù píngděng.

Yī gè rén de yīshēng, zhǐnéng jīnglì zìjǐ yōngyǒu de nà yī fèn xīnyuè, nà yī fèn kǔnàn, yěxǔ zài jiā·shàng tā qīnzì wén zhī de nà yīxiē guānyú zìshēn yǐwài de jīnglì hé jīngyàn. Rán'ér, rénmen tōngguò yuèdú, què néng jìnrù bùtóng shíkōng de zhūduō tārén de shìjiè. Zhèyàng, jùyǒu yuèdú nénglì de rén, wúxíng jiān huòdéle chāoyuè yǒuxiàn shēngmìng de wúxiàn kěnéngxìng. Yuèdú bù jǐn shǐ tā duō shíle cǎo-mù-chóng-yú zhī míng, érqiě kěyǐ shàngsù yuǎngǔ xià jí wèilái, bǎolǎn cúnzài de yǔ fēicúnzài de qīfēng-yìsú.

Gèng wéi zhòngyào de shì, dúshū jiāhuì yú rénmen de bùjǐn shì zhīshi de zēngguǎng, érqiě hái zàiyú jīngshén de gǎnhuà yǔ táoyě. Rénmen cóng dúshū xué zuò rén, cóng nàxiē wǎngzhé xiānxián yǐjí dāngdài cáijùn de zhùshù zhōng xuédé tāmen de réngé. Rénmen cóng 《Lúnyǔ》 zhōng xuédé zhìhuì de sīkǎo, cóng 《Shǐjì》 zhōng xuédé yánsù de lìshǐ jīngshén, cóng 《Zhèngqìgē》 zhōng xuédé réngé de gānglìe, cóng Mǎkèsī xuédé rénshì// de jīqíng, cóng Lǔ Xùn xuédé pīpàn jīngshén, cóng Tuō'ěrsītài xuédé dàodé de zhízhuó. Gēdé de shījù kèxiězhe ruìzhì de rénshēng, Bàilún de shījù hūhuànzhe fèndòu de rèqíng. Yī gè dúshūrén, yī gè yǒu jī·huì yōngyǒu chāohū gèrén shēngmìng tǐyàn de xìngyùn rén.

　　　　　　　　　　　　　　　　　Jiéxuǎn zì Xiè Miǎn　《Dúshūrén Shì Xìngfú Rén》

作品 7 号《二十美金的价值》

　　一天，爸爸下班回到家已经很晚了，他很累也有点儿烦，他发现五岁的儿子靠在门旁止等着他。

　　"爸，我可以问您一个问题吗？"

　　"什么问题？""爸，您一小时可以赚多少钱？""这与你无关，你为什么问这个问题？"父亲生气地说。

　　"我只是想知道，请告诉我，您一小时赚多少钱？"小孩儿哀求道。"假如你一定要知道的话，我一小时赚二十美金。"

　　"哦，"小孩儿低下了头，接着又说，"爸，可以借我十美金吗？"父亲发怒了："如果你只是要借钱去买毫无意义的玩具的话，给我回到你的房间睡觉去。好好想想为什么你会那么自私。我每天辛苦工作，没时间和你玩儿小孩子的游戏。"

　　小孩儿默默地回到自己的房间关上门。

　　父亲坐下来还在生气。后来，他平静下来了。心想他可能对孩子太凶了——或许孩子真的很想买什么东西，再说他平时很少要过钱。

　　父亲走进孩子的房间："你睡了吗？""爸，还没有，我还醒着。"孩子回答。"我刚才可能对你太凶了，"父亲说，"我不应该发那么大的火儿——这是你要的十美金。""爸，谢谢您。"孩子高兴地从枕头下拿出一些被弄皱的钞票，慢慢地数着。

　　"为什么你已经有钱了还要？"父亲不解地问。

　　"因为原来不够，但现在凑够了。"孩子回答："爸，我现在有//二十美金了，我可以向您买一个小时的时间吗？明天请早一点儿回家——我想和您一起吃晚餐。"

　　　　　　　　　　　　　　　　　　（节选自唐继柳编译《二十美金的价值》）

Zuòpǐn 7 Hào　《Èrshí Měijīn de Jiàzhí》

Yī tiān, bàba xiàbān huídào jiā yǐ·jīng hěn wǎn le, tā hěn lèi yě yǒu diǎnr fán, tā fāxiàn wǔ suì de érzi kào zài mén páng zhèng děngzhe tā.

"Bà, wǒ kěyǐ wèn nín yī gè wèntí ma？"

"Shénme wèntí？""Bà, nín yī xiǎoshí kěyǐ zhuàn duō·shǎo qián？""Zhè yǔ nǐ wúguān, nǐ wèishénme wèn zhège wèntí？"Fù·qīn shēngqì de shuō.

"Wǒ zhǐshì xiǎng zhī·dào, qǐng gàosù wǒ, nín yī xiǎoshí zhuàn duō·shǎo qián？" Xiǎoháir āiqiú dào."Jiǎrú nǐ yīdìng yào zhī·dào de huà, wǒ yī xiǎoshí zhuàn èrshí měijīn."

"ò," Xiǎoháir dīxiàle tóu, jiēzhe yòu shuō, "Bà, kěyǐ jiè wǒ shí měijīnma？" Fù·qīn fānù le: "Rúguǒ nǐ zhǐshì yào jiè qián qù mǎi háowú yìyì de wánjù de huà, gěi wǒ huídào nǐ de fángjiān shuìjiào·qù. Hǎohǎo xiǎngxiang wèishénme nǐ huì nàme zìsī. Wǒ měitiān xīnkǔ gōngzuò, méi shíjiān hé nǐ wánr xiǎoháizi de yóuxì."

Xiǎoháir mòmò de huídào zìjǐ de fángjiān guān·shàng mén.

Fù·qīn zuò xià·lái hái zài shēngqì. Hòulái, tā píngjìng xià·lái le. Xīnxiǎng tā kěnéng duì háizi tài xiōng le——huòxǔ háizi zhēnde hěn xiǎng mǎi shénme dōngxi, zài shuō tā píngshí hěn shǎo yàoguo qián.

Fù·qīn zǒujìn háizi de fángjiān: "Nǐ shuìle ma？""Bà, hái méi·yǒu, wǒhái xǐngzhe."Háizi huídá.

"Wǒ gāngcái kěnéng duì nǐ tài xiōng le," Fù·qīn shuō, "Wǒ bù yīnggāi fā nàme dà de huǒr——zhè shì nǐ yào de shí měijīn." "Bà, xièxie nín." Háizǐ gāo xìng de cóng zhěntou·xià náchū yīxiē bèi nòngzhòu de chāopiào, mànmàn de shǔzhe.

"Wèishénme nǐ yǐ·jīng yǒu qián le hái yào？" Fù·qīn bùjiě de wèn.

"Yīn·wèi yuánlái bùgòu, dàn xiànzài còugòu le." Háizi huí dá: "Bà, wǒ xiànzài yǒu// èrshí měijīn le, wǒ kěyǐ xiàng nín mǎi yī gè xiǎoshí de shíjiān ma？Míngtiān qǐng zǎo yīdiǎnr huíjiā——wǒ xiǎng hé nín yīqǐ chī wǎncān."

Jiéxuǎn zì Táng Jìliǔ biānyì 《Èrshí Měijīn de Jiàzhí》

作品8号《繁星》

我爱月夜，但我也爱星天。从前在家乡七八月的夜晚在庭院里纳凉的时候，我最爱看天上密密麻麻的繁星。望着星天，我就会忘记一切，仿佛回到了母亲的怀里似的。

三年前在南京我住的地方有一道后门，每晚我打开后门，便看见一个静寂的夜。下面是一片菜园，上面是星群密布的蓝天。星光在我们的肉眼里虽然微小，然而它使我们觉得光明无处不在。那时候我正在读一些天文学的书，也认得一些星星，好像它们就是我的朋友，它们常常在和我谈话一样。

如今在海上，每晚和繁星相对，我把它们认得很熟了。我躺在舱面上，仰望天空。深蓝色的天空里悬着无数半明半昧的星。船在动，星也在动，它们是这样低，真是摇摇欲坠呢！渐渐地我的眼睛模糊了，我好像看见无数萤火虫在我的周围飞舞。海上的夜是柔和的，是静寂的，是梦幻的。我望着许多认识的星，我仿佛看见它们在对我眨眼，我仿佛听见它们在小声说话。这时我忘记了一切。在星的怀抱中我微笑着，我沉睡着。我觉得自己是一个小孩子，现在睡在母亲的怀里了。

有一夜，那个在哥伦波上船的英国人指给我看天上的巨人。他用手指着：//那四颗明亮的星是头，下面的几颗是身子，这几颗是手，那几颗是腿和脚，还有三颗星算是腰带。经他这一番指点，我果然看清楚了那个天上的巨人。看，那个巨人还在跑呢！

(节选自巴金《繁星》)

Zuòpǐn 8 Hào 《Fánxīng》

Wǒ ài yuèyè, dàn wǒ yě ài xīngtiān. Cóngqián zài jiāxiāng qī-bāyuè de yèwǎn zài tíngyuàn·lǐ nàliáng de shíhou, wǒ zuì ài kàn tiān·shàng mìmì-mámá de fánxīng. Wàngzhe xīngtiān, wǒ jiù huì wàngjì yīqiè, fǎngfú huídàole mǔ·qīnde huái·lǐ shìde.

Sān nián qián zài Nánjīng wǒ zhù de dìfang yǒu yī dào hòumén, měi wǎn wǒ dǎkāi hòumén, biàn kàn·jiàn yī gè jìngjì de yè. Xià·miàn shì yī piàn càiyuán, shàng·miàn shì xīngqún mìbù de lántiān. Xīngguāng zài wǒmen de ròuyǎn·lǐ suīrán wēixiǎo, rán'ér tā shǐ wǒmen jué·dé guāngmíng wúchù·bù zài. Nà shíhou wǒ zhèngzài dú yīxiē tiānwénxué de shū, yě rènde yīxiē xīngxing, hǎoxiàng tāmen jiùshì wǒ de péngyou, tāmen chángcháng zài hé wǒ tánhuà yīyàng.

Rújīn zài hǎi·shàng, měi wǎn hé fánxīng xiāngduì, wǒ bǎ tāmen rèndé hěn shú le. Wǒ tǎng zài cāngmiàn·shàng, yǎngwàng tiānkōng. Shēnlánsè de tiānkōng·lǐ xuánzhe wúshù bànmíng-bànmèi de xīng. Chuán zài dòng, xīng yě zài dòng, tāmen shì zhèyàng dī, zhēn shì yáoyáo-yù zhuì ne! Jiànjiàn de wǒ de yǎnjīng móhule, wǒ hǎoxiàng kàn·jiàn wúshù yínghuǒchóng zài wǒ de zhōuwéi fēiwǔ. Hǎi·shàng de yè shì róuhé de, shì jìngjì de, shì mènghuàn de. Wǒ wàngzhe xǔduō rènshi de xīng, wǒ fǎngfú kàn·jiàn tāmen zài duì wǒ zháyǎn, wǒ fǎngfú tīng·jiàn tāmen zài xiǎoshēng shuōhuà. Zhèshí wǒ wàngjìle yīqiè. Zài xīng de huáibào zhōng wǒ wēixiàozhe, wǒ chénshuìzhe. Wǒ jué·dé zìjǐ shì yī gè xiǎoháizǐ, xiàn zài shuì zài mǔ·qīn de huái·lǐ le.

Yǒu yī yè, nàge zài Gēlúnbō shàng chuán de Yīngguórén zhǐ gěi wǒ kàn tiān·shàng de jùrén. Tā yòng shǒu zhǐzhe://Nà sì kē míngliàng de xīng shì tóu, xià·miàn de jǐ kē shì shēnzi, zhè jǐ kē shì shǒu, nà jǐ kē shì tuǐ hé jiǎo, háiyǒu sān kē xīng suàn shì yāodài. Jīng tā zhè yīfān zhǐdiǎn, wǒ guǒrán kàn qīngchule nàgè tiān·shàng de jùrén. Kàn, nàge jùrén hái zài pǎo ne!

Jiéxuǎn zì Bā Jīn《Fánxīng》

作品9号《风筝畅想曲》

假日到河滩上转转，看见许多孩子在放风筝。一根根长长的引线，一头儿系在天上，一头儿系在地上，孩子同风筝都在天与地之间悠荡，连心也被悠荡得恍恍惚惚了，好像又回到了童年。

儿时放的风筝，大多是自己的长辈或家人编扎的，几根削得很薄的篾，用细纱线扎成各种鸟兽的造型，糊上雪白的纸片，再用彩笔勾勒出面孔与翅膀的图案。通常扎得最多的是"老雕"、"美人儿"、"花蝴蝶"等。

我们家前院就有位叔叔，擅扎风筝，远近闻名。他扎的风筝不只体型好看，色彩艳丽，放飞得高远，还在风筝上绷一叶用蒲苇削成的膜片，经风一吹，发出"嗡嗡"的声响，仿佛是风筝的歌唱，在蓝天下播扬，给开阔的天地增添了无尽的韵味，给驰荡的童心带来几分疯狂。

我们那条胡同儿的左邻右舍的孩子们放的风筝几乎都是叔叔编扎的。他的风筝不卖钱，谁上门去要，就给谁，他乐意自己贴钱买材料。

　　后来，这位叔叔去了海外，放风筝也渐渐与孩子们远离了。不过年年叔叔给家乡写信，总不忘提起儿时的放风筝。香港回归之后，他在家信中说到，他这只被故乡放飞到海外的风筝，尽管飘荡游弋，经沐风雨，可那线头儿一直在故乡和//亲人手中牵着，如今飘得太累了，也该要回归到家乡和亲人身边来了。

　　是的。我想，不光是叔叔，我们每个人都是风筝，在妈妈手中牵着，从小放到大，再从家乡放到祖国最需要的地方去啊！

（节选自李恒瑞《风筝畅想曲》）

Zuòpǐn 9 Hào 《Fēngzheng Chàngxiǎngqǔ》

　　Jiàrì dào hétān·shàng zhuànzhuan, kàn·jiàn xǔduō háizi zài fàngfēngzheng. Yīgēngēn chángcháng de yǐnxiàn, yītóur jì zài tiān·shàng, yī tóur jì zài dì·shàng, háizi tóng fēngzheng dōu zài tiān yǔ dì zhījiān yōudàng, lián xīn yě bèi yōudàng de huǎnghuǎng-hūhū le, hǎoxiàng yòu huídàole tóngnián.

　　Érshí fàng de fēngzheng, dàduō shì zìjǐ de zhǎngbèi huò jiārén biānzā de, jǐ gēn xiāo de hěn báo de miè, yòng xì shāxiàn zāchéng gè zhǒng niǎo shòu de zàoxíng, hú·shàng xuěbái de zhǐpiàn, zài yòng cǎibǐ gōulè chū miànkǒng yǔ chìbǎng de tú'àn. Tōngcháng zā de zuì duō de shì "lǎodiāo"、"měirénr"、"huā húdié"děng.

　　Wǒmen jiā qiányuàn jiù yǒu wèi shūshu, shàn zā fēngzheng, yuǎn-jìn wénmíng. Tā zā de fēngzheng bùzhǐ tǐxíng hǎokàn, sècǎi yànlì, fàngfēi de gāo yuǎn, hái zài fēngzheng·shàng bēng yī yè yòng púwěi xiāochéng de mópiàn, jīngfēng yī chuī, fāchū "wēngwēng"de shēngxiǎng, fǎngfú shì fēngzheng de gē chàng, zài lántiān·xià bō yáng, gěi kāikuò de tiāndì zēngtiānle wújìn de yùn wèi, gěi chídàng de tóngxīn dàilái jǐ fēn fēngkuáng.

　　Wǒmen nà tiáo hútòngr de zuǒlín-yòushè de háizimen fàng de fēngzheng jīhūdōu shì shūshu biānzā de. Tā de fēngzheng bù mài qián, shéi shàngmén qù yào, jiù gěi shuí, tā lèyì zìjǐ tiē qián mǎi cáiliào.

　　Hòulái, zhèwèi shūshu qùle hǎiwài, fàng fēngzheng yě jiàn jiàn yǔ háizimen yuǎnlí le. Bùguò niánnián shūshu gěi jiāxiāng xiěxìn, zǒng bù wàng tíqǐ érshí de fàng fēngzheng. Xiānggǎng huíguī zhīhòu, tā zài jiāxìn zhōng shuōdào, tā zhè zhī bèi gùxiāng fàngfēi dào hǎiwài de fēngzheng, jǐnguǎn piāodàng yóuyì, jīng mù fēngyǔ, kě nà xiàntóur yīzhí zài gùxiāng hé// qīnrén shǒu zhōng qiān zhe, rújīn piāo de tài lèi le, yě gāi yào huíguī dào jiāxiāng hé qīnrén shēn biān lái le.

　　Shìde. Wǒ xiǎng, bùguāng shì shūshu, wǒmen měi gè rén dōu shì fēngzheng, zài māma shǒu zhōng qiānzhe, cóngxiǎo fàngdào dà, zài cóng jiāxiāng fàngdào zǔguó zuì xūyào de dìfang qùa!

Jiéxuǎn zì Lǐ Héngruì《Fēngzheng Chàngxiǎngqǔ》

作品 10 号《父亲的爱》

爸不懂得怎样表达爱，使我们一家人融洽相处的是我妈。他只是每天上班下班，而妈则把我们做过的错事开列清单，然后由他来责骂我们。

有一次我偷了一块糖果，他要我把它送回去，告诉卖糖的说是我偷来的，说我愿意替他拆箱卸货作为赔偿。但妈妈却明白我只是个孩子。

我在运动场打秋千跌断了腿，在前往医院途中一直抱着我的，是我妈。爸把汽车停在急诊室门口，他们叫他驶开，说那空位是留给紧急车辆停放的。爸听了便叫嚷道："你以为这是什么车？旅游车？"

在我生日会上，爸总是显得有些不大相称。他只是忙于吹气球，布置餐桌，做杂务。把插着蜡烛的蛋糕推过来让我吹的，是我妈。

我翻阅照相册时，人们总是问："你爸爸是什么样子的？"天晓得！他老是忙着替别人拍照。妈和我笑容可掬地一起拍的照片，多得不可胜数。

我记得妈有一次叫他教我骑自行车。我叫他别放手，但他却说是应该放手的时候了。我摔倒之后，妈跑过来扶我，爸却挥手要她走开。我当时生气极了，决心要给他点儿颜色看。于是我马上爬上自行车，而且自己骑给他看。他只是微笑。

我念大学时，所有的家信是妈写的。他//除了寄支票外，还寄过一封短柬给我，说因为我不在草坪上踢足球了，所以他的草坪长得很美。

每次我打电话回家，他似乎都想跟我说话，但结果总是说："我叫你妈来接。"

我结婚时，掉眼泪的是我妈。他只是大声擤了一下鼻子，便走出房间。

我从小到大都听他说："你到哪里去？什么时候回家？汽车有没有汽油？不，不准去。"爸完全不知道怎样表达爱。除非……

会不会是他已经表达了，而我却未能察觉？

（节选自[美]艾尔玛·邦贝克《父亲的爱》）

Zuòpǐn 10 Hào 《Fù·qīn de Ài》

Bà bù dǒng·dé zěnyàng biǎodá ài, shǐ wǒmen yī jiā rén róngqià xiāngchǔ de shì wǒ mā. Tā zhǐshì měi tiān shàngbān xiàbān, ér mā zé bǎ wǒmen zuòguo de cuòshì kāiliè qīngdān, ránhòu yóu tā lái zémà wǒmen.

Yǒu yī cì wǒ tōule yī kuài tángguǒ, tā yào wǒ bǎ tā sòng huí·qù, gàosu mài táng de shuō shì wǒ tōu·lái de, shuō wǒ yuàn·yì tì tā chāi xiāng xiè huò zuòwéi péi cháng. Dàn māma què míngbái wǒ zhǐshì gè háizi.

Wǒ zài yùndòngchǎng dǎ qiūqiān diēduànle tuǐ, zài qiánwǎng yīyuàn túzhōng yīzhí bàozhe wǒ de, shì wǒ mā. Bà bǎ qìchē tíng zài jízhěnshì ménkǒu, tāmen jiào tā shǐkāi, shuō nà kòngwèi shì liúgěi jǐnjí chēliàng tíngfàng de. Bà tīngle biàn jiàorǎng dào: "Nǐ yǐwéi zhè shì shénme chē? Lǚyóuchē?"

Zài wǒ shēngrì huì·shàng, bà zǒngshì xiǎn·dé yǒuxiē bùdà xiāngchèn. Tā zhǐshì máng yú chuī qìqiú, bùzhì cānzhuō, zuò záwù. Bǎ chāzhe làzhú de dàngāo tuī guò·lái ràng wǒ chuī de, shì wǒ mā.

Wǒ fānyuè zhàoxiàngcè shí, rénmen zǒngshì wèn: "Nǐ bàba shì shénme yàngzide?" Tiān xiǎo·dé! Tā lǎoshì mángzhe tì bié·rén pāizhào. Mā hé wǒ xiàoróng-kějū de yīqǐ pāi de zhàopiàn, duō de bùkě-shèngshǔ.

　　Wǒ jì·dé mā yǒu yī cì jiào tā jiāo wǒ qí zìxíngchē. Wǒ jiào tā bié fàngshǒu, dàn tā què shuō shì yīnggāi fàngshǒu de shíhou le. Wǒ shuāidǎo zhīhòu, mā pǎo guò·lái fú wǒ, bà què huīshǒu yào tā zǒukāi. Wǒ dāngshí shēngqì jí le, juéxīn yào gěi tā diǎnr yánsè kàn. Yúshì wǒ mǎshàng pá·shàng zìxíngchē, érqiě zìjǐ qí gěi tā kàn. Ta zhǐshì wēixiào.

　　Wǒ niàn dàxué shí, suǒyǒu de jiāxìn dōu shì mā xiě de. Tā// chúle jì zhīpiào wài, hái jìguo yī fēng duǎn jiǎn gěi wǒ, shuō yīn·wèi wǒ bú zài cǎopíng·shàng tī zúqiú le, suǒyǐ tā de cǎopíng zhǎng de hěnměi.

　　Měi cì wǒ dǎ diànhuà huíjiā, tā sìhū dōu xiǎng gēn wǒ shuōhuà, dàn jiéguǒ zǒngshì shuō: "Wǒ jiào nǐ mā lái jiē."

　　Wǒ jiéhūn shí, diào yǎnlèi de shì wǒ mā. Tā zhǐshì dàshēng xǐngle yīxià bízǐ, biàn zǒuchū fángjiān.

　　Wǒ cóng xiǎo dào dà dōu tīng tā shuō: "Nǐ dào nǎ·lǐ qù? Shénme shíhou huíjiā? Qìchē yǒu méi·yǒu qìyóu? Bù, bù zhǔn qù." Bà wánquán bù zhī·dào zěnyàng biǎodá ài. Chú fēi……Huì bù huì shì tā yǐ·jīng biǎodá le, ér wǒ què wèi néng chájué?

Jiéxuǎn zì〔Měi〕Ai'ěrmǎ Bāngbèikè《Fù·qīn de Ài》

作品 11 号《国家荣誉感》

　　一个大问题一直盘踞在我脑袋里:

　　世界杯怎么会有如此巨大的吸引力?除去足球本身的魅力之外,还有什么超乎其上而更伟大的东西?

　　近来观看世界杯,忽然从中得到了答案:是由于一种无上崇高的精神情感——国家荣誉感!

　　地球上的人都会有国家的概念,但未必时时都有国家的感情。往往人到异国,思念家乡,心怀故国,这国家概念就变得有血有肉,爱国之情来得非常具体。而现代社会,科技昌达,信息快捷,事事上网,世界真是太小太小,国家的界限似乎也不那么清晰了。再说足球正在快速世界化,平日里各国球员频繁转会,往来随意,致使越来越多的国家联赛都具有国际的因素。球员们不论国籍,只效力于自己的俱乐部,他们比赛时的激情中完全没有爱国主义的因子。

　　然而,到了世界杯大赛,天下大变。各国球员都回国效力,穿上与光荣的国旗同样色彩的服装。在每一场比赛前,还高唱国歌以宣誓对自己祖国的挚爱与忠诚。一种血缘情感开始在全身的血管里燃烧起来,而且立刻热血沸腾。

　　在历史时代,国家间经常发生对抗,好男儿戎装卫国。国家的荣誉往往需要以自己的生命去//换取。但在和平时代,唯有这种国家之间大规模对抗性的大赛,才可以唤起那种遥远而神圣的情感,那就是:为祖国而战!

(节选自冯骥才《国家荣誉感》)

Zuòpǐn 11 Hào 《Guójiā Róngyùgǎn》

Yī gè dà wèntí yīzhí pánjù zài wǒ nǎodai·lǐ:

Shìjièbēi zěnme huì yǒu rúcǐ jùdà de xīyǐnlì? Chúqù zúqiú běnshēn de mèilì zhīwài, hái yǒu shénme chāohūqíshàng ér gèng wěidà de dōngxi?

Jìnlái guānkàn shìjièbēi, hūrán cóngzhōng dédàole dá'àn: Shì yóuyú yī zhǒng wúshàng chónggāo de jīngshén qínggǎn——guójiā róngyùgǎn!

Dìqiú·shàng de rén dōu huì yǒu guójiā de gàiniàn, dàn wèibì shíshí dōu yǒu guójiā de gǎnqíng. Wǎngwǎng rén dào yìguó, sīniàn jiāxiāng, xīn huái gùguó, zhè guójiā gàiniàn jiù biànde yǒu xiě yǒu ròu, àiguó zhī qíng lái de fēicháng jùtǐ. Ér xiàndài shèhuì, kējì chǎngdá, xìnxī kuàijié, shìshì shàngwǎng, shìjièzhēn shì tài xiǎo tài xiǎo, guójiā de jièxiàn sìhū yě bù nàme qīngxī le. Zài shuō zúqiú zhèngzài kuàisù shìjièhuà, píngrì·lǐ gè guó qiúyuán pínfán zhuǎn huì, wǎnglái suíyì, zhìshǐ yuèláiyuèduō de guójiā liánsài dōu jùyǒu guójì de yīnsù. Qiúyuánmen bùlùn guójí, zhǐ xiàolì yú zìjǐ de jùlèbù, tāmen bǐsài shí de jīqíng zhōng wánquán méi·yǒu àiguózhǔyì de yīnzǐ.

Rán'ér, dàole shìjièbēi dàsài, tiānxià dàbiàn. Gè guó qiúyuán dōu huíguó xiàolì, chuān·shàng yǔ guāngróng de guóqí tóngyàng sècǎi de fúzhuāng. Zài měiyī chǎng bǐsài qián, hái gāochàng guógē yǐ xuānshì duì zìjǐ zǔguó de zhì'ài yǔ zhōngchéng. Yī zhǒng xuèyuán qínggǎn kāishǐ zài quánshēn de xuèguǎn·lǐ ránshāo qǐ·lái, érqiě lìkè rèxuè fèiténg.

Zài lìshǐ shídài, guójiā jiān jīngcháng fāshēng duìkàng, hǎo nán'ér róngzhuāng wèiguó. Guójiā de róngyù wǎngwǎng xūyào yǐ zìjǐ de shēngmìng qù// huànqǔ. Dàn zài hépíng shídài, wéiyǒu zhè zhǒng guójiā zhījiān dàguīmó duìkàngxìng de dàsài, cái kěyǐ huànqǐ nà zhǒng yáoyuǎn ér shénshèng de qínggǎn, nà jiùshì: Wèi zǔguó ér zhàn!

Jiéxuǎn zì Féng Jìcái 《Guójiā Róngyùgǎn》

作品 12 号《海滨仲夏夜》

夕阳落山不久,西方的天空,还燃烧着一片橘红色的晚霞。大海,也被这霞光染成了红色,而且比天空的景色更要壮观。因为它是活动的,每当一排排波浪涌起的时候,那映照在浪峰上的霞光,又红又亮,简直就像一片片霍霍燃烧着的火焰,闪烁着,消失了。而后面的一排,又闪烁着,滚动着,涌了过来。

天空的霞光渐渐地淡下去了,深红的颜色变成了绯红,绯红又变为浅红。最后,当这一切红光都消失了的时候,那突然显得高而远了的天空,则呈现出一片肃穆的神色。最早出现的启明星,在这蓝色的天幕上闪烁起来了。它是那么大,那么亮,整个广漠的天幕上只有它在那里放射着令人注目的光辉,活像一盏悬挂在高空的明灯。

夜色加浓,苍空中的"明灯"越来越多了。而城市各处的真的灯火也次第亮了起来,尤其是围绕在海港周围山坡上的那一片灯光,从半空倒映在乌蓝的海面上,随着波浪,晃动着,闪烁着,像一串流动着的珍珠,和那一片片密布在苍穹里的星斗相互辉映,煞是好看。

在这幽美的夜色中,我踏着软绵绵的沙滩,沿着海边,慢慢地向前走去。海水,轻轻地抚摸着细软的沙滩,发出温柔的//刷刷声。晚来的海风,清新而又凉爽。我的心里,有着说不出的兴奋和愉快。

夜风轻飘飘地吹拂着，空气中飘荡着一种大海和田禾相混合的香味儿，柔软的沙滩上还残留着白天太阳炙晒的余温。那些在各个工作岗位上劳动了一天的人们，三三两两地来到这软绵绵的沙滩上，他们浴着凉爽的海风，望着那缀满了星星的夜空，尽情地说笑，尽情地休憩。

（节选自峻青《海滨仲夏夜》）

Zuòpǐn 12 Hào 《Hǎibīn Zhòngxià Yè》

Xīyáng luòshān bùjiǔ, xīfāng de tiānkōng, hái ránshāozhe yī piàn júhóngsè de wǎnxiá. Dàhǎi, yě bèi zhè xiáguāng rǎnchéngle hóngsè, érqiě bǐ tiānkōng de jǐngsè gèng yào zhuàngguān. Yīn·wèi tā shì huó·dòng de, měidāng yīpáipái bōlàng yǒngqǐ de shíhou, nà yìngzhào zài làngfēng·shàng de xiáguāng, yòu hóng yòu liàng, jiǎnzhí jiù xiàng yīpiànpiàn huòhuò ránshāozhe de huǒyàn, shǎnshuò zhe, xiāoshī le. Ér hòu·miàn de yī pái, yòu shǎnshuòzhe, gǔndòngzhe, yǒngle guò·lái.

Tiānkōng de xiáguāng jiànjiàn de dàn xià·qù le, shēnhóng de yánsè biànchéngle fēihóng, fēihóng yòu biànwéi qiǎnhóng. Zuìhòu, dāng zhè yīqiè hóngguāng dōuxiāoshīle de shíhou, nà tūrán xiǎn·dé gāo ér yuǎn le de tiānkōng, zé chéngxiàn chū yī piàn sùmù de shénsè. Zuì zǎo chūxiàn de qǐmíngxīng, zài zhè lánsède tiānmù·shàng shǎnshuò qǐ·lái le. Tā shì nàme dà, nàme liàng, zhěng gè guǎngmò de tiānmù·shàng zhǐyǒu tā zài nà·lǐ fàngshèzhe lìng rén zhùmù de guānghuī, huóxiàng yī zhǎn xuánguà zài gāokōng de míngdēng.

Yèsè jiā nóng, cāngkōng zhōng de "míngdēng" yuèláiyuè duō le. Ér chéngshì gèchù de zhēn de dēnghuǒ yě cìdì liàngle qǐ·lái, yóuqí shì wéirào zài hǎigǎng zhōuwéi shānpō·shàng de nà yī piàn dēngguāng, cóng bànkōng dàoyìng zài wūlán de hǎimiàn·shàng, suízhe bōlàng, huàngdòngzhe, shǎnshuòzhe, xiàng yī chuàn liúdòngzhe de zhēnzhū, hé nà yīpiànpiàn mìbù zài cāngqióng·lǐ de xīng dǒu xiānghù huīyìng, shà shì hǎokàn.

Zài zhè yōuměi de yèsè zhōng, wǒ tàzhe ruǎnmiánmián de shātān, yánzhe hǎibiān, mànmàn de xiàngqián zǒu·qù. Hǎishuǐ, qīngqīng de fǔmōzhe xìruǎn de shātān, fāchū wēnróu de// shuāshuā shēng. Wǎnlái de hǎifēng, qīngxīn ér yòu liáng shuǎng. Wǒ de xīn·lǐ, yǒuzhe shuō·bùchū de xīngfèn hé yúkuài.

Yèfēng qīngpiāopiāo de chuīfúzhe, kōngqì zhōng piāodàngzhe yī zhǒng dàhǎi hé tiánhé xiāng hùnhé de xiāngwèir, róuruǎn de shātān·shàng hái cánliúzhe bái·tiān tài·yáng zhìshài de yúwēn. Nàxiē zài gè gè gōngzuò gǎngwèi·shàng láodòngle yī tiān de rénmen, sānsān-liǎngliǎng de láidào zhè ruǎnmiánmián de shātān·shàng, tāmen yùzhe liángshuǎng de hǎifēng, wàngzhe nà zhuìmǎnle xīngxing de yèkōng, jìnqíng de shuōxiào, jìnqíng de xiūqì.

Jiéxuǎn zì Jùn Qīng 《Hǎibīn Zhòngxià Yè》

作品 13 号《海洋与生命》

生命在海洋里诞生绝不是偶然的，海洋的物理和化学性质，使它成为孕育原始生命的摇篮。

我们知道，水是生物的重要组成部分，许多动物组织的含水量在百分之八十以上，而一些海洋生物的含水量高达百分之九十五。水是新陈代谢的重要媒介，没有它，体内的一系列生理和生物化学反应就无法进行，生命也就停止。因此，在短时期内动物缺水要比缺少食物更加危险。水对今天的生命是如此重要，它对脆弱的原始生命，更是举足轻重了。生命在海洋里诞生，就不会有缺水之忧。

水是一种良好的溶剂。海洋中含有许多生命所必需的无机盐，如氯化钠、氯化钾、碳酸盐、磷酸盐，还有溶解氧，原始生命可以毫不费力地从中吸取它所需要的元素。

水具有很高的热容量，加之海洋浩大，任凭夏季烈日暴晒，冬季寒风扫荡，它的温度变化却比较小。因此，巨大的海洋就像是天然的"温箱"，是孕育原始生命的"温床"。

阳光虽然为生命所必需，但是阳光中的紫外线却有扼杀原始生命的危险。水能有效地吸收紫外线，因而又为原始生命提供了天然的"屏障"。

这一切都是原始生命得以产生和发展的必要条件。

(节选自童裳亮《海洋与生命》)

Zuòpǐn 13 Hào 《Hǎiyáng yǔ Shēngmìng》

Shēngmìng zài hǎiyáng·lǐ dànshēng jué bù shì ǒurán de, hǎiyáng de wùlǐ héhuàxué xìngzhì, shǐ tā chéngwéi yùnyù yuánshǐ shēngmìng de yáolán.

Wǒmen zhī·dào, shuǐ shì shēngwù de zhòngyào zǔchéng bùfen, xǔduō dòngwù zǔzhī de hánshuǐliàng zài bǎi fēn zhī bāshí yǐshàng, ér yīxiē hǎiyáng shēng wù de hánshuǐliàng gāodá bǎi fēn zhī jiǔshíwǔ. Shuǐ shì xīnchén-dàixiè de zhòngyào méijiè, méi·yǒu tā, tǐnèi de yīxìliè shēnglǐ hé shēngwù huàxué fǎnyìng jiù wúfǎ jìnxíng, shēngmìng yě jiù tíngzhǐ. Yīncǐ, zài duǎn shíqī nèi dòngwù quē shuǐ yào bǐ quēshǎo shíwù gèngjiā wēixiǎn. Shuǐ duì jīntiān de shēngmìng shì rúcǐ zhòngyào, tā duì cuìruò de yuánshǐ shēngmìng, gèng shì jǔzú-qīngzhòng le. Shēngmìng zài hǎiyáng·lǐ dànshēng, jiù bù huì yǒu quē shuǐ zhī yōu.

Shuǐ shì yī zhǒng liánghǎo de róngjì. Hǎiyáng zhōng hányǒu xǔduō shēngmìng suǒ bìxū de wújīyán, rú lǜhuànà、lǜhuàjiǎ、tànsuānyán、línsuānyán, háiyǒu róngjiěyǎng, yuánshǐ shēngmìng kěyǐ háobù fèilì de cóngzhōng xīqǔ tā suǒ xūyào de yuánsù.

Shuǐ jùyǒu hěn gāo de rè róngliàng, jiāzhī hǎiyáng hàodà, rènpíng xiàjì lièrì pùshài, dōngjì hánfēng sǎodàng, tā de wēndù biànhuà què bǐjiào xiǎo. Yīncǐ, jùdà de hǎiyáng jiù xiàng shì tiānrán de "wēn xiāng", shì yùnyù yuánshǐ shēngmìng de "wēnchuáng".

Yángguāng suīrán wéi shēngmìng suǒ bìxū, dànshì yángguāng zhōng de zǐwàixiàn què yǒu èshā yuánshǐ shēngmìng de wēixiǎn. Shuǐ néng yǒuxiào de xīshōu zǐwàixiàn, yīn'ér yòu wèi yuánshǐ shēngmìng tígōngle tiānrán de "píngzhàng".

Zhè yīqiè dōu shì yuánshǐ shēngmìng déyǐ chǎnshēng hé fāzhǎn de bìyào tiáojiàn.

Jiéxuǎn zì Tóng Chángliàng《Hǎiyáng yǔ Shēngmìng》

作品 14 号《和时间赛跑》

读小学的时候，我的外祖母去世了。外祖母生前最疼爱我，我无法排除自己的忧伤，每天在学校的操场上一圈儿又一圈儿地跑着，跑得累倒在地上，扑在草坪上痛哭。

那哀痛的日子，断断续续地持续了很久，爸爸妈妈也不知道如何安慰我。他们知道与其骗我说外祖母睡着了，还不如对我说实话：外祖母永远不会回来了。

"什么是永远不会回来呢？"我问着。

"所有时间里的事物，都永远不会回来。你的昨天过去，它就永远变成昨天，你不能再回到昨天。爸爸以前也和你一样小，现在也不能回到你这么小的童年了；有一天你会长大，你会像外祖母一样老；有一天你度过了你的时间，就永远不会回来了。"爸爸说。

爸爸等于给我一个谜语，这谜语比课本上的"日历挂在墙壁，一天撕去一页，使我心里着急"和"一寸光阴一寸金，寸金难买寸光阴"还让我感到可怕；也比作文本上的"光阴似箭，日月如梭"更让我觉得有一种说不出的滋味。

时间过得那么飞快，使我的小心眼儿里不只是着急，还有悲伤。有一天我放学回家，看到太阳快落山了，就下决心说："我要比太阳更快地回家。"我狂奔回去，站在庭院前喘气的时候，看到太阳//还露着半边脸，我高兴地跳跃起来，那一天我跑赢了太阳。以后我就时常做那样的游戏，有时和太阳赛跑，有时和西北风比快，有时一个暑假才能做完的作业，我十天就做完了；那时我三年级，常常把哥哥五年级的作业拿来做。每一次比赛胜过时间，我就快乐得不知道怎么形容。

如果将来我有什么要教给我的孩子，我会告诉他：假若你一直和时间比赛，你就可以成功！

(节选自(台湾)林清玄《和时间赛跑》)

Zuòpǐn 14 Hào 《Hé Shíjiān Sàipǎo》

Dú xiǎoxué de shíhou, wǒ de wàizǔmǔ qùshì le. Wàizǔmǔ shēngqián zuìténg'àiwǒ, wǒ wúfǎ páichú zìjǐ de yōushāng, měi tiān zài xuéxiào de cāochǎng·shàng yīquānr yòu yī quānr de pǎozhe, pǎo de lèidǎo zài dì·shang, pūzài cǎopíng·shàng tòngkū.

Nà āitòng de rìzi, duànduàn-xùxù de chíxùle hěn jiǔ, bàba māma yě bù zhī·dào rúhé ānwèi wǒ. Tāmen zhī·dào yǔqí piàn wǒ shuō wàizǔmǔ shuìzháole, hái bùrú duì wǒ shuō shíhuà: Wàizǔmǔ yǒngyuǎn bù huì huí·lái le.

"Shénme shì yǒngyuǎn bù huì huí·lái ne? "wǒ wènzhe.

"Suǒyǒu shíjiān·lǐ de shìwù, dōu yǒngyuǎn bù huì huí·lái. Nǐ de zuótiān guò·qù, tā jiù yǒngyuǎn biàn chéng zuótiān, nǐ bùnéng zài huídào zuótiān. Bàba yǐqián yě hé nǐ yīyàng xiǎo, xiànzài yě bùnéng huídào nǐ zhème xiǎo de tóngnián le; yǒu yī tiān nǐ huì zhǎngdà, nǐ huì xiàng wàizǔmǔ yīyàng lǎo; yǒu yī tiān nǐ dùguòle nǐ de shíjiān, jiù yǒngyuǎn bù huì huí·lái le. "Bàba shuō.

Bàba děngyú gěi wǒ yī gè míyǔ, zhè míyǔ bǐ kèběn·shàng de "Rìlì guà zài qiángbì, yī tiān sī·qù yī yè, shǐ wǒ xīn·lǐ zháojí" hé "Yīcùn guāngyīn yī cùn jīn, cùn jīn nán mǎi cùn guāngyīn" hái ràng wǒ gǎndào kěpà; yě bǐ zuòwén běn·shàng de "guāngyīn sì jiàn, rìyuè rú suō" gèng ràng wǒ jué·dé yǒu yīzhǒng shuō·bùchū de zīwèi.

Shíjiān guò de nàme fēikuài, shǐ wǒ de xiǎo xīnyǎnr·lǐ bù zhǐshì zháojí, háiyǒu bēishāng. Yǒu yī tiān wǒ fàngxué huíjiā, kàndào tài·yáng kuài luòshān le, jiù xià juéxīn shuō: "Wǒ yào bǐ tài·yáng gèng kuài de huíjiā. " Wǒ kuángbēn huíqù, zhànzài tíngyuàn qián chuǎnqì de shíhou, kàndào tài·yáng// hái lòuzhe bànbiān liǎn, wǒ gāoxìng de tiàoyuè qǐ·lái, nà yī tiān wǒ pǎoyíngle tài·yáng. Yǐhòu wǒ jiù shícháng zuò nàyàng de yóuxì, yǒushí hé tài·yáng sàipǎo, yǒu shí hé xīběifēng bǐ kuài, yǒushí yī gè shǔjià cái néng zuòwán de zuòyè, wǒ shí tiān jiù zuòwánle; nà shí wǒ sān niánjí, chángcháng bǎ gēge wǔ niánjí de zuòyè ná·lái zuò. Měi yī cì bǐsài shèngguo shíjiān, wǒ jiù kuàilè de bù zhī·dào zěnme xíngróng.

Rúguǒ jiānglái wǒ yǒu shénme yào jiàogěi wǒ de háizi, wǒ huì gàosu tā: Jiǎruò nǐ yīzhí hé shíjiān bǐsài, nǐ jiù kěyǐ chénggōng!

　　　　　　　　　　　Jiéxuǎn zì (Táiwān)Lín Qīngxuán《Hé Shíjiān Sàipǎo》

作品 15 号《胡适的白话电报》

　　三十年代初，胡适在北京大学任教授。讲课时他常常对白话文大加称赞，引起一些只喜欢文言文而不喜欢白话文的学生的不满。

　　一次，胡适正讲得得意的时候，一位姓魏的学生突然站了起来，生气地问："胡先生，难道说白话文就毫无缺点吗？"胡适微笑着回答说："没有。"那位学生更加激动了："肯定有！白话文废话太多，打电报用字多，花钱多。"胡适的目光顿时变亮了。轻声地解释说："不一定吧！前几天有位朋友给我打来电报，请我去政府部门工作，我决定不去，就回电拒绝了。复电是用白话写的，看来也很省字。请同学们根据我这个意思，用文言文写一个回电，看看究竟是白话文省字，还是文言文省字？"胡教授刚说完，同学们立刻认真地写了起来。

　　十五分钟过去，胡适让同学举手，报告用字的数目，然后挑了一份用字最少的文言电报稿，电文是这样写的：

　　"才疏学浅，恐难胜任，不堪从命。"白话文的意思是：学问不深，恐怕很难担任这个工作，不能服从安排。

　　胡适说，这份写得确实不错，仅用了十二个字。但我的白话电报却只用了五个字："干不了，谢谢！"

　　胡适又解释说："干不了"就有才疏学浅、恐难胜任的意思；"谢谢"既//对朋友的介绍表示感谢，又有拒绝的意思。所以，废话多不多，并不看它是文言文还是白话文，只要注意选用字词，白话文是可以比文言文更省字的。

　　　　　　　　　　（节选自陈灼主编《实用汉语中级教程》（上）中《胡适的白话电报》）

Zuòpǐn 15 Hào 《Hú Shì de Báihuà Diànbào》

　　Sānshí niándài chū, Hú Shì zài Běijīng Dàxué rèn jiàoshòu. Jiǎngkè shí tā chángcháng duì báihuàwén dàjiā chēngzàn, yǐnqǐ yīxiē zhǐ xǐhuan wényánwén ér bù xǐhuan báihuàwén de xuésheng de bùmǎn.

　　Yī cì, Hú Shì zhèng jiǎng de déyì de shíhou, yī wèi xìng wèi de xuésheng tūrán zhànle qǐ·lái, shēngqì de wèn: "Hú xiānsheng, nándào shuō báihuàwén jiù háowú quēdiǎn ma?" Hú Shì wēixiàozhe huídá shuō: "Méi·yǒu." Nà wèi xuésheng gèngjiā jīdòng le: "Kěndìng yǒu! Báihuàwén fèihuà tài duō, dǎ diànbào yòng zì duō, huāqián duō." Hú Shì de mùguāng dùnshí biànliàng le. Qīngshēng de jiěshì shuō: "Bù yīdìng ba! Qián jǐ tiān yǒu wèi péngyou gěi wǒ dǎ·lái diànbào, qǐng wǒ qù zhèngfǔ bùmén gōngzuò, wǒ juédìng bù qù, jiù huídiàn jùjué le. Fùdiàn shì yòng báihuà xiě de, kànlái yě hěn shěng zì. Qǐng tóngxuémen gēnjù wǒ zhège yìsi, yòng wényánwén xiě yī gè huí diàn, kànkan jiūjìng shì báihuàwén shěng zì, hái shì wényánwén shěng zì?" Hú jiàoshòu gāng shuōwán, tóngxuémen lìkè rènzhēn de xiěle qǐ·lái.

Shíwǔ fēnzhōng guò·qù, Hú Shì ràng tóngxué jǔshǒu, bàogào yòng zì de shùmù, ránhòu tiāole yī fèn yòng zì zuì shǎo de wényán diànbàogǎo, diànwén shì zhèyàng xiě de:

"Cáishū-xuéqiǎn, kǒng nán shèngrèn, bùkān cóngmìng." Báihuàwén de yìsi shì: Xuéwen bù shēn, kǒngpà hěn nán dānrèn zhège gōngzuò, bùnéng fúcóng ānpái.

Hú Shì shuō, zhè fèn xiě de quèshí bùcuò, jǐn yòngle shí'èr gè zì. Dàn wǒ de báihuà diànbào què zhǐ yòngle wǔ gè zì: "Gàn·bù liǎo, xièxie!"

Hú Shì yòu jiěshì shuō: "gàn·bù liǎo" jiù yǒu cáishū-xuéqiǎn、kǒng nán shèngrèn de yìsi; "xièxie" jì// duì péngyou de jièshào biǎoshì gǎnxiè, yòu yǒu jùjué de yìsi. Suǒyǐ, fèi huà duō·bù duō, bìng bù kàn tā shì wényánwén hái shì báihuàwén, zhǐyào zhùyì xuǎnyòng zìcí, báihuàwén shì kěyǐ bǐ wényánwén gèng shěng zì de.

Jiéxuǎn zì Chén Zhuó Zhǔbiān 《Shíyòng Hànyǔ Zhōngjí Jiàochéng》(shàng) zhōng
《Hú Shì de Báihuà Diànbào》

作品 16 号《火光》

很久以前,在一个漆黑的秋天的夜晚,我泛舟在西伯利亚一条阴森森的河上。船到一个转弯处,只见前面黑黢黢的山峰下面一星火光蓦地一闪。

火光又明又亮,好像就在眼前……

"好啦,谢天谢地!"我高兴地说,"马上就到过夜的地方啦!"

船夫扭头朝身后的火光望了一眼,又不以为然地划起桨来。

"远着呢!"

我不相信他的话,因为火光冲破朦胧的夜色,明明在那儿闪烁。不过船夫是对的,事实上,火光的确还远着呢。

这些黑夜的火光的特点是:驱散黑暗,闪闪发亮,近在眼前,令人神往。乍一看,再划几下就到了……其实却还远着呢!……

我们在漆黑如墨的河上又划了很久。一个个峡谷和悬崖,迎面驶来,又向后移去,仿佛消失在茫茫的远方,而火光却依然停在前头,闪闪发亮,令人神往——依然是这么近,又依然是那么远……

现在,无论是这条被悬崖峭壁的阴影笼罩的漆黑的河流,还是那一星明亮的火光,都经常浮现在我的脑际,在这以前和在这以后,曾有许多火光,似乎近在咫尺,不止使我一人心驰神往。可是生活之河却仍然在那阴森森的两岸之间流着,而火光也依旧非常遥远。因此,必须加劲划桨……

然而,火光啊……毕竟……毕竟就//在前头……

(节选自[俄]柯罗连科《火光》,张铁夫译)

Zuòpǐn 16 Hào 《Huǒguāng》

Hěn jiǔ yǐqián, zài yī gè qīhēi de qiūtiān de yèwǎn, wǒ fàn zhōu zài Xībólìyà yī tiáo yīnsēnsēn de hé·shàng. Chuán dào yī gè zhuǎnwān chù, zhǐ jiàn qián·miàn hēiqūqū de shānfēng xià·miàn yī xīng huǒguāng mòde yī shǎn.

Huǒ guāng yòu míng yòu liàng, hǎoxiàng jiù zài yǎnqián……

"Hǎo la, xiètiān-xièdì！" Wǒ gāoxìng de shuō, "Mǎshàng jiù dào guòyè de dìfang la！"

Chuánfū niǔtóu cháo shēnhòu de huǒguāng wàng le yī yǎn, yòu bùyǐwéirán de huá·qǐ jiǎng·lái.

"Yuǎnzhe ne！"

Wǒ bù xiāngxìn tā de huà, yīn·wèi huǒguāng chōngpò ménglóng de yèsè, míngmíng zài nàr shǎnshuò. Bùguò chuánfū shì duì de, shìshí·shàng, huǒguāng díquè hái yuǎnzhe ne.

Zhèxiē hēiyè de huǒguāng de tèdiǎn shì: Qū sàn hēi'àn, shǎnshǎn fāliàng, jìn zài yǎnqián, lìngrén shénwǎng. Zhà yī kàn, zài huá jǐ xià jiù dào le……Qíshí què hái yuǎnzhe ne！……

Wǒmen zài qīhēi rú mò de hé·shàng yòu huále hěn jiǔ. Yīgègè xiágǔ hé xuányá, yíngmiàn shǐ·lái, yòu xiàng hòu yí·qù, fǎngfú xiāoshī zài mángmáng de yuǎnfāng, ér huǒguāng què yīrán tíng zài qiántóu, shǎnshǎn fāliàng, lìngrén shénwǎng——yīrán shì zhème jìn, yòu yīrán shì nàme yuǎn……

Xiànzài, wúlùn shì zhè tiáo bèi xuányá qiàobì de yīnyǐng lǒngzhào de qīhēide héliú, háishì nà yī xīng míngliàng de huǒguāng, dōu jīngcháng fúxiàn zài wǒde nǎojì, zài zhè yǐqián hé zài zhè yǐhòu, céng yǒu xǔduō huǒguāng, sìhū jìn zài zhǐchǐ, bùzhǐ shǐ wǒ yī rén xīnchí-shénwǎng. Kěshì shēnghuó zhī hé què réngrán zài nà yīnsēnsēn de liǎng'àn zhījiān liúzhe, ér huǒguāng yě yījiù fēi cháng yáoyuǎn. Yīncǐ, bìxū jiājǐn huá jiǎng……

Rán'ér, huǒguāng a……bìjìng……bìjìng jiù// zài qiántóu……

Jiéxuǎn zì［É］Kēluóliánkē《Huǒguāng》, Zhāng Tiěfū yì

作品 17 号《济南的冬天》

对于一个在北平住惯的人，像我，冬天要是不刮风，便觉得是奇迹；济南的冬天是没有风声的。对于一个刚由伦敦回来的人，像我，冬天要能看得见日光，便觉得是怪事；济南的冬天是响晴的。自然，在热带的地方，日光永远是那么毒，响亮的天气，反有点儿叫人害怕。可是，在北方的冬天，而能有温晴的天气，济南真得算个宝地。

设若单单是有阳光，那也算不了出奇。请闭上眼睛想：一个老城，有山有水，全在天底下晒着阳光，暖和安适地睡着，只等春风来把它们唤醒，这是不是理想的境界？小山整把济南围了个圈儿，只有北边缺着点口儿。这一圈小山在冬天特别可爱，好像是把济南放在一个小摇篮里，它们安静不动地低声地说："你们放心吧，这儿准保暖和。"真的，济南的人们在冬天是面上含笑的。他们一看那些小山，心中便觉得有了着落，有了依靠。他们由天上看到山上，便不知不觉地想起：明天也许就是春天了吧？这样的温暖，今天夜里山草也许就绿起来了吧？就是这点儿幻想不能一时实现，他们也并不着急，因为这样慈善的冬天，干什么还希望别的呢！

最妙的是下点儿小雪呀。看吧，山上的矮松越发的青黑，树尖儿上//顶着一髻儿白花，好像日本看护妇。山尖儿全白了，给蓝天镶上一道银边儿。山坡上，有的地方雪厚点儿，有的地方草色还露着；这样，一道儿白，一道儿暗黄，给山们穿上一件带水纹儿的花衣；看着看着，这件花衣好像被风儿吹动，叫你希望看见一点儿更美的山的肌肤。等到快日落的时候，微黄的阳光斜射在山腰上，那点儿薄雪好像忽然害羞，微微露出点儿粉色。就是下小雪吧，济南是受不住大雪的，那些小山太秀气。

（节选自老舍《济南的冬天》）

Zuòpǐn 17 Hào 《Jǐnán de Dōngtiān》

　　Duìyú yī gè zài Běipíng zhùguàn de rén, xiàng wǒ, dōngtiān yàoshì bù guāfēng, biàn jué·dé shì qíjì; Jǐnán de dōngtiān shì méi·yǒu fēngshēngde. Duìyúyī gè gāng yóu Lúndūn huí·lái de rén, xiàng wǒ, dōngtiān yào néng kàn de jiànrìguāng, biàn jué·dé shì guàishì; Jǐnán de dōngtiān shì xiǎngqíng de. Zìrán, zài rèdài de dìfang, rìguāng yǒngyuǎn shì nàme dú, xiǎngliàng de tiānqì, fǎn yǒudiǎnr jiào rén hàipà. Kěshì, zài běifāng de dōngtiān, ér néng yǒu wēn qíng de tiānqì, Jǐnán zhēn děi suàn gè bǎodì.

　　Shèruò dāndān shì yǒu yángguāng, nà yě suàn·bùliǎo chūqí. Qǐng bì·shàng yǎnjing xiǎng: Yī gè lǎochéng, yǒu shān yǒu shuǐ, quán zài tiān dǐ·xià shài zhe yángguāng, nuǎnhuo ānshì de shuìzhe, zhǐ děng chūnfēng lái bǎ tāmen huàn xǐng, zhè shì·bùshì lǐxiǎng de jìngjiè? Xiǎoshān zhěng bǎ Jǐnán wéile gè quānr, zhǐyǒu běi·biān quēzhe diǎn kǒur. Zhè yī quān xiǎoshān zài dōngtiān tèbié kě'ài, hǎoxiàng shì bǎ Jǐnán fàng zài yī gè xiǎo yáolán·lǐ, tāmen ānjìng-bùdòng de dīshēng de shuō: "Nǐmen fàngxīn ba, zhèr zhǔnbǎo nuǎnhuo." Zhēn de, Jǐnán de rénmen zài dōngtiān shì miàn·shàng hánxiào de. Tāmen yī kàn nàxiē xiǎoshān, xīnzhōng biàn jué·dé yǒule zhuóluò, yǒule yīkào. Tāmen yóu tiān·shàng kàndào shān·shàng, biàn bùzhī-bùjué de xiǎngqǐ: "Míngtiān yěxǔ jiùshì chūntiān le ba? Zhèyàng de wēnnuǎn, jīntiān yè·lǐ shāncǎo yěxǔ jiù lǜ qǐ·lái le ba?" Jiùshì zhè diǎnr huànxiǎng bùnéng yīshí shíxiàn, tāmen yě bìng bù zháojí, yīn·wèi zhèyàng císhàn de dōngtiān, gànshénme hái xīwàng biéde ne!

　　Zuì miào de shì xià diǎnr xiǎoxuě ya. Kàn ba, shān·shàng de ǎisōng yuèfā de qīnghēi, shùjiānr·shàng// dǐngzhe yī jìr báihuā, hǎoxiàng Rìběn kānhùfù. Shānjiānr quán bái le, gěi lántiān xiāng·shàng yī dào yínbiānr. Shānpō·shàng, yǒude dìfang xuě hòu diǎnr, yǒude dìfang cǎosè hái lòuzhe; zhèyàng, yī dàor bái, yī dàor ànhuáng, gěi shānmen chuān·shàng yī jiàn dài shuǐwénr de huāyī; kàn zhe kànzhe, zhè jiàn huāyī hǎoxiàng bèi fēng'ér chuīdòng, jiào nǐ xīwàng kàn·jiàn yīdiǎnr gèng měi de shān de jīfū. Děngdào kuài rìluò de shíhou, wēihuáng de yángguāng xié shè zài shānyāo·shàng, nà diǎnr báo xuě hǎoxiàng hūrán hài xiū, wēiwēi lòuchū diǎnr fěnsè. Jiùshì xià xiǎoxuě ba, Jǐnán shì shòu·bùzhù dàxuě de, nàxiē xiǎoshān tài xiùqi.

Jiéxuǎn zì Lǎo Shě 《Jǐnán de Dōngtiān》

作品 18 号《家乡的桥》

　　纯朴的家乡村边有一条河，曲曲弯弯，河中架一弯石桥，弓样的小桥横跨两岸。

　　每天，不管是鸡鸣晓月，日丽中天，还是月华泻地，小桥都印下串串足迹，洒落串串汗珠。那是乡亲为了追求多棱的希望，兑现美好的遐想。弯弯小桥，不时荡过轻吟低唱，不时露出舒心的笑容。

　　因而，我稚小的心灵，曾将心声献给小桥：你是一弯银色的新月，给人间普照光辉；你是一把闪亮的镰刀，割刈着欢笑的花果；你是一根晃悠悠的扁担，挑起了彩色的明天！哦，小桥走进我的梦中。

我在漂泊他乡的岁月，心中总涌动着故乡的河水，梦中总看到弓样的小桥。当我访南疆探北国，眼帘闯进座座雄伟的长桥时，我的梦变得丰满了，增添了赤橙黄绿青蓝紫。

三十多年过去，我带着满头霜花回到故乡，第一紧要的便是去看望小桥。

啊！小桥呢？它躲起来了？河中一道长虹，浴着朝霞熠熠闪光。哦，雄浑的大桥敞开胸怀，汽车的呼啸、摩托的笛音、自行车的叮铃，合奏着进行交响乐；南来的钢筋、花布，北往的柑橙、家禽，绘出交流欢悦图……

啊！蜕变的桥，传递了家乡进步的消息，透露了家乡富裕的声音。时代的春风，美好的追求，我蓦地记起儿时唱//给小桥的歌，哦，明艳艳的太阳照耀了，芳香甜蜜的花果捧来了，五彩斑斓的岁月拉开了！

我心中涌动的河水，激荡起甜美的浪花。我仰望一碧蓝天，心底轻声呼喊：家乡的桥啊，我梦中的桥！

(节选自郑莹《家乡的桥》)

Zuòpǐn 18 Hào 《Jiāxiāng de Qiáo》

Chúnpǔ de jiāxiāng cūnbiān yǒu yī tiáo hé, qūqū-wānwān, hé zhōng jià yī wān shíqiáo, gōng yàng de xiǎoqiáo héngkuà liǎng'àn.

Měi tiān, bùguǎn shì jī míng xiǎo yuè, rì lì zhōng tiān, háishì yuè huá xié dì, xiǎoqiáo dōu yìnxià chuànchuàn zújì, sǎluò chuànchuàn hànzhū. Nà shì xiāngqīn wèile zhuīqiú duōléng de xīwàng, duìxiàn měihǎo de xiáxiǎng. Wānwān xiǎoqiáo, bùshí dàngguo qīngyín-dīchàng, bùshí lùchū shūxīn de xiàoróng.

Yīn'ér, wǒ zhìxiǎo de xīnlíng, céng jiāng xīnshēng xiàngěi xiǎoqiáo: Nǐ shì yī wān yínsè de xīnyuè, gěi rénjiān pǔzhào guānghuī; nǐ shì yī bǎ shǎnliàng de liándāo, gēyìzhe huānxiào de huāguǒ; nǐ shì yī gēn huàngyōuyōu de biǎndàn, tiǎoqǐle cǎisè de míngtiān! Ò, xiǎoqiáo zǒujìn wǒ de mèng zhōng.

Wǒ zài piāobó tāxiāng de suìyuè, xīnzhōng zǒng yǒngdòngzhe gùxiāng de hé shuǐ, mèngzhōng zǒng kàndào gōng yàng de xiǎoqiáo. Dāng wǒ fǎng nánjiāng tàn běiguó, yǎnlián chuǎngjìn zuòzuò xióngwěi de chángqiáo shí, wǒ de mèng biàn défēngmǎn le, zēngtiānle chì-chéng-huáng-lǜ-qīng-lán-zǐ.

Sānshí duō nián guò·qù, wǒ dàizhe mǎntóu shuānghuā huídào gùxiāng, dì-yī jǐnyào de biànshì qù kànwàng xiǎoqiáo.

À! Xiǎo qiáo ne? Tā duǒ qǐ·lái le? Hé zhōng yī dào chánghóng, yùzhe zháo xiá yìyì shǎnguāng. Ò, xiónghún de dàqiáo chǎngkāi xiōnghuái, qìchē de hūxiào、mótuō de díyīn、zìxíngchē de dīnglíng, hézòuzhe jìnxíng jiāoxiǎngyuè; nán lái de gāngjīn、huābù, běi wǎng de gānchéng、jiāqín, huìchū jiāoliú huānyuètú……

À! Tuìbiàn de qiáo, chuándìle jiāxiāng jìnbù de xiāoxi, tòulùle jiāxiāng fùyù de shēngyīn. Shídài de chūnfēng, měihǎo de zhuīqiú, wǒ mòde jìqǐ érshí chàng// gěi xiǎoqiáo de gē, ò, míngyànyàn de tài·yáng zhàoyào le, fāngxiāng tiánmì de huāguǒ pěnglái le, wǔcǎi bānlán de suì yuè lākāi le!

Wǒ xīnzhōng yǒngdòng de héshuǐ, jīdàng qǐ tiánměi de lànghuā. Wǒ yǎngwàng yī bì lántiān, xīndǐ qīngshēng hūhǎn: Jiāxiāng de qiáo a, wǒ mèng zhōng de qiáo!

Jiéxuǎn zì Zhèng Yíng 《Jiāxiāng de Qiáo》

作品 19 号《坚守你的高贵》

三百多年前，建筑设计师莱伊恩受命设计了英国温泽市政府大厅。他运用工程力学的知识，依据自己多年的实践，巧妙地设计了只用一根柱子支撑的大厅天花板。一年以后，市政府权威人士进行工程验收时，却说只用一根柱子支撑天花板太危险，要求莱伊恩再多加几根柱子。

莱伊恩自信只要一根坚固的柱子足以保证大厅安全，他的"固执"惹恼了市政官员，险些被送上法庭。他非常苦恼，坚持自己原先的主张吧，市政官员肯定会另找人修改设计；不坚持吧，又有悖自己为人的准则。矛盾了很长一段时间，莱伊恩终于想出了一条妙计，他在大厅里增加了四根柱子，不过这些柱子并未与天花板接触，只不过是装装样子。

三百多年过去了，这个秘密始终没有被人发现。直到前两年，市政府准备修缮大厅的天花板，才发现莱伊恩当年的"弄虚作假"。消息传出后，世界各国的建筑专家和游客云集，当地政府对此也不加掩饰，在新世纪到来之际，特意将大厅作为一个旅游景点对外开放，旨在引导人们崇尚和相信科学。

作为一名建筑师，莱伊恩并不是最出色的。但作为一个人，他无疑非常伟大，这种//伟大表现在他始终恪守着自己的原则，给高贵的心灵一个美丽的住所，哪怕是遭遇到最大的阻力，也要想办法抵达胜利。

(节选自游宇明《坚守你的高贵》)

Zuòpǐn 19 Hào 《Jiānshǒu Nǐ de gāoguì》

Sānbǎi duō nián qián, jiànzhù shèjìshī Láiyī'ēn shòumìng shèjìle Yīngguó Wēnzé shìzhèngfǔ dàtīng. Tā yùnyòng gōngchéng lìxué de zhīshi, yījù zìjǐ duō nián de shíjiàn, qiǎomiào de shèjìle zhǐ yòng yī gēn zhùzi zhīchēng de dàtīng tiānhuābǎn. Yī nián yǐhòu, shìzhèngfǔ quánwēi rénshì jìnxíng gōngchéng yànshōu shí, què shuō zhǐ yòng yī gēn zhùzi zhīchēng tiānhuābǎn tài wēixiǎn, yāoqiú Láiyī'ēn zài duō jiā jǐ gēn zhùzi.

Láiyī'ēn zìxìn zhǐyào yī gēn jiāngù de zhùzi zúyǐ bǎozhèng dàtīng ānquán, tā de "gù·zhí" rěnǎole shìzhèng guānyuán, xiǎnxiē bèi sòng·shàng fǎtíng. Tā fēicháng kǔnǎo, jiānchí zìjǐ yuánxiān de zhǔzhāng ba, shìzhèng guānyuán kěndìng huì lìng zhǎo rén xiūgǎi shèjì; bù jiānchí ba, yòu yǒu bèi zìjǐ wéirén de zhǔnzé. Máodùnle hěn cháng yīduàn shíjiān, Láiyī'ēn zhōngyú xiǎngchūle yī tiáomiàojì, tā zài dàtīng·lǐ zēngjiāle sì gēn zhùzi, bùguò zhèxiē zhùzi bìng wèi yǔ tiānhuābǎn jiēchù, zhǐ·bùguò shì zhuāngzhuang yàngzi.

Sānbǎi duō nián guò·qù le, zhège mìmì shǐzhōng méi·yǒu bèi rén fāxiàn. Zhídào qián liǎng nián, shìzhèngfǔ zhǔnbèi xiūshàn dàtīng de tiānhuābǎn, cái fāxiàn Láiyī'ēn dāngnián de "nòngxū-zuòjiǎ". Xiāoxi chuánchū hòu, shìjiè gè guó de jiànzhù zhuānjiā hé yóukè yúnjí, dāngdì zhèngfǔ duìcǐ yě bù jiā yǎnshì, zài xīn shìjì dàolái zhī jì, tèyì jiāng dàtīng zuòwéi yī gè lǚyóu jǐngdiǎn duìwài kāifàng, zhǐ zài yǐndǎo rénmen chóngshàng hé xiāngxìn kēxué.

Zuòwéi yī míng jiànzhùshī, Láiyī'ēn bìng bù shì zuì chūsè de. Dàn zuòwéi yī gè rén, tā wúyí fēicháng wěidà, zhè zhǒng// wěidà biǎoxiàn zài tā shǐzhōng kèshǒuzhe zìjǐ de yuánzé, gěi gāoguì de xīnlíng yī gè měilì de zhùsuǒ, nǎpà shì zāoyù dào zuì dà de zǔlì, yě yào xiǎng bànfǎ dǐdá shènglì.

Jiéxuǎn zì Yóu Yǔmíng《Jiānshǒu Nǐ de gāoguì》

作品 20 号《金子》

  自从传言有人在萨文河畔散步时无意发现了金子后，这里便常有来自四面八方的淘金者。他们都想成为富翁，于是寻遍了整个河床，还在河床上挖出很多大坑，希望借助它们找到更多的金子。的确，有一些人找到了，但另外一些人因为一无所得而只好扫兴归去。

  也有不甘心落空的，便驻扎在这里，继续寻找。彼得·弗雷特就是其中一员。他在河床附近买了一块没人要的土地，一个人默默地工作。他为了找金子，已把所有的钱都押在这块土地上。他埋头苦干了几个月，直到土地全变成了坑坑洼洼，他失望了——他翻遍了整块土地，但连一丁点儿金子都没看见。

  六个月后，他连买面包的钱都没有了。于是他准备离开这儿到别处去谋生。

  就在他即将离去的前一个晚上，天下起了倾盆大雨，并且一下就是三天三夜。雨终于停了，彼得走出小木屋，发现眼前的土地看上去好像和以前不一样：坑坑洼洼已被大水冲刷平整，松软的土地上长出一层绿茸茸的小草。

  "这里没找到金子，"彼得忽有所悟地说，"但这土地很肥沃，我可以用来种花，并且拿到镇上去卖给那些富人，他们一定会买些花装扮他们华丽的客厅。//如果真是这样的话，那么我一定会赚许多钱，有朝一日我也会成为富人……"

  于是他留了下来。彼得花了不少精力培育花苗，不久田地里长满了美丽娇艳的各色鲜花。

  五年以后，彼得终于实现了他的梦想——成了一个富翁。"我是唯一的一个找到真金的人！"他时常不无骄傲地告诉别人，"别人在这儿找不到金子后便远远地离开，而我的'金子'是在这块土地里，只有诚实的人用勤劳才能采集到。"

（节选自陶猛译《金子》）

"Zhè·lǐ méi zhǎodào jīnzi," Bǐdé hū yǒu suǒ wù de shuō, "Dàn zhè tǔdì hěn féiwò, wǒ kěyǐ yònglái zhòng huā, bìngqiě nádào zhèn·shàng qù màigěi nàxiē fùrén, tāmen yīdìng huì mǎi xiē huā zhuāngbàn tāmen huálì de kètīng. //Rúguǒ zhēn shì zhèyàng de huà, nàme wǒ yīdìng huì zhuàn xǔduō qián, yǒuzhāo-yīrì wǒ yě huì chéngwéi fùrén……"

Yúshì tā liúle xià·lái. Bǐdé huā le bù shǎo jīnglì péiyù huāmiáo, bùjiǔ tiándì·lǐ zhǎngmǎnle měilì jiāoyàn de gè sè xiānhuā.

Wǔ nián yǐhòu, Bǐdé zhōngyú shíxiànle tā de mèngxiǎng——chéngle yī gè fù wēng. "Wǒ shì wéiyī de yī gè zhǎodào zhēnjīn de rén!" Tā shícháng bùwú jiāo'ào de gàosu bié·rén, "Bié·rén zài zhèr zhǎo·bùdào jīnzi hòu biàn yuǎnyuǎn de líkāi, ér wǒ de 'jīnzi' shì zài zhè kuài tǔdì·lǐ, zhǐyǒu chéng·shí de rén yòng qínláo cáinéng cǎijí dào."

Jiéxuǎn zì Táo Měng yì 《Jīnzi》

作品 21 号《捐诚》

我在加拿大学习期间遇到过两次募捐，那情景至今使我难以忘怀。

一天，我在渥太华的街上被两个男孩子拦住去路。他们十来岁，穿得整整齐齐，每人头上戴着个做工精巧、色彩鲜艳的纸帽，上面写着"为帮助患小儿麻痹的伙伴募捐"。其中的一个，不由分说就坐在小凳上给我擦起皮鞋来，另一个则彬彬有礼地发问："小姐，您是哪国人？喜欢渥太华吗？""小姐，在你们国家有没有小孩儿患小儿麻痹？谁给他们医疗费？"一连串的问题，使我这个有生以来头一次在众目睽睽之下让别人擦鞋的异乡人，从近乎狼狈的窘态中解脱出来。我们像朋友一样聊起天儿来……

几个月之后，也是在街上。一些十字路口处或车站坐着几位老人。他们满头银发，身穿各种老式军装，上面布满了大大小小形形色色的徽章、奖章，每人手捧一大束鲜花，有水仙、石竹、玫瑰及叫不出名字的，一色雪白。匆匆过往的行人纷纷止步，把钱投进这些老人身旁的白色木箱内，然后向他们微微鞠躬，从他们手中接过一朵花。我看了一会儿，有人投一两元，有人投几百元，还有人掏出支票填好后投进木箱。那些老军人毫不注意人们捐多少钱，一直不//停地向人们低声道谢。同行的朋友告诉我，这是为纪念二次大战中参战的勇士，募捐救济残废军人和烈士遗孀，每年一次；募捐的人可谓踊跃，而且秩序井然，气氛庄严。有些地方，人们还耐心地排着队。我想，这是因为他们都知道：正是这些老人们的流血牺牲换来了包括他们信仰自由在内的许许多多。

我两次把那微不足道的一点儿钱捧给他们，只想对他们说声"谢谢"。

(节选自青白《捐诚》)

Zuòpǐn 21 Hào 《Juān chéng》

Wǒ zài jiānádà xuéxí qījiān yùdàoguo liǎng cì mùjuān, nà qíngjǐng zhìjīn shǐ wǒ nányǐ-wànghuái.

Yī tiān, wǒ zài Wòtàihuá de jiē·shàng bèi liǎng gè nánháizi lánzhù qù lù. Tāmen shí lái suì, chuān de zhěngzhěng-qíqí, měi rén tóu·shàng dàizhe gè zuògōng jīngqiǎo, sècǎi xiānyàn de zhǐ mào, shàng·miàn xiězhe "Wéi bāngzhù huàn xiǎo'ér mábì de huǒbàn mùjuān". Qízhōng de yī gè, bùyóu-fēnshuō jiù zuò zài xiǎodèng·shàng gěi wǒ cā·qǐ píxié·lái, lìng yī gè zé bīnbīn-yǒu lǐ de fāwèn：“Xiǎo·jiě, nín shì nǎ guó rén？Xǐhuan Wòtàihuá ma？”"Xiǎo·jiě, zài nǐmen guójiā yǒu méi·yǒu xiǎoháir huàn xiǎo'ér mábì？Shéi gěi tāmen yīliáofèi？" Yīliánchuàn de wèntí, shǐ wǒ zhège yǒushēng-yǐlái tóu yī cì zài zhòngmù-kuíkuí zhīxià ràng bié·rén cā xié de yìxiāngrén, cóng jìnhū lángbèi de jiǒngtài zhong jiětuō chū·lái. Wǒmen xiàng péngyou yīyàng liáo·qǐ tiānr·lái……

Jǐ gè yuè zhīhòu, yě shì zài jiē·shàng. Yīxiē shízì lùkǒuchù huò chēzhàn zuòzhe jǐ wèi lǎorén. Tāmen mǎntóu yínfà, shēn chuān gè zhǒng lǎoshì jūnzhuāng, shàng·miàn bùmǎnle dàdà-xiǎoxiǎo xíngxíng-sèsè de huīzhāng、jiǎngzhāng, měi rén shǒu pěng yī dà shù xiānhuā, yǒu shuǐxiān、shízhú、méi·guī jí jiào·buchū míngzi de, yīsè xuěbái. Cōngcōng guòwǎng dc xíngrén fēnfēn zhǐbù, bǎ qián tóu jìn zhèxiē lǎorén shēnpáng de báisè mùxiāng nèi, ránhòu xiàng tāmen wēiwēi jūgōng, cóng tāmen shǒu zhōng jiēguo yī duǒ huā. Wǒ kànle yīhuìr, yǒu rén tóu yī-liǎng yuán, yǒu rén tóu jǐbǎi yuán, hái yǒu rén tāochū zhīpiào tiánhǎo hòu tóujìn mùxiāng. Nàxiē lǎojūnrén háobù zhùyì rénmen juān duō·shǎo qián, yīzhí bù//tíng de xiàng rénmen dīshēng dàoxiè. Tóngxíng de péngyou gàosu wǒ, zhè shì wéi jìniàn Èr Cì Dàzhàn zhōng cānzhàn de yǒngshì, mùjuān jiùjì cánfèi jūnrén hé lièshì yíshuāng, měinián yī cì；rèn juān de rén kěwèi yǒngyuè, érqiě zhìxù jǐngrán, qì·fēn zhuāng yán. Yǒuxiē dìfang, rénmen hái nàixīn de páizhe duì. Wǒ xiǎng, zhè shì yīn·wèi tāmen dōu zhī·dào：Zhèng shì zhèxiē lǎorénmen de liúxuè xīshēng huànláile bāokuò tāmen xìnyǎng zìyóu zài nèi dc xǔxǔ-duōduō.

Wǒ liǎng cì bǎ nà wēibùzúdào de yīdiǎnr qián pěnggěi tāmen, zhī xiǎng duì tāmen shuō shēng"xièxiè".

Jiéxuǎn zì Qīng Bái《Juān chéng》

作品 22 号《可爱的小鸟》

　　没有一片绿叶，没有一缕炊烟，没有一粒泥土，没有一丝花香，只有水的世界，云的海洋。

　　一阵台风袭过，一只孤单的小鸟无家可归，落到被卷到洋里的木板上，乘流而下，姗姗而来，近了，近了……

　　忽然，小鸟张开翅膀，在人们头顶盘旋了几圈儿，"噗啦"一声落到了船上。许是累了？还是发现了"新大陆"？水手撵它它不走，抓它，它乖乖地落在掌心。可爱的小鸟和善良的水手结成了朋友。

　　瞧，它多美丽，娇巧的小嘴，啄理着绿色的羽毛，鸭子样的扁脚，呈现出春草的鹅黄。水手们把它带到舱里，给它"搭铺"，让它在船上安家落户，每天，把分到的一塑料桶淡水匀给它喝，把从祖国带来的鲜美的鱼肉分给它吃，天长日久，小鸟和水手的感情日趋笃厚。清晨，当第一束阳光射进舷窗时，它便敞开美丽的歌喉，唱啊唱，嘤嘤有韵，宛如春水淙淙。人类给它以生命，它毫不悭吝地把自己的艺术青春奉献给了哺育它的人。可能都是这样？艺术家们的青春只会献给尊敬他们的人。

　　小鸟给远航生活蒙上了一层浪漫色调。返航时，人们爱不释手，恋恋不舍地想把它带到异乡。可小鸟憔悴了，给水，不喝！喂肉，不吃！油亮的羽毛失去了光泽。是啊，我//们有自己的祖国，小鸟也有它的归宿，人和动物都是一样啊，哪儿也不如故乡好！

慈爱的水手们决定放开它，让它回到大海的摇篮去，回到蓝色的故乡去。离别前，这个大自然的朋友与水手们留影纪念。它站在许多人的头上、肩上、掌上、胳膊上，与喂养过它的人们，一起融进那蓝色的画面……

(节选自王文杰《可爱的小鸟》)

Zuòpǐn 22 Hào 《Kě'ài de Xiǎoniǎo》

Méi·yǒu yī piàn lǜyè, méi·yǒu yī lǚ chuīyān, méi·yǒu yī lì nítǔ, méi·yǒu yī sī huāxiāng, zhǐyǒu shuǐ de shìjiè, yún de hǎiyáng.

Yī zhèn táifēng xíguò, yī zhī gūdān de xiǎoniǎo wújiā-kěguī, luòdào bèi juàndào yáng·lǐ de mùbǎn·shàng, chéng liú ér xià, shānshān ér lái, jìn le, jìn le……

Hūrán, xiǎoniǎo zhāngkāi chìbǎng, zài rénmen tóudǐng pánxuánle jǐ quānr, "pūlā" yī shēng luòdàole chuán·shàng. Xǔ shì lèi le? Háishì fāxiànle "xīn dàlù"? Shuǐshǒu niǎn tā tā bù zǒu, zhuā tā, tā guāiguāi de luò zài zhǎngxīn. Kě'ài de xiǎoniǎo hé shànliáng de shuǐshǒu jiéchéngle péngyou.

Qiáo, tā duō měilì, jiāoqiǎo de xiǎozuǐ, zhuólìzhe lǜsè de yǔmáo, yāzi yàng de biǎnjiǎo, chéngxiàn chū chūncǎo de éhuáng. Shuǐshǒumen bǎ tā dàidào cāng·lǐ, gěi tā "dā pù", ràng tā zài chuán·shàng ānjiā-luòhù, měi tiān, bǎ fēndào de yī sùliàotǒng dànshuǐ yúngěi tā hē, bǎ cóng zǔguó dài·lái de xiānměi de yúròu fēngěi tā chī, tiāncháng-rìjiǔ, xiǎoniǎo hé shuǐshǒu de gǎn qíng rìqū dǔhòu. Qīngchén, dāng dì-yī shù yángguāng shèjìn xiánchuāng shí, tā biàn chǎngkāi měilì de gēhóu, chàng a chàng, yīngyīng-yǒuyùn, wǎnrú chūnshuǐ cóngcóng. Rénlèi gěi tā yī shēngmìng, tā háobù qiānlìn de bǎ zìjǐ de yìshù qīngchūn fèngxiàn gěile bǔyù tā de rén. Kěnéng dōu shì zhèyàng? Yìshùjiāmen de qīngchūn zhǐ huì xiànggěi zūnjìng tāmen de rén.

Xiǎoniǎo gěi yuǎnháng shēnghuó méng·shàngle yī céng làngmàn sèdiào. Fǎnháng shí, rénmen àibùshìshǒu, liànliàn-bùshě de xiǎng bǎ tā dàidào yìxiāng. Kě xiǎoniǎo qiáocuì le, gěi shuǐ, bù hē! Wèi ròu, bù chī! Yóuliàng de yǔmáo shīqùle guāngzé. Shì a, wǒ//men yǒu zìjǐ de zǔguó, xiǎoniǎo yě yǒu tā de guīsù, rén hé dòngwù dōu shì yīyàng a, nǎr yě bùrú gùxiāng hǎo!

Cí'ài de shuǐshǒumen juédìng fàngkāi tā, ràng tā huídào dàhǎi de yáolán·qù, huídào lánsè de gùxiāng·qù. Líbié qián, zhège dàzìrán de péngyou yǔ shuǐshǒumen liúyǐng jìniàn. Tā zhàn zài xǔduō rén de tóu·shàng, jiān·shàng, zhǎng·shàng, gēbo·shàng, yǔ wèiyǎngguo tā de rénmen, yīqǐ róngjìn nà lánsè de huàmiàn……

Jiéxuǎn zì Wáng Wénjié《Kě'ài de Xiǎoniǎo》

作品23号 《课不能停》

纽约的冬天常有大风雪，扑面的雪花不但令人难以睁开眼睛，甚至呼吸都会吸入冰冷的雪花。有时前一天晚上还是一片晴朗，第二天拉开窗帘，却已经积雪盈尺，连门都推不开了。

遇到这样的情况，公司、商店常会停止上班，学校也通过广播，宣布停课。但令人不解的是，唯有公立小学，仍然开放。只见黄色的校车，艰难地在路边接孩子，老师则一大早就口中喷着热气，铲去车子前后的积雪，小心翼翼地开车去学校。

据统计，十年来纽约的公立小学只因为超级暴风雪停过七次课。这是多么令人惊讶的事。犯得着在大人都无须上班的时候让孩子去学校吗？小学的老师也太倒霉了吧？

于是，每逢大雪而小学不停课时，都有家长打电话去骂。妙的是，每个打电话的人，反应全一样——先是怒气冲冲地责问，然后满口道歉，最后笑容满面地挂上电话。原因是，学校告诉家长：

在纽约有许多百万富翁，但也有不少贫困的家庭。后者白天开不起暖气，供不起午餐，孩子的营养全靠学校里免费的中饭，甚至可以多拿些回家当晚餐。学校停课一天，穷孩子就受一天冻，挨一天饿，所以老师们宁愿自己苦一点儿，也不能停//课。

或许有家长会说：何不让富裕的孩子在家里，让贫穷的孩子去学校享受暖气和营养午餐呢？

学校的答复是：我们不愿让那些穷苦的孩子感到他们是在接受救济，因为施舍的最高原则是保持受施者的尊严。

(节选自(台湾)刘墉《课不能停》)

Zuòpǐn 23 Hào 《Kè Bùnéng Tíng》

Niǔyuē de dōngtiān cháng yǒu dà fēngxuě, pūmiàn de xuěhuā bùdàn lìng rén nányǐ zhēngkāi yǎnjing, shènzhì hūxī dōu huì xīrù bīnglěng de xuěhuā. Yǒushí qián yī tiān wǎnshang háishi yī piàn qínglǎng, dì-èr tiān lākāi chuānglián, què yǐ·jīng jīxuě yíng chǐ, lián mén dōu tuī·bùkāi le.

Yùdào zhèyàng de qíngkuàng, gōngsī、shāngdiàn cháng huì tíngzhǐ shàngbān, xuéxiào yě tōngguò guǎngbō, xuānbù tíngkè. Dàn lìng rén bùjiě de shì, wéi yǒu gōnglì xiǎoxué, réngrán kāifàng. Zhǐ jiàn huángsè de xiàochē, jiānnán de zài lùbiān jiē háizi, lǎoshī zé yīdàzǎo jiù kǒuzhōng pēnzhe rèqì, chǎnqù chēzi qiánhòu de jīxuě, xiǎoxīn-yìyì de kāichē qù xuéxiào.

Jù tǒngjì, shí nián lái Niǔyuē de gōnglì xiǎoxué zhǐ yīn·wèi chāojí bào fēngxuě tíngguo qī cì kè. Zhè shì duōme lìng rén jīngyà de shì. Fàndé zháo zài dà·rén dōu wúxū shàngbān de shíhou ràng háizi qù xuéxiào ma? Xiǎoxué de lǎoshī yě tài dǎoméile ba?

Yúshì, měiféng dàxuě ér xiǎoxué bù tíngkè shí, dōu yǒu jiāzhǎng dǎ diànhuà qù mà. Miào de shì, měi gè dǎ diànhuà de rén, fǎnyìng quán yī yàng——xiān shì nùqì-chōngchōng de zéwèn, ránhòu mǎnkǒu dàoqiàn, zuìhòu xiàoróng mǎnmiàn de guà·shàng diànhuà. Yuányīn shì, xuéxiào gàosu jiāzhǎng：

Zài Niǔyuē yǒu xǔduō bǎiwàn fùwēng, dàn yě yǒu bùshǎo pínkùn de jiātíng. Hòuzhě bái·tiān kāi·bùqǐ nuǎnqì, gòng·bùqǐ wǔcān, háizi de yíngyǎng quán kào xuéxiào·lǐ miǎnfèi de zhōngfàn, shènzhì kěyǐ duō ná xiē huíjiā dàng wǎncān. Xuéxiào tíngkè yī tiān, qióng háizi jiù shòu yī tiān dòng, ái yī tiān è, suǒyǐ lǎoshīmen nìngyuàn zìjǐ kǔ yīdiǎnr, yě bù néng tíng//kè.

Huòxǔ yǒu jiāzhǎng huì shuō: Hé bù ràng fùyù de háizi zài jiā·lǐ, ràng pínqióng de háizi qù xuéxiào xiǎngshòu nuǎnqì hé yíngyǎng wǔcān ne?

Xuéxiào de dá·fù shì: Wǒmen bùyuàn ràng nàxiē qióngkǔ de háizi gǎndào tā men shì zài jiēshòu jiùjì, yīn·wèi shīshě de zuìgāo yuánzé shì bǎochí shòushīzhě de zūnyán.

Jiéxuǎn zì (Táiwān)Liú Yōng 《Kè Bùnéng Tíng》

作品 24 号《莲花和樱花》

十年，在历史上不过是一瞬间。只要稍加注意，人们就会发现：在这一瞬间里，各种事物都悄悄经历了自己的千变万化。

这次重新访日，我处处感到亲切和熟悉，也在许多方面发觉了日本的变化。就拿奈良的一个角落来说吧，我重游了为之感受很深的唐招提寺，在寺内各处匆匆走了一遍，庭院依旧，但意想不到还看到了一些新的东西。其中之一，就是近几年从中国移植来的"友谊之莲"。

在存放鉴真遗像的那个院子里，几株中国莲昂然挺立，翠绿的宽大荷叶正迎风而舞，显得十分愉快。开花的季节已过，荷花朵朵已变为莲蓬累累。莲子的颜色正在由青转紫，看来已经成熟了。

我禁不住想："因"已转化为"果"。

中国的莲花开在日本，日本的樱花开在中国，这不是偶然。我希望这样一种盛况延续不衰。可能有人不欣赏花，但绝不会有人欣赏落在自己面前的炮弹。

在这些日子里，我看到了不少多年不见的老朋友，又结识了一些新朋友。大家喜欢涉及的话题之一，就是古长安和古奈良。那还用得着问吗，朋友们缅怀过去，正是展望未来。瞩目于未来的人们必将获得未来。

我不例外，也希望一个美好的未来。

为//了中日人民之间的友谊，我将不浪费今后生命的每一瞬间。

(节选自严文井《莲花和樱花》)

Zuòpǐn 24 Hào 《Liánhuā hé Yīnghuā》

Shí nián, zài lìshǐ·shàng bùguò shì yī shùnjiān. Zhǐyào shāo jiā zhùyì, rénmen jiù huì fāxiàn: Zài zhè yī shùnjiān·lǐ, gè zhǒng shìwù dōu qiāoqiāo jīnglìle zìjǐ de qiānbiàn-wànhuà.

Zhè cì chóngxīn fǎng Rì, wǒ chùchù gǎndào qīnqiè hé shú·xī, yě zài xǔduō fāngmiàn fājuéle Rìběn de biànhuà. Jiù ná Nàiliáng de yī gè jiǎoluò lái shuō ba, wǒ chóngyóule wéi zhī gǎnshòu hěn shēn de Táng Zhāotísì, zài sìnèi gè chù cōngcōng zǒule yī biàn, tíngyuàn yījiù, dàn yìxiǎngbùdào hái kàndàole yīxiē xīn de dōngxi. Qízhōng zhīyī, jiùshì jìn jǐ nián cóng Zhōngguó yízhí lái de "yǒuyì zhī lián".

Zài cúnfàng Jiànzhēn yíxiàng de nàge yuànzi·lǐ, jǐ zhū Zhōngguó lián áng rán tǐnglì, cuìlǜ de kuāndà héyè zhèng yíngfēng ér wǔ, xiǎn·dé shífēn yúkuài. Kāihuā de jìjié yǐ guò, héhuā duǒduǒ yǐ biànwéi liánpéng léiléi. Liánzǐ de yánsè zhèngzài yóu qīng zhuǎn zǐ, kàn·lái yǐ·jīng chéngshú le.

Wǒ jīn·bùzhù xiǎng: "Yīn" yǐ zhuǎnhuà wéi "guǒ".

Zhōngguó de liánhuā kāi zài Rìběn, Rìběn de yīnghuā kāi zài Zhōngguó, zhè bù shì ǒurán. Wǒ xīwàng zhèyàng yī zhǒng shèngkuàng yánxù bù shuāi. Kěnéng yǒu rén bù xīnshǎng huā, dàn jué bùhuì yǒu rén xīnshǎng luò zài zìjǐ miànqián de pàodàn.

Zài zhèxiē rìzi·lǐ, wǒ kàndàole bùshǎo duō nián bù jiàn de lǎopéngyou, yòu jiéshíle yīxiē xīn péngyou. Dàjiā xǐhuān shèjí de huàtí zhīyī, jiùshì gǔ Cháng'ān hé gǔ Nàiliáng. Nà hái yòngdezháo wèn ma, péngyoumen miǎnhuái guòqù, zhèngshì zhǎnwàng wèilái. Zhǔmù yú wèilái de rénmen bìjiāng huòdé wèilái.

Wǒ bù lìwài, yě xīwàng yī gè měihǎo de wèilái.

Wèi//le Zhōng-Rì rénmín zhījiān de yǒuyì, wǒ jiāng bù làngfèi jīnhòu shēngmìng de měi yī shùnjiān.

Jiéxuǎn zì Yán Wénjǐng《Liánhuā hé Yīnghuā》

作品 25 号《绿》

梅雨潭闪闪的绿色招引着我们，我们开始追捉她那离合的神光了。揪着草，攀着乱石，小心探身下去，又鞠躬过了一个石穹门，便到了汪汪一碧的潭边了。

瀑布在襟袖之间，但是我的心中已没有瀑布了。我的心随潭水的绿而摇荡。那醉人的绿呀！仿佛一张极大极大的荷叶铺着，满是奇异的绿呀。我想张开两臂抱住她，但这是怎样一个妄想啊。

站在水边，望到那面，居然觉着有些远呢！这平铺着、厚积着的绿，着实可爱。她松松地皱缬着，像少妇拖着的裙幅；她滑滑的明亮着，像涂了"明油"一般，有鸡蛋清那样软，那样嫩；她又不杂些尘滓，宛然一块温润的碧玉，只清清的一色——但你却看不透她！我曾见过北京什刹海拂地的绿杨，脱不了鹅黄的底子，似乎太淡了。我又曾见过杭州虎跑寺近旁高峻而深密的"绿壁"，丛叠着无穷的碧草与绿叶的，那又似乎太浓了。其余呢，西湖的波太明了，秦淮河的也太暗了。可爱的，我将什么来比拟你呢？我怎么比拟得出呢？大约潭是很深的，故能蕴蓄着这样奇异的绿；仿佛蔚蓝的天融了一块在里面似的，这才这般的鲜润啊。

那醉人的绿呀！我若能裁你以为带，我将赠给那轻盈的//舞女，她必能临风飘举了。我若能挹你以为眼，我将赠给那善歌的盲妹，她必明眸善睐了。我舍不得你，我怎舍得你呢？我用手拍着你，抚摩着你，如同一个十二三岁的小姑娘。我又掬你入口，便是吻着她了。我送你一个名字，我从此叫你"女儿绿"，好吗？

第二次到仙岩的时候，我不禁惊诧于梅雨潭的绿了。

(节选自朱自清《绿》)

Zuòpǐn 25 Hào 《Lǜ》

Méiyǔtán shǎnshǎn de lǜsè zhāoyǐnzhe wǒmen, wǒmen kāishǐ zhuīzhuō tā nà líhé de shénguāng le. Jiūzhe cǎo, pānzhe luànshí, xiǎo·xīn tànshēn xià·qù, yòujūgōng guòle yī gè shíqióngmén, biàn dàole wāngwāng yībì de tán biān le.

Pùbù zài jīnxiù zhījiān, dànshì wǒ de xīnzhōng yǐ méi·yǒu pùbù le. Wǒ de xīn suí tánshuǐ de lǜ ér yáodàng. Nà zuìrén de lǜ ya! Fǎngfú yī zhāng jí dà jídà de héyè pūzhe, mǎnshì qíyì de lǜ ya. Wǒ xiǎng zhāngkāi liǎngbì bàozhù tā, dàn zhè shì zěnyàng yī gè wàngxiǎng ā.

Zhàn zài shuǐbiān, wàngdào nà·miàn, jūrán juézhe yǒu xiē yuǎn ne! Zhè píngpūzhe、hòujīzhe de lǜ, zhuóshí kě'ài. Tā sōngsōng de zhòuxiézhe, xiàng shàofù tuōzhe de qúnfú; tā huáhuá de míngliàngzhe, xiàng túle "míngyóu" yībān, yǒu jīdànqīng nàyàng ruǎn, nàyàng nèn; tā yòu bù zá xiē chénzǐ, wǎnrán yī kuài wēnrùn de bìyù, zhǐ qīngqīng de yī sè——dàn nǐ què kàn·bùtòu tā!

　　Wǒ céng jiànguo Běijīng Shíchàhǎi fùdì de lǜyáng, tuō·buliǎo éhuáng de dǐzi, sìhū tài dàn le. Wǒ yòu céng jiànguo Hángzhōu Hǔpáosì jìnpáng gāojùn ér shēnmì de "lǜbì", cóngdiézhe wúqióng de bìcǎo yǔ lǜyè de, nà yòu sìhū tài nóng le. Qíyú ne, Xīhú de bō tài míng le, Qínhuái Hé de yě tài àn le. Kě'ài de, wǒ jiāng shénme lái bǐnǐ ne? Wǒ zěnme bǐnǐ de chū ne? Dàyuē tán shì hěn shēn de, gù néng yùnxùzhe zhèyàng qíyì de lǜ; fǎngfú wèilán de tiān róngle yī kuài zài lǐ·miàn shìde, zhè cái zhèbān de xiānrùn a.

　　Nà zuìrén de lǜ ya! Wǒ ruò néng cái nǐ yǐ wéi dài, wǒ jiāng zènggěi nà qīngyíng de// wǔnǚ, tā bìnéng línfēng piāojǔ le. Wǒ ruò néng yì nǐ yǐ wéi yǎn, wǒ jiāng zènggěi nà shàn gē de mángmèi, tā bì míngmóu-shànlài le. Wǒ shě·bù·dé nǐ, wǒ zěn shě·dé nǐ ne? Wǒ yòng shǒu pāizhe nǐ, fǔmózhe nǐ, rútóng yī gè shí'èr-sān suì de xiǎogūniang. Wǒ yòu jū nǐ rùkǒu, biànshì wěnzhe tā le. Wǒ sòng nǐ yī gè míngzi, wǒ cóngcǐ jiào nǐ "nǚ'érlǜ", hǎo ma?

　　Dì-èr cì dào Xiānyán de shíhou, wǒ bùjīn jīngchà yú Méiyǔtán de lǜ le.

Jiéxuǎn zì Zhū Zìqīng《Lǜ》

作品 26 号《落花生》

　　我们家的后园有半亩空地，母亲说："让它荒着怪可惜的，你们那么爱吃花生，就开辟出来种花生吧。"我们姐弟几个都很高兴，买种，翻地，播种，浇水，没过几个月，居然收获了。

　　母亲说："今晚我们过一个收获节，请你们父亲也来尝尝我们的新花生，好不好？"我们都说好。母亲把花生做成了好几样食品，还吩咐就在后园的茅亭里过这个节。

　　晚上天色不太好，可是父亲也来了，实在很难得。

　　父亲说："你们爱吃花生吗？"

　　我们争着答应："爱！"

　　"谁能把花生的好处说出来？"

　　姐姐说："花生的味儿美。"

　　哥哥说："花生可以榨油。"

　　我说："花生的价钱便宜，谁都可以买来吃，都喜欢吃。这就是它的好处。"

　　父亲说："花生的好处很多，有一样最可贵：它的果实埋在地里，不像桃子、石榴、苹果那样，把鲜红嫩绿的果实高高地挂在枝头上，使人一见就生爱慕之心。你们看它矮矮地长在地上，等到成熟了，也不能立刻分辨出来它有没有果实，必须挖出来才知道。"

　　我们都说是，母亲也点点头。

　　父亲接下去说："所以你们要像花生，它虽然不好看，可是很有用，不是外表好看而没有实用的东西。"

　　我说："那么，人要做有用的人，不要做只讲体面，而对别人没有好处的人了。"//

　　父亲说："对。这是我对你们的希望。"

　　我们谈到夜深才散。花生做的食品都吃完了，父亲的话却深深地印在我的心上。

（节选自许地山《落花生》）

Zuòpǐn 26 Hào《Luòhuāshēng》

Wǒmen jiā de hòuyuán yǒu bàn mǔ kòngdì, mǔ·qīn shuō: "Ràng tā huāngzhe guài kěxī de, nǐmen nàme ài chī huāshēng, jiù kāipì chū·lái zhòng huāshēng ba." Wǒmen jiě-dì jǐ gè dōu hěn gāoxìng, mǎizhǒng, fāndì, bōzhǒng, jiāoshuǐ, méi guò jǐ gèyuè, jūrán shōuhuò le.

Mǔ·qīn shuō: "Jīnwǎn wǒmen guò yī gè shōuhuòjié, qǐng nǐmen fù·qīn yě lái chángchang wǒmen de xīn huāshēng, hǎo·bù hǎo?" Wǒmen dōu shuō hǎo. Mǔ·qīn bǎ huāshēng zuòchéngle hǎo jǐ yàng shípǐn, hái fēnfù jiù zài hòuyuán de máotíng·lǐ guò zhègèjié.

Wǎnshang tiānsè bù tài hǎo, kěshì fù·qīn yě lái le, shízài hěn nándé.

Fù·qīn shuō: "Nǐmen ài chī huāshēng ma?"

Wǒmen zhēngzhe dāying: "Ài!"

"Shéi néng bǎ huāshēng de hǎo·chù shuō chū·lái?"

Jiějie shuō: "Huāshēng de wèir měi."

Gēge shuō: "Huāshēng kěyǐ zhàyóu."

Wǒ shuō: "Huāshēng de jià·qián piányi, shuí dōu kěyǐ mǎi·lái chī, dōu xǐhuan chī. Zhè jiùshì tā de hǎo·chù."

Fù·qīn shuō: "Huāshēng de hǎo·chù hěn duō, yǒu yī yàng zuì kěguì: Tā de guǒshí mái zài dì·lǐ, bù xiàng táozi、shíliu、píngguǒ nàyàng, bǎ xiānhóng nènlǜ de guǒshí gāogāo de guà zài zhītóu·shàng, shǐ rén yī jiàn jiù shēng àimù zhī xīn. Nǐmen kàn tā ǎi'ǎi de zhǎng zài dì·shàng, děngdào chéngshú le, yěbùnéng lìkè fēnbiàn chū·lái tā yǒu méi·yǒu guǒshí, bìxū wā chū·lái cái zhī·dào."

Wǒmen dōu shuō shì, mǔ·qīn yě diǎndiǎn tóu.

Fù·qīn jiē xià·qù shuō: "Suǒyǐ nǐmen yào xiàng huāshēng, tā suīrán bù hǎokàn, kěshì hěn yǒuyòng, bù shì wàibiǎo hǎokàn ér méi·yǒu shíyòng de dōngxi."

Wǒ shuō: "Nàme, rén yào zuò yǒuyòng de rén, bùyào zuò zhǐ jiǎng tǐ·miàn, ér duì bié·rén méi·yǒu hǎo·chù de rén le."//

Fù·qīn shuō: "Duì. Zhè shì wǒ duì nǐmen de xīwàng."

Wǒmen tándào yè shēn cái sàn. Huāshēng zuò de shípǐn dōu chīwán le, fù·qīn de huà què shēnshēn de yìn zài wǒ de xīn·shàng.

Jiéxuǎn zì Xǔ Dìshān《Luòhuāshēng》

作品 27 号《麻雀》

我打猎归来，沿着花园的林荫路走着。狗跑在我前边。

突然，狗放慢脚步，蹑足潜行，好像嗅到了前边有什么野物。

我顺着林荫路望去，看见了一只嘴边还带黄色、头上生着柔毛的小麻雀。风猛烈地吹打着林阴路上的白桦树，麻雀从巢里跌落下来，呆呆地伏在地上，孤立无援地张开两只羽毛还未丰满的小翅膀。

我的狗慢慢向它靠近。忽然，从附近一棵树上飞下一只黑胸脯的老麻雀，像一颗石子似的落到狗的跟前。老麻雀全身倒竖着羽毛，惊恐万状，发出绝望、凄惨的叫声，接着向露出牙齿、大张着的狗嘴扑去。

　　老麻雀是猛扑下来救护幼雀的。它用身体掩护着自己的幼儿……但它整个小小的身体因恐怖而战栗着，它小小的声音也变得粗暴嘶哑，它在牺牲自己！

　　在它看来，狗该是个多么庞大的怪物啊！然而，它还是不能站在自己高高的、安全的树枝上……一种比它的理智更强烈的力量，使它从那儿扑下身来。

　　我的狗站住了，向后退了退……看来，它也感到了这种力量。

　　我赶紧唤住惊慌失措的狗，然后我怀着崇敬的心情，走开了。

　　是啊，请不要见笑。我崇敬那只小小的、英勇的鸟儿，我崇敬它那种爱的冲动和力量。

　　爱，我//想，比死和死的恐惧更强大。只有依靠它，依靠这种爱，生命才能维持下去，发展下去。

(节选自[俄]屠格涅夫《麻雀》，巴金译)

Zuòpǐn 27 Hào 《Máquè》

　　Wǒ dǎliè guīlái, yánzhe huāyuán de línyīnlù zǒuzhe. Gǒu pǎo zài wǒ qián·biān.

　　Tūrán, gǒu fàngmàn jiǎobù, nièzú-qiánxíng, hǎoxiàng xiùdàole qián·biān yǒu shénme yěwù.

　　Wǒ shùnzhe línyīnlù wàng·qù, kàn·jiànle yī zhī zuǐ biān hái dài huángsè、tóu·shàng shēngzhe róumáo de xiǎo máquè. Fēng měngliè de chuīdǎzhe línyīnlù·shàng de báihuàshù, máquè cóng cháo·lǐ diēluò xià·lái, dāidāi de fú zài dì·shàng, gūlì wúyuán de zhāngkāi liǎng zhī yǔmáo hái wèi fēngmǎn de xiǎo chìbǎng.

　　Wǒ de gǒu mànmàn xiàng tā kàojìn. Hūrán, cóng fùjìn yīkē shù·shāng fēi·xià yī zhī hēixiōngpú de lǎomáquè, xiàng yīkē shízǐ shí de luòdào gǒu de gēn·qián. Lǎomáquè quánshēn dǎoshùzhe yǔmáo, jīngkǒng-wànzhuàng, fāchū jué wàng、qīcǎn de jiàoshēng, jiēzhe xiàng lòuchū yáchǐ、dà zhāngzhe de gǒuzuǐ pū·qù.

　　Lǎo máquè shì měng pū xià·lái jiùhù yòuquè de. Tā yòng shēntǐ yǎnhùzhe zìjǐ de yòu'ér……Dàn tā zhěnggè xiǎoxiǎo de shēntǐ yīn kǒngbù ér zhànlìzhe, tā xiǎoxiǎo de shēngyīn yě biànde cūbào sīyǎ, tā zài xīshēng zìjǐ!

　　Zài tā kànlái, gǒu gāishì gè duōme pángdà de guàiwu a! Rán'ér, tā háishì bùnéng zhàn zài zìjǐ gāogāo de、ānquán de shùzhī·shàng……Yī zhǒng bǐ tā de lǐzhì gèng qiángliè de lì·liàng, shǐ tā cóng nàr pū·xià shēn·lái.

　　Wǒ de gǒu zhànzhù le, xiàng hòu tuìletuì……kànlái, tā yě gǎndàole zhè zhǒng lì·liàng.

　　Wǒ gǎnjǐn huànzhù jīnghuāng-shīcuò de gǒu, ránhòu wǒ huáizhe chóngjìng de xīnqíng, zǒukāi le.

　　Shì a, qǐng bùyào jiànxiào. Wǒ chóngjìng nà zhī xiǎoxiǎo de、yīngyǒng de niǎor, wǒ chóngjìng tā nà zhǒng ài de chōngdòng hé lì·liàng.

　　Ai, wǒ// xiǎng, bǐ sǐ hé sǐ de kǒngjù gèng qiángdà. Zhǐyǒu yīkào tā, yīkào zhè zhǒng ài, shēngmìng cái néng wéichí xià·qù, fāzhǎn xià·qù.

Jiéxuǎn zì [É]Túgénièfū 《Máquè》, Bā Jīn yì

作品 28 号《迷途笛音》

那年我六岁。离我家仅一箭之遥的小山坡旁，有一个早已被废弃的采石场，双亲从来不准我去那儿，其实那儿风景十分迷人。

一个夏季的下午，我随着一群小伙伴儿偷偷上那儿去了。就在我们穿越了一条孤寂的小路后，他们却把我一个人留在原地，然后奔向"更危险的地带"了。等他们走后，我惊慌失措地发现，再也找不到要回家的那条孤寂的小道了。像只无头的苍蝇，我到处乱钻，衣裤上挂满了芒刺。太阳已经落山，而此时此刻，家里一定开始吃晚餐了，双亲正盼着我回家……想着想着，我不由得背靠着一棵树，伤心地呜呜大哭起来……

突然，不远处传来了声声柳笛。我像找到了救星，急忙寻声走去。一条小道边的树桩上坐着一位吹笛人，手里还正削着什么。走近细看，他不就是被大家称为"乡巴佬儿"的卡廷吗？

"你好，小家伙儿，"卡廷说，"看天气多美，你是出来散步的吧？"

我怯生生地点点头，答道："我要回家了。"

"请耐心等上几分钟，"卡廷说，"瞧，我正在削一支柳笛，差不多就要做好了，完工后就送给你吧！"

卡廷边削边不时把尚未成形的柳笛放在嘴里试吹一下。没过多久，一支柳笛便递到我手中。我俩在一阵阵清脆悦耳的笛音//中，踏上了归途……

当时，我心中只充满感激，而今天，当我自己也成了祖父时，却突然领悟到他用心之良苦！那天当他听到我的哭声时，便判定我一定迷了路，但他并不想在孩子面前扮演"救星"的角色，于是吹响柳笛以便让我能发现他，并跟着他走出困境！就这样，卡廷先生以乡下人的纯朴，保护了一个小男孩儿强烈的自尊。

(节选自唐若水译《迷途笛音》)

Zuòpǐn 28 Hào 《Mítú Díyīn》

Nà nián wǒ liù suì. Lí wǒ jiā jǐn yī jiàn zhī yáo de xiǎo shānpō páng, yǒu yī gè zǎo yǐ bèi fèiqì de cǎishíchǎng, shuāngqīn cónglái bùzhǔn wǒ qù nàr, qí shí nàr fēngjǐng shífēn mírén.

Yī gè xiàjì de xiàwǔ, wǒ suízhe yī qún xiǎohuǒbànr tōutōu shàng nàr qù le. Jiù zài wǒmen chuānyuèle yī tiáo gūjì de xiǎolù hòu, tāmen què bǎ wǒ yī gèrén liú zài yuándì, ránhòu bēnxiàng "gèng wēixiǎn de dìdài" le. Děng tāmen zǒuhòu, wǒ jīnghuāng-shīcuò de fāxiàn, zài yě zhǎo·bùdào yào huíjiā de nà tiáo gūjì de xiǎodào le. Xiàng zhī wú tóu de cāngyíng, wǒ dàochù luàn zuān, yīkù·shàng guàmǎnle mángcì. Tài·yáng yǐ·jīng luòshān, ér cǐshí cǐkè, jiā·lǐ yīdìng kāishǐ chī wǎncān le, shuāngqīn zhèng pànzhe wǒ huíjiā……Xiǎngzhe xiǎngzhe, wǒ bùyóudé bèi kàozhe yīkēshù, shāngxīn de wūwū dàkū qǐ·lái……

Tūrán, bùyuǎn chù chuán·láile shēngshēng liǔdí. Wǒ xiàng zhǎodàole jiù xīng, jímáng xúnshēng zǒuqù. Yī tiáo xiǎodào biān de shùzhuāng·shàng zuòzhe yī wèi chuīdí rén, shǒu·lǐ hái zhèng xiāozhe shénme. Zǒujìn xìkàn, tā bù jiùshì bèi dàjiā chēngwéi "xiāngbalǎor" de Kǎtíng ma?

"Nǐ hǎo, xiǎojiāhuor, "Kǎtíng shuō, "kàn tiānqì duō měi, nǐ shì chū·lái sànbù de ba?"

Wǒ qièshēngshēng de diǎndiǎn tóu, dádào: "Wǒ yào huíjiā le."

"Qǐng nàixīn děng·shàng jǐ fēnzhōng, " Kǎtíng shuō, "Qiáo, wǒ zhèngzài xiāo yīzhī liǔdí, chà·bùduō jiù yào zuòhǎo le, wángōng hòu jiù sònggěi nǐ ba! "

　　Kǎtíng biān xiāo biān bùshí bǎ shàng wèi chéngxíng de liǔdí fàngzài zuǐ·lǐ shìchuī yīxià. Méiguòduōjiǔ, yī zhī liǔdí biàn dìdào wǒ shǒuzhōng. Wǒliǎ zài yī zhènzhèn qīngcuì yuè'ěr de díyīn// zhōng, tà·shàng le guītú……

　　Dāngshí, wǒ xīnzhōng zhǐ chōngmǎn gǎn·jī, ér jīntiān, dāng wǒ zìjǐ yě chéngle zǔfù shí, què tūrán lǐngwù dào tā yòngxīn zhī liángkǔ! Nà tiān dāng tātīngdào wǒ de kūshēng shí, biàn pàndìng wǒ yīdìng míle lù, dàn tā bìng bù xiǎng zài háizi miànqián bànyǎn "jiùxīng" de juésè, yúshì chuīxiǎng liǔdí yībiàn ràng wǒ néng fāxiàn tā, bìng gēnzhe tā zǒuchū kùnjìng! Jiù zhèyàng, Kǎtíngxiānsheng yǐ xiāngxiàrén de chúnpǔ, bǎohùle yī gè xiǎonánháir qiángliè de zìzūn.

Jiéxuǎn zì Táng Ruòshuǐ yì 《Mítú Díyīn》

作品 29 号 《莫高窟》

　　在浩瀚无垠的沙漠里，有一片美丽的绿洲，绿洲里藏着一颗闪光的珍珠。这颗珍珠就是敦煌莫高窟。它坐落在我国甘肃省敦煌市三危山和鸣沙山的怀抱中。

　　鸣沙山东麓是平均高度为十七米的崖壁。在一千六百多米长的崖壁上，凿有大小洞窟七百余个，形成了规模宏伟的石窟群。其中四百九十二个洞窟中，共有彩色塑像两千一百余尊，各种壁画共四万五千多平方米。莫高窟是我国古代无数艺术匠师留给人类的珍贵文化遗产。

　　莫高窟的彩塑，每一尊都是一件精美的艺术品。最大的有九层楼那么高，最小的还不如一个手掌大。这些彩塑个性鲜明，神态各异。有慈眉善目的菩萨，有威风凛凛的天王，还有强壮勇猛的力士……

　　莫高窟壁画的内容丰富多彩，有的是描绘古代劳动人民打猎、捕鱼、耕田、收割的情景，有的是描绘人们奏乐、舞蹈、演杂技的场面，还有的是描绘大自然的美丽风光。其中最引人注目的是飞天。壁画上的飞天，有的臂挎花篮，采摘鲜花；有的反弹琵琶，轻拨银弦；有的倒悬身子，自天而降；有的彩带飘拂，漫天遨游；有的舒展着双臂，翩翩起舞。看着这些精美动人的壁画，就像走进了//灿烂辉煌的艺术殿堂。

　　莫高窟里还有一个面积不大的洞窟——藏经洞。洞里曾藏有我国古代的各种经卷、文书、帛画、刺绣、铜像等共六万多件。由于清朝政府腐败无能，大量珍贵的文物被外国强盗掠走。仅存的部分经卷，现在陈列于北京故宫等处。

　　莫高窟是举世闻名的艺术宝库。这里的每一尊彩塑、每一幅壁画、每一件文物，都是中国古代人民智慧的结晶。

(节选自小学《语文》第六册中《莫高窟》)

Zuòpǐn 29 Hào 《Mògāokū》

　　Zài hàohànwúyín de shāmò·lǐ, yǒu yīpiàn měilì de lǜzhōu, lǜzhōu·lǐ cángzhe yīkē shǎnguāng de zhēnzhū. Zhèkē zhēnzhū jiùshì Dūnhuáng Mògāokū. Tā zuòluòzài wǒguó GānsùShěng DūnhuángShì SānwēiShān hé MíngshāShān de huáibào zhōng.

　　Míngshā Shān dōnglù shì píngjūn gāodù wéi shíqī mǐ de yábì. Zài yīqiān liùbǎi duō mǐ cháng de yábì·shàng, záo yǒu dàxiǎo dòngkū qībǎi yú gè, xíngchéng le guīmó hóngwěi de shíkūqún. Qízhōng sìbǎi jiǔshí'èr gè dòngkū zhōng, gòng yǒu cǎisè sùxiàng liǎngqiān yībǎi yú zūn, gèzhǒng bìhuà gòng sìwàn wǔqiān duō píngfāngmǐ. Mògāokū shì wǒguó gǔdài wúshù yìshù jiàngshī liúgěi rénlèi de zhēnguì wénhuà yíchǎn.

　　Mògāokū de cǎisù, měi yī zūn dōushì yī jiàn jīngměi de yìshùpǐn. Zuìdà de yǒu jiǔcénglóu name gāo, zuì xiǎo de hái bùrú yīgè shǒuzhǎng dà. Zhèxiē cǎisù gèxìng xiānmíng, shéntài-gèyì. Yǒu címéi-shànmù de pú·sà, yǒu wēifēng-lǐnlǐn de tiānwáng, háiyǒu qiángzhuàng yǒngměng de lìshì……

　　Mògāokū bìhuà de nèiróng fēngfù-duōcǎi, yǒude shì miáohuì gǔdài láodòng rénmín dǎliè、bǔyú、gēngtián、shōugē de qíngjǐng, yǒude shì miáohuì rénmen zòuyuè、wǔdǎo、yǎn zájì de chǎngmiàn, hái yǒude shì miáohuì dàzìrán de měilì fēngguāng. Qízhōng zuì yǐnrén-zhùmù de shì fēitiān. Bìhuà·shàng de fēitiān, yǒude bìkuà huālán, cǎizhāi xiānhuā; yǒude fǎn tán pí·pá, qīng bō yínxián; yǒude dǎo xuán shēnzi, zì tiān ér jiàng; yǒude cǎidài piāofú, màntiān áo yóu; yǒude shūzhǎnzhe shuāngbì, piānpiān-qǐwǔ. Kànzhe zhèxiē jīngměi dòngrén de bìhuà, jiù xiàng zǒujìnle// cànlàn huīhuáng de yìshù diàntáng.

　　Mògāokū·lǐ háiyǒu yī gè miànjī bù dà de dòngkū——cángjīngdòng. Dòng·lǐ céng cángyǒu wǒguó gǔdài de gè zhǒng jīngjuàn、wénshū、bóhuà、cìxiù、tóngxiàngděng gòng liùwàn duō jiàn. Yóuyú Qīngcháo zhèngfǔ fǔbài wúnéng, dàliàng zhēnguì de wénwù bèi wàiguó qiángdào luèzǒu. Jǐncún de bùfen jīngjuàn, xiànzài chénliè yú Běijīng Gùgōng děng chù.

　　Mògāokū shì jǔshì-wénmíng de yìshù bǎokù. Zhè·lǐ de měi yī zūn cǎisù、měiyī fú bìhuà、měi yī jiàn wénwù, dōushì Zhōngguó gǔdài rénmín zhìhuì de jiéjīng.

Jiéxuǎn zì Xiǎoxué《Yǔwén》dì-liù cè zhōng《Mògāokū》

作品30号《牡丹的拒绝》

　　其实你在很久以前并不喜欢牡丹，因为它总被人作为富贵膜拜。后来你目睹了一次牡丹的落花，你相信所有的人都会为之感动：一阵清风徐来，娇艳鲜嫩的盛期牡丹忽然整朵整朵地坠落，铺撒一地绚丽的花瓣。那花瓣落地时依然鲜艳夺目，如同一只奉上祭坛的大鸟脱落的羽毛，低吟着壮烈的悲歌离去。

　　牡丹没有花谢花败之时，要么烁于枝头，要么归于泥土，它跨越萎顿和衰老，由青春而死亡，由美丽而消遁。它虽美却不吝惜生命，即使告别也要展示给人最后一次的惊心动魄。

　　所以在这阴冷的四月里，奇迹不会发生。任凭游人扫兴和诅咒，牡丹依然安之若素。它不苟且、不俯就、不妥协、不媚俗，甘愿自己冷落自己。它遵循自己的花期，自己的规律，它有权利为自己选择每年一度的盛大节日。它为什么不拒绝寒冷？

　　天南海北的看花人，依然络绎不绝地涌入洛阳城。人们不会因牡丹的拒绝而拒绝它的美。如果它再被贬谪十次，也许它就会繁衍出十个洛阳牡丹城。

　　于是你在无言的遗憾中感悟到，富贵与高贵只是一字之差。同人一样，花儿也是有灵性的，更有品位之高低。品位这东西为气为魂为//筋骨为神韵，只可意会。你叹服牡丹卓尔不群之姿，方知品位是多么容易被世人忽略或是漠视的美。

（节选自张抗抗《牡丹的拒绝》）

Zuòpǐn 30 Hào 《Mǔ·dān de Jùjué》

Qíshí nǐ zài hěnjiǔ yǐqián bìng bù xǐhuan mǔ·dān, yīn·wèi tā zǒng bèi rén zuòwéi fùguì móbài. Hòulái nǐ mùdǔle yīcì mǔ·dān de luòhuā, nǐ xiāngxìn suǒyǒu de rén dōu huì wéi zhī gǎndòng: Yī zhèn qīngfēng xúlái, jiāoyàn xiānnèn de shèngqī mǔ·dān hūrán zhěngduǒ zhěngduǒ de zhuìluò, pūsǎn yīdì xuànlì de huābàn. Nà huābàn luòdì shí yīrán xiānyàn duómù, rútóng yī zhī fèng·shàng jìtán de dàniǎo tuōluò de yǔmáo, dīyínzhe zhuànglè de bēigē líqù.

Mǔ·dān méi·yǒu huāxiè-huābài zhīshí, yàome shuòyú zhītóu, yàome guīyú nítǔ, tā kuàyuè wěidùn hé shuāilǎo, yóu qīngchūn ér sǐwáng, yóu měilì ér xiāo dùn. Tā suī měi què bù lìnxī shēngmìng, jíshǐ gàobié yě yào zhǎnshì gěi rén zuìhòu yī cì de jīngxīn-dòngpò.

Suǒyǐ zài zhè yīnlěng de sìyuè·lǐ, qíjì bù huì fāshēng. Rènpíng yǒurén sǎoxīng hé zǔzhòu, mǔ·dān yīrán ānzhī-ruòsù. Tā bù gǒuqiě、bù fǔjiù、bù tuǒxié、bù mèisú, gānyuàn zìjǐ lěngluò zìjǐ. Tā zūnxún zìjǐ de huāqī, zìjǐ de guīlǜ, tā yǒu quánlì wèi zìjǐ xuǎnzé měinián yī dù de shèngdà jiérì. Tā wèishénme bù jùjué hánlěng?

Tiānnán-hǎiběi de kàn huā rén, yīrán luòyì-bùjué de yǒngrù Luòyáng Chéng. Rénmen bùhuì yīn mǔ·dān de jùjué ér jùjué tā de měi. Rúguǒ tā zài bèi biǎn zhé shí cì, yěxǔ tā jiùhuì fányǎn chū shí gè Luòyáng mǔ·dān chéng.

Yúshì nǐ zài wúyán de yíhàn zhōng gǎnwù dào, fùguì yǔ gāoguì zhǐshì yī zì zhī chā. Tóng rén yīyàng, huā'ér yě shì yǒu língxìng de, gèng yǒu pǐnwèi zhī gāodī. Pǐnwèi zhè dōngxi wéi qì wéi hún wéi// jīngǔ wéi shényùn, zhī kě yìhuì. Nǐ tànfú mǔ·dān zhuó'ěr-bùqún zhī zī, fāng zhī pǐnwèi shì duōme róng·yì bèi shìrén hūlüè huò shì mòshì de měi.

Jiéxuǎn zì Zhāng Kàngkàng《Mǔ·dān de Jùjué》

作品31号《"能吞能吐"的森林》

森林涵养水源，保持水土，防止水旱灾害的作用非常大。据专家测算，一片十万亩面积的森林，相当于一个两百万立方米的水库，这正如农谚所说的："山上多栽树，等于修水库。雨多它能吞，雨少它能吐。"

说起森林的功劳，那还多得很。它除了为人类提供木材及许多种生产、生活的原料之外，在维护生态环境方面也是功劳卓著，它用另一种"能吞能吐"的特殊功能孕育了人类。因为地球在形成之初，大气中的二氧化碳含量很高，氧气很少，气温也高，生物是难以生存的。大约在四亿年之前，陆地才产生了森林。森林慢慢将大气中的二氧化碳吸收，同时吐出新鲜氧气，调节气温：这才具备了人类生存的条件，地球上才最终有了人类。

森林，是地球生态系统的主体，是大自然的总调度室，是地球的绿色之肺。森林维护地球生态环境的这种"能吞能吐"的特殊功能是其他任何物体都不能取代的。然而，由于地球上的燃烧物增多，二氧化碳的排放量急剧增加，使得地球生态环境急剧恶化，主要表现为全球气候变暖，水分蒸发加快，改变了气流的循环，使气候变化加剧，从而引发热浪、飓风、暴雨、洪涝及干旱。

为了//使地球的这个"能吞能吐"的绿色之肺恢复健壮，以改善生态环境，抑制全球变暖，减少水旱等自然灾害，我们应该大力造林、护林，使每一座荒山都绿起来。

(节选自《中考语文课外阅读试题精选》中《"能吞能吐"的森林》)

Zuòpǐn 31 Hào 《"NéngtūnNéngtǔ"de Sēnlín》

　　Sēnlín hányǎng shuǐyuán, bǎochí shuǐtǔ, fángzhǐ shuǐhàn zāihài de zuòyòng fēicháng dà. Jù zhuānjiā cèsuàn, yī piàn shíwàn mǔ miànjī de sēnlín, xiāngdāngyú yī gè liǎngbǎi wàn lìfāngmǐ de shuǐkù, zhè zhèng rú nóngyàn suǒ shuō de: "Shān·shàng duō zāi shù, děngyú xiū shuǐkù. Yǔ duō tā néng tūn, yǔ shǎo tā néng tǔ."

　　Shuōqǐ sēnlín de gōng·láo, nà hái duō de hěn. Tā chúle wèi rénlèi tígōng mùcái jí xǔduō zhǒng shēngchǎn、shēnghuó de yuánliào zhīwài, zài wéihù shēngtài huánjìng fāngmiàn yě shì gōng·láo zhuózhù, tā yòng lìng yī zhǒng "néngtūn-néngtǔ" de tèshū gōngnéng yùnyùle rénlèi. Yīn·wèi dìqiú zài xíngchéng zhīchū, dàqì zhōng de èryǎnghuàtàn hánliàng hěn gāo, yǎngqì hěn shǎo, qìwēn yě gāo, shēngwù shì nányǐ shēngcún de. Dàyuē zài sìyì nián zhīqián, lùdì cái chǎnshēngle sēnlín. Sēnlín mànmàn jiāng dàqì zhōng de èryǎnghuàtàn xīshōu, tóngshí tǔ·chū xīn·xiān yǎngqì, tiáojié qìwēn: Zhè cái jùbèile rénlèi shēngcún de tiáojiàn, dìqiú·shàng cái zuìzhōng yǒule rénlèi.

　　Sēnlín, shì dìqiú shēngtài xìtǒng de zhǔtǐ, shì dàzìrán de zǒng diàodùshì, shì dìqiú de lǜsè zhī fèi. Sēnlín wéihù dìqiú shēngtài huánjìng de zhè zhǒng "néngtūn-néngtǔ" de tèshū gōngnéng shì qítā rènhé wùtǐ dōu bùnéng qǔdài de. Rán'ér, yóuyú dìqiú·shàng de ránshāowù zēngduō, èryǎnghuàtàn de páifàngliàng jíjù zēngjiā, shǐ·dé dìqiú shēngtài huánjìng jíjù èhuà, zhǔyào biǎoxiàn wéi quánqiú qìhòu biàn nuǎn, shuǐfèn zhēngfā jiākuài, gǎibiànle qìliú de xúnhuán, shǐ qìhòu biànhuà jiājù, cóng'ér yǐnfā rèlàng、jùfēng、bàoyǔ、hónglào jí gān hàn.

　　Wèile// shǐ dìqiú de zhège "néngtūn-néngtǔ" de lǜsè zhī fèi huīfù jiàn zhuàng, yǐ gǎishàn shēngtài huánjìng, yìzhì quánqiú biàn nuǎn, jiǎnshǎo shuǐ hàn děng zìrán zāihài, wǒmen yīnggāi dàlì zàolín、hùlín, shǐ měi yī zuò huāngshān dōu lǜ qǐ·lái.

Jiéxuǎn zì 《Zhōngkǎo Yǔwén Kèwài Yuèdú Shìtí Jīngxuǎn》 zhōng
《"Néngtūn-Néngtǔ" de Sēnlín》

作品32号《朋友和其他》

　　朋友即将远行。

　　暮春时节，又邀了几位朋友在家小聚。虽然都是极熟的朋友，却是终年难得一见，偶尔电话里相遇，也无非是几句寻常话。一锅小米稀饭，一碟大头菜，一盘自家酿制的泡菜，一只巷口买回的烤鸭，简简单单，不像请客，倒像家人团聚。

　　其实，友情也好，爱情也好，久而久之都会转化为亲情。

　　说也奇怪，和新朋友会谈文学、谈哲学、谈人生道理等等，和老朋友却只话家常，柴米油盐，细细碎碎，种种琐事。很多时候，心灵的契合已经不需要太多的言语来表达。

　　朋友新烫了个头，不敢回家见母亲，恐怕惊骇了老人家，却欢天喜地来见我们，老朋友颇能以一种趣味性的眼光欣赏这个改变。

　　年少的时候，我们差不多都在为别人而活，为苦口婆心的父母活，为循循善诱的师长活，为许多观念、许多传统的约束力而活。年岁逐增，渐渐挣脱外在的限制与束缚，开始懂得为自己活，照自己的方式做一些自己喜欢的事，不在乎别人的批评意见，不在乎别人的诋毁流言，只在乎那一份随心所欲的舒坦自然。偶尔，也能够纵容自己放浪一下，并且有一种恶作剧的窃喜。

就让生命顺其自然，水到渠成吧，犹如窗前的//乌桕，自生自落之间，自有一份圆融丰满的喜悦。春雨轻轻落着，没有诗，没有酒，有的只是一份相知相属的自在自得。

夜色在笑语中渐渐沉落，朋友起身告辞，没有挽留，没有送别，甚至也没有问归期。已经过了大喜大悲的岁月，已经过了伤感流泪的年华，知道了聚散原来是这样的自然和顺理成章，懂得这点，便懂得珍惜每一次相聚的温馨，离别便也欢喜。

(节选自(台湾)杏林子《朋友和其他》)

Zuòpǐn 32 Hào 《Péngyou hé Qítā》

Péngyou jíjiāng yuǎnxíng.

Mùchūn shíjié, yòu yāole jǐ wèi péngyou zài jiā xiǎojù. Suīrán dōu shì jí shú de péngyou, què shì zhōngnián nándé yī jiàn, ǒu'ěr diànhuà·lǐ xiāngyù, yěwúfēi shì jǐ jù xúnchánghuà. Yī guō xiǎomǐ xīfàn, yī dié dàtóucài, yī pán zìjiā niàngzhì de pàocài, yī zhī xiàngkǒu mǎihuí de kǎoyā, jiǎnjiǎn-dāndān, bù xiàng qǐngkè, dǎo xiàng jiārén tuánjù.

Qíshí, yǒuqíng yě hǎo, àiqíng yě hǎo, jiǔ'érjiǔzhī dōu huì zhuǎnhuà wéi qīnqíng.

Shuō yě qíguài, hé xīn péngyou huì tán wénxué、tán zhéxué、tán rénshēng dào·lǐ děngděng, hé lǎo péngyou què shǐ huà jiācháng, chái-mǐ-yóu-yán, xìxì-suìsuì, zhǒngzhǒng suǒshì. Hěn duō shíhou, xīnlíng de qìhé yǐ·jīng bù xūyào tài duō de yányǔ lái biǎodá.

Péngyou xīn tàngle ge tóu, bùgǎn huíjiā jiàn mǔ·qīn, kǒngpà jīnghàile lǎo·rén·jiā, què huāntiān-xǐdì lái jiàn wǒmen, lǎo péngyou pō néng yǐ yī zhǒng qùwèixìng de yǎnguāng xīnshǎng zhège gǎibiàn.

Niánshào de shíhou, wǒmen chà·bùduō dōu zài wèi bié·rén ér huó, wèi kǔkǒu-póxīn de fùmǔ huó, wèi xúnxún-shànyòu de shīzhǎng huó, wèi xǔduō guānniàn、xǔduō chuántǒng de yuēshùlì ér huó. Niánsuì zhú zēng, jiànjiàn zhèngtuō wàizàide xiànzhì yǔ shùfù, kāishǐ dǒng·dé wèi zìjǐ huó, zhào zìjǐ de fāngshì zuò yīxiē zìjǐ xǐhuan de shì, bù zàihu bié·rén de pīpíng yì·jiàn, bù zàihu bié·rén de dǐhuǐ liúyán, zhǐ zàihu nà yī fēnr suíxīn-suǒyù de shūtan zìrán. Ǒu'ěr, yě nénggòu zòngróng zìjǐ fànglàng yīxià, bìngqiě yǒu yī zhǒng èzuòjù de qièxǐ.

Jiù ràng shēngmìng shùn qí zìrán, shuǐdào-qúchéng ba, yóurú chuāng qián de// wūjiù, zìshēng-zìluò zhījiān, zì yǒu yī fèn yuánróng fēngmǎn de xǐyuè. Chūnyǔ qīngqīng luòzhe, méi·yǒu shī, méi·yǒu jiǔ, yǒude zhǐshì yī fèn xiāng zhī xiāng shǔ de zìzài zìdé.

Yèsè zài xiàoyǔ zhōng jiànjiàn chénluò, péngyou qǐshēn gàocí, méi·yǒu wǎnliú, méi·yǒu sòngbié, shènzhì yě méi·yǒu wèn guīqī. Yǐ·jīng guòle dàxǐ-dàbēi de suìyuè, yǐ·jīng guòle shānggǎn liúlèi de niánhuá, zhī·dàole jù-sàn yuánlái shì zhèyàng de zìrán hé shùnlǐ-chéngzhāng, dǒng·dé zhè diǎn, biàn dǒngdé zhēnxī měi yī cì xiāngjù de wēnxīn, líbié biàn yě huānxǐ.

Jiéxuǎn zì (Táiwān)Xìng Línzǐ《Péngyou hé Qítā》

作品33号《散步》

我们在田野散步：我，我的母亲，我的妻子和儿子。

母亲本不愿出来的。她老了，身体不好，走远一点儿就觉得很累。我说，正因为如此，才应该多走走。母亲信服地点点头，便去拿外套。她现在很听我的话，就像我小时候很听她的话一样。

这南方初春的田野，大块小块的新绿随意地铺着，有的浓，有的淡，树上的嫩芽也密了，田里的冬水也咕咕地起着水泡。这一切都使人想着一样东西——生命。

我和母亲走在前面，我的妻子和儿子走在后面。小家伙突然叫起来："前面是妈妈和儿子，后面也是妈妈和儿子。"我们都笑了。

后来发生了分歧：母亲要走大路，大路平顺；我的儿子要走小路，小路有意思。不过，一切都取决于我。我的母亲老了，她早已习惯听从她强壮的儿子；我的儿子还小，他还习惯听从他高大的父亲；妻子呢，在外面，她总是听我的。霎时我感到了责任的重大。我想找一个两全的办法，找不出；我想拆散一家人，分成两路，各得其所，终不愿意。我决定委屈儿子，因为我伴同他的时日还长。我说："走大路。"

但是母亲摸摸孙儿的小脑瓜，变了主意："还是走小路吧。"她的眼随小路望去：那里有金色的菜花，两行整齐的桑树，//尽头一口水波粼粼的鱼塘。"我走不过去的地方，你就背着我。"母亲对我说。

这样，我们在阳光下，向着那菜花、桑树和鱼塘走去。到了一处，我蹲下来，背起了母亲；妻子也蹲下来，背起了儿子。我和妻子都是慢慢地，稳稳地，走得很仔细，好像我背上的同她背上的加起来，就是整个世界。

(节选自莫怀戚《散步》)

Zuòpǐn 33 Hào 《Sànbù》

Wǒmen zài tiányě sànbù: Wǒ, wǒ de mǔ·qīn, wǒ de qī·zǐ hé érzi.

Mǔ·qīn běn bùyuàn chū·lái de. Tā lǎo le, shēntǐ bù hǎo, zǒu yuǎn yīdiǎnr jiù jué·dé hěn lèi. Wǒ shuō, zhèng yīn·wèi rúcǐ, cái yīnggāi duō zǒuzou. Mǔ·qīn xìnfú de diǎndiǎn tóu, biàn qù ná wàitào. Tā xiànzài hěn tīng wǒ de huà, jiù xiàng wǒ xiǎoshíhou hěn tīng tā de huà yīyàng.

Zhè nánfāng chūchūn de tiányě, dàkuài xiǎokuài de xīnlǜ suíyì de pūzhe, yǒude nóng, yǒude dàn, shù·shàng de nènyá yě mì le, tián·lǐ de dōngshuǐ yě gū gū de qǐzhe shuǐpào. Zhè yīqiè dōu shǐ rén xiǎngzhe yī yàng dōngxi——shēngmìng.

Wǒ hé mǔ·qīn zǒu zài qián·miàn, wǒ de qī·zǐ hé érzi zǒu zài hòu·miàn. Xiǎojiāhuo tūrán jiào qǐ·lái: "Qián·miàn shì māma hé érzi, hòu·miàn yě shìmāma hé érzi." Wǒmen dōu xiào le.

Hòulái fāshēngle fēnqí: Mǔ·qīn yào zǒu dàlù, dàlù píngshùn; wǒ de érzǐ yào zǒu xiǎolù, xiǎolù yǒu yìsi. Bùguò, yīqiè dōu qǔjuéyú wǒ. Wǒ de mǔ·qīn lǎo le, tā zǎoyǐ xíguàn tīngcóng tā qiángzhuàng de érzǐ; wǒ de érzǐ hái xiǎo, tā hái xíguàn tīngcóng tā gāodà de fù·qīn; qī·zǐ ne, zài wài·miàn, tā zǒngshì tīng wǒ de. Shàshí wǒ gǎndàole zérèn de zhòngdà. Wǒ xiǎng zhǎo yī gè liǎngquán de bànfǎ, zhǎo bù chū; wǒ xiǎng chāisàn yī jiā rén, fēnchéng liǎng lù, gèdé-qí suǒ, zhōng bù yuàn·yì. Wǒ juédìng wěiqū érzǐ, yīn·wèi wǒ bàntóng tā de shírì hái cháng. Wǒ shuō: "Zǒu dàlù."

Dànshì mǔ·qīn mōmo sūn'ér de xiǎo nǎoguā, biànle zhǔyi: "háishì zǒu xiǎolù ba." Tā de yǎn suí xiǎolù wàng·qù: Nà·lǐ yǒu jīnsè de càihuā, liǎng háng zhěngqí de sāngshù, // jìntóu yī kǒu shuǐbō línlín de yútáng. "Wǒ zǒu bù guò·qù de dìfang, nǐ jiù bèizhe wǒ." Mǔ·qīn duì wǒ shuō.

Zhèyàng, wǒmen zài yángguāng·xià, xiàngzhe nà càihuā、sāngshù hé yútáng zǒu·qù. Dàole yī chù, wǒ dūn xià·lái, bèiqǐle mǔ·qīn, qī·zǐ yě dūn xià·lái, bèiqǐle érzi. Wǒ hé qī·zǐ dōu shì mànmàn de, wěnwěn de, zǒu de hěn zǐxì, hǎo xiàng wǒ bèi·shàng de tóng tā bèi·shàng de jiā qǐ·lái, jiùshì zhěnggè shìjiè.

Jiéxuǎn zì Mò Huáiqī《Sànbù》

作品 34 号《神秘的"无底洞"》

地球上是否真的存在"无底洞"？按说地球是圆的，由地壳、地幔和地核三层组成，真正的"无底洞"是不应存在的，我们所看到的各种山洞、裂口、裂缝，甚至火山口也都只是地壳浅部的一种现象。然而中国一些古籍却多次提到海外有个深奥莫测的无底洞。事实上地球上确实有这样一个"无底洞"。

它位于希腊亚各斯古城的海滨。由于濒临大海，大涨潮时，汹涌的海水便会排山倒海般地涌入洞中，形成一股湍湍的急流。据测，每天流入洞内的海水量达三万多吨。奇怪的是，如此大量的海水灌入洞中，却从来没有把洞灌满。曾有人怀疑，这个"无底洞"，会不会就像石灰岩地区的漏斗、竖井、落水洞一类的地形。然而从二十世纪三十年代以来，人们就做了多种努力企图寻找它的出口，却都是枉费心机。

为了揭开这个秘密，一九五八年美国地理学会派出一支考察队，他们把一种经久不变的带色染料溶解在海水中，观察染料是如何随着海水一起沉下去。接着又察看了附近海面以及岛上的各条河、湖，满怀希望地寻找这种带颜色的水，结果令人失望。难道是海水量太大把有色水稀释得太淡，以致无法发现？//

至今谁也不知道为什么这里的海水会没完没了地"漏"下去，这个"无底洞"的出口又在哪里，每天大量的海水究竟都流到哪里去了？

(节选自罗伯特·罗威尔《神秘的"无底洞"》)

Zuòpǐn 34 Hào 《Shénmì de "Wúdǐdòng"》

Dìqiú·shàng shìfǒu zhēn de cúnzài "wúdǐdòng"? Ànshuō dìqiú shì yuán de, yóu dìqiào、dìmàn hé dìhé sān céng zǔchéng, zhēnzhèng de "wúdǐdòng" shì bù yīng cúnzài de, wǒmen suǒ kàndào de gè zhǒng shāndòng、lièkǒu、lièfèng, shènzhì huǒshānkǒu yě dōu zhǐshì dìqiào qiǎnbù de yī zhǒng xiànxiàng. Rán'ér zhōngguó yīxiē gǔjí què duō cì tídào hǎiwài yǒu gè shēn'ào-mòcè de wúdǐdòng. Shìshí shàng dìqiú·shàng quèshí yǒu zhèyàng yī gè "wúdǐdòng".

Tā wèiyú Xīlà Yàgèsī gǔchéng de hǎibīn. Yóuyú bīnlín dàhǎi, dà zhǎngcháo shí, xiōngyǒng de hǎishuǐ biàn huì páishān-dǎohǎi bān de yǒngrù dòng zhōng, xíngchéng yī gǔ tuāntuān de jíliú. Jù cè, měi tiān liúrù dòng nèi de hǎishuǐliàng dá sānwàn duō dūn. Qíguài de shì, rúcǐ dàliàng de hǎishuǐ guànrù dòng zhōng, què cónglái méi·yǒu bǎ dòng guànmǎn. Céng yǒu rén huáiyí, zhège "wúdǐdòng", huì·bùhuì jiù xiàng shíhuīyán dìqū de lòudǒu、shùjǐng、luòshuǐdòng yīlèi de dìxíng. Rán'ér cóng èrshí shìjì sānshí niándài yǐlái, rénmen jiù zuòle duō zhǒng nǔlì qǐtú xúnzhǎo tā de chūkǒu, què dōu shì wǎngfèi-xīnjī.

Wèile jiēkāi zhège mìmì, yī jiǔ wǔ bā nián Měiguó Dìlǐ Xuéhuì pàichū yī zhī kǎocháduì, tāmen bǎ yī zhǒng jīngjiǔ-bùbiàn de dài sè rǎnliào róngjiě zài hǎishuǐ zhōng, guānchá rǎn liào shì rúhé suízhe hǎishuǐ yīqǐ chénxià·qù. Jiēzhe yòu chákànle fùjìn hǎimiàn yǐjí dǎo·shàng de gè tiáo hé、hú, mǎnhuái xīwàng de xúnzhǎo zhè zhǒng dài yánsè de shuǐ, jiéguǒ lìng rén shīwàng. Nán dào shì hǎishuǐliàng tài dà bǎ yǒusèshuǐ xīshì de tài dàn, yǐ zhì wúfǎ fāxiàn? //

Zhìjīn shéi yě bù zhī·dào wèishénme zhè·lǐ de hǎishuǐ méiwán-méiliǎo de "lòu" xià·qù, zhège "wúdǐdòng" de chūkǒu yòu zài nǎ·lǐ, měi tiān dàliàng de hǎishuǐ jiūjìng dōu liúdào nǎ·lǐ qù le?

Jiéxuǎn zì Luóbótè Luówēi'ěr 《Shénmì de "Wúdǐdòng"》

作品 35 号《世间最美的坟墓》

我在俄国见到的景物再没有比托尔斯泰墓更宏伟、更感人的。

完全按照托尔斯泰的愿望，他的坟墓成了世间最美的、给人印象最深刻的坟墓。它只是树林中的一个小小的长方形土丘，上面开满鲜花——没有十字架，没有墓碑，没有墓志铭，连托尔斯泰这个名字也没有。

这位比谁都感到受自己的声名所累的伟人，却像偶尔被发现的流浪汉，不为人知的士兵，不留名姓地被人埋葬了。谁都可以踏进他最后的安息地，围在四周稀疏的木栅栏是不关闭的——保护列夫·托尔斯泰得以安息的没有任何别的东西，唯有人们的敬意；而通常，人们却总是怀着好奇，去破坏伟人墓地的宁静。

这里，逼人的朴素禁锢住任何一种观赏的闲情，并且不容许你大声说话。风儿俯临，在这座无名者之墓的树木之间飒飒响着，和暖的阳光在坟头儿嬉戏；冬天，白雪温柔地覆盖这片幽暗的土地。无论你在夏天或冬天经过这儿，你都想象不到，这个小小的、隆起的长方体里安放着一位当代最伟大的人物。

然而，恰恰是这座不留姓名的坟墓，比所有挖空心思用大理石和奢华装饰建造的坟墓更扣人心弦。在今天这个特殊的日子//里，到他的安息地来的成百上千人中间，没有一个有勇气，哪怕仅仅从这幽暗的土丘上摘下一朵花留作纪念。人们重新感到，世界上再没有比托尔斯泰最后留下的、这座纪念碑式的朴素坟墓，更打动人心的了。

(节选自[奥]茨威格《世间最美的坟墓》，张厚仁译)

Zuòpǐn 35 Hào 《Shìjiān Zuì Měi de Fénmù》

Wǒ zài Éguó jiàndào de jǐngwù zài méi·yǒu bǐ Tuō'ěrsītài mù gèng hóngwěi、gèng gǎnrén de.

Wánquán ànzhào Tuō'ěrsītài de yuànwàng, tā de fénmù chéngle shìjiān zuì měi de、gěi rén yìnxiàng zuì shēnkè de fénmù. Tā zhǐshì shùlín zhōng de yī gè xiǎoxiǎo chángfāngxíng tǔqiū, shàng·miàn kāimǎn xiānhuā——méi·yǒu shízìjià, méi·yǒu mùbēi, méi·yǒu mùzhìmíng, lián Tuō'ěrsītài zhègè míng zi yě méi·yǒu.

Zhè wèi bǐ shéi dōu gǎndào shòu zìjǐ de shēngmíng suǒ lèi de wěirén, què xiàng ǒu'ěr bèi fāxiàn de liúlànghàn, bù wéi rén zhī de shìbīng, bù liú míng xìng de bèi rén máizàng le. Shéi dōu kěyǐ tàjìn tā zuìhòu de ānxīdì, wéi zài sì zhōu xīshū de mù zhàlan shì bù guānbì de——bǎohù Lièfū Tuō'ěrsītài déyǐ ānxī de méi·yǒu rènhé biéde dōngxi, wéiyǒu rénmen de jìngyì; ér tōngcháng, rén men què zǒngshì huáizhe hàoqí, qù pòhuài wěirén mùdì de níngjìng.

Zhè·lǐ, bīrén de pǔsù jìngù zhù rènhé yī zhǒng guānshǎng de xiánqíng, bìngqiě bù róngxǔ nǐ dàshēng shuōhuà. Fēng'ér fǔ lín, zài zhè zuò wúmíngzhě zhīmù de shùmù zhījiān sàsà xiǎngzhe, hénuǎn de yángguāng zài féntóur xīxì; dōngtiān, báixuě wēnróu de fùgài zhè piàn yōu'àn de guītǔdì. Wúlùn nǐ zài xiàtiān huò dōngtiān jīngguò zhèr, nǐ dōu xiǎngxiàng bù dào, zhègè xiǎoxiǎo de、lóngqǐde chángfāngtǐ·lǐ ānfàngzhe yī wèi dāngdài zuì wěidà de rénwù.

Rán'ér, qiàqià shì zhè zuò bù liú xìngmíng de fénmù, bǐ suǒyǒu wākōng xīn si yòng dàlǐshí hé shēhuá zhuāngshì jiànzào de fénmù gèng kòurénxīnxián. Zài jīntiān zhègè tèshū de rìzi • //lǐ, dào tā de ānxīdì lái de chéng bǎi shàng qiān rén zhōngjiān, méi·yǒu yī gè yǒu yǒngqì, nǎpà jǐnjǐn cóng zhè yōu'àn de tǔqiū·shàng zhāixià yī duǒ huā liúzuò jìniàn. Rénmen chóngxīn gǎndào, shìjiè·shàng zài méi·yǒu bǐ Tuō'ěrsītài zuìhòu liúxià de、zhè zuò jìniànbēi shì de pǔsù fénmù, gèng dǎdòng rénxīn de le.

　　　　　　Jiéxuǎn zì ［Ào］Cíwēigé《Shìjiān Zuì Měi de Fénmù》, Zhāng Hòurén yì

作品 36 号《苏州园林》

　　我国的建筑,从古代的宫殿到近代的一般住房,绝大部分是对称的,左边怎么样,右边怎么样。苏州园林可绝不讲究对称,好像故意避免似的。东边有了一个亭子或者一道回廊,西边决不会来一个同样的亭子或者一道同样的回廊。这是为什么？我想,用图画来比方,对称的建筑是图案画,不是美术画,而园林是美术画,美术画要求自然之趣,是不讲究对称的。

　　苏州园林里都有假山和池沼。

　　假山的堆叠,可以说是一项艺术而不仅是技术。或者是重峦叠嶂,或者是几座小山配合着竹子花木,全在乎设计者和匠师们生平多阅历,胸中有丘壑,才能使游览者攀登的时候忘却苏州城市,只觉得身在山间。

　　至于池沼,大多引用活水。有些园林池沼宽敞,就把池沼作为全园的中心,其他景物配合着布置。水面假如成河道模样,往往安排桥梁。假如安排两座以上的桥梁,那就一座一个样,绝不雷同。

　　池沼或河道的边沿很少砌齐整的石岸,总是高低屈曲任其自然。还在那儿布置几块玲珑的石头,或者种些花草。这也是为了取得从各个角度看都成一幅画的效果。池沼里养着金鱼或各色鲤鱼,夏秋季节荷花或睡莲开//放,游览者看"鱼戏莲叶间",又是入画的一景。

　　　　　　　　　　　　　　　　　　　　　　　　（节选自叶圣陶《苏州园林》）

Zuòpǐn 36 Hào　《Sūzhōu Yuánlín》

　　Wǒguó de jiànzhù, cóng gǔdài de gōngdiàn dào jìndài de yībān zhùfáng, jué dà bùfen shì duìchèn de, zuǒ·biān zěnmeyàng, yòu·biān zěnmeyàng. Sūzhōu yuánlín kě juébù jiǎng·jiū duìchèn, hǎoxiàng gùyì bìmiǎn shìde. Dōng·biān yǒule yī gè tíngzi huòzhě yī dào huíláng, xī·biān juébù huì lái yī gè tóngyàng de tíngzi huòzhě yī dào tóngyàng de huíláng. Zhè shì wèishénme？Wǒ xiǎng, yòng túhuà lái bǐfang, duìchèn de jiànzhù shì tú'ànhuà, bù shì měishùhuà, ér yuánlín shì měishùhuà, měishùhuà yāoqiú zìrán zhī qù, shì bù jiǎng·jiū duìchèn de.

　　Sūzhōu yuánlín·lǐ dōu yǒu jiǎshān hé chízhǎo.

　　Jiǎshān de duīdié, kěyǐ shuō shì yī xiàng yìshù ér bùjǐn shì jìshù. Huòzhě shì chóngluán-diézhàng, huòzhě shì jǐ zuò xiǎoshān pèihézhe zhúzi huāmù, quán zàihu shèjìzhě hé jiàngshīmen shēngpíng duō yuèlì, xiōng zhōng yǒu qiūhè, cái néng shǐ yóulǎnzhě pāndēng de shíhou wàngquè Sūzhōu chéngshì, zhǐ juéde shēn zài shān jiān.

　　Zhìyú chízhǎo, dàduō yǐnyòng huóshuǐ. Yǒuxiē yuánlín chízhǎo kuān·chǎng, jiù bǎ chízhǎo zuòwéi quán yuán de zhōngxīn, qítā jǐngwù pèihézhe bùzhì. Shuǐ miàn jiǎrú chéng hédào múyàng, wǎngwǎng ānpái qiáoliáng. Jiǎrú ānpái liǎng zuò yǐshàng de qiáoliáng, nà jiù yī zuò yī gè yàng, jué bù léitóng.

　　Chízhǎo huò hédào de biānyán hěn shǎo qì qízhěng de shí'àn, zǒngshì gāodī qūqū rèn qí zìrán. Hái zài nàr bùzhì jǐ kuài línglóng de shítou, huòzhě zhòng xiē huācǎo. Zhè yě shì wèile qǔdé cóng gègè jiǎodù kàn dōu chéng yī fú huà de xiàoguǒ. Chízhǎo·lǐ yǎngzhe jīnyú huò gè sè lǐyú, xià-qiū jìjié héhuā huò shuìlián kāi//fàng, yóulǎnzhě kàn "yú xì lián yè jiān", yòu shì rù huà de yī jǐng.

Jiéxuǎn zì Yè Shèngtáo《Sūzhōu Yuánlín》

作品 37 号《态度创造快乐》

　　一位访美中国女作家，在纽约遇到一位卖花的老太太。老太太穿着破旧，身体虚弱，但脸上的神情却是那样祥和兴奋。女作家挑了一朵花说："看起来，你很高兴。"老太太面带微笑地说："是的，一切都这么美好，我为什么不高兴呢？""对烦恼，你倒真能看得开。"女作家又说了一句。没料到，老太太的回答更令女作家大吃一惊："耶稣在星期五被钉上十字架时，是全世界最糟糕的一天，可三天后就是复活节。所以，当我遇到不幸时，就会等待三天，这样一切就恢复正常了。"

　　"等待三天"，多么富于哲理的话语，多么乐观的生活方式。它把烦恼和痛苦抛下，全力去收获快乐。

　　沈从文在"文革"期间，陷入了非人的境地。可他毫不在意，他在咸宁时给他的表侄、画家黄永玉写信说："这里的荷花真好，你若来……"身陷苦难却仍为荷花的盛开欣喜赞叹不已，这是一种趋于澄明的境界，一种旷达洒脱的胸襟，一种面临磨难坦荡从容的气度，一种对生活童子般的热爱和对美好事物无限向往的生命情感。

　　由此可见，影响一个人快乐的，有时并不是困境及磨难，而是一个人的心态。如果把自己浸泡在积极、乐观、向上的心态中，快乐必然会//占据你的每一天。

(节选自《态度创造快乐》)

Zuòpǐn 37 Hào 《Tài·dù Chuàngzào Kuàilè》

　　Yī wèi fǎng Měi Zhōngguó nǚzuòjiā, zài Niǔyuē yùdào yī wèi mài huā de lǎo tàitai. Lǎotàitai chuānzhuó pòjiù, shēntǐ xūruò, dàn liǎn·shàng de shénqíng què shì nàyàng xiánghé xīngfèn. Nǚzuòjiā tiāole yī duǒ huā shuō: "Kàn qǐ·lái, nǐ hěn gāoxìng." Lǎotàitai miàn dài wēixiào de shuō: "Shìde, yīqiè dōu zhème měihǎo, wǒ wèishénme bù gāoxìng ne？" "Duì fánnǎo, nǐ dào zhēn néng kàndekāi." Nǚzuòjiā yòu shuōle yī jù. Méi liàodào, lǎotàitai de huídá gèng lìng nǚzuòjiā dàchī-yījīng: "Yēsū zài xīngqīwǔ bèi dìng·shàng shízìjià shí, shì quán shì jiè zuì zāogāo de yī tiān, kě sān tiān hòu jiùshì Fùhuójié. Suǒyǐ, dāng wǒ yù dào bùxìng shí, jiù huì děngdài sān tiān, zhèyàng yīqiè jiù huīfù zhèngcháng le."

"Děngdài sān tiān", duōme fùyú zhélǐ de huàyǔ, duōme lèguān de shēnghuó fāngshì. Tā bǎ fánnǎo hé tòngkǔ pāo·xià, quánlì qù shōuhuò kuàilè.

Shěn Cóngwén zài "wén-gé" qījiān, xiànrùle fēirén de jìngdì. Kě tā háobù zàiyì, tā zài Xiánníng shí gěi tā de biǎozhí、huàjiā Huáng Yǒngyù xiěxìn shuō: "Zhè·lǐ de héhuā zhēn hǎo, nǐ ruò lái……" Shěn xiàn kǔnàn què réng wèi hé huā de shèngkāi xīnxǐ zàntàn bùyǐ, zhè shì yī zhǒng qūyú chéngmíng de jìngjiè, yī zhǒng kuàngdá sǎ·tuō de xiōngjīn, yī zhǒng miànlín mónàn tǎndàng cóngróng de qìdù, yī zhǒng duì shēnghuó tóngzǐ bān de rè·ài hé duì měihǎo shìwù wúxiàn xiàngwǎng de shēngmìng qínggǎn.

Yóucǐ-kějiàn, yǐngxiǎng yī gè rén kuàilè de, yǒushí bìng bù shì kùnjìng jí mónàn, ér shì yī gè rén de xīntài. Rúguǒ bǎ zìjǐ jìn pào zài jījí、lèguān、xiàngshàng de xīntài zhōng, kuàilè bìrán huì// zhànjù nǐ de měi yī tiān.

Jiéxuǎn zì 《Tài·dù Chuàngzào Kuàilè》

作品 38 号 《泰山极顶》

  泰山极顶看日出，历来被描绘成十分壮观的奇景。有人说：登泰山而看不到日出，就像一出大戏没有戏眼，味儿终究有点儿寡淡。

  我去爬山那天，正赶上个难得的好天，万里长空，云彩丝儿都不见。素常，烟雾腾腾的山头，显得眉目分明。同伴们都欣喜地说："明天早晨准可以看见日出了。"我也是抱着这种想头，爬上山去。

  一路从山脚往上爬，细看山景，我觉得挂在眼前的不是五岳独尊的泰山，却像一幅规模惊人的青绿山水画，从下面倒展开来。在画卷中最先露出的是山根儿底那座明朝建筑岱宗坊，慢慢地便现出王母池、斗母宫、经石峪。山是一层比一层深，一叠比一叠奇，层层叠叠，不知还会有多深多奇。万山丛中，时而点染着极其工细的人物。王母池旁的吕祖殿里有不少尊明塑，塑着吕洞宾等一些人，姿态神情是那样有生气，你看了，不禁会脱口赞叹说："活啦。"

  画卷继续展开，绿阴森森的柏洞露面不太久，便来到对松山。两面奇峰对峙着，满山峰都是奇形怪状的老松，年纪怕都有上千岁了，颜色竟那么浓，浓得好像要流下来似的。来到这儿，你不妨权当一次画里的写意人物，坐在路旁的对松亭里，看看山色，听听流// 水和松涛。

  一时间，我又觉得自己不仅是在看画卷，却又像是在零零乱乱翻着一卷历史稿本。

(节选自杨朔《泰山极顶》)

Zuòpǐn 38 Hào 《Tài Shān Jí Dǐng》

  Tài Shān jí dǐng kàn rìchū, lìlái bèi miáohuì chéng shífēn zhuàngguān de qíjǐng. Yǒu rén shuō: Dēng Tài Shān ér kàn·bùdào rìchū, jiù xiàng yī chū dàxì méi·yǒu xìyǎn, wèir zhōngjiū yǒu diǎnr guǎdàn.

　　Wǒ qù páshān nà tiān, zhèng gǎn·shàng gè nándé de hǎotiān, wànlǐchángkōng, yúncaisīr dōu bù jiàn. Sùcháng, yānwù téngténg de shāntóu, xiǎn·dé méi·mù fēnmíng. Tóngbànmen dōu xīnxǐ de shuō："Míngtiān zǎo·chén zhǔn kěyi kàn·jiàn rìchu le. " Wǒ yě shì bàozhe zhè zhǒng xiǎngtou, pá·shàng shān·qù.

　　Yīlù cóng shānjiǎo wǎngshàng pá, xì kàn shānjǐng, wǒ jué·dé guà zài yǎn qián de bù shì Wǔ Yuè dú zūn de Tài Shān, què xiàng yī fú guīmó jīngrén de qīnglǜ shānshuǐhuà, cóng xià·miàn dào zhǎn kāi·lái. Zài huàjuàn zhōng zuì xiān lòuchū de shì shāngēnr dǐ nà zuò Míngcháo jiànzhù Dàizōngfāng, mànmàn de biàn xiànchū Wángmǔchí、Dòumǔgōng、Jīngshíyù. Shān shì yī céng bǐ yī céng shēn, yī dié bǐ yī dié qí, céngcéng-diédié, bù zhī hái huì yǒu duō shēn duō qí. Wàn shān cóng zhōng, shí'ér diǎnrǎnzhe jíqí gōngxì de rénwù. Wángmǔchí páng de Lǚ zǔdiàn·lǐ yǒu bùshǎo zūn míngsù, sùzhe Lǚ Dòngbīn děng yīxiē rén, zītài shén qíng shì nàyàng yǒu shēngqì, nǐ kàn le, bùjīn huì tuōkǒu zàntàn shuō："Huó la."

　　Huàjuàn jìxù zhǎnkāi, lǜyīn sēnsēn de Bǎidòng lòumiàn bù tài jiǔ, biàn láidào Duìsōngshān. Liǎngmiàn qífēng duìzhìzhe, mǎn shānfēng dōu shì qíxíng-guàizhuàng de lǎosōng, niánjì pù dōu yǒu shùay qiān suì le, yánsè jìng nàme nóng, nóng dé hǎoxiàng yào liú xià·lái shìde. Láidào zhèr, nǐ bùfáng quándāng yī cì huà·lǐ de xiěyì rénwù, zuò zài lùpáng de Duìsōngtíng·lǐ, kàn kan shān sè, tīngtīng liú//shuǐ hé sōngtāo.

　　Yīshíjiān, wǒ yòu jué·dé zìjǐ bùjǐn shì zài kàn huàjuàn, què yòu xiàng shì zài línglíng-luànluàn fānzhe yī juàn lìshǐ gǎoběn.

Jiéxuǎn zì Yáng Shuò《Tài Shān Jí Dǐng》

作品39号《陶行知的"四块糖果"》

　　育才小学校长陶行知在校园看到学生王友用泥块砸自己班上的同学，陶行知当即喝止了他，并令他放学后到校长室去。无疑，陶行知是要好好教育这个"顽皮"的学生。那么他是如何教育的呢？

　　放学后，陶行知来到校长室，王友已经等在门口准备挨训了。可一见面，陶行知却掏出一块糖果送给王友，并说："这是奖给你的，因为你按时来到这里，而我却迟到了。"王友惊疑地接过糖果。

　　随后，陶行知又掏出一块糖果放到他手里，说："这第二块糖果也是奖给你的，因为当我不让你再打人时，你立即就住手了，这说明你很尊重我，我应该奖你。"王友更惊疑了，他眼睛睁得大大的。

　　陶行知又掏出第三块糖果塞到王友手里，说："我调查过了，你用泥块砸那些男生，是因为他们不守游戏规则，欺负女生；你砸他们，说明你很正直善良，且有批评不良行为的勇气，应该奖励你啊！"王友感动极了，他流着眼泪后悔地喊道："陶……陶校长，你打我两下吧！我砸的不是坏人，而是自己的同学啊……"

　　陶行知满意地笑了，他随即掏出第四块糖果递给王友，说："为你正确地认识错误，我再奖给你一块糖果，只可惜我只有这一块糖果了。我的糖果//没有了，我看我们的谈话也该结束了吧！"说完，就走出了校长室。

（节选自《教师博览·百期精华》中《陶行知的"四块糖果"》）

Zuòpǐn 39 Hào 《Táo Xíngzhī de "Sì Kuài Tángguǒ"》

Yùcái Xiǎoxué xiàozhǎng Táo Xíngzhī zài xiàoyuán kàndào xuéshēng Wáng Yǒu yòng níkuài zá zìjǐ bān·shàng de tóngxué, Táo Xíngzhī dāngjí hèzhǐle tā, bìnglìng tā fàngxué hòu dào xiàozhǎngshì qù. Wúyí, Táo Xíngzhī shì yào hǎohǎo jiàoyù zhège "wánpí" de xuésheng. Nàme tā shì rúhé jiàoyù de ne?

Fàngxué hòu, Táo Xíngzhī láidào xiàozhǎngshì, Wáng Yǒu yǐ·jīng děng zài ménkǒu zhǔnbèi ái xùn le. Kě yī jiànmiàn, Táo Xíngzhī què tāochū yī kuài tángguǒ sònggěi Wáng Yǒu, bìng shuō: "Zhè shì jiǎnggěi nǐ de, yīn·wèi nǐ ànshí láidào zhè·lǐ, ér wǒ què chídào le." Wáng Yǒu jīngyí de jiē guo tángguǒ.

Suíhòu, Táo Xíngzhī yòu tāochū yī kuài tángguǒ fàngdào tā shǒu·lǐ, shuō: "Zhè dì-èr kuài tángguǒ yě shì jiǎnggěi nǐ de, yīn·wèi dāng wǒ bùràng nǐ zàidǎrén shí, nǐ lìjí jiù zhùshǒu le, zhè shuōmíng nǐ hěn zūnzhòng wǒ, wǒ yīnggāi jiǎng nǐ." Wáng Yǒu gèng jīngyí le, tā yǎnjing zhēng de dàdà de.

Táo Xíngzhī yòu tāochū dì-sān kuài tángguǒ sāidào Wáng Yǒu shǒu·lǐ, shuō: "Wǒ diàocháguo le, nǐ yòng níkuài zá nàxiē nánshēng, shì yīn·wèi tāmen bù shǒu yóuxì guīzé, qīfu nǚshēng; nǐ zá tāmen, shuōmíng nǐ hěn zhèngzhí shàn liáng, qiě yǒu pīpíng bùliáng xíngwéi de yǒngqì, yīnggāi jiǎnglì nǐ a!" Wáng Yǒu gǎndòng jí le, tā liúzhe yǎnlèi hòuhuǐ de hǎndào: "Táo……Táo xiàozhǎng, nǐ dǎ wǒ liǎng xià ba! Wǒ zá de bù shì huàirén, ér shì zìjǐ de tóngxué a……"

Táo Xíngzhī mǎnyì de xiào le, tā suíjí tāochū dì-sì kuài tángguǒ dìgěi Wáng Yǒu, shuō: "Wéi nǐ zhèngquè dì rènshi cuò·wù, wǒ zài jiǎnggěi nǐ yī kuài tángguǒ, zhǐ kěxī wǒ zhǐyǒu zhè yī kuài tángguǒ le. Wǒ de tángguǒ// méi·yǒu le, wǒ kàn wǒmen de tánhuà yě gāi jiéshù le ba!" Shuōwán, jiù zǒuchūle xiàozhǎngshì.

Jiéxuǎn zì《Jiàoshī Bólǎn·Bǎiqī Jīnghuá》zhōng《Táo Xíngzhī de "Sì Kuài Tángguǒ"》

作品 40 号《提醒幸福》

享受幸福是需要学习的，当它即将来临的时刻需要提醒。人可以自然而然地学会感官的享乐，却无法天生地掌握幸福的韵律。灵魂的快意同器官的舒适像一对孪生兄弟，时而相傍相依，时而南辕北辙。

幸福是一种心灵的震颤。它像会倾听音乐的耳朵一样，需要不断地训练。

简而言之，幸福就是没有痛苦的时刻。它出现的频率并不像我们想象的那样少。人们常常只是在幸福的金马车已经驶过去很远时，才拣起地上的金鬃毛说，原来我见过它。

人们喜爱回味幸福的标本，却忽略它披着露水散发清香的时刻。那时候我们往往步履匆匆，瞻前顾后不知在忙着什么。

世上有预报台风的，有预报蝗灾的，有预报瘟疫的，有预报地震的。没有人预报幸福。

其实幸福和世界万物一样，有它的征兆。

幸福常常是朦胧的，很有节制地向我们喷洒甘霖。你不要总希望轰轰烈烈的幸福，它多半只是悄悄地扑面而来。你也不要企图把水龙头拧得更大，那样它会很快地流失。你需要静静地以平和之心，体验它的真谛。

幸福绝大多数是朴素的。它不会像信号弹似的，在很高的天际闪烁红色的光芒。它披着本色的外//衣，亲切温暖地包裹起我们。

幸福不喜欢喧嚣浮华，它常常在暗淡中降临。贫困中相濡以沫的一块糕饼，患难中心心相印的一个眼神，父亲一次粗糙的抚摸，女友一张温馨的字条……这都是千金难买的幸福啊。像一粒粒缀在旧绸子上的红宝石，在凄凉中愈发熠熠夺目。

(节选自毕淑敏《提醒幸福》)

Zuòpǐn 40 Hào 《Tíxǐng Xìngfú》

Xiǎngshòu xìngfú shì xūyào xuéxí de, dāng tā jíjiāng láilín de shíkè xūyào tíxǐng. Rén kěyǐ zìrán'érrán de xuéhuì gǎnguān de xiǎnglè, què wúfǎ tiānshēng de zhǎngwò xìngfú de yùnlǜ. Línghún de kuàiyì tóng qìguān de shūshì xiàng yī duì luánshēng xiōngdì, shí'ér xiāngbàng-xiāngyī, shí'ér nányuán-běizhé.

Xìngfú shì yī zhǒng xīnlíng de zhènchàn. Tā xiàng huì qīngtīng yīnyuè de ěrduo yīyàng, xūyào bùduàn dì xùnliàn.

Jiǎn'éryánzhī, xìngfú jiùshì méi·yǒu tòngkǔ de shíkè. Tā chūxiàn de pínlǜ bìng bù xiàng wǒmen xiǎngxiàng de nàyàng shǎo. Rénmen chángcháng zhǐshì zài xìngfú de jīn mǎchē yǐ·jīng shǐ guò·qù hěn yuǎn shí, cái jiǎnqǐ dì·shàng de jīn zōngmáo shuō, yuánlái wǒ jiànguo tā.

Rénmen xǐ'ài huíwèi xìngfú de biāoběn, què hūlüè tā pīzhe lù·shuǐ sànfā qīngxiāng de shíkè. Nà shíhou wǒmen wǎngwǎng bùlǚ cōngcōng, zhānqián-gùhòu bù zhī zài mángzhe shénme.

Shì·shàng yǒu yùbào táifēng de, yǒu yùbào huángzāi de, yǒu yùbào wēnyì de, yǒu yùbào dìzhèn de. Méi·yǒu rén yùbào xìngfú.

Qíshí xìngfú hé shìjiè wànwù yīyàng, yǒu tā de zhēngzhào.

Xìngfú chángcháng shì ménglóng de, hěn yǒu jiézhì de xiàng wǒmen pēnsǎ gānlín. Nǐ bùyào zǒng xīwàng hōnghōng-lièliè de xìngfú, tā duōbàn zhǐshì qiāoqiāode pūmiàn ér lái. Nǐ yě bùyào qǐtú bǎ shuǐlóngtóu nǐng de gèng dà, nàyàng tā huì hěn kuài de liúshī. Nǐ xūyào jìngjìng de yǐ pínghé zhī xīn, tǐyàn tā de zhēn dì.

Xìngfú jué dà duōshù shì pǔsù de. Tā bù huì xiàng xìnhàodàn shìde, zài hěngāo de tiānjì shǎnshuò hóngsè de guāngmáng. Tā pīzhe běnsè de wài//yī, qīnqiè wēnnuǎn de bāoguǒqǐ wǒmen.

Xìng fú bù xǐhuan xuānxiāo fúhuá, tā chángcháng zài àndàn zhōng jiànglín. Pínkùn zhōng xiāngrúyǐmò de yī kuài gāobǐng, huànnàn zhōng xīnxīn-xiāngyìn de yī gè yǎnshén, fù·qīn yī cì cūcāo de fǔmō, nǚyǒu yī zhāng wēnxīn de zìtiáo……Zhè dōu shì qiānjīn nán mǎi de xìngfú a. Xiàng yī lìlì zhuì zài jiù chóuzi·shàng de hóngbǎoshi, zài qīliáng zhōng yùfā yìyì duómù.

Jiéxuǎn zì Bì Shūmǐn《Tíxǐng Xìngfú》

作品41号《天才的造就》

在里约热内卢的一个贫民窟里，有一个男孩子，他非常喜欢足球，可是又买不起，于是就踢塑料盒儿，踢汽水瓶，踢从垃圾箱里拣来的椰子壳儿。他在胡同儿里踢，在能找到的任何一片空地上踢。

有一天,当他在一处干涸的水塘里猛踢一个猪膀胱时,被一位足球教练看见了。他发现这个男孩儿踢得很像是那么回事,就主动提出要送给他一个足球。小男孩儿得到足球后踢得更卖劲儿了。不久,他就能准确地把球踢进远处随意摆放的一个水桶里。

圣诞节到了,孩子的妈妈说:"我们没有钱买圣诞礼物送给我们的恩人,就让我们为他祈祷吧。"

小男孩儿跟随妈妈祈祷完毕,向妈妈要了一把铲子便跑了出去。他来到一座别墅前的花园里,开始挖坑。

就在他快要挖好坑的时候,从别墅里走出一个人来,问小孩儿在干什么,孩子抬起满是汗珠的脸蛋儿,说:"教练,圣诞节到了,我没有礼物送给您,我愿给您的圣诞树挖一个树坑。"

教练把小男孩儿从树坑里拉上来,说,我今天得到了世界上最好的礼物。明天你就到我的训练场去吧。

三年后,这位十七岁的男孩儿在第六届足球锦标赛上独进二十一球,为巴西第一次捧回了金杯。一个原//来不为世人所知的名字——贝利,随之传遍世界。

(节选自刘燕敏《天才的造就》)

Zuòpǐn 41 Hào 《Tiāncái de Zàojiù》

Zài Lǐyuērènèilú de yī gè pínmínkū·lǐ, yǒu yī gè nánháizi, tā fēicháng xǐhuan zúqiú, kěshì yòu mǎi·bùqǐ, yúshì jiù tī sùliàohér, tī qìshuǐpíng, tī cóng lājīxiāng·lǐ jiǎnlái de yēzikér. Tā zài hútòngr·lǐ tī, zài néng zhǎodàode rènhé yī piàn kòngdì·shàng tī.

Yǒu yī tiān, dāng tā zài yī chù gānhé de shuǐtáng·lǐ měng tī yī gè zhū pángguāng shí, bèi yī wèi zúqiú jiàoliàn kàn·jiàn le. Tā fāxiàn zhège nánháir tī de hěn shì nàme huí shì, jiù zhǔdòng tíchū yào sònggěi tā yī gè zúqiú. Xiǎonánháir dédào zúqiú hòu tī de gèng màijìnr le. Bùjiǔ, tā jiù néng zhǔnquè de bǎ qiú tījìn yuǎnchù suíyì bǎifàng de yī gè shuǐtǒng·lǐ.

Shèngdànjié dào le, háizi de māma shuō: "Wǒmen méi·yǒu qián mǎi shèngdàn lǐwù sònggěi wǒmen de ēnrén, jiù ràng wǒmen wéi tā qídǎo ba."

Xiǎonánháir gēnsuí māma qídǎo wánbì, xiàng māma yàole yī bǎ chǎnzi biàn pǎole chū·qù. Tā láidào yī zuò biéshù qián de huāyuán·lǐ, kāishǐ wā kēng.

Jiù zài tā kuài yào wāhǎo kēng de shíhou, cóng biéshù·lǐ zǒuchū yī gè rén·lái, wèn xiǎoháir zài gàn shénme, háizi táiqǐ mǎn shì hànzhū de liǎndànr, shuō: "Jiào liàn, Shèngdànjié dào le, wǒ méi·yǒu lǐwù sònggěi nín, wǒ yuàn gěi nín de shèngdànshù wā yī gè shùkēng."

Jiàoliàn bǎ xiǎonánháir cóng shùkēng·lǐ lā shàng·lái, shuō, wǒ jīntiān dédàole shìjiè·shàng zuìhǎo de lǐwù. Míngtiān nǐ jiù dào wǒ de xùnliànchǎng qù ba.

Sān nián hòu, zhè wèi shíqī suì de nánháir zài dì-liù jiè zúqiú jǐnbiāo sài·shàng dú jìn èrshíyī qiú, wèi Bāxī dì-yī cì pěnghuí le jīnbēi. Yī gè yuán//lái bù wéi shìrén suǒ zhī de míngzi——Bèilì, suí zhī chuánbiàn shìjiè.

Jiéxuǎn zì Liú Yànmǐn《Tiāncái de Zàojiù》

作品 42 号《我的母亲独一无二》

记得我十三岁时，和母亲住在法国东南部的耐斯城。母亲没有丈夫，也没有亲戚，够清苦的，但她经常能拿出令人吃惊的东西，摆在我面前。她从来不吃肉，一再说自己是素食者。然而有一天，我发现母亲正仔细地用一小块儿碎面包擦那给我煎牛排用的油锅。我明白了她称自己为素食者的真正原因。

我十六岁时，母亲成了耐斯市美蒙旅馆的女经理。这时，她更忙碌了。一天，她瘫在椅子上，脸色苍白，嘴唇发灰。马上找来医生，做出诊断：她摄取了过多的胰岛素。直到这时我才知道母亲多年一直对我隐瞒的疾痛——糖尿病。

她的头歪向枕头一边，痛苦地用手抓挠胸口。床架上方，则挂着一枚我一九三二年赢得耐斯市少年乒乓球冠军的银质奖章。

啊，是对我的美好前途的憧憬支撑着她活下去，为了给她那荒唐的梦至少加一点儿真实的色彩，我只能继续努力，与时间竞争，直至一九三八年我被征入空军。巴黎很快失陷，我辗转调到英国皇家空军。刚到英国就接到了母亲的来信。这些信是由在瑞士的一个朋友秘密地转到伦敦，送到我手中的。

现在我要回家了，胸前佩戴着醒目的绿黑两色的解放十字绶//带，上面挂着五六枚我终身难忘的勋章，肩上还佩戴着军官肩章。到达旅馆时，没有一个人跟我打招呼。原来，我母亲在三年半以前就已经离开人间了。

在她死前的几天中，她写了近二百五十封信，把这些信交给她在瑞士的朋友，请这个朋友定时寄给我。就这样，在母亲死后的三年半的时间里，我一直从她身上吸取着力量和勇气——这使我能够继续战斗到胜利那一天。

(节选自[法]罗曼·加里《我的母亲独一无二》)

Zuòpǐn 42 Hào 《Wǒ de Mǔ·qīn Dúyīwú'èr》

Jì·dé wǒ shísān suì shí, hé mǔ·qīn zhù zài Fǎguó dōngnánbù de Nàisī Chéng. Mǔ·qīn méi·yǒu zhàngfu, yě méi·yǒu qīnqi, gòu qīngkǔ de, dàn tā jīngcháng néng ná·chū lìng rén chījīng de dōngxi, bǎi zài wǒ miànqián. Tā cónglái bù chīròu, yīzài shuō zìjǐ shì sùshízhě. Rán'ér yǒu yī tiān, wǒ fāxiàn mǔ·qīn zhèng zǐxì de yòng yī xiǎo kuàir suì miànbāo cā nà gěi wǒ jiān niúpái yòng de yóuguō. Wǒ míngbaile tā chēng zìjǐ wéi sùshízhě de zhēnzhèng yuányīn.

Wǒ shíliù suì shí, mǔ·qīn chéngle Nàisī Shì Měiméng lǚguǎn de nǚ jīnglǐ. Zhèshí, tā gèng mánglù le. Yī tiān, tā tān zài yǐzi·shàng, liǎnsè cāngbái, zuǐchún fā huī. Mǎshàng zhǎolái yīshēng, zuò·chū zhěnduàn: Tā shèqǔle guòduō de yídǎosù. Zhídào zhèshí wǒ cái zhī·dào mǔ·qīn duōnián yīzhí duì wǒ yǐnmán de jítòng——tángniàobìng.

Tā de tóu wāixiàng zhěntou yībiān, tòngkǔ de yòng shǒu zhuānao xiōngkǒu. Chuángjià shàngfāng, zé guàzhe yī méi wǒ yī jiǔ sān èr nián yíngdé Nàisī Shì shàonián pīngpāngqiú guànjūn de yínzhì jiǎngzhāng.

À, shì duì wǒ de měihǎo qiántú de chōngjǐng zhīchēngzhe tā huó xià·qù, wèile gěi tā nà huāng·táng de mèng zhìshǎo jiā yīdiǎnr zhēnshí de sècǎi, wǒ zhǐnéng jìxù nǔlì, yǔ shíjiān jìngzhēng, zhízhì yī jiǔ sān bā nián wǒ bèi zhēngrù kōngjūn. Bālí hěn kuài shīxiàn, wǒ zhǎnzhuǎn diàodào Yīngguó Huángjiā Kōng jūn. Gāng dào Yīngguó jiù jiēdàole mǔ·qīn de láixìn. Zhèxiē xìn shì yóu zài Ruìshì de yī gè péngyou mìmì de zhuǎndào Lúndūn, sòngdào wǒ shǒuzhōng de.

  Xiànzài wǒ yào huíjiā le, xiōngqián pèidàizhe xǐngmù de lǜ-hēi liǎng sè de jiěfàng shízì shòu//dài, shàng·miàn guàzhe wǔ-liù méi wǒ zhōngshēn nánwàng de xūnzhāng, jiān·shàng hái pèidàizhe jūnguān jiānzhāng. Dàodá lǚguǎn shí, méi·yǒu yī gè rén gēn wǒ dǎ zhāohu. Yuánlái, wǒ mǔ·qīn zài sān nián bàn yǐqián jiù yǐ·jīng líkāi rénjiān le.

  Zài tā sǐ qián de jǐ tiān zhōng, tā xiěle jìn èrbǎi wǔshí fēng xìn, bǎ zhèxiē xìn jiāogěi tā zài Ruìshì de péngyou, qǐng zhège péngyou dìngshí jì gěi wǒ. Jiù zhèyàng, zài mǔ·qīn sǐ hòu de sān nián bàn de shíjiān·lǐ, wǒ yīzhí cóng tā shēn·shàng xīqǔzhe lì·liàng hé yǒngqì——zhè shǐ wǒ nénggòu jìxù zhàndòu dào shènglì nà yī tiān.

          Jiéxuǎn zì[Fǎ]Luómàn Jiālǐ《Wǒ de Mǔ·qīn Dúyīwú'èr》

作品43号《我的信念》

  生活对于任何人都非易事，我们必须有坚韧不拔的精神。最要紧的，还是我们自己要有信心。我们必须相信，我们对每一件事情都具有天赋的才能，并且，无论付出任何代价，都要把这件事完成。当事情结束的时候，你要能问心无愧地说："我已经尽我所能了。"

  有一年的春天，我因病被迫在家里休息数周。我注视着我的女儿们所养的蚕正在结茧，这使我很感兴趣。望着这些蚕执著地、勤奋地工作，我感到我和它们非常相似。像它们一样，我总是耐心地把自己的努力集中在一个目标上。我之所以如此，或许是因为有某种力量在鞭策着我——正如蚕被鞭策着去结茧一般。

  近五十年来，我致力于科学研究，而研究，就是对真理的探讨。我有许多美好快乐的记忆。少女时期我在巴黎大学，孤独地过着求学的岁月；在后来献身科学的整个时期，我丈夫和我专心致志，像在梦幻中一般，坐在简陋的书房里艰辛地研究，后来我们就在那里发现了镭。

  我永远追求安静的工作和简单的家庭生活。为了实现这个理想，我竭力保持宁静的环境，以免受人事的干扰和盛名的拖累。

  我深信，在科学方面我们有对事业而不//是对财富的兴趣。我的唯一奢望是在一个自由国家中，以一个自由学者的身份从事研究工作。

  我一直沉醉于世界的优美之中，我所热爱的科学也不断增加它崭新的远景。我认定科学本身就具有伟大的美。

          (节选自[波兰]玛丽·居里《我的信念》，剑捷译)

Zuòpǐn 43 Hào 《Wǒ de Xìnniàn》

  Shēnghuó duìyú rènhé rén dōu fēi yì shì, wǒmen bìxū yǒu jiānrèn-bùbá de jīngshén. Zuì yàojǐn de, háishì wǒmen zìjǐ yào yǒu xìnxīn. Wǒmen bìxū xiāngxìn, wǒmen duì měi yī jiàn shìqing dōu jùyǒu tiānfù de cáinéng, bìngqiě, wúlùn fùchū rènhé dàijià, dōu yào bǎ zhè jiàn shì wánchéng. Dāng shìqing jiéshù de shíhou, nǐ yào néng wènxīn-wúkuì de shuō: "Wǒ yǐ·jīng jìn wǒ suǒ néng le."

Yǒu yī nián de chūntiān, wǒ yīn bìng bèipò zài jiā·lǐ xiūxi shù zhōu. Wǒ zhùshìzhe wǒ de nǚ'érmen suǒ yǎng de cán zhèngzài jié jiǎn, zhè shǐ wǒ hěn gǎn xìngqù. Wàngzhe zhèxiē cán zhízhuó de、qínfèn de gōngzuò, wǒ gǎndào wǒ hé tāmen fēicháng xiāngsì. Xiàng tāmen yīyàng, wǒ zǒngshì nài xīn de bǎ zìjǐ de nǔlì jízhōng zài yī gè mùbiāo·shàng. Wǒ zhīsuǒyǐ rúcǐ, huòxǔ shì yīn·wèi yǒu mǒu zhǒng lì·liàng zài biāncèzhe wǒ——zhèng rú cán bèi biāncèzhe qù jié jiǎn yībān.

Jìn wǔshí nián lái, wǒ zhìlìyú kēxué yánjiū, ér yánjiū, jiùshì duì zhēnlǐ de tàntǎo. Wǒ yǒu xǔduō měihǎo kuàilè de jìyì. Shàonǚ shíqī wǒ zài Bālí Dàxué, gūdú de guòzhe qiúxué de suìyuè; zài hòulái xiànshēn kēxué de zhěnggè shíqī, wǒ zhàngfu hé wǒ zhuānxīn-zhìzhì, xiàng zài mènghuàn zhōng yībān, zuò zài jiǎnlòu de shūfáng·lǐ jiānxīn de yánjiū, hòulái wǒmen jiù zài nà·lǐ fāxiàn le léi.

Wǒ yǒngyuǎn zhuīqiú ānjìng de gōngzuò hé jiǎndān de jiātíng shēnghuó. Wèi le shíxiàn zhège lǐxiǎng, wǒ jiélì bǎochí níngjìng de huánjìng, yǐmiǎn shòu rénshì de gānrǎo hé shèngmíng de tuōlěi.

Wǒ shēnxìn, zài kēxué fāngmiàn wǒmen yǒu duì shìyè ér bù//shì duì cáifù de xìngqù. Wǒ de wéiyī shēwàng shì zài yī gè zìyóu guójiā zhōng, yǐ yī gè zìyóu xuézhě de shēn·fèn cóngshì yánjiū gōngzuò.

Wǒ yīzhí chénzuì yú shìjiè de yōuměi zhīzhōng, wǒ suǒ rè'ài de kēxué yě bùduàn zēngjiā tā zhǎnxīn de yuǎnjǐng. Wǒ rèndìng kēxué běnshēn jiù jùyǒu wěidà de měi.

Jiéxuǎn zì［Bōlán］Mǎlì Jūlǐ《Wǒ de Xìnniàn》, Jiàn Jié yì

作品44号《我为什么当教师》

我为什么非要教书不可？是因为我喜欢当教师的时间安排表和生活节奏。七、八、九三个月给我提供了进行回顾、研究、写作的良机，并将三者有机融合，而善于回顾、研究和总结正是优秀教师素质中不可缺少的成分。

干这行给了我多种多样的"甘泉"去品尝，找优秀的书籍去研读，到"象牙塔"和实际世界里去发现。教学工作给我提供了继续学习的时间保证，以及多种途径、机遇和挑战。

然而，我爱这一行的真正原因，是爱我的学生。学生们在我的眼前成长、变化。当教师意味着亲历"创造"过程的发生——恰似亲手赋予一团泥土以生命，没有什么比目睹它开始呼吸更激动人心的了。

教权利我也有了：我有权利去启发诱导，去激发智慧的火花，去问费心思考的问题，去赞扬回答的尝试，去推荐书籍，去指点迷津。还有什么别的权利能与之相比呢？

而且，教书还给我金钱和权利之外的东西，那就是爱心。不仅有对学生的爱，对书籍的爱，对知识的爱，还有教师才能感受到的对"特别"学生的爱。这些学生，有如冥顽不灵的泥块，由于接受了老师的炽爱才勃发了生机。

所以，我爱教书，还因为，在那些勃发生机的"特别"学//生身上，我有时发现自己和他们呼吸相通，忧乐与共。

(节选自［美］彼得·基·贝得勒《我为什么当教师》)

Zuòpǐn 44 Hào 《Wǒ Wèishénme Dāng Jiàoshī》

Wǒ wèishénme fēi yào jiāoshū bùkě? Shì yīn·wèi wǒ xǐhuan dāng jiàoshī de shíjiān ānpáibiǎo hé shēnghuó jiézòu. Qī、bā、jiǔ sān gè yuè gěi wǒ tígōngle jìnxíng huígù、yánjiū、xiězuò de liángjī, bìng jiāng sānzhě yǒujī rónghé, ér shànyú huígù、yánjiū hé zǒngjié zhèngshì yōuxiù jiàoshī sùzhì zhōng bùkě quē shǎo de chéng·fèn.

Gàn zhè háng gěile wǒ duōzhǒng-duōyàng de "gānquán" qù pǐncháng, zhǎo yōu xiù de shūjí qù yándú, dào "xiàngyátǎ" hé shíjì shìjiè·lǐ qù fāxiàn. Jiàoxué gōngzuò gěi wǒ tígōngle jìxù xuéxí de shíjiān bǎozhèng, yǐjí duōzhǒng tújìng、jīyù hé tiǎozhàn.

Rán'ér, wǒ ài zhè yī háng de zhēnzhèng yuányīn, shì ài wǒ de xuésheng. Xuéshengmen zài wǒ de yǎnqián chéngzhǎng、biànhuà. Dāng jiàoshī yìwèizhe qīnlì "chuàngzào" guòchéng de fāshēng——qiàsì qīnshǒu fùyǔ yī tuán nítǔ yǐ shēngmìng, méi·yǒu shénme bǐ mùdǔ tā kāishǐ hūxī gèng jīdòng rénxīn de le.

Jiāo quánlì wǒ yě yǒu le: Wǒ yǒu quánlì qù qǐfā yòudǎo, qù jīfā zhìhuì de huǒhuā, qù wèn fèixīn sīkǎo de wèntí, qù zànyáng huídá de chángshì, qù tuījiàn shūjí, qù zhǐdiǎn míjīn. Háiyǒu shénme biéde quánlì néng yǔ zhī xiāng bǐ ne?

Érqiě, jiāoshū hái gěi wǒ jīnqián hé quánlì zhīwài de dōngxi, nà jiùshì àixīn. Bùjǐn yǒu duì xuésheng de ài, duì shūjí de ài, duì zhīshi de ài, háiyǒu jiàoshī cái néng gǎnshòudào de duì "tèbié" xuésheng de ài. Zhèxiē xuésheng, yǒurú míngwán-bùlíng de níkuài, yóu yú jiēshòule lǎoshī de chì'ài cái bófāle shēngjī.

Suǒyǐ, wǒ ài jiāoshū, hái yīn·wèi, zài nàxiē bófā shēngjī de "tèbié" xué sheng shēn·shàng, wǒ yǒushí fāxiàn zìjǐ hé tāmen hūxī xiāngtōng, yōule yǔ gòng.

Jiéxuǎn zì [Měi] Bǐdé Jī Bèidélè 《Wǒ Wèishénme Dāng Jiàoshī》

作品45号《西部文化和西部开发》

中国西部我们通常是指黄河与秦岭相连一线以西,包括西北和西南的十二个省、市、自治区。这块广袤的土地面积为五百四十六万平方公里,占国土总面积的百分之五十七;人口二点八亿,占全国总人口的百分之二十三。

西部是华夏文明的源头。华夏祖先的脚步是顺着水边走的:长江上游出土过元谋人牙齿化石,距今约一百七十万年;黄河中游出土过蓝田人头盖骨,距今约七十万年。这两处古人类都比距今约五十万年的北京猿人资格更老。

西部地区是华夏文明的重要发源地。秦皇汉武以后,东西方文化在这里交汇融合,从而有了丝绸之路的驼铃声声,佛院深寺的暮鼓晨钟。敦煌莫高窟是世界文化史上的一个奇迹,它在继承汉晋艺术传统的基础上,形成了自己兼收并蓄的恢宏气度,展现出精美绝伦的艺术形式和博大精深的文化内涵。秦始皇兵马俑、西夏王陵、楼兰古国、布达拉宫、三星堆、大足石刻等历史文化遗产,同样为世界所瞩目,成为中华文化重要的象征。

西部地区又是少数民族及其文化的集萃地,几乎包括了我国所有的少数民族。在一些偏远的少数民族地区,仍保留//了一些久远时代的艺术品种,成为珍贵的"活化石",如纳西古乐、戏曲、剪纸、刺绣、岩画等民间艺术和宗教艺术。特色鲜明、丰富多彩,犹如一个巨大的民族民间文化艺术宝库。

我们要充分重视和利用这些得天独厚的资源优势，建立良好的民族民间文化生态环境，为西部大开发作出贡献。

(节选自《中考语文课外阅读试题精选》中《西部文化和西部开发》)

Zuòpǐn 45 Hào 《Xībù Wénhuà hé Xībù Kāifā》

Zhōngguó xībù wǒmen tōngcháng shì zhǐ Huánghé yǔ Qín Lǐng xiānglián yī xiàn yǐxī, bāokuò xīběi hé xīnán de shí'èr gè shěng、shì、zìzhìqū. Zhè kuài guǎngmào de tǔdì miànjī wéi wǔbǎi sìshíliù wàn píngfāng gōnglǐ, zhàn guótǔ zǒng miànjī de bǎi fēn zhī wǔshíqī; rénkǒu èr diǎn bā yì, zhàn quánguó zǒng rénkǒu de bǎi fēn zhī èrshísān.

Xībù shì Huáxià wénmíng de yuántóu. Huáxià zǔxiān de jiǎobù shìshùnzhe shuǐbiān zǒu de: Cháng Jiāng shàngyóu chūtǔguo Yuánmóurén yáchǐ huàshí, jù jīn yuē yībǎi qīshí wàn nián; Huáng Hé zhōngyóu chūtǔguo Lántiánrén tóugàigǔ, jù jīn yuē qīshí wàn nián. Zhè liǎng chù gǔ rénlèi dōu bǐ jù jīn yuē wǔshí wàn nián de Běijīng yuánrén zī·gé gèng lǎo.

Xībù dìqū shì Huá Xià wénmíng de zhòngyào fāyuándì. Qínhuáng Hànwǔ yǐhòu, dōng-xīfāng wénhuà zài zhè·lǐ jiāohuì rónghé, cóng'ér yǒule sīchóu zhī lù de tuólíng shēngshēng, fó yuàn shēn sì de mùgǔ-chénzhōnq. Dūnhuánq Mògāokū shì shìjiè wénhuàshǐ·shàng de yī gè qíjì, tā zài jìchéng Hàn Jìn yìshù chuántǒng de jīchǔ·shàng, xíngchéngle zìjǐ jiānshōu-bìngxù de huīhóng qìdù, zhǎnxiànchū jīngměi-juélún de yìshù xíngshì hé bódà jīngshēn de wénhuà nèihán. Qínshǐ huáng Bīngmǎyǒng、Xīxià wánglíng、Lóulán gǔguó、Bùdálāgōng、Sānxīngduī、Dàzú shíkè děng lìshǐ wénhuà yíchǎn, tóngyàng wéi shìjiè suǒ zhǔmù, chéngwéi zhōng huá wénhuà zhòngyào de xiàngzhēng.

Xībù dìqū yòu shì shǎoshù mínzú jíqí wénhuà de jícuìdì, jīhū bāokuòle wǒguó suǒyǒu de shǎoshù mínzú. Zài yīxiē piānyuǎn de shǎoshù mínzú dìqū, réng bǎoliú//le yīxiē jiǔyuǎn shídài de yìshù pǐnzhǒng, chéngwéi zhēnguì de "huó huàshí", rú Nàxī gǔyuè、xìqǔ、jiǎnzhǐ、cìxiù、yánhuà děng mínjiān yìshù hé zōngjiào yìshù. Tèsè xiānmíng、fēngfù-duōcǎi, yóurú yī gè jùdà de mínzú mínjiān wénhuà yìshù bǎokù.

Wǒmen yào chōngfèn zhòngshì hé lìyòng zhèxiē détiān-dúhòu de zīyuán yōushì, jiànlì liánghǎo de mínzú mínjiān wénhuà shēngtài huánjìng, wèi xībù dà kāifā zuòchū gòngxiàn.

Jiéxuǎn zì《Zhōngkǎo Yǔwén Kèwài Yuèdú Shìtí Jīngxuǎn》zhōng
《Xībù Wénhuà hé Xībù Kāifā》

作品 46 号《喜悦》

高兴，这是一种具体的被看得到摸得着的事物所唤起的情绪。它是心理的，更是生理的。它容易来也容易去，谁也不应该对它视而不见失之交臂，谁也不应该总是做那些使自己不高兴也使旁人不高兴的事。让我们说一件最容易做也最令人高兴的事吧，尊重你自己，也尊重别人，这是每一个人的权利，我还要说这是每一个人的义务。

快乐，它是一种富有概括性的生存状态、工作状态。它几乎是先验的，它来自生命本身的活力，来自宇宙、地球和人间的吸引，它是世界的丰富、绚丽、阔大、悠久的体现。快乐还是一种力量，是埋在地下的根脉。消灭一个人的快乐比挖掘掉一棵大树的根要难得多。

欢欣，这是一种青春的、诗意的情感。它来自面向着未来伸开双臂奔跑的冲力，它来自一种轻松而又神秘、朦胧而又隐秘的激动，它是激情即将到来的预兆，它又是大雨过后的比下雨还要美妙得多也久远得多的回味……

喜悦，它是一种带有形而上色彩的修养和境界。与其说它是一种情绪，不如说它是一种智慧、一种超拔、一种悲天悯人的宽容和理解，一种饱经沧桑的充实和自信，一种光明的理性、一种坚定//的成熟，一种战胜了烦恼和庸俗的清明澄澈。它是一潭清水，它是一抹朝霞，它是无边的平原，它是沉默的地平线。多一点儿，再多一点儿喜悦吧，它是翅膀，也是归巢。它是一杯美酒，也是一朵永远开不败的莲花。

(节选自王蒙《喜悦》)

Zuòpǐn 46 Hào 《Xǐyuè》

Gāoxìng, zhè shì yī zhǒng jùtǐ de bèi kàndedào mōdezháo de shìwù suǒ huànqǐ de qíng·xù. Tā shì xīnlǐ de, gèng shì shēnglǐ de. Tā róng·yì lái yě róng·yì qù, shéi yě bù yīnggāi duì tā shì'érbùjiàn shīzhījiāobì, shéi yě bù yīnggāi zǒngshì zuò nàxiē shǐ zìjǐ bù gāoxìng yě shǐ pángrén bù gāoxìng de shì. Ràng wǒmen shuō yī jiàn zuì róng·yì zuò yě zuì lìng rén gāoxìng de shì ba, zūnzhòng nǐ zìjǐ, yě zūnzhòng bié·rén, zhè shì měi yī gè rén de quánlì, wǒ hái yào shuō zhè shì měi yī gè rén de yìwù.

Kuàilè, tā shì yī zhǒng fùyǒu gàikuòxìng de shēngcún zhuàngtài、gōngzuò zhuàngtài. Tā jīhū shì xiānyàn de, tā láizì shēngmìng běnshēn de huólì, láizì yǔzhòu、dìqiú hé rénjiān de xīyǐn, tā shì shìjiè de fēngfù、xuànlì、kuòdà、yōujiǔ de tǐxiàn. Kuàilè háishì yī zhǒng lì·liàng, shì mái zài dìxià de gēnmài. Xiāomiè yī gè rén de kuàilè bǐ wādiào yī kē dàshù de gēn yào nán de duō.

Huānxīn, zhè shì yī zhǒng qīngchūn de、shīyì de qínggǎn. Tā láizì miànxiàngzhe wèilái shēnkāi shuāngbì bēnpǎo de chōnglì, tā láizì yī zhǒng qīngsōng ér yòu shénmì、ménglóng ér yòu yǐnmì de jīdòng, tā shì jīqíng jíjiāng dàolái de yùzhào, tā yòu shì dàyǔ guòhòu de bǐ xiàyǔ háiyào měimiào de duō yě jiǔyuǎn de duō de huíwèi……

Xǐyuè, tā shì yī zhǒng dàiyǒu xíng ér shàng sècǎi de xiūyǎng hé jìngjiè. Yǔqí shuō tā shì yī zhǒng qíng·xù, bùrú shuō tā shì yī zhǒng zhìhuì、yī zhǒngchāobá、yī zhǒng bēitiān-mǐnrén de kuānróng hé lǐjiě, yī zhǒng bǎojīng-cāngsāng de chōngshí hé zìxìn, yī zhǒng guāngmíng de lǐxìng, yī zhǒng jiāndìng// de chéngshú, yī zhǒng zhànshèngle fánnǎo hé yōngsú de qīngmíng chéngchè. Tā shì yī tán qīngshuǐ, tā shì yī mò zhāoxiá, tā shì wúbiān de píngyuán, tā shì chén mò de dìpíngxiàn. Duō yīdiǎnr, zài duō yīdiǎnr xǐyuè ba, tā shì chìbǎng, yě shì guīcháo. Tā shì yī bēi měijiǔ, yě shì yī duǒ yǒngyuǎn kāi bù bài de lián huā.

Jiéxuǎn zì Wáng Méng《Xǐyuè》

作品47号《香港：最贵的一棵树》

在湾仔，香港最热闹的地方，有一棵榕树，它是最贵的一棵树，不光在香港，在全世界，都是最贵的。

树，活的树，又不卖何言其贵？只因它老，它粗，是香港百年沧桑的活见证，香港人不忍看着它被砍伐，或者被移走，便跟要占用这片山坡的建筑者谈条件：可以在这儿建大楼盖商厦，但一不准砍树，二不准挪树，必须把它原地精心养起来，成为香港闹市中的一景。太古大厦的建设者最后签了合同，占用这个大山坡建豪华商厦的先决条件是同意保护这棵老树。

树长在半山坡上，计划将树下面的成千上万吨山石全部掏空取走，腾出地方来盖楼，把树架在大楼上面，仿佛它原本是长在楼顶上似的。建设者就地造了一个直径十八米、深十米的大花盆，先固定好这棵老树，再在大花盆底下盖楼。光这一项就花了两千三百八十九万港币，堪称是最昂贵的保护措施了。

太古大厦落成之后，人们可以乘滚动扶梯一次到位，来到太古大厦的顶层，出后门，那儿是一片自然景色。一棵大树出现在人们面前，树干有一米半粗，树冠直径足有二十多米，独木成林，非常壮观，形成一座以它为中心的小公园，取名叫"榕圃"。树前面//插着铜牌，说明缘由。此情此景，如不看铜牌的说明，绝对想不到巨树根底下还有一座宏伟的现代大楼。

（节选自舒乙《香港：最贵的一棵树》）

Zuòpǐn 47 Hào 《Xiānggǎng：Zuì Guì de Yī Kē Shù》

Zài Wānzǎi, Xiānggǎng zuì rènao de dìfang, yǒu yī kē róngshù, tā shì zuì guì de yī kē shù, bùguāng zài Xiānggǎng, zài quánshìjiè, dōu shì zuì guì de.

Shù, huó de shù, yòu bù mài hé yán qí guì? Zhī yīn tā lǎo, tā cū, shì Xiānggǎng bǎinián cāngsāng de huó jiànzhèng, Xiānggǎngrén bùrěn kànzhe tā bèi kǎnfá, huòzhě bèi yízǒu, biàn gēn yào zhànyòng zhè piàn shānpō de jiànzhùzhě tán tiáojiàn: Kěyǐ zài zhèr jiàn dàlóu gài shāngshà, dàn yī bùzhǔn kǎn shù, èr bùzhǔn nuó shù, bìxū bǎ tā yuándì jīngxīn yǎng qǐ·lái, chéngwéi Xiānggǎng nàoshì zhōng de yī jǐng. Tàigǔ Dàshà de jiànshèzhě zuìhòu qiānle hétong, zhànyòng zhège dà shānpō jiàn háohuá shāngshà de xiānjué tiáojiàn shì tóngyì bǎohù zhèkē lǎoshù.

Shù zhǎng zài bànshānpō·shàng, jìhuà jiāng shù xià·miàn de chéngqiān-shàngwàn dūn shānshí quánbù tāokōng qǔzǒu, téngchū dìfang·lái gài lóu, bǎ shù jià zài dàlóu shàng·miàn, fǎngfú tā yuánběn shì zhǎng zài lóudǐng·shàng shì de. Jiànshèzhě jiùdì zàole yī gè zhíjìng shíbā mǐ、shēn shí mǐ de dà huāpén, xiān gùdìng hǎo zhè kē lǎoshù, zài zài dà huāpén dǐ·xià gài lóu. Guāng zhè yīxiàng jiù huāle liǎngqiān sānbǎi bāshíjiǔ wàn gǎngbì, kānchēng shì zuì ángguì de bǎohù cuòshī le.

Tàigǔ Dàshà luòchéng zhīhòu, rénmen kěyǐ chéng gǔndòng fútī yī cì dàowèi, láidào Tàigǔ Dàshà de dǐngcéng, chū hòumén, nàr shì yī piàn zìrán jǐngsè. Yī kē dàshù chūxiàn zài rénmen miànqián, shùgàn yǒu yī mǐ bàn cū, shūguān zhíjìng zú yǒu èrshí duō mǐ, dúmù-chénglín, fēicháng zhuàngguān, xíngchéng yī zuò yǐ tā wéi zhōngxīn de xiǎo gōngyuán, qǔ míng jiào "Róngpǔ". Shù qián·miàn// chā zhe tóngpái, shuōmíng yuányóu. Cǐqíng cǐjǐng, rú bù kàn tóngpái de shuōmíng, juéduì xiǎng·bùdào jùshùgēn dǐ·xià háiyǒu yī zuò hóngwěi de xiàndài dàlóu.

Jiéxuǎn zì Shū Yǐ《Xiānggǎng：Zuì Guì de Yī Kē Shù》

作品 48 号《鸟的天堂》

我们的船渐渐地逼近榕树了。我有机会看清它的真面目：是一棵大树，有数不清的丫枝，枝上又生根，有许多根一直垂到地上，伸进泥土里。一部分树枝垂到水面，从远处看，就像一棵大树斜躺在水面上一样。

现在正是枝繁叶茂的时节。这棵榕树好像在把它的全部生命力展示给我们看。那么多的绿叶，一簇堆在另一簇的上面，不留一点儿缝隙。翠绿的颜色明亮地在我们的眼前闪耀，似乎每一片树叶上都有一个新的生命在颤动，这美丽的南国的树！

船在树下泊了片刻，岸上很湿，我们没有上去。朋友说这里是"鸟的天堂"，有许多鸟在这棵树上做窝，农民不许人去捉它们。我仿佛听见几只鸟扑翅的声音，但是等到我的眼睛注意地看那里时，我却看不见一只鸟的影子。只有无数的树根立在地上，像许多根木桩。地是湿的，大概涨潮时河水常常冲上岸去。"鸟的天堂"里没有一只鸟，我这样想到。船开了，一个朋友拨着船，缓缓地流到河中间去。

第二天，我们划着船到一个朋友的家乡去，就是那个有山有塔的地方。从学校出发，我们又经过那"鸟的天堂"。

这一次是在早晨，阳光照在水面上，也照在树梢上。一切都//显得非常光明。我们的船也在树下泊了片刻。

起初四周围非常清静。后来忽然起了一声鸟叫。我们把手一拍，便看见一只大鸟飞了起来，接着又看见第二只，第三只。我们继续拍掌，很快地这个树林就变得很热闹了。到处都是鸟声，到处都是鸟影。大的，小的，花的，黑的，有的站在枝上叫，有的飞起来，在扑翅膀。

(节选自巴金《小鸟的天堂》)

Zuòpǐn 48 Hào 《Xiǎoniǎo de Tiāntáng》

Wǒmen de chuán jiànjiàn de bījìn róngshù le. Wǒ yǒu jī·huì kànqīng tā de zhēn miànmù: Shì yī kē dàshù, yǒu shǔ·bùqīng de yāzhī, zhī·shàng yòu shēnggēn, yǒu xǔduō gēn yīzhí chuídào dì·shang, shēnjìn nítǔ·lǐ. Yī bùfen shùzhī chuídào shuǐmiàn, cóng yuǎnchǔ kàn, jiù xiàng yī kē dàshù xié tǎng zài shuǐmiàn·shàng yīyàng.

Xiànzài zhèngshì zhīfán-yèmào de shíjié. Zhè kē róngshù hǎoxiàng zài bǎ tāde quánbù shēngmìnglì zhǎnshì gěi wǒmen kàn. Nàme duō de lǜ yè, yī cù duī zài lìng yī cù de shàng·miàn, bù liú yīdiǎnr fèngxì. Cuìlǜ de yánsè míngliàng de zài wǒmen de yǎnqián shǎnyào, sìhū měi yī piàn shùyè·shàng dōu yǒu yī gè xīn de shēngmìng zài chàndòng, zhè měilì de nánguó de shù!

Chuán zài shù·xià bóle piànkè, àn·shàng hěn shī, wǒmen méi·yǒu shàng·qù. Péngyou shuō zhèlǐ shì "niǎo de tiāntáng", yǒu xǔduō niǎo zài zhè kē shù·shàng zuò wō, nóngmín bùxǔ rén qù zhuō tāmen. Wǒ fǎngfú tīng·jiàn jǐ zhī niǎo pūchì de shēngyīn, dànshì děngdào wǒ de yǎnjing zhùyì de kàn nà·lǐ shí, wǒ què kàn·bùjiàn yī zhī niǎo de yǐngzi. Zhǐyǒu wúshù de shùgēn lì zài dì·shàng, xiàng xǔduō gēn mùzhuāng. Dì shì shī de, dàgài zhǎngcháo shí héshuǐ chángcháng chōng·shàng àn·qù. "Niǎo de tiāntáng"·lǐ méi·yǒu yī zhī niǎo, wǒ zhèyàngxiǎngdào. Chuán kāi le, yī gè péngyou bōzhe chuán, huǎnhuǎn de liúdào hé zhōngjiān qù.

Dì-èr tiān, wǒmen huázhe chuán dào yī gè péngyou de jiāxiāng qù, jiùshì nàgè yǒu shān yǒu tǎ de dìfang. Cóng xuéxiào chūfā, wǒmen yòu jīngguò nà "niǎo de tiāntáng".

Zhè yīcì shì zài zǎo·chén, yángguāng zhào zài shuǐmiàn·shàng, yě zhào zài shùshāo·shàng. Yíqiè dōu// xiǎn·dé fēicháng guāngmíng. Wǒmen de chuán yě zài shù·xià bóle piànkè.

Qǐchū sì zhōuwéi fēicháng qīngjìng. Hòulái hūrán qǐle yī shēng niǎojiào. Wǒmen bǎ shǒu yī pāi, biàn kàn·jiàn yī zhī dàniǎo fēile qǐ·lái, jiēzhe yòu kàn·jiàn dì-èr zhī, dì-sān zhī. Wǒmen jìxù pāizhǎng, hěn kuài de zhège shùlín jiù biàn de hěn rènao le. Dàochù dōu shì niǎo shēng, dàochù dōu shì niǎo yǐng. Dà de, xiǎo de, huā de, hēi de, yǒude zhàn zài zhī·shàng jiào, yǒude fēi qǐ·lái, zài pū chìbǎng.

Jiéxuǎn zì Bā Jīn 《Xiǎoniǎo de Tiāntáng》

作品 49 号《野草》

有这样一个故事。

有人问：世界上什么东西的气力最大？回答纷纭得很，有的说"象"，有的说"狮"，有人开玩笑似的说：是"金刚"，金刚有多少气力，当然大家全不知道。

结果，这一切答案完全不对，世界上气力最大的，是植物的种子。一粒种子所可以显现出来的力，简直是超越一切。

人的头盖骨，结合得非常致密与坚固，生理学家和解剖学者用尽了一切的方法，要把它完整地分出来，都没有这种力气。后来忽然有人发明了一个方法，就是把一些植物的种子放在要剖析的头盖骨里，给它以温度与湿度，使它发芽。一发芽，这些种子便以可怕的力量，将一切机械力所不能分开的骨骼，完整地分开了。植物种子的力量之大，如此如此。

这，也许特殊了一点儿，常人不容易理解。那么，你看见过笋的成长吗？你看见过被压在瓦砾和石块下面的一棵小草的生长吗？它为着向往阳光，为着达成它的生之意志，不管上面的石块如何重，石与石之间如何狭，它必定要曲曲折折地，但是顽强不屈地透到地面上来。它的根往土壤钻，它的芽往地面挺，这是一种不可抗拒的力，阻止它的石块，结果也被它掀翻，一粒种子的力量之大，如//此如此。

没有一个人将小草叫做"大力士"，但是它的力量之大，的确是世界无比。这种力是一般人看不见的生命力。只要生命存在，这种力就要显现。上面的石块，丝毫不足以阻挡。因为它是一种"长期抗战"的力；有弹性，能屈能伸的力；有韧性，不达目的不止的力。

(节选自夏衍《野草》)

Zuòpǐn 49 Hào 《Yěcǎo》

Yǒu zhèyàng yī gè gùshì.

Yǒu rén wèn: Shìjiè·shàng shénme dōngxi de qìlì zuì dà? Huídá fēnyún de hěn, yǒude shuō "xiàng", yǒude shuō "shī", yǒu rén kāi wánxiào shìde shuō: shì "Jīngāng", Jīngāng yǒu duō·shǎo qìlì, dāngrán dàjiā quán bù zhī·dào.

Jiéguǒ, zhè yíqiè dá'àn wánquán bù duì, shìjiè·shàng qìlì zuì dà de, shì zhíwù de zhǒngzi. Yī lì zhǒngzi suǒ kěyǐ xiǎnxiàn chū·lái de lì, jiǎnzhí shì chāoyuè yíqiè.

Rén de tóugàigǔ, jiéhé de fēicháng zhìmì yǔ jiāngù, shēnglǐxuéjiā hé jiěpōuxuézhě yòngjìnle yíqiè de fāngfǎ, yào bǎ tā wánzhěng de fēn chū·lái, dōu méi·yǒu zhè zhǒng lìqi. Hòulái hūrán yǒu rén fāmíngle yī gè fāngfǎ, jiùshì bǎ yīxiē zhíwù de zhǒngzi fàng zài yào pōuxī de tóugàigǔ·lǐ, gěi tā yǐ wēndù yǔ shīdù, shǐ tā fāyá. Yī fāyá, zhèxiē zhǒngzi biàn yǐ kěpà de lì·liàng, jiāng yīqiè jīxièlì suǒ bùnéng fēnkāi de gǔgé, wánzhěng de fēnkāi le. Zhíwù zhǒngzi de lìliàng zhī dà, rúcǐ rúcǐ.

Zhè, yěxǔ tèshūle yīdiǎnr, chángrén bù róng·yì lǐjiě. Nàme, nǐ kàn·jiànguo sǔn de chéngzhǎng ma? Nǐ kàn·jiànguo bèi yā zài wǎlì hé shíkuài xià·miànde yī kē xiǎocǎo de shēngzhǎng ma? Tā wèizhe xiàngwǎng yángguāng, wèizhe dáchéng tā de shēng zhī yìzhì, bùguǎn shàng·miàn de shíkuài rúhé zhòng, shí yǔ shí zhījiān rúhé xiá, tā bìdìng yào qūqū-zhézhé de, dànshì wánqiáng-bùqū de tòudào dìmiàn shàng·lái. Tā de gēn wǎng tǔrǎng zuān, tā de yá wàng dìmiàn tǐng, zhèshì yī zhǒng bùkě kàngjù de lì, zǔzhǐ tā de shíkuài, jiéguǒ yě bèi tā xiānfān, yī lì zhǒngzi de lì·liàng zhī dà, rú//cǐ rúcǐ.

Méi·yǒu yī gè rén jiāng xiǎo cǎo jiàozuò "dàlìshì", dànshì tā de lì·liàng zhī dà, díquè shì shìjiè wúbǐ. Zhè zhǒng lì shì yībān rén kàn·bùjiàn de shēngmìnglì. Zhǐyào shēngmìng cúnzài, zhè zhǒng lì jiù yào xiǎnxiàn. Shàng·miàn de shíkuài, sīháo bù zúyǐ zǔdǎng. Yīn·wèi tā shì yī zhǒng "chángqī kàngzhàn" de lì; yǒu tánxìng, néngqū-néngshēn de lì; yǒu rènxìng, bù dá mùdì bù zhǐ de lì.

Jiéxuǎn zì Xià Yǎn《Yěcǎo》

作品50号《一分钟》

著名教育家班杰明曾经接到一个青年人的求救电话,并与那个向往成功、渴望指点的青年人约好了见面的时间和地点。

待那个青年如约而至时,班杰明的房门敞开着,眼前的景象却令青年人颇感意外——班杰明的房间里乱七八糟、狼藉一片。

没等青年人开口,班杰明就招呼道:"你看我这房间,太不整洁了,请你在门外等候一分钟,我收拾一下,你再进来吧。"一边说着,班杰明就轻轻地关上了房门。

不到一分钟的时间,班杰明就又打开了房门并热情地把青年人让进客厅。这时,青年人的眼前展现出另一番景象——房间内的一切已变得井然有序,而且有两杯刚刚倒好的红酒,在淡淡的香水气息里还漾着微波。

可是,没等青年人把满腹的有关人生和事业的疑难问题向班杰明讲出来,班杰明就非常客气地说道:"干杯。你可以走了。"

青年人手持酒杯一下子愣住了,既尴尬又非常遗憾地说:"可是,我……我还没向您请教呢……"

"这些……难道还不够吗?"班杰明一边微笑着,一边扫视着自己的房间,轻言细语地说,"你进来又有一分钟了。"

"一分钟……一分钟……"青年人若有所思地说,"我懂了,您让我明白了一分钟的时间可以做许//多事情，可以改变许多事情的深刻道理。"

　　班杰明舒心地笑了。青年人把杯里的红酒一饮而尽，向班杰明连连道谢后，开心地走了。

　　其实，只要把握好生命的每一分钟，也就把握了理想的人生。

（节选自纪广洋《一分钟》）

Zuòpǐn 50 Hào 《Yī Fēnzhōng》

　　Zhùmíng jiàoyùjiā Bānjiémíng céngjīng jiēdào yī gè qīngniánrén de qiújiù diànhuà, bìng yǔ nàge xiàngwǎng chénggōng、kěwàng zhǐdiǎn de qīngniánrén yuē hǎole jiànmiàn de shíjiān hé dìdiǎn.

　　Dài nàge qīngniánrén rúyuē'érzhì shí, Bānjiémíng de fángmén chǎngkāizhe, yǎnqián de jǐngxiàng què lìng qīngniánrén pō gǎn yìwài——Bānjiémíng de fángjiān·lǐ luànqībāzāo、lángjí yí piàn.

　　Méi děng qīngniánrén kāikǒu, Bānjiémíng jiù zhāohu dào: "Nǐ kàn wǒ zhè fángjiān, tài bù zhěngjié le, qǐng nǐ zài ménwài děnghòu yì fēnzhōng, wǒ shōu shi yíxià, nǐ zài jìn·lái ba." Yìbiān shuōzhe, Bānjiémíng jiù qīngqīng de guān·shàngle fángmén.

　　Bù dào yì fēnzhōng de shíjiān, Bānjiémíng jiù yòu dǎkāile fángmén bìng rèqíng de bǎ qīngniánrén ràngjìn kètīng. Zhèshí, qīngniánrén de yǎnqián zhǎnxiànchū lìng yī fān jǐngxiàng——fángjiān nèi de yíqiè yǐ biàn·dé jǐngrán-yǒuxù, érqiě yǒu liǎng bēi gānggāng dàohǎo de hóngjiǔ, zài dàndàn de xiāngshuǐ qìxī·lǐ hái yàngzhe wēibō.

　　Kěshì, méi děng qīngniánrén bǎ mǎnfù de yǒuguān rénshēng hé shìyè de yínán wèntí xiàng Bānjiémíng jiǎng chū·lái, Bānjiémíng jiù fēicháng kèqi de shuō dào: "Gānbēi. Nǐ kěyǐ zǒu le."

　　Qīngniánrén shǒu chí jiǔbēi yíxiàzi lèngzhù le, jì gāngà yòu fēicháng yíhàn de shuō: "Kěshì, wǒ……wǒ hái méi xiàng nín qǐngjiào ne……"

　　"Zhèxiē……nándào hái bùgòu ma?"Bānjiémíng yìbiān wēixiàozhe, yìbiān sǎoshìzhe zìjǐ de fángjiān, qīngyán-xìyǔ de shuō, "Nǐ jìn·lái yòu yǒu yī fēnzhōng le."

　　"Yì fēnzhōng……yì fēnzhōng……" Qīngniánrén ruòyǒusuǒsī de shuō, "wǒ dǒng le, nín ràng wǒ míngbaile yì fēnzhōng de shíjiān kěyǐ zuò xǔ//duō shìqing, kěyǐ gǎibiàn xǔduō shìqing de shēnkè dào·lǐ."

　　Bānjiémíng shūxīn de xiào le. Qīngniánrén bǎ bēi·lǐ de hóngjiǔ yīyǐn'érjìn, xiàng Bānjiémíng liánlián dàoxiè hòu, kāixīn de zǒu le.

　　Qíshí, zhǐyào bǎwò hǎo shēngmìng de měi yī fēnzhōng, yě jiù bǎwòle lǐxiǎng de rénshēng.

Jiéxuǎn zì Jì Guǎngyáng 《Yī Fēnzhōng》

作品 51 号《一个美丽的故事》

　　有个塌鼻子的小男孩儿，因为两岁时得过脑炎，智力受损，学习起来很吃力。打个比方，别人写作文能写二三百字，他却只能写三五行。但即便这样的作文，他同样能写得很动人。

　　那是一次作文课，题目是《愿望》。他极其认真地想了半天，然后极认真地写，那作文极短，只有三句话：我有两个愿望，第一个是，妈妈天天笑眯眯地看着我说："你真聪明。"第二个是，老师天天笑眯眯地看着我说："你一点儿也不笨。"

于是就是这篇作文，深深地打动了他的老师，那位妈妈式的老师不仅给了他最高分，在班上带感情地朗诵了这篇作文，还一笔一画地批道：你很聪明，你的作文写得非常感人，请放心，妈妈肯定会格外喜欢你的，老师肯定会格外喜欢你的，大家肯定会格外喜欢你的。

捧着作文本，他笑了，蹦蹦跳跳地回家了，像只喜鹊。但他并没有把作文本拿给妈妈看，他是在等待，等待着一个美好的时刻。

那个时刻终于到了，是妈妈的生日——一个阳光灿烂的星期天：那天，他起得特别早，把作文本装在一个亲手做的美丽的大信封里，等着妈妈醒来。妈妈刚刚睁眼醒来，他就笑眯眯地走到妈妈跟前说："妈妈，今天是您的生日，我要//送给您一件礼物。"

果然，看着这篇作文，妈妈甜甜地涌出了两行热泪，一把搂住小男孩儿，搂得很紧很紧。

是的，智力可以受损，但爱永远不会。

(节选自张玉庭《一个美丽的故事》)

Zuòpǐn 51 Hào 《Yī ge Měilì de Gùshi》

Yǒu ge tā bízi de xiǎonánháir, yīn·wèi liǎng suì shí déguo nǎoyán, zhìlì shòu sǔn, xuéxí qǐ·lái hěn chīlì. Dǎ ge bǐfang, bié·rén xiě zuòwén néng xiě èr-sānbǎi zì, tā què zhǐnéng xiě sān-wǔ háng. Dàn jíbiàn zhèyàng de zuòwén, tā tóngyàng néng xiě de hěn dòngrén.

Nà shì yī cì zuòwénkè, tímù shì《Yuànwàng》. Tā jíqí rènzhēn de xiǎngle bàntiān, ránhòu jí rènzhēn de xiě, nà zuòwén jí duǎn, zhǐyǒu sān jù huà: Wǒ yǒu liǎng gè yuànwàng, dì-yī gè shì, māma tiāntiān xiàomīmī de kànzhe wǒ shuō: "Nǐ zhēn cōng·míng." dì-èr gè shì, lǎoshī tiāntiān xiàomīmī de kànzhe wǒ shuō: "Nǐ yīdiǎnr yě bù bèn."

Yúshì jiùshì zhè piān zuòwén, shēnshēn de dǎdòngle tā de lǎoshī, nà wèi māma shì de lǎoshī bùjǐn gěile tā zuì gāo fēn, zài bān·shàng dài gǎnqíng de lǎngdúle zhè piān zuòwén, hái yībǐ-yīhuà de pīdào: Nǐ hěn cōng·míng, nǐ de zuòwén xiě de fēicháng gǎnrén, qǐng fàngxīn, māma kěndìng huì géwài xǐhuan nǐ de, lǎoshī kěndìng huì géwài xǐhuan nǐ de, dàjiā kěndìng huì géwài xǐhuan nǐ de.

Pěngzhe zuòwénběn, tā xiào le, bèngbèng-tiàotiào de huí jiā le, xiàng zhī xǐ·què. Dàn tā bìng méi·yǒu bǎ zuòwénběn nágěi māma kàn, tā shì zài děngdài, děngdàizhe yī gè měihǎo de shíkè.

Nàge shíkè zhōngyú dào le, shì māma de shēng·rì——yī gè yángguāng cànlàn de xīngqītiān: Nà tiān, tā qǐ dé tèbié zǎo, bǎ zuòwénběn zhuāng zài yī gè qīnshǒu zuò de měilì de dà xìnfēng·lǐ, děngzhe māma xǐng·lái. Māma gānggāng zhēng yǎn xǐng·lái, tā jiù xiàomīmī de zǒudào māma gēn·qián shuō: "Māma, jīntiān shì nín de shēng·rì, wǒ yào//sònggěi nín yī jiàn lǐwù."

Guǒrán, kànzhe zhè piān zuòwén, māma tiántián de yǒngchūle liǎng háng rè lèi, yī bǎ lǒuzhù xiǎonánháir, lǒude hěn jǐn hěn jǐn.

Shìde, zhìlì kěyǐ shòu sǔn, dàn ài yǒngyuǎn bù huì.

Jiéxuǎn zì Zhāng Yùtíng《Yī gè Měilì de Gùshi》

作品 52 号《永远的记忆》

　　小学的时候，有一次我们去海边远足，妈妈没有做便饭，给了我十块钱买午餐。好像走了很久，很久，终于到海边了，大家坐下来便吃饭，荒凉的海边没有商店，我一个人跑到防风林外面去，级任老师要大家把吃剩的饭菜分给我一点儿。有两三个男生留下一点儿给我，还有一个女生，她的米饭拌了酱油，很香。我吃完的时候，她笑眯眯地看着我，短头发，脸圆圆的。

　　她的名字叫翁香玉。

　　每天放学的时候，她走的是经过我们家的一条小路，带着一位比她小的男孩儿，可能是弟弟。小路边是一条清澈见底的小溪，两旁竹阴覆盖，我总是远远地跟在她后面。夏日的午后特别炎热，走到半路她会停下来，拿手帕在溪水里浸湿，为小男孩儿擦脸。我也在后面停下来，把肮脏手帕弄湿了擦脸，再一路远远地跟着她回家。

　　后来我们家搬到镇上去了，过几年我也上了中学。有一天放学回家，在火车上，看见斜对面一位短头发、圆圆脸的女孩儿，一身素净的白衣黑裙。我想她一定不认识我了。火车很快到站了，我随着人群挤向门口，她也走近了，叫我的名字。这是她第一次和我说话。

　　她笑眯眯的，和我一起走过月台。以后就没有再见过//她了。

　　这篇文章收在我出版的《少年心事》这本书里。

　　书出版后半年，有一天我忽然收到出版社转来的一封信，信封上是陌生的字迹，但清楚地写着我的本名。

　　信里面说她看到了这篇文章心里非常激动，没想到在离开家乡，漂泊异地这么久之后，会看见自己仍然在一个人的记忆里，她自己也深深记得这其中的每一幕，只是没想到越过遥远的时空，竟然另一个人也深深记得。

(节选自苦伶《永远的记忆》)

Zuòpǐn 52 Hào 《Yǒngyuǎn de Jìyì》

　　Xiǎoxué de shíhou, yǒu yī cì wǒmen qù hǎibiān yuǎnzú, māma méi·yǒu zuò biànfàn, gěile wǒ shí kuài qián mǎi wǔcān. Hǎoxiàng zǒule hěn jiǔ, hěn jiǔ, zhōngyú dào hǎibiān le, dàjiā zuò xià·lái biàn chīfàn, huāngliáng de hǎibiān méi·yǒu shāngdiàn, wǒ yī gè rén pǎodào fángfēnglín wài·miàn qù, jírèn lǎoshī yào dàjiā bǎ chīshèng de fàncài fēngěi wǒ yīdiǎnr. Yǒu liǎng-sān gè nánshēng liú·xià yīdiǎnr gěi wǒ, hái yǒu yī gè nǚshēng, tā de mǐfàn bànle jiàngyóu, hěn xiāng. Wǒ chīwán de shíhou, tā xiàomīmī de kànzhe wǒ, duǎn tóufa, liǎn yuányuán de.

　　Tā de míngzi jiào Wēng Xiāngyù.

　　Měi tiān fàngxué de shíhou, tā zǒu de shì jīngguò wǒmen jiā de yī tiáo xiǎolù, dàizhe yī wèi bǐ tā xiǎo de nánháir, kěnéng shì dìdi. Xiǎolù biān shì yī tiáo qīngchè jiàn dǐ de xiǎoxī, liǎngpáng zhúyīn fùgài, wǒ zǒngshì yuǎnyuǎn de gēn zài tā hòu·miàn. Xiàrì de wǔhòu tèbié yánrè, zǒudào bànlù tā huì tíng xià·lái, ná shǒupà zài xīshuǐ·lǐ jìnshī, wèi xiǎonánháir cā liǎn. Wǒ yě zài hòu·miàn tíng xià·lái, bǎ āngzāng de shǒupà nòngshīle cā liǎn, zài yīlù yuǎnyuǎn de gēnzhe tā huíjiā.

Hòulái wǒmen jiā bāndào zhèn·shàng qù le, guò jǐ nián wǒ yě shàngle zhōngxué. Yǒu yī tiān fàngxué huíjiā, zài huǒchē·shàng, kàn·jiàn xiéduìmiàn yī wèi duǎn tóufa, yuányuán liǎn de nǚháir, yī shēn sùjìng de bái yī hēi qún. Wǒ xiǎng tā yīdìng bù rènshi wǒ le. Huǒchē hěn kuài dào zhàn le, wǒ suízhe rénqún jǐxiàng ménkǒu, tā yě zǒujìnle, jiào wǒ de míngzi. Zhè shì tā dì-yī cì hé wǒ shuōhuà.

Tā xiàomīmī de, hé wǒ yīqǐ zǒuguò yuètái. Yǐhòu jiù méi·yǒu zài jiànguo// tā le.

Zhè piān wénzhāng shōu zài wǒ chūbǎn de 《Shàonián Xīnshì》 zhè běn shū·lǐ.

Shū chūbǎn hòu bàn nián, yǒu yī tiān wǒ hūrán shōudào chūbǎnshè zhuǎnlái de yī fēng xìn, xìnfēng·shàng shì mòshēng de zìjì, dàn qīngchu de xiězhe wǒ de běnmíng.

Xìn lǐ·miàn shuō tā kàndàole zhè piān wénzhāng xīn·lǐ fēicháng jīdòng, méi xiǎngdào zài líkāi jiāxiāng, piāobó yìdì zhème jiǔ zhīhòu, huì kàn·jiàn zìjǐ réngrán zài yī gè rén de jìyì·lǐ, tā zìjǐ yě shēnshēn jì·dé zhè qízhōngde měi yī mù, zhǐshì méi xiǎngdào yuèguo yáoyuǎn de shíkōng, jìngrán lìng yī gè rén yě shēnshēn jì·dé.

Jiéxuǎn zì Kǔ Líng 《Yǒngyuǎn de Jìyì》

作品 53 号 《语言的魅力》

在繁华的巴黎大街的路旁，站着一个衣衫褴褛、头发斑白、双目失明的老人。他不像其他乞丐那样伸手向过路行人乞讨，而是在身旁立一块木牌，上面写着："我什么也看不见！"街上过往的行人很多，看了木牌上的字都无动于衷，有的还淡淡一笑，便姗姗而去了。

这天中午，法国著名诗人让·彼浩勒也经过这里。他看看木牌上的字，问盲老人："老人家，今天上午有人给你钱吗？"

盲老人叹息着回答："我，我什么也没有得到。"说着，脸上的神情非常悲伤。

让·彼浩勒听了，拿起笔悄悄地在那行字的前面添上了"春天到了，可是"几个字，就匆匆地离开了。

晚上，让·彼浩勒又经过这里，问那个盲老人下午的情况。盲老人笑着回答说："先生，不知为什么，下午给我钱的人多极了！"让·彼浩勒听了，摸着胡子满意地笑了。

"春天到了，可是我什么也看不见！"这富有诗意的语言，产生这么大的作用，就在于它有非常浓厚的感情色彩。是的，春天是美好的，那蓝天白云，那绿树红花，那莺歌燕舞，那流水人家，怎么不叫人陶醉呢？但这良辰美景，对于一个双目失明的人来说，只是一片漆黑。当人们想到这个盲老人，一生中竟连万紫千红的春天//都不曾看到，怎能不对他产生同情之心呢？

（节选自小学《语文》第六册中《语言的魅力》）

Zuòpǐn 53 Hào 《Yǔyán de Mèilì》

Zài fánhuá de Bālí dàjiē de lùpáng, zhànzhe yī gè yīshān lánlǚ, tóufa bānbái, shuāngmù shīmíng de lǎorén. Tā bù xiàng qítā qǐgài nàyàng shēnshǒu xiàng guòlù xíngrén qǐtǎo, ér shì zài shēnpáng lì yī kuài mùpái, shàng·miàn xiězhe: "Wǒ shénme yě kàn·bùjiàn!"Jiē·shàng guòwǎng de xíngrén hěn duō, kànle mùpái·shàng de zì dōu wúdòngyúzhōng, yǒude hái dàndàn yī xiào, biàn shānshān érqù le.

　　Zhè tiān zhōngwǔ, Fǎguó zhùmíng shīrén Ràng Bǐhàolè yě jīngguò zhè·lǐ. Tā kànkan mùpái·shàng de zì, wèn máng lǎorén: "Lǎo·rén·jiā, jīntiān shàngwǔ yǒu rén gěi nǐ qián ma？"

　　Máng lǎorén tànxīzhe huídá: "Wǒ, wǒ shénme yě méi·yǒu dédào." Shuōzhe, liǎn·shàng de shénqíng fēicháng bēishāng.

　　Ràng Bǐhàolè tīng le, náqǐ bǐ qiāoqiāo de zài nà háng zì de qián·miàn tiān·shàngle "chūntiān dào le, kěshì" jǐ gè zì, jiù cōngcōng de líkāi le.

　　Wǎnshàng, Ràng Bǐhàolè yòu jīngguò zhè·lǐ, wèn nàge máng lǎorén xiàwǔ de qíngkuàng. Máng lǎorén xiàozhe huídá shuō: "Xiānsheng, bù zhī wèishénme, xiàwǔ gěi wǒ qián de rén duō jí le！" Ràng Bǐhàolè tīng le, mōzhe húzi mǎnyì de xiào le.

　　"Chūntiān dào le, kěshì wǒ shénme yě kàn·bù jiàn！" Zhè fùyǒu shīyì de yǔyán, chǎnshēng zhème dà de zuòyòng, jiù zàiyú tā yǒu fēicháng nónghòu de gǎnqíng sècǎi. Shìde, chūntiān shì měihǎo de, nà lántiān báiyún, nà lǜshù hónghuā, nà yīnggē-yànwǔ, nà liúshuǐ rénjiā, zěnme bù jiào rén táozuì ne？ Dàn zhè liángchén měijǐng, duìyú yī gè shuāngmù shīmíng de rén lái shuō, zhǐshì yī piàn qī hēi. Dāng rénmen xiǎngdào zhège máng lǎorén, yīshēng zhōng jìng lián wànzǐ-qiānhóng de chūntiān//dōu bùcéng kàndào, zěn néng bù duì tā chǎnshēng tóngqíng zhī xīn ne？

　　　　　　　　　Jiéxuǎn zì Xiǎoxué《Yǔwén》dì-liù cè zhōng《Yǔyán de Mèilì》

作品 54 号《赠你四味长寿药》

　　有一次，苏东坡的朋友张鹗拿着一张宣纸来求他写一幅字，而且希望他写一点儿关于养生方面的内容。苏东坡思索了一会儿，点点头说："我得到了一个养生长寿古方，药只有四味，今天就赠给你吧。"于是，东坡的狼毫在纸上挥洒起来，上面写着："一曰无事以当贵，二曰早寝以当富，三曰安步以当车，四曰晚食以当肉。"

　　这哪里有药？张鹗一脸茫然地问。苏东坡笑着解释说，养生长寿的要诀，全在这四句里面。

　　所谓"无事以当贵"，是指人不要把功名利禄、荣辱过失考虑得太多，如能在情志上潇洒大度，随遇而安，无事以求，这比富贵更能使人终其天年。

　　"早寝以当富"，指吃好穿好、财货充足，并非就能使你长寿。对老年人来说，养成良好的起居习惯，尤其是早睡早起，比获得任何财富更加宝贵。

　　"安步以当车"，指人不要过于讲求安逸、肢体不劳，而应多以步行来替代骑马乘车，多运动才可以强健体魄，通畅气血。

　　"晚食以当肉"，意思是人应该用已饥方食、未饱先止代替对美味佳肴的贪吃无厌。他进一步解释，饿了以后才进食，虽然是粗茶淡饭，但其香甜可口会胜过山珍；如果饱了还要勉强吃，即使美味佳肴摆在眼前也难以//下咽。

　　苏东坡的四味"长寿药"，实际上是强调了情志、睡眠、运动、饮食四个方面对养生长寿的重要性，这种养生观点即使在今天仍然值得借鉴。

　　　　　　　　　　　　　　　　　　　　（节选自蒲昭和《赠你四味长寿药》）

Zuòpǐn 54 Hào 《Zèng Nǐ Sì Wèi Chángshòuyào》

Yǒu yī cì, Sū Dōngpō de péngyou Zhāng È názhe yī zhāng xuānzhǐ lái qiú tā xiě yī fú zì, érqiě xīwàng tā xiě yīdiǎnr guānyú yǎngshēng fāngmiàn de nèiróng. Sū Dōngpō sīsuǒle yīhuìr, diǎndiǎn tóu shuō: "Wǒ dédàole yī gè yǎngshēng chángshòu gǔfāng, yào zhǐyǒu sì wèi, jīntiān jiù zènggěi nǐ ba." Yúshì, Dōngpō de lángháo zài zhǐ·shàng huīsǎ qǐ·lái, shàng·miàn xiězhe: "Yī yuē wú shì yǐ dàng guì, èr yuē zǎo qǐn yǐ dàng fù, sān yuē ān bù yǐ dàng chē, sì yuē wǎn shí yǐ dàng ròu."

Zhè nǎ·lǐ yǒu yào? Zhāng È yīliǎn mángrán de wèn. Sū Dōngpō xiàozhe jiě shì shuō, yǎngshēng chángshòu de yàojué, quán zài zhè sì jù lǐ·miàn.

Suǒwèi "wú shì yǐ dàng guì", shì zhǐ rén bùyào bǎ gōngmíng lìlù、róngrǔ guòshī kǎolǜ de tài duō, rú néng zài qíngzhì·shàng xiāosǎ dàdù, suíyù'érān, wú shì yǐ qiú, zhè bǐ fùguì gèng néng shǐ rén zhōng qí tiānnián.

"Zǎo qǐn yǐ dàng fù", zhǐ chīhǎo chuānhǎo、cáihuò chōngzú, bìngfēi jiù néng shǐ nǐ chángshòu. Duì lǎoniánrén lái shuō, yǎngchéng liánghǎo de qǐjū xíguàn, yóuqí shì zǎo shuì zǎo qǐ, bǐ huòdé rènhé cáifù gèngjiā bǎoguì.

"Ān bù yǐ dàng chē", zhǐ rén bùyào guòyú jiǎngqiú ānyì、zhītǐ bù láo, éryīng duō yǐ bùxíng lái tìdài qímǎ chéngchē, duō yùndòng cái kěyǐ qiángjiàn tǐ pò, tōngchàng qìxuè.

"Wǎn shí yǐ dàng ròu", yìsi shì rén yīnggāi yòng yǐ jī fāng shí、wèi bǎo xiān zhǐ dàitì duì měiwèi jiāyáo de tānchī wú yàn. Tā jìnyī bù jiěshì, èle yǐ hòu cái jìnshí, suīrán shì cūchá-dànfàn, dàn qí xiāngtián kěkǒu huì shèngguò shānzhēn; rúguǒ bǎole háiyào miǎnqiǎng chī, jíshǐ měiwèi jiāyáo bǎi zài yǎn qián yě nányǐ//xiàyàn.

Sū Dōngpō de sì wèi "chángshòuyào", shíjì·shàng shì qiángdiàole qíngzhì、shuìmián、yùndòng、yǐnshí sì gè fāngmiàn duì yǎngshēng chángshòu de zhòngyào xìng, zhè zhǒng yǎngshēng guāndiǎn jíshǐ zài jīntiān réngrán zhí·dé jièjiàn.

Jiéxuǎn zì Pú Zhāohé《Zèng Nǐ Sì Wèi Chángshòuyào》

作品55号《站在历史的枝头微笑》

人活着，最要紧的是寻觅到那片代表着生命绿色和人类希望的丛林，然后选一高高的枝头站在那里观览人生，消化痛苦，孕育歌声，愉悦世界！

这可真是一种潇洒的人生态度，这可真是一种心境爽朗的情感风貌。

站在历史的枝头微笑，可以减免许多烦恼。在那里，你可以从众生相所包含的甜酸苦辣、百味人生中寻找你自己；你境遇中的那点儿苦痛，也许相比之下，再也难以占据一席之地；你会较容易地获得从不悦中解脱灵魂的力量，使之不致变得灰色。

人站得高些，不但能有幸早些领略到希望的曙光，还能有幸发现生命的立体的诗篇。每一个人的人生，都是这诗篇中的一个词、一个句子或者一个标点。你可能没有成为一个美丽的词，一个引人注目的句子，一个惊叹号，但你依然是这生命的立体诗篇中的一个音节、一个停顿、一个必不可少的组成部分。这足以使你放弃前嫌，萌生为人类孕育新的歌声的兴致，为世界带来更多的诗意。

最可怕的人生见解，是把多维的生存图景看成平面。因为那平面上刻下的大多是凝固了的历史——过去的遗迹；但活着的人们，活得却是充满着新生智慧的，由//不断逝去的"现在"组成的未来。人生不能像某些鱼类躺着游，人生也不能像某些兽类爬着走，而应该站着向前行,这才是人类应有的生存姿态。

(节选自[美]本杰明·拉什《站在历史的枝头微笑》)

Zuòpǐn 55 Hào 《Zhàn Zài Lìshǐ de Zhītóu Wēixiào》

Rén huózhe, zuì yàojǐn de shì xúnmì dào nà piàn dàibiǎozhe shēngmìng lǜsè hé rénlèi xīwàng de cónglín, ránhòu xuǎn yī gāogāo de zhītóu zhàn zài nà·lǐ guānlǎn rénshēng, xiāohuà tòngkǔ, yùnyù gēshēng, yúyuè shìjiè!

Zhè kě zhēn shì yī zhǒng xiāosǎ de rénshēng tài·dù, zhè kě zhēn shì yī zhǒng xīnjìng shuǎnglǎng de qínggǎn fēngmào.

Zhàn zài lìshǐ de zhītóu wēixiào, kěyǐ jiǎnmiǎn xǔduō fánnǎo. Zài nà·lǐ, nǐ kěyǐ cóng zhòngshēngxiàng suǒ bāohán de tián-suān-kǔ-là、bǎiwèi rénshēng zhōng xúnzhǎo nǐ zìjǐ; nǐ jìngyù zhōng de nà diǎnr kǔtòng, yěxǔ xiāngbǐ zhīxià, zài yě nányǐ zhànjù yī xí zhī dì; nǐ huì jiào róng·yì de huòdé cóng bùyuè zhōng jiětuō línghún de lì·liàng, shǐ zhī bùzhì biànde huīsè.

Rén zhàn de gāo xiē, bùdàn néng yǒuxìng zǎo xiē lǐnglüè dào xīwàng de shǔguāng, hái néng yǒuxìng fāxiàn shēngmìng de lìtǐ de shīpiān. Měi yī gè rén de rénshēng, dōu shì zhè shīpiān zhōng de yī gè cí、yī gè jùzi huòzhě yī gè biāodiǎn. Nǐ kěnéng méi·yǒu chéngwéi yī gè měilì de cí, yī gè yǐnrén-zhùmù de jù zi, yī gè jīngtànhào, dàn nǐ yīrán shì zhè shēngmìng de lìtǐ shīpiān zhōng de yī gè yīnjié、yī gè tíngdùn、yī gè bìbùkěshǎo de zǔchéng bùfen. Zhè zúyǐ shǐ nǐ fàngqì qiánxián, méngshēng wèi rénlèi yùnyù xīn de gēshēng de xìngzhì, wèishìjiè dài·lái gèng duō de shīyì.

Zuì kěpà de rénshēng jiànjiě, shì bǎ duōwéi de shēngcún tújǐng kànchéng píngmiàn. Yīn·wèi nà píngmiàn·shàng kèxià de dàduō shì nínggùle de lì shǐ——guòqù de yíjì; dàn huózhe de rénmen, huó de què shì chōngmǎnzhe xīnshēng zhìhuì de, yóu// bùduàn shìqù de "xiànzài" zǔchéng de wèilái. Rén shēng bùnéng xiàng mǒu xiē yúlèi tǎngzhe yóu, rénshēng yě bùnéng xiàng mǒu xiē shòulèi pázhezǒu, ér yīnggāi zhànzhe xiàngqián xíng, zhè cái shì rénlèi yīngyǒu de shēng cún zītài.

Jiéxuǎn zì [Měi]Běnjiémíng Lāshí《Zhàn Zài Lìshǐ de Zhītóu Wēixiào》

作品 56 号《中国的宝岛——台湾》

中国的第一大岛、台湾省的主岛台湾,位于中国大陆架的东南方,地处东海和南海之间,隔着台湾海峡和大陆相望。天气晴朗的时候,站在福建沿海较高的地方,就可以隐隐约约地望见岛上的高山和云朵。

台湾岛形状狭长,从东到西,最宽处只有一百四十多公里;由南至北,最长的地方约有三百九十多公里。地形像一个纺织用的梭子。

台湾岛上的山脉纵贯南北,中间的中央山脉犹如全岛的脊梁。西部为海拔近四千米的玉山山脉,是中国东部的最高峰。全岛约有三分之一的地方是平地,其余为山地。岛内有缎带般的瀑布,蓝宝石似的湖泊,四季常青的森林和果园,自然景色十分优美。西南部的阿里山和日月潭,台北市郊的大屯山风景区,都是闻名世界的游览胜地。

台湾岛地处热带和温带之间,四面环海,雨水充足,气温受到海洋的调剂,冬暖夏凉,四季如春,这给水稻和果木生长提供了优越的条件。水稻、甘蔗、樟脑是台湾的"三宝"。岛上还盛产鲜果和鱼虾。

台湾岛还是一个闻名世界的"蝴蝶王国"。岛上的蝴蝶共有四百多个品种,其中有不少是世界稀有的珍贵品种。岛上还有不少鸟语花香的蝴//蝶谷,岛上居民利用蝴蝶制作的标本和艺术品,远销许多国家。

(节选自《中国的宝岛——台湾》)

Zuòpǐn 56 Hào 《Zhōngguó de Bǎodǎo——Táiwān》

Zhōngguó de dì-yī dàdǎo、Táiwān shěng de zhǔdǎo Táiwān, wèiyú Zhōngguó dàlùjià de dōngnánfāng, dìchǔ Dōng Hǎi hé Nán Hǎi zhījiān, gézhe Táiwān Hǎixiá hé Dàlù xiāngwàng. Tiānqì qínglǎng de shíhou, zhàn zài Fújiàn yánhǎi jiào gāo de dìfang, jiù kěyǐ yǐnyǐn-yuēyuē de wàng·jiàn dǎo·shàng de gāoshān hé yún duǒ.

Táiwān Dǎo xíngzhuàng xiácháng, cóng dōng dào xī, zuì kuān chù zhǐyǒu yībǎi sìshí duō gōnglǐ; yóu nán zhì běi, zuì cháng de dìfang yuē yǒu sānbǎi jiǔshí duō gōnglǐ. Dìxíng xiàng yī gè fǎngzhī yòng de suōzi.

Táiwān Dǎo·shàng de shānmài zòngguàn nánběi, zhōngjiān de zhōngyāng shānmài yóurú quándǎo de jǐliang. Xībù wéi hǎibá jìn sìqiān mǐ de Yù Shān shānmài, shì Zhōngguó dōngbù de zuì gāo fēng. Quándǎo yuē yǒu sān fēn zhī yī de dìfang shì píngdì, qíyú wéi shāndì. Dǎonèi yǒu duàndài bān de pùbù, lánbǎoshí shìde húpō, sìjì chángqīng de sēnlín hé guǒyuán, zìrán jǐngsè shífēn yōuměi. Xīnán bù de Alǐ Shān hé Rìyuè Tán, Táiběi shìjiāo de Dàtúnshān fēngjǐngqū, dōu shì wénmíng shìjiè de yóulǎn shèngdì.

Táiwān Dǎo dìchǔ rèdài hé wēndài zhījiān, sìmiàn huán hǎi, yǔshuǐ chōngzú, qìwēn shòudào hǎiyáng de tiáojì, dōng nuǎn xià liáng, sìjì rú chūn, zhè gěi shuǐdào hé guǒmù shēngzhǎng tígōngle yōuyuè de tiáojiàn. Shuǐdào、gānzhe、zhāngnǎo shì Táiwān de "sān bǎo". Dǎo·shàng hái shèngchǎn xiāngguǒ hé yúxiā.

Táiwān Dǎo háishì yī gè wénmíng shìjiè de "húdié wángguó". Dǎo·shàng de húdié gòng yǒu sìbǎi duō gè pǐnzhǒng, qízhōng yǒu bùshǎo shì shìjiè xīyǒu de zhēnguì pǐnzhǒng. Dǎo·shàng háiyǒu bùshǎo niǎoyǔ-huāxiāng de hú//dié gǔ, dǎo·shàng jūmín lìyòng húdié zhìzuò de biāoběn hé yìshùpǐn, yuǎnxiāo xǔduō guójiā.

Jiéxuǎn zì 《Zhōngguó de Bǎodǎo——Táiwān》

作品 57 号《中国的牛》

对于中国的牛,我有着一种特别尊敬的感情。

留给我印象最深的,要算在田垄上的一次"相遇"。

一群朋友郊游,我领头在狭窄的阡陌上走,怎料迎面来了几头耕牛,狭道容不下人和牛,终有一方要让路。它们还没有走近,我们已经预计斗不过牲畜,恐怕难免踩到田地泥水里,弄得鞋袜又泥又湿了。正踟蹰的时候,带头的一头牛,在离我们不远的地方停下来,抬起头看看,稍迟疑一下,就自动走下田去。一队耕牛,全跟着它离开阡陌,从我们身边经过。

我们都呆了，回过头来，看着深褐色的牛队，在路的尽头消失，忽然觉得自己受了很大的恩惠。

中国的牛，永远沉默地为人做着沉重的工作。在大地上，在晨光或烈日下，它拖着沉重的犁，低头一步又一步，拖出了身后一列又一列松土，好让人们下种。等到满地金黄或农闲的时候，它可能还得担当搬运负重的工作；或终日绕着石磨，朝同一方向，走不计程的路。

在它沉默的劳动中，人便得到应得的收成。

那时候，也许，它可以松一肩重担，站在树下，吃几口嫩草。偶尔摇摇尾巴，摆摆耳朵，赶走飞附身上的苍蝇，已经算是它最闲适的生活了。

中国的牛，没有成群奔跑的习//惯，永远沉沉实实的，默默地工作，平心静气。这就是中国的牛。

（节选自小思《中国的牛》）

Zuòpǐn 57 Hào 《Zhōngguó de Niú》

Duìyú Zhōngguó de niú, wǒ yǒu zhe yī zhǒng tèbié zūnjìng de gǎnqíng.

Liúgěi wǒ yìnxiàng zuì shēn de, yào suàn zài tián lǒng·shàng de yī cì "xiāngyù".

Yī qún péngyou jiāoyóu, wǒ lǐngtóu zài xiázhǎi de qiānmò·shàng zǒu, zěn liào yíngmiàn láile jǐ tóu gēngniú, xiádào róng·bùxià rén hé niú, zhōng yǒu yīfāng yào rànglù. Tāmen hái méi·yǒu zǒujìn, wǒmen yǐ·jīng yùjì dòu·bù·guòshēngchù, kǒngpà nánmiǎn cǎidào tiándì níshuǐ·lǐ, nòng de xiéwà yòu ní yòu shī le. Zhèng chíchú de shíhou, dàitóu de yī tóu niú, zài lí wǒmen bùyuǎn de dìfang tíng xià·lái, táiqǐ tóu kànkan, shāo chíyí yīxià, jiù zìdòng zǒu·xià tián qù. Yī duì gēngniú, quán gēnzhe tā líkāi qiānmò, cóng wǒmen shēnbiān jīngguò.

Wǒmen dōu dāi le, huíguo tóu·lái, kànzhe shēnhèsè de niúduì, zài lù de jìntóu xiāoshī, hūrán jué·dé zìjǐ shòule hěn dà de ēnhuì.

Zhōngguó de niú, yǒngyuǎn chénmò de wèi rén zuòzhe chénzhòng de gōngzuò. Zài dàdì·shàng, zài chénguāng huò lièrì·xià, tā tuōzhe chénzhòng de lí, dītóu yī bù yòu yī bù, tuōchūle shēnhòu yī liè yòu yī liè sōngtǔ, hǎo ràng rénmen xià zhǒng. Děngdào mǎndì jīnhuáng huò nóngxián de shíhou, tā kěnéng háiděi dāndāng bānyùn fùzhòng de gōngzuò; huò zhōngrì ràozhe shímó, cháo tóng yī fāngxiàng, zǒu bù jìchéng de lù.

Zài tā chénmò de láodòng zhōng, rén biàn dédào yīng dé de shōucheng.

Nà shíhou, yě xǔ, tā kěyǐ sōng yī jiān zhòngdàn, zhàn zài shù·xià, chī jǐ kǒu nèn cǎo. ǒu'ěr yáoyao wěiba, bǎibai ěrduo, gǎnzǒu fēifù shēn·shàng de cāngying, yǐ·jīng suàn shì tā zuì xiánshì de shēnghuó le.

Zhōngguó de niú, méi yǒu chéngqún bēnpǎo de xí//guàn, yǒngyuǎn chénchén-shíshí de, mòmò de gōng zuò, píngxīn-jìngqì. Zhè jiùshì Zhōngguó de niú!

Jiéxuǎn zì Xiǎo Sī《Zhōngguó de Niú》

作品 58 号《住的梦》

不管我的梦想能否成为事实，说出来总是好玩儿的：

春天，我将要住在杭州。二十年前，旧历的二月初，在西湖我看见了嫩柳与菜花，碧浪与翠竹。由我看到的那点儿春光，已经可以断定，杭州的春天必定会教人整天生活在诗与图画之中。所以，春天我的家应当是在杭州。

夏天，我想青城山应当算作最理想的地方。在那里，我虽然只住过十天，可是它的幽静已拴住了我的心灵。在我所看见过的山水中，只有这里没有使我失望。到处都是绿，目之所及，那片淡而光润的绿色都在轻轻地颤动，仿佛要流入空中与心中似的。这个绿色会像音乐，涤清了心中的万虑。

秋天一定要住北平。天堂是什么样子，我不知道，但是从我的生活经验去判断，北平之秋便是天堂。论天气，不冷不热。论吃的，苹果、梨、柿子、枣儿、葡萄，每样都有若干种。论花草，菊花种类之多，花式之奇，可以甲天下。西山有红叶可见，北海可以划船——虽然荷花已残，荷叶可还有一片清香。衣食住行，在北平的秋天，是没有一项不使人满意的。

冬天，我还没有打好主意，成都或者相当的合适，虽然并不怎样和暖，可是为了水仙，素心腊梅，各色的茶花，仿佛就受一点儿寒//冷，也颇值得去了。昆明的花也多，而且天气比成都好，可是旧书铺与精美而便宜的小吃远不及成都那么多。好吧，就暂时这么规定：冬天不住成都便住昆明吧。

在抗战中，我没能发国难财。我想，抗战胜利以后，我必能阔起来。那时候，假若飞机减价，一二百元就能买一架的话，我就自备一架，择黄道吉日慢慢地飞行。

(节选自老舍《住的梦》)

Zuòpǐn 58 Hào 《Zhù de Mèng》

Bùguǎn wǒ de mèngxiǎng néngfǒu chéngwéi shìshí, shuō chū·lái zǒngshì hǎo wánr de:

Chūntiān, wǒ jiāng yào zhù zài Hángzhōu. Èrshí nián qián, jiùlì de èryuè chū, zài Xīhú wǒ kàn·jiànle nènliǔ yǔ càihuā, bìlàng yǔ cuìzhú. Yóu wǒ kàndào de nà diǎnr chūnguāng, yǐ·jīng kěyǐ duàndìng, Hángzhōu de chūntiān bìdìng huì jiào rén zhěngtiān shēnghuó zài shī yǔ túhuà zhīzhōng. Suǒyǐ, chūntiān wǒ de jiā yīngdāng shì zài Hángzhōu.

Xiàtiān, wǒ xiǎng Qīngchéng Shān yīngdāng suànzuò zuì lǐxiǎng·de dìfang. Zài nà·lǐ, wǒ suīrán zhǐ zhùguo shí tiān, kěshì tā de yōujìng yǐ shuānzhùle wǒ de xīnlíng. Zài wǒ suǒ kàn·jiànguo de shānshuǐ zhōng, zhǐyǒu zhè·lǐ méi·yǒu shǐ wǒ shīwàng. Dàochù dōu shì lǜ, mù zhī suǒ jí, nà piàn dàn ér guāngrùn de lǜsè dōu zài qīngqīng de chàndòng, fǎngfú yào liúrù kōngzhōng yǔ xīnzhōng shìde. Zhège lǜsè huì xiàng yīnyuè, díqīngle xīnzhōng de wànlǜ.

Qiūtiān yīdìng yào zhù Běipíng. Tiāntáng shì shénme yàngzi, wǒ bù zhī·dào, dànshì cóng wǒ de shēnghuó jīngyàn qù pànduàn, Běipíng zhī qiū biàn shì tiāntáng. Lùn tiānqì, bù lěng bù rè. Lùn chīde, píngguǒ, lí、shìzi、zǎor、pú·táo, měi yàng dōu yǒu ruògàn zhǒng. Lùn huācǎo, júhuā zhǒnglèi zhī duō, huā shì zhīqí, kěyǐ jiǎ tiānxià. Xīshān yǒu hóngyè kě jiàn, Běihǎi kěyǐ huáchuán——suīrán héhuā yǐ cán, héyè kě háiyǒu yī piàn qīngxiāng. Yī-shí-zhù-xíng, zài Běipíng de qiūtiān, shì méi·yǒu yī xiàng bù shǐ rén mǎnyì de.

Dōngtiān, wǒ hái méi·yǒu dǎhǎo zhǔyi, Chéngdū huòzhě xiāngdāng de héshì, suīrán bìng bù zěnyàng hénuǎn, kěshì wèile shuǐxiān, sù xīn làméi, gè sè de cháhuā, fǎngfú jiù shòu yīdiǎnr hán//lěng, yě pō zhí·dé qù le. Kūnmíng de huāyě duō, érqiě tiānqì bǐ Chéngdū hǎo, kěshì jiù shūpù yǔ jīngměi ér piányi de xiǎochī yuǎn·bùjí Chéngdū nàme duō. Hǎo ba, jiù zàn shí zhème guīdìng：Dōngtiān bù zhù Chéngdū biàn zhù Kūnmíng ba.

　　Zài kàngzhàn zhōng, wǒ méinéng fā guónàn cái. Wǒ xiǎng, kàngzhàn shènglì yǐhòu, wǒ bì néng kuò qǐ·lái. Nà shíhou, jiǎruò fēijī jiǎnjià, yī-èr bǎi yuánjiù néng mǎi yī jià de huà, wǒ jiù zìbèi yī jià, zé huángdào-jírì mànmàn de fēixíng.

Jiéxuǎn zì Lǎo Shě《Zhù de Mèng》

作品 59 号 《紫藤萝瀑布》

　　我不由地停住了脚步。

　　从未见过开得这样盛的藤萝，只见一片辉煌的淡紫色，像一条瀑布，从空中垂下，不见其发端，也不见其终极，只是深深浅浅的紫，仿佛在流动，在欢笑，在不停地生长。紫色的大条幅上，泛着点点银光，就像迸溅的水花。仔细看时，才知那是每一朵紫花中最浅淡的部分，在和阳光互相挑逗。

　　这里除了光彩，还有淡淡的芳香。香气似乎也是浅紫色的，梦幻一般轻轻地笼罩着我。忽然记起十多年前，家门外也曾有过一大株紫藤萝，它依傍一株枯槐爬得很高，但花朵从来都稀落，东一穗西一串伶仃地挂在树梢，好像在察颜观色，试探什么。后来索性连那稀零的花串也没有了。园中别的紫藤花架也都拆掉，改种了果树。那时的说法是，花和生活腐化有什么必然关系。我曾遗憾地想：这里再看不见藤萝花了。过了这么多年，藤萝又开花了，而且开得这样盛，这样密，紫色的瀑布遮住了粗壮的盘虬卧龙般的枝干，不断地流着，流着，流向人的心底。

　　花和人都会遇到各种各样的不幸，但是生命的长河是无止境的。我抚摸了一下那小小的紫色的花舱，那里满装了生命的酒酿，它张满了帆，在这//闪光的花的河流上航行。它是万花中的一朵，也正是由每一个一朵，组成了万花灿烂的流动的瀑布。

　　在这浅紫色的光辉和浅紫色的芳香中，我不觉加快了脚步。

(节选自宗璞《紫藤萝瀑布》)

Zuòpǐn 59 Hào 《Zǐténgluó Pùbù》

　　Wǒ bùyóude tíngzhùle jiǎobù.

　　Cóngwèi jiànguo kāide zhèyàng shèng de téngluó, zhǐ jiàn yī piàn huīhuáng de dàn zǐsè, xiàng yī tiáo pùbù, cóng kōngzhōng chuíxià, bù jiàn qí fāduān, yěbù jiàn qí zhōngjí, zhǐshì shēnshēn-qiǎnqiǎn de zǐ, fǎngfú zài liúdòng, zài huānxiào, zài bùtíng de shēngzhǎng. Zǐsè de dà tiáofú·shàng, fànzhe diǎndiǎn yíngguāng, jiù xiàng bèngjiàn de shuǐhuā. Zǐxì kàn shí, cái zhī nà shì měi yī duǒ zǐhuā zhōng zuì qiǎndàn de bùfen, zài hé yángguāng hùxiāng tiǎodòu.

　　Zhè·lǐ chúle guāngcǎi, háiyǒu dàndàn de fāngxiāng. Xiāngqì sìhū yě shì qiǎn zǐsè de, mènghuàn yībān qīngqīng de lǒngzhàozhe wǒ. Hūrán jìqǐ shí duō nián qián, jiā mén wài yě céng yǒuguo yī dà zhū zǐténgluó, tā yībàng yī zhū kū huái pá de hěn gāo, dàn huāduǒ cónglái dōu xīluò, dōng yī suì xī yī chuàn língdīng de guà zài shùshāo, hǎoxiàng zài cháyán-guānsè, shìtàn shénme. Hòulái suǒxìng lián nà xīlíng de huāchuàn yě méi·yǒu le. Yuán zhōng biéde zǐténg huājià yě dōu chāidiào, gǎizhòngle guǒshù. Nàshí de shuōfǎ shì, huā hé shēnghuó fǔ huà yǒu shénme bìrán guānxi. Wǒ céng yíhàn de xiǎng: Zhè·lǐ zài kàn·bùjiàn ténglluóhuā le. Guòle zhème duō nián, téngluó yòu kāihuā le, érqiě kāi de zhèyàng shèng, zhèyàng mì, zǐsè de pùbù zhēzhùle cūzhuàng de pánqiú wòlóng bān de zhīgàn, bù duàn de liúzhe, liúzhe, liúxiàng rén de xīndǐ.

Huā hé rén dōu huì yùdào gèzhǒng-gèyàng de bùxìng, dànshì shēngmìng de chánghé shì wú zhǐjìng de. Wǒ fǔmōle yīxià nà xiǎoxiǎo de zǐsè de huācāng, nà·lǐ mǎn zhuāngle shēngmìng de jiǔniàng, tā zhāngmǎnle fān, zài zhè// shǎnguāng de huā de héliú·shàng hángxíng. Tā shì wàn huā zhōng de yī duǒ, yě zhèngshì yóu měi yī gè yī duǒ, zǔchéngle wàn huā cànlàn de liúdòng de pùbù.

Zài zhè qiǎn zǐsè de guānghuī hé qiǎn zǐsè de fāngxiāng zhōng, wǒ bùjué jiākuàile jiǎobù.

Jiéxuǎn zì Zōng Pú《Zǐténgluó Pùbù》

作品60号《最糟糕的发明》

在一次名人访问中,被问及上个世纪最重要的发明是什么时,有人说是电脑,有人说是汽车,等等。但新加坡的一位知名人士却说是冷气机。他解释,如果没有冷气,热带地区如东南亚国家,就不可能有高的生产力,就不可能达到今天的生活水准。他的回答实事求是,有理有据。

看了上述报道,我突发奇想:为什么没有记者问:"20世纪最糟糕的发明是什么?"其实二〇〇二年十月中旬,英国的一家报纸就评出了"人类最糟糕的发明"。获此"殊荣"的,就是人们每天大量使用的塑料袋。

诞生于上个世纪三十年代的塑料袋,其家族包括用塑料制成的快餐饭盒、包装纸、餐用杯盘、饮料瓶、酸奶杯、雪糕杯等等。这些废弃物形成的垃圾,数量多、体积大、重量轻、不降解,给治理工作带来很多技术难题和社会问题。

比如,散落在田间、路边及草丛中的塑料餐盒,一旦被牲畜吞食,就会危及健康甚至导致死亡。填埋废弃塑料袋、塑料餐盒的土地,不能生长庄稼和树木,造成土地板结。而焚烧处理这些塑料垃圾,则会释放出多种化学有毒气体,其中一种称为二噁英的化合物,毒性极大。

此外,在生产塑料袋、塑料餐盒的//过程中使用的氟利昂,对人体免疫系统和生态环境造成的破坏也极为严重。

(节选自林光如《最糟糕的发明》)

Zuòpǐn 60 Hào 《Zuì Zāogāo de Fāmíng》

Zài yī cì míngrén fǎngwèn zhōng, bèi wèn jí shàng gè shìjì zuì zhòngyào de fāmíng shì shénme shí, yǒu rén shuō shì diànnǎo, yǒu rén shuō shì qìchē, děngděng. Dàn Xīnjiāpō de yí wèi zhīmíng rénshì què shuō shì lěngqìjī. Tā jiěshì, rúguǒ méi·yǒu lěngqì, rèdài dìqū rú Dōngnányà guójiā, jiù bù kěnéng yǒu hěn gāo de shēngchǎnlì, jiù bù kěnéng dádào jīntiān de shēnghuó shuǐzhǔn. Tā de huídá shíshì-qiúshì, yǒulǐ-yǒujù.

Kànle shàngshù bàodào, wǒ tūfā qí xiǎng: Wèi shénme méi·yǒu jìzhě wèn: "Èrshí shìjì zuì zāogāo de fāmíng shì shénme?" Qíshí èr líng líng èr nián shíyuè zhōngxún, Yīngguó de yī jiā bàozhǐ jiù píngchūle "rénlèi zuì zāogāo de fāmíng". Huò cǐ "shūróng"de, jiùshì rénmen měi tiān dàliàng shǐyòng de sùliàodài.

　　Dànshēng yú shàng gè shìjì sānshí niándài de sùliàodài, qí jiāzú bāokuò yòng sùliào zhìchéng de kuàicān fànhé、bāozhuāngzhǐ、cān yòng bēi pán、yǐn liàopíng、suānnǎibēi、xuěgāobēi děngděng. Zhèxiē fèiqìwù xíngchéng de lājī, shùliàng duō、tǐjī dà、zhòngliàng qīng、bú jiàngjiě, gěi zhìlǐ gōngzuò dàilái hěn duō jìshù nántí hé shèhuì wèntí.

　　Bǐrú, sànluò zài tiánjiān、lùbiān jí cǎocóng zhōng de sùliào cānhé, yídàn bèi shēngchù tūnshí, jiù huì wēi jí jiànkāng shènzhì dǎozhì sǐwáng. Tiánmái fèiqì sùliàodài、sùliào cānhé de tǔdì, bùnéng shēngzhǎng zhuāngjia hé shùmù, zàochéng tǔdì bǎnjié. Er fénshāo chǔlǐ zhèxiē sùliào lājī, zé huì shìfàng chū duō zhǒng huàxué yǒudú qìtǐ, qízhōng yī zhǒng chēngwéi èr'èyīng de huàhéwù, dúxìng jí dà.

　　Cǐwài, zài shēngchǎn sùliàodài、sùliào cānhé de//guòchéng zhōng shǐyòng de fúlì'áng, duì réntǐ miǎnyì xìtǒng hé shēngtài huánjìng zàochéng de pòhuài yě jíwéi yánzhòng.

　　　　　　　　　　　　　　　Jiéxuǎn zì Lín Guāngrú 《Zuì Zāogāo de Fāmíng》

第十章 说话测试指导

第一节 说话测试项说明

这里的"说话",指的是普通话水平测试中"说话"一项。这项测试的目的是考查应试人在没有文字凭借的情况下,说普通话的能力和所能达到的规范程度。它不是方言交际、一般口语交际以及行业口语交际中的说话,具有特指的意义。和朗读相比,说话可以更有效地考查应试人在自然状态下运用普通话语音、词汇、语法的能力。因为判断和朗读是有文字凭借的说话,应试人并不主动参与词语和句式的选择,因而,说话最能全面体现应试人普通话的真实水平。

一、说话测试项的目的与内容

国家颁布的《普通话水平测试大纲》对"说话"测试目的作了这样的规定:"考查应试人在没有文字凭借的情况下,说普通话的能力和所能达到的规范程度。"

普通话以北京语音为标准音,以北方话为基础方言,以典范的现代白话文著作为语法规范,普通话水平测试中的"说话"测试就围绕这三方面进行。

首先是语音规范。测试时,用"语音面貌"来指称。它通过记录应试人说话时的语音失误以及相应存在的方音程度来为应试人判定语音面貌的档次。

其次是词汇、语法规范程度。考查应试人在测试过程中是否使用了与普通话不一致的方言词汇,是否用了方言句式,根据其规范程度判定档次。

最后是说话是否自然、流畅的问题。它要考查应试人说话时普通话的语感,口语化的程度,有无磕碰等,根据具体情况判定档次。

二、说话测试项的评分

此项内容在普通话测试中所占分数,目前是测试总分的30%,共30分。分项评分为:语音面貌20分,为测试总分的20%,根据具体情况按6个档次来评分;词汇、语法规范程度5分,为测试总分的5%,根据具体情况按3个档次来评分;自然、流畅程度5分,为测试总分的5%,根据具体情况按3个档次来评分。

三、说话的要求

1. 规范程度

(1) 语音的规范程度。指在说话时语音准确、清晰，符合普通话声、韵、调的发音规范，掌握并熟练地使用语流音变。例如，说"我的妈妈是一个老师"这句话，不但要能发准每个音节，如"是、师"是翘舌音，而且还应该清楚句子中"的、妈、个"要读轻声。

(2) 词汇、语法的规范程度。指在说话时能准确运用普通话词汇，使用的句子符合普通话语法。例如，"每天，我喜欢骑单车上班"中，"单车"是方言词，这句话不是正确的表达。

2. 自然流畅程度

在说话时应思路清晰，主题集中，话语连贯，口语感强。"自然"指的是按日常口语的语音、语速来说话，亲切朴实，不要带着朗诵或背诵的腔调。"流畅"指不出现断断续续或机械地无意义重复的现象，语句简洁，避免口头禅。

四、受测对象易出现的问题

1. 语音不够标准，方音严重

说话不像前面的几个考项都有文字凭借，受测对象可以看着文字发音。说话不能看稿，只能边想内容边说。且说话是一串语音连续出现，难度较大。由于我们生活在方言区，大部分受测对象平时都用方言交流，一旦用普通话说话，要同时顾及说话内容及语音上的问题，难免顾此失彼，思考内容时往往把本来不太习惯的声、韵、调的发音发错，更不用说注意语流音变了。

2. 背稿、念稿现象多

说话不是背诵，更不是拿着稿子念。受测对象应知道书面语和口头语的重要区别：书面语是能用一个句子表达的不用两个句子，而口语是能用两个句子表达的不用一个句子表达。有些受测对象为了能更准确地发音，往往事先写好稿子并背下来，在测试时就背稿，这是违反说话原则的，在测试中会酌情扣分。还有一种情况是在说话的过程中断断续续，句子重复多或口头禅多，这说明受测对象准备不充分，不能流畅地说话，也会被酌情扣分。

综合分析影响应试人说话自然流畅的因素有以下两个方面。

(1) 语音底子较差，普通话应用水平不高。方言区的人受方言影响，说普通话时语音难点多。平时又以方言作为主要交际工具，习惯于用方言思维，用方言表达，一旦用普通话参加测试，临场表达时还得在脑子里把方言翻译成普通话，于是就出现了想一句说一句，甚至一句话都说不出来的情况。

(2) 准备不充分。有的受测对象认为考前还有15分钟的准备时间，等抽到题目了再考虑说话不迟。其实不然，受测对象应该对《新大纲》规定的30个说话题做一定的准备，应试前先构思好话题的提纲，甚至可以先草拟说话的文字稿，然后反复说上几遍，测试时心中有底。有些受测对象写了说话稿，但写得像抒情散文或议论文，长句多，冷僻词用得多，又没有真正记熟，考试时又过分拘泥于原有的文字稿，一时想不起来，因此说话结结巴巴，很不连贯。还有些应试人多余的口头禅太多，如"这个"、"那么"、"然后"等，造成不流畅的现象。

第二节 说话测试项指导

一、说话内容的准备

"说话"测试是普通话测试中难度最大的一项，除它以外的其他几项都是有文字凭借的测试，应试人在测试时照文字稿念，不用考虑如何组织语言，大脑中不存在内部组织语言并向外部语言转换的过程。而说话的方式是抽签确定说话题目，按题目准备内容，测试时按内容单向说话3～4分钟。内容准备充分与否，直接影响应试人的测试成绩。看下面这个例子：

我喜爱的职业……职业……职业有，比如说……军人，警察，医生，嗯，这些……这些都是我喜欢的职业。比如说军人……我小的时候……小的时候很崇拜他们，认为他们呢……他们都很威风，警察呢，警察呢也是一样，这些人呢……这些人都非常让我崇拜呢。

这是个典型的准备不充分的例子，应试人现说现想，现想现说，思维不连贯，表述不流畅，在这种情况下，要注意语音规范，恐怕很困难。

(一) 研究说话题目

《普通话水平测试大纲》给定的说话题目从第一版的 50 个缩减到现在的 30 个，缩减了一些可能引起测试人感情大幅度起伏的题目，放宽了题目的范围，更利于测试人的发挥，但是较前 50 题相比，此次缩减的大多是叙述类的题目，也造成了应试人在内容准备上的难度。

在平时的准备过程中，应试人可以在以下两个方面予以准备。

1. 为题目归类

1) 记叙类题目

(1) 说人
我尊敬的人
我的朋友

(2) 说事
童年的记忆
难忘的旅行
我的假日生活

(3) 叙事说人
我所在的集体

(4) 介绍说明
我的学习生活
我的业余生活
我和体育
我的家乡
我喜欢的书刊
我喜欢的明星
我向往的地方
我喜爱的文学(或其他)艺术形式
我喜爱的职业(或专业)
我最喜爱的动物(或植物)
我知道的风俗
我喜欢的季节
我的成长之路
2) 议论类题目
我的愿望
谈谈卫生与健康
学习普通话的体会
谈谈服饰
谈谈社会公德(或职业道德)
谈谈科技发展与社会生活
谈谈美食
谈谈社会公德
谈谈个人修养
谈谈对环境保护的认识
购物(消费)的感受

应该注意的是，这些分类也不是绝对的。有些题目可以跨类，比如介绍说明类的和议论类的题目不少可以跨类，"我的愿望"、"谈谈服饰"，既可以说成议论性的题目，也可以按叙事类的题目来说。从说话的表达方式来讲，说人、叙事相对说明、议论难度要小一些，因此在不影响说话中心的基础上，应尽可能地将题目往叙事、说人方向上靠。在准备说话时要在题目归类上多下点工夫。

2. 合并说话题目，减少内容准备

在研究题目的基础上，我们可以发现，有些题目之间存在内在联系，我们可以将其合并，减少内容准备，更轻松地参加"说话"测试。

如"我尊敬的人"和"我的朋友"可以合并为一个说话题，"我的假日生活"和"难忘的旅行"、"我向往的地方"、"我的业余生活"等可以合并为一个话题……这样一来，我们可以减少一点说话题目。做这样的工作并不是投机取巧，而是要我们尽快确定说话内容，将注意力转移到如何使语音更为规范上来。

(二) 准备说话内容，确定说话表达方式

1. 材料的准备

1) 准备足够 3~4 分钟说话的材料

人在说话时，按正常语速，每分钟大约说 170~180 个字节。应试人 3 分钟应准备 540 个左右的字节，4 分钟应准备 720 个左右的字节。但由于紧张等因素，人们在测试时，往往有忘词现象，因此应多准备一些材料。

2) 按题目类别准备说话内容

(1) 准备说一个人的材料

思考为什么要说他，围绕他选什么材料，突出他的什么个性特征、精神风貌等。

(2) 准备一两件事

这些事是让人难忘的、感兴趣的、愉快的事。要回忆清楚事情的来龙去脉、前因后果，事情发生、发展过程中的细节，表现事件的意义，加深听众的印象。

(3) 准备好议论题目的材料

议论题目的材料可以从事实材料和理论材料两个方面去准备。事实材料最好是自己亲身经历的人、事，周围熟悉的人、事等，在考试中不易忘词。平时可以根据题目要求准备一些理论材料，不必很深奥，只要在说话中表明思想观点、明辨是非曲直就可以了。

2. 研究说话的表达方式

语言的基本表达方式是叙述、说明、议论、抒情。通常抒情并不单独存在，只是附着在其他方式上。30 个说话题目，基本是叙述、说明和议论的题目。从口语实践来看，应试人感觉议论最难，叙述最简单。

人们在说话时，不可能纯粹只用一种语言表达方式来说话。应试人尽管抽到的题目是叙述类的或议论类的，在他说话时，都可能兼用几种语言表达方式，以下结合测试，谈谈在准备说话时，如何运用这三种语言表达方式。

1) 叙述

叙述是语言表达最基本的方式，也是应试人最擅长的方式。30 个说话题目绝大多数都可以主要采取"叙述"这种方式来表达。

叙述要求把事件的前因后果，发生、发展、结局说出来。要求是：说得清楚，明白，有条理，过程完整。

测试前应做好如下准备工作。

(1) 根据说话题目，确定说话内容：说什么事？涉及什么人？
(2) 想清事情的来龙去脉：发生—发展—高潮—结局。
(3) 确定叙述风格和态度：客观，冷静，朴素，平实，口语化。
(4) 兼用议论表明自己对事情、人物的看法、观点、使这番话给人留下印象。

2) 议论

议论也是常用的语言表达方式，人们用它来阐明自己对人物、事物或事件的看法、态度、褒贬好坏、辨明是非。30 个说话题目中，有三分之一左右的题目，要求我们主要采取这种语言表达方式来说话。相对叙述而言，议论的难度要大些，这是因为议论要讲道理，

讲道理靠的是人的逻辑思维能力、推理能力等，有的人逻辑思维能力并不强，大脑中理性材料储备得不多，自然就对议论性的题目感到为难。测试前的准备可以从如下几方面进行。

(1) 化"议论"为"叙述"。从一件事入手去展开议论。先谈事实，再讲道理，化难为易。但从哪件事入手去谈，却要想清楚。

(2) 在事实材料中提炼观点，观点应明确。

(3) 确定议论的态度：客观冷静，实事求是。

3) 说明介绍

30个说话题目中，有三分之一纯粹属于应试人向测试员说明介绍有关自己的生活经历、各方面的兴趣爱好等，因此要用上说明介绍这种方式。因为这些题目都跟自己的生活、职业、业余爱好等有关系，并不需要刻意去准备材料，所以应该把精力集中在如何让测试员听得明白、如何使语言规范上。

(1) 掌握被介绍事物的特点。无论是书刊、文学样式、明星、美食、业余生活、自己的职业、家乡和喜爱的季节等，都要首先弄明白它的特点是什么，做到胸有成竹，介绍的时候才能娓娓道来，条理清晰。

(2) 将对象按自己要介绍的方面进行有序组织，区分主次和详略，突出中心，抓住重点进行准备。

二、语音面貌的训练

(一) 语音面貌

"语音面貌"指的是在"说话"测试中，应试人在口语上所反映出来的普通话的语音风貌。测试员根据出现的字音错误以及方音程度，按照《普通话水平测试大纲》制定的评分标准评定档次。

一档：语音标准，或极少有失误。扣0.5分、1分。

二档：语音失误在10次以下，有方音不明显。扣1.5分、2分。

三档：语音失误在10次以下，但方音比较明显；或语音失误大致在10～15次之间，有方音但不明显。扣3分、4分。

四档：语音失误在10～15次之间，方音比较明显。扣5分、6分。

五档：语音失误超过15次，方音明显。扣7分、8分、9分。

六档：语音失误多，方音重。扣10分、11分、12分。

从上可以看出，语音面貌档次评定的依据有两点：一是语音失误率，二是语音程度。

(二) 语音面貌的训练要求

(1) 迅速确定说话题目和中心，充分准备好材料。

(2) 说话前对材料应准备充分，减少因材料不充分而导致的方音。

(3) 控制说话情绪和节奏。不说自己容易激动的话题，说话过程不要过快。

【练习】

每个同学以"人"、"物"或"事件"为内容说话,时间不少于3分钟,要求:脱稿,自然流畅。

三、词汇语法规范

此项共5分,分三档。

一档:词汇、语法规范。扣0分。

二档:词汇语法偶有不规范的情况。扣0.5分、1分。

三档:词汇语法屡有不规范的情况。扣2分、3分。

学习普通话不能只学习语音,还要掌握普通话的词汇和语法,如果你用方言词或方言语法说话,即使用标准的普通话语音发音,外地人还是听不懂,也不是普通话。

全国各地汉语方言在句法方面和普通话的差异不是很大。南方方言如粤语、闽语、客家语和吴语等差异略多一些;湘语、赣语次之;北方方言区分较少。在词汇和构词法方面,各种方言和普通话的差异较大。在日常口语中,频繁地使用方言词已成为很多人的习惯。方言区的人在说普通话时,常常不自觉地把自己方言中的方言词和语法特点都带进去,在参加普通话测试的时候,应掌握普通话词汇语法和方言语法之间的区别,尽量在此项目上不丢分。具体参见第八章。

四、自然流畅

"自然流畅"是说话测试中,综合评定应试人语音、语调的一个项目,它要考查这样几个方面:应试人口语的语音、语调是否与普通话相符,口语化程度如何,是否带有朗诵或背诵腔,语速是否符合语言实践中的正常语速等。

在普通话测试中,自然流畅程度占5%,即5分。计分档次为以下几方面。

一档:语言自然流畅。扣0分。

二档:基本流畅,口语化较差(有类似背稿子的表现)。扣0.5分、1分。

三档:话语不连贯,语调生硬。扣2分、3分。

说话不足3分钟,酌情扣分:缺时1分钟以内(含1分钟),扣1分、2分、3分;缺时1分钟以上,扣4分、5分、6分;说话不满30秒,本测试项成绩记为0分。

为达到这一项少失分或不失分的目的,在平时的训练中应做到以下几点。

(1) 尽量使用口语词,少用书面语词。普通话测试考的是应试人的普通话口语水平,所以在测试中尽量少用书面语色彩强的词语,少用复杂的长句,多用短句和能让人理解的口语词。

(2) 强调日常口语用普通话,培养普通话语感。必须克服方言的影响,摒弃方言词汇,说话中特别要注意克服方言语气。但由于普通话词汇标准是开放的,它不断地从方言中吸收富有表现力的词汇来丰富、完善自己的词汇系统,普通话水平测试允许应试人使用较为常用的新词语和方言词语。

(3) 说话时，杜绝朗诵腔、演讲腔，把握"聊"的语气特点。进行说话准备，不要把说话材料写成书面材料，因为写出来的东西往往会进行修改，殊不知，就是在修改中改掉了口语表达的特点。

(4) 语速适当。语速适当是话语自然的重要表现。正常语速大约240个音节/分钟。如果根据内容、情景、语气的要求偶尔10来个音节稍快、稍慢也应视为正常。语速和语言流畅程度是成正比的，一般说来，语速越快，语言越流畅。但语速过快就容易导致发音时口腔打不开、复元音的韵母动程不够和归音不准。语速过慢，容易导致语流凝滞，话语不够连贯。有人为了不在声、韵、调上出错，说话的时候一个字、一个字地往外挤，听起来非常生硬。因而，过快和过慢的语速都应该努力避免。

附录8　普通话测试用说话题目30个

1. 我的愿望(或理想)
2. 我的学习生活
3. 我尊敬的人
4. 我喜爱的动物(或植物)
5. 童年的记忆
6. 我喜爱的职业
7. 难忘的旅行
8. 我的朋友
9. 我喜爱的文学(或其他)艺术形式
10. 谈谈卫生与健康
11. 我的业余生活
12. 我喜欢的季节(或天气)
13. 学习普通话的体会
14. 谈谈服饰
15. 我的假日生活
16. 我的成长之路
17. 谈谈科技发展与社会生活
18. 我知道的风俗
19. 我和体育
20. 我的家乡(或熟悉的地方)
21. 谈谈美食
22. 我喜欢的节日
23. 我所在的集体(学校、机关、公司等)
24. 谈谈社会公德(或职业道德)

25. 谈谈个人修养
26. 我喜欢的明星(或其他知名人士)
27. 我喜爱的书刊
28. 谈谈对环境保护的认识
29. 我向往的地方
30. 购物(消费)感受

附录 A　关于开展普通话水平测试工作的相关文件

关于开展普通话水平测试工作的决定

(国语[1994]43 号)

各省、自治区、直辖市语委、教委、高教、教育厅(局)、广播电视厅(局):

《中华人民共和国宪法》规定:"国家推广全国通用的普通话。"推广普通话是社会主义精神文明建设的重要内容;社会主义市场经济的迅速发展和语言文字信息处理技术的不断革新,使推广普通话的紧迫性日益突出。国务院在批转国家语委关于当前语言文字工作请示的通知(国发[1992]63 号文件)中强调指出,推广普通话对于改革开放和社会主义现代化建设具有重要意义,必须给予高度重视。为加快普及进程,不断提高全社会普通话水平,国家语言文字工作委员会、国家教育委员会和广播电影电视部决定:

一、普通话是以汉语文授课和各级各类学校的教学语言;是以汉语传送的各级广播电台、电视台的规范语言,是汉语电影、电视剧、话剧必须使用的规范语言;是全国党政机关、团体、企事业单位干部在公务活动中必须使用的工作语言;是不同方言区及国内不同民族之间的通用语言。掌握并使用一定水平的普通话是社会各行各业人员,特别是教师、播音员、节目主持人、演员等专业人员必备的职业素质。因此,有必要在一定范围内对某些岗位的人员进行普通话水平测试,并逐步实行普通话等级证书制度。

二、现阶段的主要测试对象和他们应达到的普通话等级要求是:

中小学教师、师范院校的教师和毕业生应达到二级或一级水平,专门教授普通话语音的教师应达到一级水平;

县级以上(含县级)广播电台和电视台的播音员、节目主持人应达到一级水平(此要求列入广播电影电视部部颁岗位规范,逐步实行持普通话等级合格证书上岗);

电影、电视剧演员和配音演员,以及相关专业的院校毕业生应达到一级水平。

三、测试对象经测试达到规定的等级要求时,颁发普通话等级证书。对播音员、节目主持人、教师等岗位人员,从 1995 年起逐步实行持普通话等级证书上岗制度。

四、成立国家普通话水平测试委员会,负责领导全国普通话水平测试工作。委员会由国家语言文字工作委员会、国家教育委员会、广播电影电视部有关负责同志和专家学者若干人组成。委员会下设秘书长一人,副秘书长若干人处理日常工作,办公室设在国家语委普通话培训测试中心。各省、自治区、直辖市也应相应地成立测试委员会和培训测试中心,负责本地区的普通话培训测试工作。

普通话培训测试中心为事业单位，测试工作要合理收费，开展工作初期，应有一定的起动经费，培训和测试工作要逐步做到自收自支。

五、普通话水平测试工作按照《普通话水平测试实施办法(试行)》和《普通话水平测试等级标准(试行)》的规定进行。(详见附件一、二)

六、普通话水平测试是推广普通话工作的重要组成部分，是使推广普通话工作逐步走向科学化、规范化、制度化的重要举措。各省、自治区、直辖市语委、教委、高教、教育厅(局)、广播电视厅(局)要密切配合，互相协作，加强宣传，不断总结经验，切实把这项工作做好。

国家语言文字工作委员会　国家教育委员会　广播电影电视部
一九九四年十月三十日

关于普通话水平测试管理工作的若干规定(试行)

开展普通话水平测试是保证推广普及普通话工作走向制度化、规范化、科学化的一项重要措施。按照国家语委、国家教委和广播电影电视部《关于开展普通话水平测试工作的决定》(国语[1994]43号)，测试工作正在各地陆续开展起来，积累了宝贵的经验，也遇到一些亟需规范的问题。为了加强对测试工作的宏观管理，使其更加健康地发展，经国家教委、广播电影电视部同意，特做如下规定。

一、普通话水平测试工作的机构和网络

第一条 国家语言文字工作委员会是主管全国语言文字工作的行政机关，对全国普通话水平测试工作进行宏观管理，并协调和组织各有关部门和行业开展测试工作。为避免机构和职能重叠，不再成立国家普通话水平测试委员会。

第二条 国家语委普通话培训测试中心是国家普通话水平测试的实施机构。该中心按照国家语委的工作规划和年度工作计划制订国家普通话培训测试工作的规划和年度计划，建立普通话水平测试题库，培训国家级普通话水平测试员并颁发资格证书，对全国普通话培训测试工作进行指导、检查、监督和评估。

第三条 各省(自治区、直辖市)语言文字工作委员会是主管各省(自治区、直辖市)语言文字工作的行政机关，负责对全省(自治区、直辖市)普通话水平测试工作的统一规划、管理、指导和监督，并协调和组织各有关部门和行业开展本省(自治区、直辖市)的测试工作。为避免机构和职能重叠，不再成立省级普通话水平测试委员会。已经成立了的，由省级语委办公室执行测试委员会办公室职能。省级语委办公室定期向国家语委语言文字应用管理司报告全省(自治区、直辖市)测试工作情况，同时抄报国家语委普通话培训测试中心。

第四条 各省(自治区、直辖市)普通话培训测试中心是各省(自治区、直辖市)普通话水平测试的实施机构,按照本省(自治区、直辖市)语委的工作规划和年度工作计划制订普通话培训测试工作规划和年度计划,建立补充国家题库的本省方言辨正题库,培训省级普通话水平测试员并颁发资格证书,对全省(自治区、直辖市)普通话培训测试工作进行指导、监督、检查和评估。省级普通话培训测试中心在省级语委的领导下,接受省级语委办公室的工作指导和国家语委普通话培训测试中心的业务指导。省级普通话培训测试中心向国家语委普通话培训中心报告测试业务工作,同时抄报国家语委语言文字应用管理司。

第五条 鉴于省会(自治区首府)和计划单列市的测试工作量较大,且对省内其他地方的测试工作具有示范作用,经省语委同意,可建立市级普通话培训测试中心。该中心的性质、任务与省级普通话培训测试中心相对应,接受同级语委及其办公室的领导和省级普通话培训测试中心的业务指导,并定期向同级语委办公室和省级普通话培训测试中心报告工作。

第六条 覆盖全省(自治区)其他市(地、州、盟)的普通话水平测试工作网络的建设,由省级语委办公室规划。

二、普通话水平测试员

第七条 普通话水平测试员分国家级测试员和省级测试员。

国家级测试员资格:具有大专以上学历、中级以上专业技术职务的教师、播音员或专职从事语言文字工作5年以上的干部,熟悉推广普通话工作方针政策和普通话语音理论,熟练掌握《汉语拼音方案》和常用国际音标,熟悉方言同普通话的一般对应规律,普通话口语水平达到一级,有较强的普通话水平测试能力和较丰富的测试工作经验,身体健康,作风正派,有高度的事业心、责任感和工作热情,经国家语委普通话培训测试中心考核合格并取得国家级测试员资格证书。

省级测试员资格:具有大专以上学历、3年以上工龄的教师、播音员和语言文字工作干部,熟悉推广普通话工作方针政策和普通话语音理论,熟练掌握《汉语拼音方案》和常用国际音标,熟悉本地方言同普通话的对应规律,普通话口语水平达到一级(南方方言区1946年1月1日以前出生的,可放宽到二级甲等),有较强的普通话水平测试能力和一定的测试工作经验,身体健康,作风正派,有高度的事业心、责任感和工作热情,经省级普通话培训测试中心考核合格并取得省级测试员资格证书。

第八条 各级普通话测试实施机构根据测试工作的需要,向取得国家级和省级普通话水平测试员资格证书者颁发有期限的任职聘书;接受聘书的测试员在聘任单位组织的测试工作中执行测试任务,并获得相应的报酬。

省级普通话培训测试中心应将取得省级测试员资格的人员名单和全省(自治区、直辖市)测试员聘任情况报国家语委普通话培训测试中心备案。

第九条 国家级和省级测试员的资格证书由国家语委统一印制。

第十条 普通话水平测试员的职责和纪律:

1. 努力学习语言文字工作的方针、政策、法律、法规和业务理论。
2. 认真学习并严格执行国家有关普通话水平测试的规定和国家语委颁布的《普通话水

平测试等级标准》和《普通话水平测试(PSC)大纲》。

3. 严格遵守"认真负责、团结协作、公正廉洁"的测试工作纪律。

4. 任何测试员均需在测试实施机构的组织下实施测试工作,非组织的个人测试行为和测试结果一概无效。

第十一条 国家语委普通话培训测试中心对国家级测试员,省级普通话培训测试中心对省级测试员,每2～3年进行一次工作考核。考核的主要内容有:工作态度、测试能力、测试工作量、遵守工作纪律情况等。

根据考核结果,对表现出色的测试员进行表彰;对表现差和违反纪律的测试员进行批评,情节严重的由聘任单位给予收回测试员聘书且3年内不得聘任的处分,对情况特别严重的由颁发资格证书的单位收回其测试员资格证书;对因个人原因承担测试工作量过少的测试员予以解聘。

第十二条 为保证测试工作的正常进行和长远需要,各省(自治区、直辖市)语委应做好测试员队伍建设规划。该规划应合理测算国家级和省级测试员的需求量,国家级测试员数量须严格控制,省级测试员数量为国家级测试员数量的5～8倍。

第十三条 各省(自治区、直辖市)及省会(自治区首府)、计划单列市的普通话培训测试中心可根据需要聘任3～5名普通话水平测试视导员。

测试视导员资格:具有高级专业技术职务或正处级以上行政职务,精通现代汉语语音理论,对本地方言有专门研究,具有丰富的普通话水平测试实践经验,在本地推广普通话工作领域有较高威望的专家、教授。测试视导员经省级语委办公室审批并报国家语委普通话培训测试中心备案后,由省级或省会(自治区首府)、计划单列市普通话培训测试中心颁发聘书。

测试视导员职责:宣传国家语委关于普通话水平测试的标准、大纲和规定,指导本省(市)方言辨正题库的建设和普通话培训教材的编写,指导普通话师资培训和省级测试员培训,进行普通话水平测试的科研,对本省(市)测试工作提出具体建议。

国家语委普通话培训测试中心设立视导处,对各省(自治区、直辖市)的培训测试工作进行业务指导、检查和监督。

三、普通话水平测试的标准和大纲

第十四条 国家语委颁布的《普通话水平测试等级标准》是划分普通话等级的全国统一标准。按照该标准规定,普通话等级自上而下分为一、二、三级,每个级别内分为甲、乙两个等次。

第十五条 国家语委颁布的《普通话水平测试(PSC)大纲》是全国进行普通话水平测试工作的统一大纲。该大纲是编写普通话培训教材和拟制测试试题的依据,是实施测试、评定等级的依据,也是对普通话水平测试工作进行检查评估的依据。

四、测试成绩的认定和证书

第十六条 测试成绩的认定机构由省级语委办公室确定,但其中一级甲等成绩需在认定前由国家语委普通话培训测试中心复审,一级乙等成绩在认定前由省级普通话培训测试中心复审。复审比例为:10名以内复审三分之一,11～50名复审五分之一,51名以上复审十分之一。

第十七条 认定后普通话等级经测试实施机构申报，由省级语委办公室或由其授权的省会(自治区首府)、计划单列市语委办公室颁发《国家普通话水平测试等级证书》。

第十八条 国家语委普通话培训测试中心对各省(自治区、直辖市)的测试机构，省级普通话培训测试中心对本省(自治区、直辖市)各测试机构的测试成绩可随时进行抽查。

第十九条 《国家普通话水平测试等级证书》全国通用，有效期为 5 年。该证书由国家语委统一制作，各省(自治区、直辖市)语委办公室分别编号、颁发。

五、普通话水平测试试卷

第二十条 各级测试实施机构依照《普通话水平测试(PSC)大纲》编制普通话水平测试试卷，试题由国家语委普通话培训测试中心题库提供。其中普通话与方言对比"判断"部分的试题，地方如需补充，须经国家语委普通话培训测试中心审核；涉及行业特殊用语的试题，由行业主管部门会同国家语委普通话培训测试中心研制。

六、测试对象及其达标要求

第二十一条 1946 年 1 月 1 日以后出生的下列人员应接受普通话水平测试，并达到规定的等级。

1．师范系统的教师和毕业生，普通话水平不得低于二级，其中普通话语音课教师和口语课教师必须达到一级。

2．普教系统的教师以及职业中学与口语表达密切相关专业的毕业生，普通话水平不得低于二级。

3．非师范类高等院校的教师以及与口语表达密切相关专业的毕业生，普通话水平不得低于二级。

4．广播电视教学的教师，普通话水平不得低于二级。

5．报考教师资格的人员，普通话水平不得低于二级。

6．国家级和省级广播电台、电视台的播音员和节目主持人，普通话水平必须达到一级甲等，其余广播电台、电视台的播音员和节目主持人的达标要求由广播电影电视部另行规定。

7．电影、话剧、广播剧、电视剧等表演、配音人员，播音、主持人专业和电视、话剧表演专业的教师和毕业生，普通话水平必须达到一级。

8．其他应当接受普通话水平测试的人员(如公务员、律师、医护人员、导游员、讲解员、公共服务行业的营业员等)，其达标等级可根据不同地区、不同行业特点由省级语委确定。

七、其他

第二十二条 国家部委直属各级院校和企事业单位的普通话水平测试工作实行属地管理，由所在省市的语委统一组织实施。广播影视系统的普通话水平测试工作按广播电影电视部和国家语委联合颁发的广发人字[1997]146 号文执行。

第二十三条　各级语委要积极争取各级教育部门、广播电视部门和其他有关部门的支持和配合，共同做好普通话水平测试工作。

第二十四条　各级测试实施机构实施测试的收费标准须经同级物价部门核准，并建立规范的财务制度。

第二十五条　各级语委办公室和测试实施机构要注意积累资料，总结经验，加强科研，促进普通话水平测试尽快形成完整、科学的考试体系。

第二十六条　国家语委、国家教委和广播电影电视部《关于开展普通话水平工作的决定》(国语[1994]43号)的精神继续贯彻执行，其中与本《规定》不一致的，以本《规定》为准。

(注：此规定已由国家语委于1997年6月26日颁布)

附件一：普通话水平测试实施办法(试行)

根据国家语言文字工作委员会、国家教育委员会、广播电影电视部《关于开展普通话水平测试工作的决定》，制定本办法。

一、普通话水平测试委员会

第一条　普通话水平测试工作在国家普通话水平测试委员会的领导下，根据统一的标准和要求，在规定的范围内逐步开展。

第二条　各省(自治区、直辖市)应组建省级普通话水平测试委员会和普通话培训测试中心。中央人民广播电台、中央电视台以及具备条件的国家部委直属师范、广播、电影、戏剧等高等院校，经国家普通话水平测试委员会批准，可以成立本单位的普通话水平测试委员会，负责本单位的普通话水平测试工作。省级和部委直属单位的测试委员会接受国家普通话水平测试委员会的领导。

第三条　在普通话水平测试委员会和培训测试中心成立前，省(自治区、直辖市)内的测试工作在省(自治区、直辖市)语委、教委和广播电视厅的统一领导下进行。

二、普通话水平等级标准和《测试大纲》

第四条　普通话水平划分为三级六等(详见附件二)，级和等实行量化评分。

第五条　普通话水平测试工作按照国家语委组织审定的《普通话水平测试大纲》统一测试内容和要求。

三、测试员

第六条　普通话水平测试员分国家级和省(自治区、直辖市)级两类。国家级测试员需经国家语委普通话培训测试中心培训、考核并取得测试员证书；省级测试员需经省普通话培训测试中心培训、考核，并经国家语委普通话培训测试中心复审、备案后，由省(自治区、直辖市)普通话培训测试中心颁发省级测试员证书。

评定普通话一级(甲、乙等)水平，必须由国家级测试员主持或复核方为有效。

第七条　测试员应熟悉和拥护国家语言文字工作方针、政策，热心语言文字工作，熟练掌握汉语拼音，普通话水平达到一级乙等以上(省级测试员少部分1946年以前出生的可放宽到二级甲等)，具有大专毕业文化程度和三年以上工作实践，并有较高的语音分辨能力，作风正派。

国家级测试员最低上岗年龄为25岁，省级测试员最低上岗年龄为24岁。

第八条 测试员在省(自治区、直辖市)培训测试中心(或部委直属单位的普通话水平测试委员会)的组织领导下承担测试任务。测试工作必须严格按统一的测试标准和要求独立进行。

第九条 等级测试须有三名测试员协同工作(分别测试，综合评议)方为有效。评定意见不一致时，以多数人的意见为准。人员不足时，可用加强上级复审的办法过渡。

第十条 测试员不能正确掌握测试标准或在工作中有徇私舞弊行为时，省(自治区、直辖市)或部委直属单位的普通话水平测试委员会应在一定期间内(半年至一年)停止其测试工作，错误性质严重的应撤销其测试员资格。对国家级测试员的处分和撤销处分的决定应通知国家语委普通话培训测试中心。

四、应试人员

第十一条 1946年1月1日以后出生至现年满18岁(个别可放宽到16岁)之间的下列人员应接受普通话水平测试：

1. 中小学教师；
2. 中等师范学校教师和高等院校文科教师；
3. 师范院校毕业生(高等师范里，首先是文科类毕业生)；
4. 广播、电视、电影、戏剧，以及外语、旅游等高等院校和中等职业学校相关专业的教师和毕业生；
5. 各级广播电台、电视台的播音员、节目主持人；
6. 从事电影、电视剧、话剧表演和影视配音的专业人员；
7. 其他应当接受普通话水平测试的人员和自愿申请接受普通话水平测试的人员。

第十二条 现阶段对一些岗位和专业人员的普通话等级要求：

1. 教师和师范院校毕业生应达到二级或一级水平，语文科教师应略高于其他学科教师的水平；
2. 专门从事普通话语音教学的教师和从事播音、电影、电视剧、话剧表演、配音的专业人员，以及与此相关专业的毕业生应达到一级甲等或一级乙等水平。

五、普通话等级证书

第十三条 普通话等级证书由省(自治区、直辖市)培训测试中心或部委直属单位普通话水平测试委员会颁发。

第十四条 普通话等级证书全国统一格式(见附件三)，由各省(自治区、直辖市)分别编号。

第十五条 测试评定的普通话一级甲等，需分批报国家语委普通话培训测试中心复审。复审比例为：10名以内复审1/3，11~50名以内复审1/5，51名以上复审1/10。复审后，在国家语委普通话培训测试中心备案，省(自治区、直辖市)培训测试中心注册。证书由国家语委普通话培训测试中心盖章后，由省(自治区、直辖市)培训测试中心颁发。

测试评定的一级乙等，在省(自治区、直辖市)培训测试中心注册，在国家语委普通话培训测试中心备案，必要时得由国家语委普通话培训测试中心抽查，然后由省(自治区、直辖市)培训测试中心颁发证书。

测试评定的二级甲、乙等，报省(自治区、直辖市)培训测试中心备案并发证书。

测试工作的重点是工作和学习需要普通话水平应达到一级或二级的人员。普通话三级水平测试由各地按照测试标准和大纲的要求，根据各地的情况和工作的需要组织进行。

第十六条 未进入规定等级或要求晋升等级的人员，需在前次测试 5 个月之后方能提出受试申请。

六、附则

第十七条 本办法由国家语委普通话培训测试中心负责解释。

第十八条 本办法自 1994 年 10 月 30 日起实施。

附件二：普通话水平测试等级标准(试行)

一级

甲等　朗读和自由交谈时，语音标准，词汇、语法正确无误，语调自然，表达流畅。测试总失分率在 3% 以内。

乙等　朗读和自由交谈时，语音标准，词汇、语法正确无误，语调自然，表达流畅。偶然有字音、字调失误。测试总失分率在 8% 以内。

二级

甲等　朗读和自由交谈时，声韵调发音基本标准，语调自然，表达流畅。少数难点音(平翘舌音、前后鼻尾音、边鼻音等)有时出现失误。词汇、语法极少有误。测试总失分率在 13% 以内。

乙等　朗读和自由交谈时，个别调值不准，声韵母发音有不到位现象。难点音较多(平翘舌音、前后鼻尾音、边鼻音、fu—hu、z—zh—j、送气不送气、i—ü 不分、保留浊塞音、浊塞擦音、丢介音、复韵母单音化等)，失误较多。方言语调不明显。有使用方言词、方言语法的情况。测试总失分率在 20% 以内。

三级

甲等　朗读和自由交谈时，声韵母发音失误较多，难点音超出常见范围，声调调值多不准。方言语调较明显。词汇、语法有失误。测试总失分率在 30% 以内。

乙等　朗读和自由交谈时，声韵调发音失误多，方音特征突出。方言语调明显。词汇、语法失误较多。外地人听其谈话有听不懂情况。测试总失分率在 40% 以内。

附录B 普通话水平测试试卷样卷

B.1 普通话水平测试试卷样卷(1)

注意："一"和"二"中，带括号的是多音字词，括号里的内容规定了该字词只能有一个读音。读这些字词时不要音变，也不需要把括号里的内容读出来。

一、读单字(共10分)(限时3.5分钟)

霉	戳	厥	骸	软	蛲	买	奴	推	熟(熟练)
绞	官	略	等	跟	穷	贼	洒	坨	思(思考)
砍	末	躲	僵	汞	闰	丐	烧	索	汤(汤圆)
坑	拿	痴	段	掐	挖	掷	围	奔(奔走)	屯(屯兵)
锥	耐	编	赦	嫦	咬	评	刷	巷(小巷)	饮(饮料)
怕	口	憋	额	页	仑	霜	萱	合(合并)	挣(挣钱)
快	赔	惨	二	株	已	絮	芸	红(红花)	钻(钻研)
离	按	雌	犯	稳	拈	去	拢	揣(怀揣)	露(露面)
套	诙	凑	粪	簧	蚯	眷	铐	横(一横)	得(得一小时)
炬	呸	箔	浮	凶	狞	忍	匣	亲(亲切)	陆(陆拾元)

错误(-0.1分/字)　共_____个字，扣_____分
缺陷(-0.05分/字)　共_____个字，扣_____分
超时(1分钟内扣0.5分，1分钟以上扣1分)扣_____分
　　　　　　　　　　　　　　　共扣_____分

二、读词语(共20分)(限时2.5分钟)

截面	动态	扳子	仍然	寻衅
偶尔	同意	所在	馅儿	这么着(书读音)
碰见	留神	农村	销魂	厂长
姑娘	强烈	病号儿	人家(把东西还给人家)	把握
狂风	打鸣儿	双方	巧遇	完全
草原	退休	有点儿	美妙	似乎
产科	曲尺	表决	临时	影响
雄厚	比拟	重复	磁带	外婆
联播	幸运	耍滑	观察	专用
告诉	广泛	缺漏	做活儿	开辟

错误(-0.2 分/字)　　共＿＿＿个音节，扣＿＿＿＿＿＿分
缺陷(-0.1 分/字)　　共＿＿＿个音节，扣＿＿＿＿＿＿分
超时(1 分钟内扣 0.5 分，1 分钟以上扣 1 分)扣＿＿＿＿＿分
　　　　　　　　　　　　　　　共扣＿＿＿＿＿＿分

三、选择、判断(共 10 分)(限时 3 分钟)

(1) 读出每组词中的普通话词语(注意：下列每组词语各表达同一概念)
① 做大水　发大水　做溪水　　② 马路　　街路　　车路
③ 地动　　地震　　　　　　　④ 喝茶　　吃茶
⑤ 头皮屑　头屑　　　　　　　⑥ 纸票　　票子
⑦ 嫂子　　阿嫂　　兄嫂　　　⑧ 灵清　　机灵
⑨ 天白　　天光　　天亮　　　⑩ 母鸭　　鸭母　　水鸭母

　　选择错(-0.25 分/组)　　　　共＿＿＿组，扣＿＿＿＿＿分
　　选择对，语音错(-0.1 分/音节)　共＿＿＿个音节，扣＿＿＿＿分

(2) 给下面的名词搭配量词(例如：一条——鱼)
　　　　　　　　　　　场　头　辆　只　个
杯子　蒜　三轮　国家　汽车　蝴蝶　橘子　大火　驴　碟子

　　搭配错误(-0.5 分/次)　　　　共＿＿＿次，扣＿＿＿＿＿分
　　搭配对，语音错(-0.1 分/音节)　共＿＿＿个音节，扣＿＿＿＿分

(3) 说出符合普通话说法的句子(注意：下列每组说法各表达同一意思)
① A. 你倒下休息吧。　　　　　B. 你躺下休息吧。
② A. 你把这膏药揭下来。　　　B. 你把这膏药撕下来。
③ A. 从右边的小路转过去。　　B. 从右边的小路绕过去。
④ A. 他拿本书我看。　　　　　B. 他拿本书给我看。
⑤ A. 他去过上海。　　　　　　B. 他有去过上海。

　　选择错(-0.5 分/组)　　　　　共＿＿＿组，扣＿＿＿＿＿分
　　选择对，语音错(-0.1 分/音分)　共＿＿＿个音节，扣＿＿＿＿分
　　三项超时(1 分钟以内扣 0.5 分，1 分钟以上扣 1 分) 扣＿＿＿＿分
　　　　　　　　　　　　　　　　三项共扣＿＿＿＿＿分

四、朗读(共 30 分)(限时 4 分钟)

篇目号＿＿＿＿＿＿
(1) 错读、漏读、增读(每个音节扣 0.1 分)　共＿＿＿音节，扣＿＿＿＿分
(2) 声母或韵母的系统性语音缺陷(视程度扣 0.5 分、1 分、2 分) 扣＿＿＿＿分
(3) 语调偏误(视程度扣 0.5 分、1 分、2 分)　　　　　　　扣＿＿＿＿分
(4) 停连不当(视程度扣 0.5 分、1 分、2 分)　　　　　　　扣＿＿＿＿分
(5) 朗读不流畅(包括回读，视程度扣 0.5 分、1 分、2 分)　　扣＿＿＿＿分
(6) 超时(扣 1 分)　　　　　　　　　　　　　　　　　　扣＿＿＿＿分
　　　　　　　　　　　　　　　　　　　　　　本项共扣＿＿＿＿分

五、说话(共 30 分)(不得少于 3 分钟)

题目_____

(1) 语音标准程度，共 20 分。分六档：_____档，扣_____分

一档：语音标准或极少有失误。(扣 0 分、0.5 分、1 分)

二档：语音错误在 10 次以下，有方音但不明显。(扣 1.5 分、2 分)

三档：语音错误在 10 次以下，但方音比较明显；或语音错误在 10~15 次之间，有方音但不明显。(扣 5 分、6 分)

四档：语音错误在 10~15 次之间，方音比较明显。(扣 5 分、6 分)

五档：语音错误超过 15 次，方音明显。(扣 7 分、8 分、9 分)

六档：语音错误多，方音重。(扣 10 分、11 分、12 分)

(2) 词汇语法规范程度，共 5 分。分三档：_____档，扣_____分

一档：词汇、语法规范。(扣 0 分)

二档：词汇、语法偶有不规范的情况。(扣 0.5 分、1 分)

三档：词汇、语法屡有不规范的情况。(扣 2 分、3 分)

(3) 自然流畅程度，共 5 分。分三档：_____档，扣_____分

一档：语言自然流畅。(扣 0 分)

二档：语言基本流畅，口语化较差，有背稿子的表现。(扣 0.5 分、1 分)

三档：语言不连贯，语调生硬。(扣 2 分、3 分)

(4) 说话不足 3 分钟，酌情扣分：_____档，扣_____分

一档：缺时 1 分钟以内(含 1 分钟)，扣 1 分、2 分、3 分。

二档：缺时 1 分钟以上，扣 4 分、5 分、6 分。

三档：说话不满 30 秒(含 30 秒)，本测试项成绩计为 0 分。

本项共扣_____分

测试员：_____

____年____月____日

B.2　普通话水平测试试卷样卷(2)

一、读单字(共 10 分)(限时 3.5 分钟)

品	恤	圃	环	票	颏	拽	椿	星	没(没有)
烤	集	独	热	爹	糯	全	伦	背(背债)	沤(沤肥)
留	评	袄	吊	玖	园	捅	讯	分(分辨)	铅(铅笔)
诡	拜	幌	方	曰	酪	鸣	郓	否(否定)	翘(翘首)
狰	穷	靶	缸	再	攘	摔	托	更(更加)	塞(塞子)
末	岸	拨	跟	样	则	饬	匮	仅(仅仅)	胜(胜利)
幕	染	纂	劲	旺	踩	税	苗	看(看病)	虾(虾仁)

念　问　肠　含　孽　植　撕　握　棱(棱角)　写(写作)
配　钾　烘　闯　岖　佤　迁　耸　折(折磨)　搂(搂抱)
醋　软　授　砥　抓　傻　镢　渍　蔓(蔓儿)　臊(腥臊)

错误(-0.1 分/字)　共_____个字，扣_____分
缺陷(-0.05 分/字)　共_____个字，扣_____分
超时(1 分钟内扣 0.5 分，1 分钟以上扣 1 分)扣_____分
　　　　　　　　　　　　　　　　　共扣_____分

二、读词语(共 20 分)(限时 2.5 分钟)

持续	思索	症状	滑溜	荣辱
美术	恩情	挨个儿	广播	密切
僧尼	总理	聊天儿	当然	球体
口腔	爷儿们	干脆	拐弯儿	凶恶
外汇	扳手	贫乏	菜豆	芋头
远见	早早儿	作用	将要	复辟
推辞	贯彻	困苦	危机	家庭
培训	模仿	平均	火把	今年
老百姓	红润	智囊	升学	驮子
悬挂	优点	调查	决心	洽谈

错误(-0.2 分/字)　　共_____个音节，扣_____分
缺陷(-0.1 分/字)　　共_____个音节，扣_____分
超时(1 分钟内扣 0.5 分，1 分钟以上扣 1 分)扣_____分
　　　　　　　　　　　　　　　　　共扣_____分

三、选择、判断(共 10 分)(限时 3 分钟)

(1)　读出每组词中的普通话词语(注意：下列每组词语各表达同一概念)
① 畅销　抢手　快销　　　② 惦记　挂牵　记挂
③ 裤腿　裤管　裤脚　　　④ 袋袋　兜儿　袋子
⑤ 晓得　识得　知道　　　⑥ 当天　当日
⑦ 丢份　丢架　丢脸　　　⑧ 捣乱　搅乱　搅闹
⑨ 别处　另处　二处　　　⑩ 豆腐浆　豆浆　豆花

选择错(-0.25 分/组)　共_____组，扣_____分
选择对，语音错(-0.1 分/音节)　共_____个音节，扣_____分

(2)　名词搭配量词(例如：一条——鱼)
　　　　　　　　本　面　股　门　枚
镜子　大炮　书　气流　旗　本子　味儿　学问　校徽　别针

搭配错误(-0.5 分/次)　　共_____次，扣_____分
搭配对，语音错(-0.1 分/音节)　共_____个音节，扣_____分

(3) 说出符合普通话说法的句子(注意：下列每组说法各表达同一意思)
① A. 快点儿起身，好上课了。　　B. 快点儿起床，该上学了。
② A. 是我不对，真对不起你。　　B. 我是不对，真对你不起。
③ A. 我说不过他。　　　　　　　B. 我说他不过。　　　　　C. 我说过不了他。
④ A. 这凳子会坐三个人。　　　　B. 这凳子能坐三个人。
　　C. 三个人会坐这凳子。
⑤ A. 这花儿多好看啊！　　　　　B. 这花儿好好看。
　　C. 这花儿顶好看啊！

选择错(-0.5 分/组)　　　　　　　共＿＿＿组，　扣＿＿＿＿＿＿＿分
选择对，语音错(-0.1 分/音节)　共＿＿＿个音节，扣＿＿＿＿＿＿＿分
三项超时(1 分钟以内扣 0.5 分，1 分钟以上扣 1 分)　扣＿＿＿＿＿＿＿分
　　　　　　　　　　　　　　　　　　　　　三项共扣＿＿＿＿＿＿＿分

四、朗读(共 30 分)(限时 4 分钟)

篇目号＿＿＿＿＿＿＿＿＿＿
(1) 错读、漏读、增读(每个音节扣 0.1 分)　共＿＿＿＿个音节，扣＿＿＿＿＿＿分
(2) 声母或韵母的系统性语音缺陷(视程度扣 0.5 分、1 分、2 分)扣＿＿＿＿＿＿分
(3) 语调偏误(视程度扣 0.5 分、1 分、2 分)　　　　　　　　　扣＿＿＿＿＿＿分
(4) 停连不当(视程度扣 0.5 分、1 分、2 分)　　　　　　　　　扣＿＿＿＿＿＿分
(5) 朗读不流畅(包括回读，视程度扣 0.5 分、1 分、2 分)　　　扣＿＿＿＿＿＿分
(6) 超时(扣 1 分)　　　　　　　　　　　　　　　　　　　　　扣＿＿＿＿＿＿分
　　　　　　　　　　　　　　　　　　　　　　本项共扣＿＿＿＿＿＿分

五、说话(共 30 分)(不得少于 3 分钟)

题目＿＿＿＿＿＿＿＿＿＿
(1) 语音标准程度，共 20 分。分六档：＿＿＿＿＿＿档，扣＿＿＿＿＿＿分
一档：语音标准或极少有失误。(扣 0 分、0.5 分、1 分)
二档：语音错误在 10 次以下，有方音但不明显。(扣 1.5 分、2 分)
三档：语音错误在 10 次以下，但方音比较明显；或语音错误在 10～15 次之间，有方音但不明显。(扣 5 分、6 分)
四档：语音错误在 10～15 次之间，方音比较明显。(扣 5 分、6 分)
五档：语音错误超过 15 次，方音明显。(扣 7 分、8 分、9 分)
六档：语音错误多，方音重。(扣 10 分、11 分、12 分)
(2) 词汇语法规范程度，共 5 分。分三档：＿＿＿＿＿＿档，扣＿＿＿＿＿＿分
一档：词汇、语法规范。(扣 0 分)
二档：词汇、语法偶有不规范的情况。(扣 0.5 分、1 分)
三档：词汇、语法屡有不规范的情况。(扣 2 分、3 分)
(3) 自然流畅程度，共 5 分。分三档：＿＿＿＿＿＿档，扣＿＿＿＿＿＿分
一档：语言自然流畅。(扣 0 分)

二档：语言基本流畅，口语化较差，有背稿子的表现。(扣 0.5 分、1 分)
三档：语言不连贯，语调生硬。(扣 2 分、3 分)
(4) 说话不足 3 分钟，酌情扣分：_____档，扣_____分
一档：缺时 1 分钟以内(含 1 分钟)，扣 1 分、2 分、3 分。
二档：缺时 1 分钟以上，扣 4 分、5 分、6 分。
三档：说话不满 30 秒(含 30 秒)，本测试项成绩计为 0 分。

本项共扣_____分
测试员：_____
_____年___月___日

B.3 普通话水平测试试卷样卷(3)

注意："一"和"二"中，带括号的是多音字词，括号里的内容规定了该字词只能有一个读音。读这些字词时不要音变，也不需要把括号里的内容读出来。

一、读单字(共 10 分)(限时 3.5 分钟)

谱	怨	陪	吼	篇	裹	瞳	噩	瞑	广(广播)
疼	海	拭	笞	劝	错	题	蜗	锈	好(好比)
决	期	袄	旱	匣	酪	寸	停	茉	划(划船)
俊	晴	钡	党	壮	楔	挂	叩	挨(挨打)	几(几何)
夸	渠	踩	幼	抖	铙	碗	姚	膀(膀肿)	看(看病)
良	峥	茶	堆	甬	痊	子	歪	与(与其)	塞(塞子)
鹿	反	鬓	租	瑟	枕	祀	讯	绷(绷带)	否(否定)
略	日	喘	放	拈	左	税	娘	车(车床)	俩(咱俩)
围	软	纯	宫	疥	闯	随	县	担(担心)	揣(怀揣)
声	吝	傻	灌	穷	申	烫	瞄	奔(奔走)	蜇(蜜蜂蜇的)

错误(-0.1 分/字)　　　　　共_____个字，扣_____分
缺陷(-0.05 分/字)　　　　共_____个字，扣_____分
超时(1 分钟内扣 0.5 分，1 分钟以上扣 1 分)扣_____分
　　　　　　　　　　　　　　共扣_____分

二、读词语(共 20 分)(限时 2.5 分钟)

偶尔	慷慨	黄油	取乐	串门儿
词汇	万恶	运输	姨夫	蛙泳
机灵	产品	捻捻转儿	朗诵	文学
选举	林场	衰败	鸟儿	准确
支援	亚军	死扣儿	内容	受罚
先生	笼统	外界	小组	当时

饭馆	电话	煤气	做作	家庭
打扰	英雄	讲习	部队	摧残
佛教	尴尬	向往	人才	正在
灯泡	迫切	谬论	挑唆	霸权

错误(-0.2 分/字)　　　共_____个音节，扣_____分
缺陷(-0.1 分/字)　　　共_____个音节，扣_____分
超时(1 分钟内扣 0.5 分，1 分钟以上扣 1 分)扣_____分
　　　　　　　　　　　　　　　共扣_____分

三、选择、判断(共 10 分)(限时 3 分钟)

(1) 读出每组词中的普通话词语(注意：下列每组词语各表达同一概念)
① 阿公　公公　爷爷　　　　② 勺儿　瓢子
③ 开水壶　暖壶　　　　　　④ 汗巾　手绢　手巾
⑤ 叠衣服　折衣服　　　　　⑥ 白蚁　白蚂蚁
⑦ 拍掌　鼓掌　　　　　　　⑧ 几多　好多　多少
⑨ 娘舅　阿舅　舅舅　　　　⑩ 钩钩　钩子

选择错(-0.25 分/组)　　　共_____组，扣_____分
选择对，语音错(-0.1 分/音节)共_____个音节，扣_____分

(2) 给下面的名词搭配量词(例如：一条——鱼)
　　　　　　　　　　幅　处　滴　粒　片
画　名胜　血　地图　叶子　油　药　沙子　米　伤

搭配错误(-0.5 分/次)　　　共_____次，扣_____分
搭配对，语音错(-0.1 分/音节)共_____个音节，扣_____分

(3) 说出符合普通话说法的句子(注意：下列每组说法各表达同一意思)
① A. 这个人衣服穿得很得体。　　B. 这个人衣服穿得很清楚。
② A. 伤好了，不会走？　　　　　B. 伤好了，能走了。
③ A. 你为什么不应。　　　　　　B. 你为什么不答应。
④ A. 快点儿起床，好上课了。　　B. 快点儿起床，该上学了。
⑤ A. 我不知道他到哪里去了？　　B. 我不懂得他到哪里去了？

选择错(-0.5 分/组)　　　共_____组，扣_____分
选择对，语音错(-0.1 分/音分)共_____个音节，扣_____分
三项超时(1 分钟以内扣 0.5 分，1 分钟以上扣 1 分)扣_____分
　　　　　　　　　　　　　　　三项共扣_____分

四、朗读(共 30 分)(限时 4 分钟)

篇目号_____
(1) 错读、漏读、增读(每个音节扣 0.1 分)　共_____音节，扣_____分
(2) 声母或韵母的系统性语音缺陷(视程度扣 0.5 分、1 分、2 分) 扣_____分
(3) 语调偏误(视程度扣 0.5 分、1 分、2 分)　　　　　　　　扣_____分

(4) 停连不当(视程度扣 0.5 分、1 分、2 分)　　　　　　　扣_____分
(5) 朗读不流畅(包括回读，视程度扣 0.5 分、1 分、2 分)　扣_____分
(6) 超时(扣 4 分)　　　　　　　　　　　　　　　　　　扣_____分
　　　　　　　　　　　　　　　　　　　　　　　　本项共扣_____分

五、说话(共 30 分)(不得少于 3 分钟)

　　题目_____

(1) 语音标准程度，共 20 分。分六档：_____档，扣_____分
一档：语音标准或极少有失误。(扣 0 分、0.5 分、1 分)
二档：语音错误在 10 次以下，有方音但不明显。(扣 1.5 分、2 分)
三档：语音错误在 10 次以下，但方音比较明显；或语音错误在 10～15 次之间，有方音但不明显。(扣 5 分、6 分)
四档：语音错误在 10～15 次之间，方音比较明显。(扣 5 分、6 分)
五档：语音错误超过 15 次，方音明显。(扣 7 分、8 分、9 分)
六档：语音错误多，方音重。(扣 10 分、11 分、12 分)

(2) 词汇语法规范程度，共 5 分。分三档：_____档，扣_____分
一档：词汇、语法规范。(扣 0 分)
二档：词汇、语法偶有不规范的情况。(扣 0.5 分、1 分)
三档：词汇、语法屡有不规范的情况。(扣 2 分、3 分)

(3) 自然流畅程度，共 5 分。分三档：_____档，扣_____分
一档：语言自然流畅。(扣 0 分)
二档：语言基本流畅，口语化较差，有背稿子的表现。(扣 0.5 分、1 分)
三档：语言不连贯，语调生硬。(扣 2 分、3 分)

(4) 说话不足 3 分钟，酌情扣分：_____档，扣_____分
一档：缺时 1 分钟以内(含 1 分钟)，扣 1 分、2 分、3 分。
二档：缺时 1 分钟以上，扣 4 分、5 分、6 分。
三档：说话不满 30 秒(含 30 秒)，本测试项成绩计为 0 分。

　　　　　　　　　　　　　　　　　　　本项共扣_____分
　　　　　　　　　　　　　　　　　　　测试员：_____
　　　　　　　　　　　　　　　　　　　_____年____月____日

附录 C　普通话异读词审音表

(1985 年 12 月修订)

一、本表所审，主要是普通话有异读的词和有异读的作为"语素"的字。不列出多音多义字的全部读音和全部义项，与字典、词典形式不同，例如："和"字有多种义项和读音，而本表仅列出原有异读的八条词语，分列于 hè 和 huo 两种读音之下(有多种读音，较常见的在前。下同)；其余无异读的音、义均不涉及。

二、在字后注明"统读"的，表示此字不论用于任何词语中只读一音(轻声变读不受此限)，本表不再举出词例。例如："阀"字注明"fá(统读)"，原表"军阀"、"学阀"、"财阀"条和原表所无的"阀门"等词均不再举。

三、在字后不注"统读"的，表示此字有几种读音，本表只审订其中有异读的词语的读音。例如"艾"字本有 ài 和 yì 两音，本表只举"自怨自艾"一词，注明此处读 yì 音；至于 ài 音及其义项，并无异读，不再赘列。

四、有些字有文白二读，本表以"文"和"语"作注。前者一般用于书面语言，用于复音词和文言成语中；后者多用于口语中的单音词及少数日常生活事物的复音词中。这种情况在必要时各举词语为例。例如："杉"字下注"(一)shān(文)：紫～、红～、水～；(二)shā(语)：～篙、～木"。

五、有些字除附举词例之外，酌加简单说明，以便读者分辨。说明或按具体字义，或按"动作义"、"名物义"等区分，例如："畜"字下注"(一) chù (名物义)：～力、家～、牲～、幼～；(二) xù (动作义)：～产、～牧、～养"。

六、有些字的几种读音中某音用处较窄，另音用处甚宽，则注"除××(较少的词)念乙音外，其他都念甲音"，以避免列举词条繁而未尽、挂一漏万的缺点。例如："结"字下注"除'～了个果子'、'开花～果'、'～巴'、'～实'念 jiē 之外，其他都念 jié"。

七、由于轻声问题比较复杂，除《初稿》涉及的部分轻声词之外，本表一般不予审订，并删去部分原审的轻声词，例如"麻刀 (dao)"、"容易 (yi)"等。

八、本表酌增少量有异读的字或词，作了审订。

九、除因第二、六、七各条说明中所举原因而删略的词条之外，本表又删汰了部分词条。主要原因是：①现已无异读(如"队伍"、"理会")；②罕用词语(如"俵分"、"仔密")；③方言土音(如"归里包堆 (zuī)"、"告送 (song)")；④不常用的文言词语(如"刍荛"、"甔甀")；⑤音变现象(如"胡里八涂 (tū)"、"毛毛腾腾 (tēng tēng)"；⑥重复累赘(如原表"色"字的有关词语分列达 23 条之多)。删汰条目不再编入。

十、人名、地名的异读审订，除原表已涉及的少量词条外，留待以后再审。

A

阿
(一) ā
~訇 ~罗汉 ~木林 ~姨
(二) ē
~谀 ~附 ~胶 ~弥陀佛

挨
(一) āi
~个 ~近
(二) ái
~打 ~说

癌 ái (统读)
霭 ǎi (统读)
蔼 ǎi (统读)
隘 ài (统读)
谙 ān (统读)
埯 ǎn (统读)
昂 áng (统读)
凹 āo (统读)

拗
(一) ào
~口
(二) niù
执~ 脾气很~

坳 ào (统读)

B

拔 bá (统读)
把 bà
印~子
白 bái (统读)
膀 bǎng
翅~
蚌
(一) bàng
蛤~
(二) bèng
~埠
傍 bàng (统读)
磅 bàng
过~
龅 bāo (统读)
胞 bāo (统读)

薄
(一) báo (语)
常单用，如"纸很~"。
(二) bó (文)
多用于复音词。
~弱 稀~
淡~ 尖嘴~舌
单~ 厚~

堡
(一) bǎo
碉~ ~垒
(二) bǔ
~子 吴~ 瓦窑~
柴沟~
(三) pù
十里~

暴
(一) bào
~露
(二) pù
一~ (曝)十寒

爆 bào (统读)
焙 bèi (统读)
惫 bèi (统读)
背 bèi
~脊 ~静

鄙 bǐ (统读)
俾 bǐ (统读)
笔 bǐ (统读)
比 bǐ (统读)
臂

臂
(一) bì
手~ ~膀
(二) bei
胳~

庇 bì (统读)
髀 bì (统读)
避 bì (统读)
辟 bì
复~
裨 bì
~补 ~益
婢 bì (统读)
痹 bì (统读)
壁 bì (统读)
蝙 biān (统读)
遍 biàn (统读)
骠
(一) biāo
黄~马
(二) piào
~骑 ~勇
傧 bīn (统读)
缤 bīn (统读)
濒 bīn (统读)
殡 bìn (统读)
屏
(一) bǐng
~除 ~弃 ~气 ~息
(二) píng
~藩 ~风
柄 bǐng (统读)
波 bō (统读)
播 bō (统读)

菠 bō (统读)
剥
(一) bō(文)
~削
(二) bāo(语)
泊
(一) bó
淡~ 飘~ 停~
(二) pō
湖~ 血~
帛 bó (统读)
勃 bó (统读)
钹 bó (统读)
伯
(一) bó
~~(bo) 老~
(二) bǎi
大~了(丈夫的哥哥)
箔 bó (统读)
簸
(一) bǒ
颠~
(二) bò
~箕
膊 bo
胳~
卜 bo
萝~
醭 bú (统读)
哺 bǔ (统读)
捕 bǔ (统读)
鹁 bǔ (统读)
埠 bù (统读)

C

残 cán (统读)
惭 cán (统读)
灿 càn (统读)
藏
(一) cáng
矿~
(二) zàng
宝~

糙 cāo　（统读）
嘈 cáo　（统读）
螬 cáo　（统读）
厕 cè　（统读）
岑 cén　（统读）
差
(一) chā(文)
不～累黍　不～什么
偏～　色～　～别
视～　误～　电势～
一念之～　～池　～错
言～语错　一～二错
阴错阳～　～等　～额
～价　～强人意　～数　～异
(二) chà(语)
～不多　～不离　～点儿
(三) cī
参～
猹 chá　（统读）
搽 chá　（统读）
阐 chǎn　（统读）
羼 chàn　（统读）
颤
(一) chàn
～动　发～
(二) zhàn
～栗(战栗)　打～(打战)
韂 chàn　（统读）
伥 chāng　（统读）
场
(一) chǎng
～合　～所　冷～　捧～
(二) cháng
外～　圩～　～院　一～雨
(三) chang
排～
钞 chāo　（统读）
巢 cháo　（统读）
嘲 cháo

～讽　～骂　～笑
耖 chào　（统读）
车
(一) chē
安步当～　杯水～薪　闭门造～
螳臂当～
(二) jū
(象棋棋子名称)
晨 chén　（统读）
称 chèn
～心　～意　～职　对～　相～
撑 chēng　（统读）
乘(动作义，念 chéng)
包～制　～便　～风破浪　～客
～势　～兴
橙 chéng　（统读）
惩 chéng　（统读）
澄
(一) chéng(文)
～清(如"～清混乱"、"～清问题")
(二) dèng(语)
单用，如"把水～清了"。
痴 chī　（统读）
吃 chī　（统读）
弛 chí　（统读）
褫 chǐ　（统读）
尺 chǐ
～寸　～头
耻 chǐ　（统读）
侈 chǐ　（统读）
炽 chì　（统读）
春 chōng　（统读）
冲 chòng
～床　～模
臭
(一) chòu
遗～万年
(二) xiù
乳～　铜～

储 chǔ　(统读)
处 chǔ　(动作义)
～罚　～分　～决　～理　～女　～置
畜
(一) chù(名物义)
～力　家～　牲～　幼～
(二) xù(动作义)
～产　～牧　～养
触 chù　　(统读)
搐 chù　　(统读)
绌 chù　　(统读)
黜 chù　　(统读)
闯 chuǎng　(统读)
创
(一) chuàng
草～　～举　首～　～造　～作
(二) chuāng
～伤　重～
绰
(一) chuò
～～有余
(二) chuo

搭 dā　(统读)
答
(一) dá
报～　～复
(二) dā
～理　～应
打 dá
苏～　一～(十二个)
大
(一) dà
～夫(古官名)　～王(如爆破～
王、钢铁～王)
(二) dài
～夫(医生)　～黄　～王
(如山～王)　～城〔地名〕

宽～
疵 cī　(统读)
雌 cí　(统读)
赐 cì　(统读)
伺 ci
～候
枞
(一) cōng
～树
(二) zōng
～阳〔地名〕
从 cóng　(统读)
丛 cóng　(统读)
攒 cuán
万头～动　万箭～心
脆 cuì　(统读)
撮
(一) cuō
～儿　一～儿盐　一～儿匪帮
(二) zuǒ
一～儿毛
措 cuò　(统读)

D

呆 dāi　(统读)
傣 dǎi　(统读)
逮
(一) dài (文)如"～捕"。
(二) dǎi (语)单用，
如"～蚊子"、"～特务"。
当
(一) dāng
～地　～间儿　～年(指过去)
～日(指过去)　～天(指过去)
～时(指过去)　螳臂～车
(二) dàng
一个～俩　安步～车　适～
～年(同一年)　～日(同一时候)
～天(同一天)

档 dàng　（统读）
蹈 dǎo　（统读）
导 dǎo　（统读）
倒
（一）dǎo
颠～　颠～是非　颠～黑白　颠三～四　倾箱～箧　排山～海　～板　～嚼　～仓　～嗓　～戈　潦～
（二）dào
～粪(把粪弄碎)
悼 dào　（统读）
纛 dào　（统读）
凳 dèng　（统读）
羝 dī　（统读）
氐 dī(古民族名)
堤 dī　（统读）
提 dī
～防
的 dí
～当　～确
抵 dǐ　（统读）
蒂 dì　（统读）
缔 dì　（统读）
谛 dì　（统读）

点 dian
打～(收拾、贿赂)
跌 diē　（统读）
蝶 dié　（统读）
订 dìng　（统读）
都
（一）dōu
～来了
（二）dū
～市　首～　大～(大多)
堆 duī　（统读）
吨 dūn　（统读）
盾 dùn　（统读）
多 duō　（统读）
咄 duō　（统读）
掇
（一）duō("拾取、采取"义)
（二）duo
撺～　掇～
裰 duō　（统读）
踱 duó　（统读）
度　duó
忖～　～德量力

E

婀 ē　（统读）

F

伐 fá　（统读）
阀 fá　（统读）
砝 fǎ　（统读）
法 fǎ　（统读）
发 fà
理～　脱～　结～
帆 fān　（统读）
藩 fān　（统读）
梵 fàn　（统读）
坊
（一）fāng
牌～　～巷
（二）fáng
粉～　磨～　碾～　染～　油～　谷～
妨 fáng　（统读）
防 fáng　（统读）
肪 fáng　（统读）
沸 fèi　（统读）
汾 fén　（统读）
讽 fěng　（统读）

肤 fū　(统读)
敷 fū　(统读)
俘 fú　(统读)
浮 fú　(统读)
服 fú
～毒　～药

拂 fú　(统读)
辐 fú　(统读)
幅 fú　(统读)
甫 fǔ　(统读)
复 fù　(统读)
缚 fù　(统读)

G

噶 gá　(统读)
冈 gāng　(统读)
刚 gāng　(统读)
岗 gǎng
～楼　～哨　～子　门～　站～　山～子
港 gǎng　(统读)
葛
(一) gé
～藤　～布　瓜～
(二) gě〔姓〕(包括单、复姓)
隔 gé　(统读)
革 gé
～命　～新　改～
合 gě (一升的十分之一)
给
(一) gěi (语)单用
(二) jǐ (文)
补～　供～　供～制　～予
配～　自～自足
亘 gèn　(统读)
更 gēng
五～　～生
颈 gěng
脖～子
供
(一) gōng
～给　提～　～销

(二) gòng
口～　翻～　上～
佝 gōu　(统读)
枸 gǒu
～杞
勾 gòu
～当
估(除"～衣"读 gù 外，都读 gū)
骨(除"～碌"、"～朵"读 gū 外，都读 gǔ)
谷 gǔ
～雨
锢 gù　(统读)
冠
(一) guān (名物义)
～心病
(二) guàn (动作义)
沐猴而～　～军
犷 guǎng　(统读)
庋 guǐ　(统读)
桧
(一) guì [树名]
(二) huì [人名] "秦～"。
刽 guì　(统读)
聒 guō　(统读)
蝈 guō　(统读)
过(除姓氏读 guō 外，都读 guò)

H

虾 há
～蟆

哈
(一) hǎ
~达
(二) hà
~什蚂
汗 hán
可~
巷 hàng
~道
号 háo
寒~虫
和
(一) hè
唱~ 附~ 曲高~寡
(二) huo
搀~ 搅~ 暖~ 热~ 软~
貉
(一) hé (文)
一丘之~
(二) háo (语)
~绒 ~子
壑 hè (统读)
褐 hè (统读)
喝 hè
~采 ~道 ~令 ~止 呼幺~六
鹤 hè (统读)
黑 hēi (统读)
亨 hēng (统读)
横
(一) héng
~肉 ~行霸道

(二) hèng
蛮~ ~财
訇 hōng (统读)
虹
(一) hóng (文)
~彩 ~吸
(二) jiàng (语)多单用
讧 hòng (统读)
囫 hú (统读)
瑚 hú (统读)
蝴 hú (统读)
桦 huà (统读)
徊 huái (统读)
踝 huái (统读)
浣 huàn (统读)
黄 huáng (统读)
荒 huang
饥~ (指经济困难)
诲 huì (统读)
贿 huì (统读)
会 huì
一~儿 多~儿 ~厌 (生理名词)
混 hùn
~合 ~乱 ~凝土 ~淆
~血儿 ~杂
蠖 huò (统读)
霍 huò (统读)
豁 huò
~亮
获 huò (统读)

J

(一) jī
通~ 侦~
(二) qī
~鞋口
几 jī
茶~ 条~

羁 jī (统读)
击 jī (统读)
奇 jī
~数
芨 jī(统读)
缉

圾 jī （统读）
戢 jí （统读）
疾 jí （统读）
汲 jí （统读）
棘 jí （统读）
藉 jí
狼～(籍)
嫉 jí （统读）
脊 jǐ （统读）
纪
(一) jǐ〔姓〕
(二) jì ～念 ～律 纲～ ～元
偈 jì
～语
绩 jì （统读）
迹 jì （统读）
寂 jì （统读）
箕 jī
簸～
辑 jí
逻～
茄 jiā
雪～
夹 jiā
～带藏掖 ～道儿 ～攻 ～棍
～生 ～杂 ～竹桃 ～注
浃 jiā （统读）
甲 jiǎ （统读）
歼 jiān （统读）
鞯 jiān （统读）
间
(一) jiān
～不容发 中～
(二) jiàn
中～儿 ～道 ～谍 ～断 ～或
～接 ～距 ～隙 ～续 ～阻
～作 挑拨离～
趼 jiǎn （统读）
俭 jiǎn （统读）

缰 jiāng （统读）
膙 jiǎng （统读）
嚼
(一) jiáo(语)
味同～蜡
咬文～字
(二) jué(文)
咀～ 过屠门而大～
(三) jiào
倒～(倒噍)
侥 jiǎo
～幸
角
(一) jiǎo
八～(大茴香) ～落 独～戏
～膜 ～度 ～儿(犄～) ～楼
勾心斗～ 号～ 口～(嘴)
鹿～ 菜 头～
(二) jué
～斗 ～儿(脚色) 口～(吵嘴) 主～
儿 配～儿 ～力 捧～儿
脚
(一) jiǎo
根～
(二) jué
～儿(也作"角儿"，脚色)
剿
(一) jiǎo
围～
(二) chāo
～说 ～袭
校 jiào
～勘 ～样 ～正
较 jiào （统读）
酵 jiào （统读）
嗟 jiē （统读）
疖 jiē （统读）
结(除"～了个果子"、"开花～果"、
"～巴"、"～实"念 jiē 之外，

其他都念 jié)
睫 jié （统读）
芥
(一) jiè
～菜（一般的芥菜）　～末
(二) gài
～菜（也作"盖菜"）　～蓝菜
矜 jīn
～持　自～　～怜
仅 jǐn
～～　绝无～有
谨 jǐn （统读）
觐 jìn （统读）
浸 jìn （统读）
斤 jin
千～(起重的工具)
茎 jīng （统读）
粳 jīng （统读）
鲸 jīng （统读）
境 jìng （统读）
痉 jìng （统读）
劲 jìng
刚～

窘 jiǒng （统读）
究 jiū （统读）
纠 jiū （统读）
鞠 jū （统读）
鞫 jū （统读）
掬 jū （统读）
苴 jū （统读）
咀 jǔ
～嚼
矩
(一) jǔ
～形
(二) ju
规～
俱 jù （统读）
龟 jūn
～裂(也作"皲裂")
菌
(一) jūn
细～　病～　杆～　霉～
(二) jùn
香～　～子
俊 jùn （统读）

K

卡
(一) kǎ
～宾枪　～车　～介苗　～片　～通
(二) qiǎ
～子　关～
揩 kāi （统读）
慨 kǎi （统读）
忾 kài （统读）
勘 kān （统读）
看 kān
～管　～护　～守
慷 kāng （统读）
拷 kǎo （统读）
坷 kē

～拉(垃)
疴 kē （统读）
壳
(一) ké (语)
～儿　贝～儿　脑～　驳～枪
(二) qiào (文)
地～　甲～　躯～
可
(一) kě
～～儿的
(二) kè
～汗
恪 kè （统读）
刻 kè （统读）

克 kè
～扣

空
(一) kōng
～心砖 ～城计
(二) kòng
～心吃药

眍 kōu　(统读)
矻 kū　(统读)
酷 kù　(统读)
框 kuàng (统读)
矿 kuàng (统读)
傀 kuǐ　(统读)

溃
(一) kuì
～烂
(二) huì
～脓

篑 kuì　(统读)
括 kuò　(统读)

L

垃 lā　(统读)
邋 lā　(统读)
罱 lǎn　(统读)
缆 lǎn　(统读)
蓝 lan
苤～

琅 láng　(统读)
捞 lāo　(统读)
劳 láo　(统读)
醪 láo　(统读)

烙
(一) lào
～印　～铁　～饼
(二) luò
炮～(古酷刑)

勒
(一) lè (文)
～逼　～令　～派　～索　悬崖～马
(二) lēi (语) 多单用

擂(除"～台"、"打～"读 lèi 外，都读 léi)
礌 léi　(统读)
羸 léi　(统读)
蕾 lěi　(统读)

累
(一) lèi
(辛劳义，如"受～"〔受劳～〕)
(二) léi
(如"～赘")
(三) lěi
(牵连义，如"带～"、"～及"、"连～"、"赔～"、"牵～"、"受～"〔受牵～〕)

蠡
(一) lí
管窥～测
(二) lǐ
～县 范～

喱 lí　(统读)
连 lián　(统读)
敛 liǎn　(统读)
恋 liàn　(统读)

量
(一) liàng
～入为出　忖～
(二) liang　打～　掂～

踉 liàng　～跄
潦 liáo　～草　～倒
劣 liè　(统读)
捩 liè　(统读)
趔 liè　(统读)
拎 līn　(统读)
遴 lín　(统读)

淋

(一) lín
~浴 ~漓 ~巴
(二) lìn
~硝 ~盐 ~病
蛉 líng （统读）
榴 liú （统读）
馏
(一) liú (文) 如"干~"、"蒸~"。
(二) liù (语) 如"~馒头"。
镏 liú
~金
碌 liù
~碡
笼
(一) lóng （名物义）
~子 牢~
(二) lǒng (动作义)
~络 ~括 ~统 ~罩
偻
(一) lóu
佝~
(二) lǚ
伛~
瞜 lou
眍~
虏 lǔ （统读）
掳 lǔ （统读）
露
(一) lù (文)

赤身~体 ~天 ~骨 ~头角
藏头~尾 抛头~面 ~头(矿)
(二) lòu (语)
~富 ~苗 ~光 ~相 ~马脚
~头
栌 lú （统读）
捋
(一) lǚ
~胡子
(二) luō
~袖子
绿
(一) lǜ (语)
(二) lù (文)
~林 鸭~江
孪 luán （统读）
挛 luán （统读）
掠 lüè （统读）
囵 lún （统读）
络 luò ~腮胡子
落
(一) luò (文)
~膘 ~花生 ~魄 涨~
~槽 着~
(二) lào (语)
~架 ~色 ~炕 ~枕 ~儿 ~子(一种曲艺)
(三) là (语)，遗落义
丢三~四 ~在后面

M

脉 (除"~~"念 mòmò 外，一律念 mài)
漫 màn （统读）
蔓
(一) màn (文)
~延 不~不支
(二) wàn (语) 瓜~ 压~
牤 māng （统读）

氓 máng 流~
芒 máng （统读）
铆 mǎo （统读）
瑁 mào （统读）
虻 méng （统读）
盟 méng （统读）
祢 mí （统读）
眯

眯
(一) mí
~了眼(灰尘等入目，也作"迷")
(二) mī
~了一会儿(小睡)
~缝着眼(微微合目)

靡
(一) mí
~费
(二) mǐ
风~ 委~ 披~

秘 (除"~鲁"读 bì 外，都读 mì)

泌
(一) mì (语)
分~
(二) bì (文)
~阳〔地名〕

娩 miǎn (统读)
缈 miǎo (统读)
皿 mǐn (统读)
闽 mǐn (统读)

茗 míng (统读)
酩 mǐng (统读)
谬 miù (统读)
摸 mō (统读)

模
(一) mó
~范 ~式 ~型 ~糊 ~特儿
~棱两可
(二) mú
~子 ~具 ~样

膜 mó (统读)
摩 mó
按~ 抚~
嬷 mó (统读)
墨 mò (统读)
耱 mò (统读)
沫 mò (统读)

缪 móu
绸~

N

难
(一) nán
困~(或变轻声)~兄~弟(难得的兄弟，现多用作贬义)
(二) nàn
排~解纷 发~ 刁~ 责~ ~兄~弟(共患难或同受苦难的人)

蝻 nǎn (统读)
蛲 náo (统读)
讷 nè (统读)
馁 něi (统读)
嫩 nèn (统读)
恁 nèn (统读)
妮 nī (统读)
拈 niān (统读)
鲇 nián (统读)
酿 niàng (统读)

尿
(一) niào
糖~症
(二) suī (只用于口语名词)
尿(niào) ~
~脬

嗫 niè (统读)

宁
(一) níng
安~
(二) nìng
~可 无~〔姓〕

忸 niǔ (统读)
脓 nóng (统读)

弄
(一) nòng
玩~
(二) lòng
~堂

暖 nuǎn　(统读)
衄 nǜ　(统读)

疟
(一) nüè (文)
～疾
(二) yào (语)

发～子

娜
(一) nuó
婀～ 袅～
(二) nà
(人名)

O

殴 ōu　(统读)

呕 ǒu　(统读)

P

杷 pá　(统读)
琶 pá　(统读)
牌 pái　(统读)
排 pǎi
～子车
迫 pǎi
～击炮
湃 pài　(统读)
爿 pán　(统读)
胖 pàn
心广体～(～为安舒貌)
蹒 pán　(统读)
畔 pàn　(统读)
乓 pāng　(统读)
滂 pāng　(统读)
脬 pāo　(统读)
胚 pēi　(统读)

喷
(一) pēn
～嚏
(二) pèn
～香
(三) pen
嚏～
澎 péng　(统读)
坯 pī　(统读)
披 pī　(统读)
匹 pǐ　(统读)

僻 pì　(统读)
譬 pì　(统读)

片
(一) piàn
～子　唱～　画～　相～　影～
～儿会
(二) piān (口语一部分词)
～子　～儿　唱～儿　画～儿　相～儿　影～儿

剽 piāo　(统读)

缥 piāo
～缈（飘渺）
撇 piē
～弃
聘 pìn　(统读)
乒 pīng　(统读)
颇 pō　(统读)
剖 pōu　(统读)

仆
(一) pū
前～后继
(二) pú
～从
扑 pū　(统读)

朴
(一) pǔ
俭～　～素　～质
(二) pō

~刀
(三) pò
~硝　厚~
璞 pǔ　（统读）
瀑 pù
~布

曝
(一) pù
一~十寒
(二) bào
~光（摄影术语）

Q

栖 qī
两~
戚 qī　（统读）
漆 qī　（统读）
期 qī　（统读）
蹊 qī
~跷
蛴 qí　（统读）
畦 qí　（统读）
其 qí　（统读）
骑 qí　（统读）
企 qǐ　（统读）
绮 qǐ　（统读）
杞 qǐ　（统读）
憩 qì　（统读）
洽 qià　（统读）
签 qiān　（统读）
潜 qián　（统读）
荨
(一) qián（文）
~麻
(二) xún（语）
~麻疹
嵌 qiàn　（统读）
欠 qian
打哈~
戕 qiāng　（统读）
镪 qiāng
~水
强

强
(一) qiáng
~渡　~取豪夺　~制　博闻~识
(二) qiǎng
勉~　牵~　~词夺理　~迫　~
颜为笑
(三) jiàng
倔~
襁 qiǎng（统读）
跄 qiàng（统读）
悄
(一) qiāo
~~儿的
(二) qiǎo
~默声儿的
橇 qiāo（统读）
翘
(一) qiào（语）
~尾巴
(二) qiáo（文）
~首　~楚　连~
怯 qiè　（统读）
挈 qiè　（统读）
趄 qie
趔~
侵 qīn　（统读）
衾 qīn　（统读）
噙 qín　（统读）
倾 qīng　（统读）
亲 qìng
~家

穹 qióng (统读)
黢 qū (统读)
曲(麯) qū
　大～　红～　神～
渠 qú (统读)
瞿 qú (统读)
蠼 qú (统读)

苣 qǔ
　～荬菜
龋 qǔ (统读)
趣 qù (统读)
雀 què
　～斑　～盲症

R

髯 rán (统读)
攘 rǎng (统读)
桡 ráo (统读)
绕 rào (统读)
任 rén〔姓，地名〕
妊 rèn (统读)
扔 rēng (统读)

容 róng (统读)
糅 róu (统读)
茹 rú (统读)
孺 rú (统读)
蠕 rú (统读)
辱 rǔ (统读)
挼 ruó (统读)

S

靸 sǎ (统读)
噻 sāi (统读)
散
（一）sǎn
　懒～　零零～～　～漫
（二）san
　零～
丧 sang
　哭～着脸
扫
（一）sǎo
　～兴
（二）sào
　～帚
埽 sào (统读)
色
（一）sè (文)
（二）shǎi (语)
塞
（一）sè (文)动作义
（二）sāi (语)名物义，如："活～"、"瓶～"

动作义，如："把洞～住"
森 sēn (统读)
煞
（一）shā
　～尾　收～
（二）shà
　～白
啥 shá (统读)
厦
（一）shà (语)
（二）xià (文)
　～门　噶～
杉
（一）shān (文)
　紫～　红～　水～
（二）shā (语)
　～篙　～木
衫 shān (统读)
姗 shān (统读)
苫
（一）shàn (动作义，如 "～布")

(二) shān (名物义，如"草~子")
墒 shāng　（统读）
猞 shē　（统读）
舍 shè
宿~
慑 shè　（统读）
摄 shè　（统读）
射 shè　（统读）
谁 shéi，又音 shuí
娠 shēn　（统读）
什(甚) shén
~么
蜃 shèn　（统读）
甚
(一) shèn (文)
桑~
(二) rèn (语)
桑~儿
胜 shèng（统读）
识 shí
常~　~货　~字
似 shì
~的
室 shì　（统读）
螫
(一) shì (文)
(二) zhē (语)
匙 shi
钥~
殊 shū　（统读）
蔬 shū　（统读）
疏 shū　（统读）
叔 shū　（统读）
淑 shū　（统读）
菽 shū　（统读）
熟
(一) shú (文)

(二) shóu (语)
署 shǔ　（统读）
曙 shǔ　（统读）
漱 shù　（统读）
戍 shù　（统读）
蟀 shuài （统读）
孀 shuāng（统读）
说 shuì
游~
数 shuò
~见不鲜
硕 shuò　（统读）
朔 shuò　（统读）
艘 sōu　（统读）
嗾 sǒu　（统读）
速 sù　（统读）
塑 sù　（统读）
虽 suī　（统读）
绥 suí　（统读）
髓 suǐ　（统读）
遂
(一) suì
不~　毛~自荐
(二) suí
半身不~
隧 suì　（统读）
隼 sǔn　（统读）
莎 suō
~草
缩
(一) suō
收~
(二) sù
~砂密(一种植物)
唆 suō　（统读）
索 suǒ　（统读）

T

趿 tā （统读）
鳎 tǎ （统读）
獭 tǎ （统读）
沓
（一）tà
重~
（二）ta
疲~
（三）dá
一~纸
苔
（一）tái（文）
（二）tāi（语）
探 tàn （统读）
涛 tāo （统读）
悌 tì （统读）
佻 tiāo （统读）
调 tiáo

~皮
帖
（一）tiē
妥~ 伏伏~~ 俯首~耳
（二）tiě
请~ 字~儿
（三）tiè
字~ 碑~
听 tīng （统读）
庭 tíng （统读）
骰 tóu （统读）
凸 tū （统读）
突 tū （统读）
颓 tuí （统读）
蜕 tuì （统读）
臀 tún （统读）
唾 tuò （统读）

W

娲 wā （统读）
挖 wā （统读）
瓦 wà
~刀
喎 wāi （统读）
蜿 wān （统读）
玩 wán （统读）
惋 wǎn （统读）
脘 wǎn （统读）
往 wǎng （统读）
忘 wàng （统读）
微 wēi （统读）
巍 wēi （统读）
薇 wēi （统读）
危 wēi （统读）
韦 wéi （统读）
违 wéi （统读）

唯 wéi （统读）
圩
（一）wéi
~子
（二）xū
~(墟)场
纬 wěi （统读）
委 wěi
~靡
伪 wěi （统读）
萎 wěi （统读）
尾
（一）wěi
~巴
（二）yǐ
马~儿
尉 wèi

~官
文 wén （统读）
闻 wén （统读）
紊 wěn （统读）
喔 wō （统读）
蜗 wō （统读）
硪 wò （统读）

诬 wū （统读）
梧 wú （统读）
牾 wǔ （统读）
乌 wù
　~拉(也作"靰鞡") ~拉草
杌 wù （统读）
鹜 wù （统读）

X

夕 xī （统读）
汐 xī （统读）
晰 xī （统读）
析 xī （统读）
皙 xī （统读）
昔 xī （统读）
溪 xī （统读）
悉 xī （统读）
熄 xī （统读）
蜥 xī （统读）
螅 xī （统读）
惜 xī （统读）
锡 xī （统读）
樨 xī （统读）
袭 xí （统读）
檄 xí （统读）
峡 xiá （统读）
暇 xiá （统读）
吓 xià
　杀鸡~猴
鲜 xiān
　屡见不~　数见不~
锨 xiān （统读）
纤 xiān
　~维
涎 xián （统读）
弦 xián （统读）
陷 xiàn （统读）
霰 xiàn （统读）
向 xiàng （统读）

相 xiàng
　~机行事
淆 xiáo （统读）
哮 xiào （统读）
些 xiē （统读）
颉 xié
　~颃
携 xié （统读）
偕 xié （统读）
挟 xié （统读）
械 xiè （统读）
馨 xīn （统读）
囟 xìn （统读）
行 xíng
　操~　德~　发~　品~
省 xǐng
　内~　反~　~亲　不~人事
芎 xiōng （统读）
朽 xiǔ （统读）
宿 xiù
　星~　二十八~
煦 xù （统读）
蓿 xu
　苜~
癣 xuǎn （统读）
削
　(一) xuē （文）
　剥~　~减　瘦~
　(二) xiāo （语）
　切~　~铅笔　~球

穴 xué （统读）
学 xué （统读）
雪 xuě （统读）
血
（一）xuè (文)用于复音词及成语，如"贫～"、"心～"、"呕心沥～"、"～泪史"、"狗～喷头"等
（二）xiě (语)口语多单用，如"流了点儿～"及几个口语常用词，如："鸡～"、"～晕"、"～块子"等

谑 xuè （统读）
寻 xún （统读）
驯 xùn （统读）
逊 xùn （统读）
熏 xùn
煤气～着了
徇 xùn （统读）
殉 xùn （统读）
蕈 xùn （统读）

Y

押 yā （统读）
崖 yá （统读）
哑 yǎ
～然失笑
亚 yà （统读）
殷 yān
～红
芫 yán
～荽
筵 yán （统读）
沿 yán （统读）
焰 yàn （统读）
夭 yāo （统读）
肴 yáo （统读）
杳 yǎo （统读）
窈 yǎo （统读）
钥
（一）yào (语)
～匙
（二）yuè (文)
锁～
曜 yào （统读）
耀 yào （统读）
椰 yē （统读）
噎 yē （统读）
叶 yè
～公好龙

曳 yè
弃甲～兵　摇～　～光弹
屹 yì （统读）
轶 yì （统读）
谊 yì （统读）
懿 yì （统读）
诣 yì （统读）
艾 yì
自怨自～
荫 yìn （统读）
（"树～"、"林～道"应作"树阴"、"林阴道"）
应
（一）yīng
～届　～名儿　～许　提出的条件他都～了　是我～下来的任务
（二）yìng
～承　～付　～声　～时　～验　～邀　～用　～运　～征　里～外合
萦 yíng （统读）
映 yìng （统读）
佣 yōng
～工
庸 yōng （统读）
臃 yōng （统读）
壅 yōng （统读）
拥 yōng （统读）

踊 yǒng （统读）
咏 yǒng （统读）
泳 yǒng （统读）
莠 yǒu （统读）
愚 yú （统读）
娱 yú （统读）
愉 yú （统读）
伛 yǔ （统读）
屿 yǔ （统读）

吁 yù
呼～
跃 yuè （统读）
晕
(一) yūn
～倒 头～
(二) yùn
月～ 血～ ～车
酝 yùn （统读）

Z

匝 zā （统读）
杂 zá （统读）
载
(一) zǎi
登～ 记～
(二) zài
搭～ 怨声～道 重～ 装～
～歌～舞
簪 zān （统读）
咱 zán （统读）
暂 zàn （统读）
凿 záo （统读）
择
(一) zé
选～
(二) zhái
～不开 ～菜 ～席
贼 zéi （统读）
憎 zēng （统读）
甑 zèng （统读）
喳 zhā
喳喳～～
轧(除"～钢"、"～辊"念 zhá 外，
其他都念 yà)(gá 为方言，不审)
摘 zhāi （统读）
粘 zhān
～贴
涨 zhǎng

～落 高～
着
(一) zháo
～慌 ～急 ～家 ～凉 ～忙
～迷 ～水 ～雨
(二) zhuó
～落 ～手 ～眼 ～意 ～重
不～边际
(三) zhāo
失～
沼 zhǎo （统读）
召 zhào （统读）
遮 zhē （统读）
蛰 zhé （统读）
辙 zhé （统读）
贞 zhēn （统读）
侦 zhēn （统读）
帧 zhēn （统读）
胗 zhēn （统读）
枕 zhěn （统读）
诊 zhěn （统读）
振 zhèn （统读）
知 zhī （统读）
织 zhī （统读）
脂 zhī （统读）
植 zhí （统读）
殖
(一) zhí

繁~　生~　~民
(二) shi
骨~
指 zhǐ　(统读)
掷 zhì　(统读)
质 zhì　(统读)
蛭 zhì　(统读)
秩 zhì　(统读)
栉 zhì　(统读)
炙 zhì　(统读)
中 zhōng　人~(人口上唇当中处)
种 zhòng
点~(义同"点播"。动宾结构念 diǎnzhǒng，义为点播种子)
诌 zhōu　(统读)
骤 zhòu　(统读)
轴 zhòu
大~子戏　压~子
碡 zhou
碌~
烛 zhú　(统读)
逐 zhú　(统读)
属 zhǔ
~望
筑 zhù　(统读)
著 zhù
土~
转 zhuǎn
运~
撞 zhuàng　(统读)

幢
(一) zhuàng
一~楼房
(二) chuáng
经~(佛教所设刻有经咒的石柱)
拙 zhuō　(统读)
茁 zhuó　(统读)
灼 zhuó　(统读)
卓 zhuó　(统读)
综 zōng
~合
纵 zòng　(统读)
粽 zòng　(统读)
镞 zú　(统读)
组 zǔ　(统读)
钻
(一) zuān
~探　~孔
(二) zuàn
~床　~杆　~具
佐 zuǒ　(统读)
唑 zuò　(统读)
柞
(一) zuò
~蚕　~绸
(二) zhà
~水(在陕西)
做 zuò　(统读)
作(除"~坊"读 zuō 外，其余都读 zuò)

参 考 文 献

[1] 国家语言文字工作委员会普通话培训测试中心编制. 普通话水平测试实施纲要. 北京：商务印书馆，2005
[2] 福建省语言文字工作委员会办公室. 普通话训练与测试. 北京：语文出版社，2001
[3] 黄伯荣，廖序东. 现代汉语(修订本). 北京：高等教育出版社，2002
[4] 赵越. 普通话基础训练. 广州：暨南大学出版社，2001
[5] 张丽珍，袁蕾，何文征. 教师口语. 北京：中国书籍出版社，1997
[6] 林华东，王勇卫. 普通话口语教程. 厦门：厦门大学出版社，2002
[7] 国家教育委员会师范教育司组编. 教师口语. 北京：北京师范大学出版社，1996
[8] 路英. 朗诵语言技巧与实践. 长沙：湖南师范大学出版社，2002
[9] 中国人民大学对外语言文化学院《现代汉语概论》项目组. 对外汉语教学精品课程. http://icclc.ruc.edu.cn/xiandaihanyugailun/Index.htm